LA FRANCE DE 1945 A 1976
à travers un choix d'articles du Monde

LA FRANCE DE 1945 à 1976
à travers un choix d'articles du Monde

deux volumes :

Volume 1 : - **Articles du Monde**
- **Tableaux historiques**
- **Table chronologique**
- **Table des sigles**
- **Index thématique**

Volume 2 : - **Travaux et recherches**
- **Étude des textes**
- **Travaux pratiques**
- **Bibliographie**
- **Filmographie**

ISBN 2-218-03493-X

René Coppolani Jean-Michel Gardair

LA FRANCE DE 1945 A 1976

à travers un choix d'articles du Monde

VOLUME 1

HATIER

TABLES DES MATIÈRES

Politique

Économie

Société

Tables et index

AVERTISSEMENT

Par leur nombre et leur qualité, les articles du « Monde » ici réunis se recommandent d'eux-mêmes.

On y a joint, à des fins pédagogiques, un certain nombre d'*instruments* de travail et de consultation : notes[1], Tableaux récapitulatifs d'histoire et de civilisation, Table chronologique, Table des sigles et abréviations, Index thématique.

Les éléments d'une *méthode* de travail et de consultation font l'objet d'un second volume.

Les articles sont classés en trois sections : Politique (P), Économie (E), Société (S), et présentés par ordre chronologique[2], à l'intérieur de chaque section. Même si, faute d'espace, on a souvent été obligé d'y pratiquer des coupures, tous les articles sont originaux et aucun, bien sûr, n'a été réécrit.

Ces textes retracent les grandes étapes, non seulement de l'histoire intérieure de la France depuis la guerre, de la fondation de la IVe République jusqu'à l'élection de Giscard d'Estaing à la présidence, mais aussi de sa politique étrangère, en particulier dans ses rapports avec ses colonies d'hier et ses partenaires européens d'aujourd'hui.

Cette perspective historique est elle-même subordonnée à une présentation de la France des années 70 (qui, comme on sait, commencent en mai 68), principal objet de cet ouvrage. Présentation qui n'ignore ni les ombres, ni les conflits, ni les sujets dits « brûlants ».

La section « Économie » a été conçue en priorité pour les classes spécialisées et les futurs spécialistes. Pour ceux qu'un excès de technicité risquerait de dérouter, les problèmes économiques sont abordés, dans les deux autres sections, par le biais de leurs implications politiques et de leurs répercussions sociales.

A la variété des thèmes, enfin, répond celle des genres et des « signatures » : éditoriaux, articles de fond, reportages, enquêtes, interviews, dossiers, tribunes libres, « points de vue », billets satiriques, etc.

Les auteurs

1. Cet ouvrage étant également destiné à l'enseignement de la civilisation dans les classes de français à l'étranger, on voudra bien ne pas s'étonner que certaines notes apportent des éclaircissements sur des tournures familières ou argotiques qui ne font pas difficulté pour un lecteur français.

2. Lorsqu'un article a une numérotation double ou triple, cela signifie que dans sa version originale il figurait sur plusieurs pages, ou se poursuivait à travers plusieurs numéros du « Monde ». Il peut aussi arriver que deux ou trois articles brefs, parfois de dates différentes mais de même thème, aient été exceptionnellement réunis sous la même numérotation, à la place qui correspond à la date du plus important d'entre eux.

Politique

P1 L'échec

Les morts de Budapest[1] ont détourné l'attention du public. Il ne sera pas possible malgré tout de dissimuler longtemps à l'opinion l'étendue de l'échec subi en Égypte[2]. Rarement une politique a conduit à une faillite aussi rapide, aussi complète, aussi évidente. Au Moyen-Orient l'influence française est ébranlée dans ses fondements mêmes. Pour ceux qui croient aux valeurs morales le visage de la France des Droits de l'homme[3] est déformé par le recours aux méthodes des dictatures. Pour ceux qui révèrent la force notre recul devant l'ultimatum soviétique nous fait perdre la face. Dans ces nations des rivages méditerranéens le français est la seconde langue, la culture française a une profonde emprise : que va-t-il en advenir maintenant? Il faudra des années d'efforts pour effacer les conséquences de cette aventure, si elles peuvent l'être.

En Afrique du Nord la confiance ne sera pas plus facile à restaurer. La solution du problème algérien a reculé. Une victoire sur Nasser aurait pu faciliter les choses, provisoirement. La défaite les rend beaucoup plus difficiles. Car aux yeux du monde arabe c'est bien d'une défaite qu'il s'agit.

La faiblesse de l'armée égyptienne en face d'Israël s'estompe devant l'effondrement des projets franco-britanniques. M. Lacoste[4] retrouve son fameux « préalable égyptien ». Mais il n'est plus question maintenant de renverser Nasser et le « préalable » est solidifié. Répéter maintenant que la « pacification » en Algérie ne produira ses effets qu'après l'élimination du colonel du Caire reviendrait à dire que la « pacification » est impossible.

Les dégâts sont aussi grands sur le plan de la résistance à l'influence soviétique. Aux yeux du monde arabe, la Russie seule a sauvé l'Égypte et les nations musulmanes : son prestige a fait un progrès immense. Les dirigeants vont commencer à se méfier de l'influence de Moscou, qui sape les bases mêmes de leur pouvoir : mais, dans les peuples, le communisme étend son rayonnement. Il n'est pas absurde aujourd'hui de penser que le Moyen-Orient tout entier pourrait un jour connaître le sort de la Chine.

Le camp oriental sort renforcé de l'aventure; l'occidental en sort très affaibli. Les États-Unis n'ont pas été capables de se faire obéir par leurs alliés; ceux-ci n'ont pas été capables d'obtenir le soutien américain. Il serait fou de croire que l'alliance ne subira pas les conséquences de cette épreuve. On n'oubliera pas en France et en Angleterre l'empressement mis par Washington à faire condamner Londres et Paris. On n'oubliera pas à Washington l'indiscipline de Londres et de Paris[5] et ses conséquences. Certes, il faut bien reprendre la vie commune, à quoi tout condamne : mais le ménage portera longtemps la trace de cette double infidélité.

Pendant vingt-quatre heures le monde a été aux portes de la guerre générale. Et ce sont les nations les plus profondément pacifiques, celles qui n'ont cessé depuis dix ans de s'opposer à toutes les politiques d'aventure, celles qui ont obtenu la tête de Mac Arthur[6], paralysé les rêves de croisade, essayé de développer la coexistence..., c'est la France et l'Angleterre qui ont failli porter devant l'histoire la responsabilité de la catastrophe!

Sur le plan intérieur le dommage est plus grand pour la première que pour la seconde. A Londres l'erreur du gouvernement peut hâter un changement de direction dans le parti conservateur, que l'opinion publique attend depuis longtemps. Avec peut-être à plus long terme une victoire électorale des travaillistes.

A Paris cette politique d'extrême droite ayant été assumée par M. Mollet[7], des socialistes en portent le poids principal et la droite peut prendre l'air innocent et détaché de Ponce Pilate. Au moment où les événements de Hongrie jettent le parti communiste français dans la crise la plus grave de son histoire, la S.F.I.O. se trouve ainsi dévalorisée et incapable de recueillir une succession qui pouvait être importante.

Qu'on ne s'y trompe pas : beaucoup de cadres, beaucoup de militants, beaucoup d'électeurs du parti communiste sont aujourd'hui près de la rupture définitive.

Le communisme de Thorez[8] leur donne la nausée, mais croit-on que le socialisme de Mollet leur paraisse ragoûtant[9]? Si des élections avaient lieu demain, des milliers de gens voudraient abandonner le parti qui soutient les assassins de Budapest, mais pour aller où?

L'opinion publique a reçu un choc violent et profond :

1. Allusion à la sanglante répression de la révolution hongroise par l'armée soviétique (4-8 novembre 1956).
2. Allusion (à la suite de la nationalisation du canal de Suez par Nasser) à l'intervention franco-anglaise et israélienne bloquée conjointement par les U.S.A. et l'U.R.S.S.
3. Droits de l'homme et du citoyen définis par la Révolution française de 1789.
4. Allusion à un télégramme de Lacoste à Guy Mollet (4 août 1956), où figure l'expression « préalable égyptien » (les officiers supérieurs de l'Armée française et quelques ministres pensaient que la pacification de l'Algérie serait d'autant plus rapide que l'on parviendrait à affaiblir l'influence de Nasser).
5. Voir note 2.
6. Commandant des forces américaines au Japon et en Corée, avant d'être limogé en 1951.
7. Socialiste, président du conseil en 1956-57.
8. Voir P 36-37 : « M. Thorez : l'homme d'État ».
9. Appétissant (fam.)

un bouleversement de la vie politique pourrait s'ensuivre. Ecœurée, désorientée, inquiète, une masse de Français est disponible. Ce qui s'est produit souvent à droite dans notre histoire politique – et hier encore avec le succès de l'U.D.C.A. – est en train de se produire aussi à gauche. Si les partis ne répondent pas à cet appel de la base, s'ils s'enferment dans leur sclérose, tout cela risque de finir dans le fascisme.

MAURICE DUVERGER

20 novembre 1956

P2 Le dernier quart d'heure

On a maintes fois depuis dix-huit mois prévu, annoncé, décrit dans ses lignes générales l'incroyable scénario qui se déroule sous nos yeux. On a dit et répété que, le jour où le gouvernement de Paris renoncerait aux mensonges pour s'orienter vers une politique libérale, les ultras[1] d'Alger n'auraient plus qu'une seule chance de maintenir l'essentiel de leurs privilèges, au prix de quelques fictions neuves : établir une dictature à Paris. Ils sont en train de le faire. Mais l'opération revêt naturellement des aspects imprévisibles, qui déconcertent l'observateur et l'homme de la rue. A ce prix seulement elle a quelques chances de réussir : car pour imposer à 45 millions de Français la fin des libertés reconquises depuis moins de quinze ans, il faut une bonne technique de camouflage. Celle des conjurés du 13 mai[2] est excellente. Pour prendre le pouvoir à Alger il fallait l'appui de l'armée. Mais l'armée n'est guère favorable aux ultras. Massu[3] lui-même n'avait-il pas réprimé durement une de leurs manifestations voici quelques mois? Bigeard[4] n'avait-il pas été frappé par la justice essentielle de la revendication des rebelles : accéder enfin à la dignité d'homme? Les S.A.S. n'ont-elles pas travaillé en profondeur en promettant aux musulmans la pleine citoyenneté française? Pour avoir l'appui de l'armée il fallait que M. de Sérigny[5] et ses complices feignent d'accepter ce qu'ils ont obstinément refusé depuis toujours : l'égalité absolue des droits entre musulmans et Français d'origine, cette égalité qui aurait empêché la guerre actuelle si elle avait été accordée plus tôt, cette égalité qui mettra fin à la domination des colons si elle est réellement appliquée.

Paris valait bien une messe : Alger vaut bien un geste spectaculaire. Surtout si la messe ne change pas les sentiments profonds, si les conséquences du geste peuvent être rattrapées. Pour prix de leur alliance avec l'armée les ultras d'Algérie ont accordé l'égalité des droits. Avec des précautions bien sûr : les treize musulmans qui figurent parmi les soixante-douze membres du Comité central de salut public donnent une image singulière de l'égalité[6].

$$\frac{13}{72} = \frac{9}{1}$$

Les mathématiques algériennes sont singulières. Cela n'a guère d'importance d'ailleurs, et les ultras auraient pu se montrer plus beaux joueurs : il n'aurait rien coûté de donner aux musulmans la majorité dans les comités. Car le deuxième coup doit permettre d'effacer les résultats du premier, dans cette gigantesque partie de poker. Quand M. de Sérigny régnera à Paris il pourra faire en Algérie tout ce qui lui plaira : son passé garantit cette action à venir.

Pour prendre le pouvoir à Paris il faut l'appui du général de Gaulle. Un coup d'État purement militaire n'aurait pas réussi. Les Poujade[7], les Biaggi[8], les Le Pen[9], les Soustelle[10] même; aucun ne fait le poids non plus. Un homme de droite, trop visiblement ennemi de la République, ne serait pas toléré par un pays qui méprise les parlementaires, mais qui reste profondément attaché aux libertés que seule la République peut durablement maintenir. Devant celui qui a restauré les libertés et la République bien des préventions tombent au contraire. Des hommes de gauche eux-mêmes ne l'ont-ils pas appelé de leurs vœux afin de régler la question algérienne? Il suffit que

1. Les pieds-noirs partisans les plus acharnés de l'« Algérie française » (« pied-noir » : ici, Français né en Algérie; en général, descendant des premiers colons).
2. Insurrection fomentée, depuis Paris, par des éléments gaullistes s'appuyant sur l'armée et les pieds-noirs, dans l'espoir de renforcer la mainmise de la France sur l'Algérie par le retour au pouvoir du général de Gaulle, et dont la première étape fut la prise du gouvernement général d'Alger et la formation d'un comité de salut public.
3. Un des généraux les plus importants de l'armée française pendant la guerre d'Algérie; ancien combattant de la France libre, gaulliste inconditionnel, nommé président du comité de salut public.
4. Colonel Bigeard : un des officiers supérieurs les plus célèbres de la guerre d'Algérie.
5. Directeur de l'*Écho d'Alger*. « Ultra » a joué un rôle très important dans l'insurrection du 13 mai : chargé de la liaison entre le comité de salut public et le général Salan (sur Salan, voir P 6 note 6).
6. 9/1, cette fraction représente le rapport de la population arabe à la population française en Algérie.
7. « Faciste bon enfant » : anticapitaliste, antiparlementaire, nationaliste et xénophobe. Créateur du mouvement « poujadiste » (ralliant les viticulteurs, les artisans, les petits commerçants, les petits paysans » qui obtint 2 500 000 voix aux élections législatives de 1956).
8. Agitateur, extrémiste de droite.
9. Agitateur, extrémiste de droite.
10. Ethnologue et homme politique de la IVe et de la Ve République; gouverneur général de l'Algérie en 1956; partisan de l'« Algérie française » s'opposa à la politique algérienne de de Gaulle.

l'homme du 18 juin[11] se prête à ce rôle de cheval de Troie, que ce pavillon éclatant accepte de couvrir une douteuse marchandise, pour que l'opération ait toutes chances de réussir.

Nous en sommes là. Comme dans tous les complots, dans tous les coups d'État, chacun des participants espère duper l'autre. Le mouvement des foules musulmanes en Algérie n'est pas feint : leur enthousiasme pour l'égalité risque de bouleverser les calculs des ultras; ce qui a été donné pourra difficilement être repris : l'avènement du général peut permettre d'exploiter à fond cette situation nouvelle. Les amis de M. de Sérigny espèrent neutraliser de Gaulle; celui-ci pense qu'il pourra contenir ses ministres alliés. Il est vrai que lui-même ne menace pas la République, qu'il est sincèrement décidé à maintenir toutes les libertés, comme il l'a formellement promis en réponse à la question posée devant les représentants de la presse mondiale.

Mais le pourra-t-il? Autour de cet homme seul s'agglomèrent aujourd'hui tous les éléments d'une vaste coalition contre la République et contre nos libertés. Ils ne pèsent pas lourd dans cette masse, les quelques amis sincères et loyaux du général qui ne veulent pas séparer leur admiration pour l'homme et leur fidélité à la démocratie.

L'homme dépasse la mesure commune sans doute. Mais rarement à travers l'histoire les hommes les plus grands ont pu échapper à la longue à la pression de ceux qui les ont élevés sur le pavois. A 80 % de risque, on peut craindre qu'il ne reste un jour qu'une solution au général pour refuser de couvrir la politique que les néo-gaullistes voudraient lui faire accomplir : partir, retourner de nouveau dans son petit village...[12]. Pourra-t-on empêcher alors que les partisans de la dictature, installés par de Gaulle aux leviers de commande, ne s'y accrochent, une fois débarrassés de sa grande ombre, appuyés sur une armée qui aura pris goût au pouvoir? Pas sans difficultés, probablement, ni sans violence.

Et plus la difficulté sera grande, plus la violence sera forte, plus dure sera la réaction. Ceux qui sont prêts aujourd'hui, par crainte du Front populaire[13], à se jeter dans les bras du général devraient réfléchir à ceci : une expérience de Gaulle constitue le seul moyen, en réalité, de porter au pouvoir un véritable Front populaire. Modéré, si l'expérience se développe dans un cadre libéral et démocratique; implacable, si elle se déroule dans un climat d'oppression.

Deux moyens seulement auraient pu empêcher que ne se déroule ce processus inexorable. Que la République se défende enfin, autrement que par des discours, des motions, des lois, des révisions constitutionnelles, des textes, des mots, des bonnes intentions : par des actes. Surtout qu'elle éclaire la nation sur le sens véritable des événements qui se déroulent sous ses yeux. L'état d'urgence supprime les réunions, affadit la radio, émascule la presse. Un silence étrange tombe sur le pays : les Français, quasiment abandonnés à eux-mêmes par leur gouvernement, errent désorientés. Ils hésitent encore, spectateurs passifs d'un combat qui se déroule en dehors d'eux : nul enthousiasme gaulliste ne les anime, nulle passion non plus pour la défense du régime.

Il est trop tard pour leur faire comprendre que c'est leur sort qui vient de se jouer. Que le problème n'était pas de maintenir dans leurs places des parlementaires qu'ils méprisent; que ces politiciens, si médiocres soient-ils, si incapables qu'ils se soient montrés dans le passé étaient malgré tout les défenseurs et les garants d'une réalité qui les dépasse infiniment, et qui concerne chaque homme et chaque femme de ce pays : la démocratie, la liberté? Le droit de gérer soi-même ses propres affaires, pas très bien peut-être, mais soi-même, sans pouvoir providentiel, sans héros ni demi-dieu : en hommes ordinaires, mais en hommes : en adultes et non en enfants soumis à la férule d'un père. Le droit de vivre et d'agir librement sans être justiciable à tous propos du camp de concentration.

Cette République agonise d'avoir perdu le contact avec le peuple. Mais puisque les hommes du Directoire [14] n'ont décidément pas été capables des sursauts de la Convention[15] puisque les Kerensky[16] ont continué à bavarder pendant que montait la guerre civile, alors qu'on abrège l'agonie. Qu'on appelle le général avant que la nation soit tout à fait déchirée, avant que lui-même soit tout à fait devenu l'otage d'un clan. Que les républicains tâchent de faire contrepoids aux équipes inquiétantes qui sont en train d'investir le pouvoir; qu'ils se donnent pour but essentiel de défendre les libertés fondamentales pendant la période du proconsulat, de toutes leurs forces, par tous les moyens, sans illusion ni désespoir. Qu'ils préparent aussi le jour où, le train remis de nouveau sur les rails, il faudra de nouveau faire fonctionner les institutions de la République; en tâchant de compléter leur rénovation si l'expérience réussit, de réparer les dégâts si elle échoue.

MAURICE DUVERGER

28 mai 1958

11. Le général de Gaulle qui, par son appel du 18 juin 1940 à Londres, devint le chef de la « France libre ».
12. Colombey-les-deux-églises, commune de la Haute-Marne, résidence privée de de Gaulle.
13. Gouvernement de coalition de gauche (communistes-socialistes-radicaux); vainqueur aux élections législatives de 1936, le Front populaire, présidé par Léon Blum, dura jusqu'en mars 1938.
14.-15. Le gouvernement du Directoire, présidé par Bonaparte (16.10.1795/9.11.1799) succéda à l'assemblée révolutionnaire de la Convention (21.9.1792/26.10.1795).
16. Chef du gouvernement provisoire russe en 1917, renversé par les bolcheviks en novembre 1917.

P3 Les eaux mêlées

Place de la République et 4 septembre[1]; ce double symbole ne suffisait pas. Il y a eu le V de la Victoire, qui se trouve être aussi le sigle de la Ve république. Il y a eu l'évocation lyrique ou historique de toutes les Républiques. Et si nul ne pouvait décemment célébrer la défunte IVe, elle était là aussi, nombreuse et combien symbolique, en la personne de MM. Laniel[2] et Bidault[3], Guy Mollet[4] et Pinay[5]. Mieux valait, comme l'a fait le poète, chercher à réchauffer l'espoir populaire au souvenir d'un passé un peu plus lointain. La constitution présentée au pays est dans son esprit celle que le général avait conçue pour la IVe

Le projet initial séparait les pouvoirs au point de les opposer; le texte définitif les associe davantage. Son cabinet constitué, le premier ministre n'a plus seulement la faculté d'engager la responsabilité du gouvernement sur son programme devant l'Assemblée nationale. Il en a l'obligation. Le domaine du législatif a été notablement étendu et pourra l'être encore par une loi organique. Les ordonnances prises en vertu de la délégation de pouvoirs deviendront caduques si la ratification n'en est pas demandée. Enfin, si, en cas de circonstances graves, le président de la République est amené à prendre des mesures exceptionnelles, c'est-à-dire en fait s'il révoque le premier ministre, le Parlement se réunira de plein droit et l'Assemblée ne pourra être dissoute. Le nouveau chef du gouvernement devra donc se présenter devant elle. Le chef d'État n'assurera pas à lui seul tous les pouvoirs de la République.

Cet ensemble de « verrous » ou de « garde-fous » peut retenir le nouveau régime de verser légalement dans quelque aventure autoritaire. Aucune des treize Constitutions qu'elle s'est offertes depuis 1791 n'a donné de pouvoir stable à la France. Celle qui a résisté le plus longtemps à l'usure du temps a mal tourné à partir des années 30 et plus mal fini encore en 1940. La seule question est de savoir si la nouvelle réussira mieux que les précédentes à résoudre l'éternel conflit entre l'autorité et la liberté.

Le projet est un compromis. Il manque de cette clarté simple qui découle d'une idée forte. Derrière chaque phrase en vient une autre, comme à regret parfois, qui la corrige, paraît même la contredire. A la source de l'inspiration était le régime présidentiel. Ses eaux se sont mêlées à celles du régime parlementaire. Ces deux courants peuvent aussi bien se conjuguer que s'affronter ou plus tard se séparer.

Hier les conflits éclataient entre le gouvernement et le Parlement; ils peuvent surgir demain, plus irrémédiables, entre l'Assemblée et le président.

La Constitution doit permettre de maintenir cet équilibre instable des pouvoirs sous l'autorité du général de Gaulle. Elle peut, sans lui ou après lui, remonter la pente du temps jusqu'à la IIIe ou conduire à un régime plus personnel où le président éclipsera le Parlement ou même, sait-on jamais, à quelqu'une de ces monarchies constitutionnelles souvent plus respectueuses des libertés que bien des « républiques ».

Tout dépendra des hommes, c'est-à-dire des mœurs, du personnel politique, c'est-à-dire du mode électoral. Tout dans l'immédiat dépend d'un homme. Seul il pouvait offrir l'indépendance à l'Afrique noire. La promesse a été tenue cette fois. Elle est inscrite dans la Constitution.

Seul il peut encore tenter de régler le conflit d'Algérie, qui en se prolongeant peut dénaturer la Ve République comme il a fini par disloquer la IVe. Pour beaucoup le référendum sera un plébiscite. Pour d'autres, et peut-être de Gaulle lui-même, il sera un moyen de confirmer ou plutôt de consacrer la légitimité d'un pouvoir contesté.

Plus que la Constitution, cette légitimité doit lui permettre d'agir en métropole et en Algérie, de concilier ici l'autorité et la liberté, et là de rétablir la tranquillité dans l'ordre, c'est-à-dire la paix.

JACQUES FAUVET

6 septembre 1958

1. Commémorant la révolution du 4 septembre 1870 qui provoqua la chute du second Empire et l'avènement de la IIIe République.
2. Homme politique de la IVe République; président du Conseil du 28.6.1953 au 12.6.1954.
3. Homme politique de la IVe République. Gaulliste (président du Comité National de la Résistance), minitre des affaires étrangères puis deux fois président du Conseil (1946 et 1950). Comme Soustelle (voir P 2 note 10), s'oppose à la politique algérienne du général de Gaulle.
4. Voir P 1 note 7.
5. Voir E 5 note 3.

P4 Douze ans après

Le général de Gaulle président de la République, c'était une certitude pour les Français en 1945. C'était encore, alors qu'il avait quitté le pouvoir, un espoir pour beaucoup en 1946.

Il a fallu douze ans pour que s'effondre un régime qui s'était bâti sans lui, et s'était par la suite assez bien défendu contre lui, douze ans pour que « le chef de l'État en soit un » et que la fonction puisse être occupée par lui, de Gaulle. Revanche du destin.

La Constitution de 1958 est tout entière contenue dans le discours de Bayeux du 16 juin 1946. Rarement autant de volonté déclarée, puis silencieuse, éclatante enfin, rarement autant d'entêtement, longtemps démenti par l'événement, aura été mis au service d'une idée simple et forte.

« C'est du chef de l'État, placé au-dessus des partis, élu par un collège qui englobe le Parlement mais beaucoup plus large et composé de manière à faire de lui le président de l'Union française en même temps que celui de la République, que doit procéder le pouvoir exécutif. Au chef de l'État la charge d'accorder l'intérêt général quant au choix des hommes avec l'orientation qui se dégage du Parlement. A lui la mission de nommer les ministres, et d'abord bien entendu le premier, qui devra diriger la politique et le travail du gouvernement. Au chef de l'État la fonction de promulguer les lois et de prendre les décrets, car c'est envers l'État tout entier que ceux-ci et celles-là engagent les citoyens. A lui la tâche de présider les conseils du gouvernement et d'y exercer cette influence de la continuité dont une nation ne se passe pas. A lui l'attribution de servir d'arbitre au-dessus des contingences politiques, soit normalement par le conseil, soit, dans les moments de grave confusion, en invitant le pays à faire connaître par des élections sa décision souveraine. A lui, s'il devait arriver que la patrie fût en péril, le devoir d'être le garant de l'indépendance nationale et des traités conclus par la France. » Ainsi parlait le général de Gaulle le 16 juin 1946. Ainsi conçoit-il aujourd'hui le rôle du président de la République, conformément à une Constitution qui, faite par lui et pour lui, a été ratifiée à une immense majorité le 28 septembre.

C'est pourquoi, plus que celle de la nouvelle Assemblée, l'élection du chef de l'État marque l'avènement de la Ve République.

MM. Vincent Auriol[1] et René Coty[2] ont présidé la République. Ils ont vécu des heures difficiles, l'un au début du régime, l'autre à son déclin. La Constitution et les mœurs publiques ne permettaient pas, il est vrai, qu'il y eût un État. Elles interdisaient plus encore que cet État eût un chef.

Prophète de lui-même, le général de Gaulle l'a été à plus d'un moment de son existence; il s'est décrit ou défini tel que les événements allaient le révéler. En 1932 l'« homme de caractère », l'« ambitieux de premier rang », qui, « de la rive où le fixent les jours ordinaires, ne rêve qu'à la houle de l'histoire », c'était lui. En 1940 l'honneur c'était lui, « soldat et chef français ». En 1946 « le chef de l'État qui en soit un » et qu'il appelait de ses vœux, c'était lui et ce sera lui en 1959[3].

Plus encore que le texte de la Constitution, l'esprit de son auteur modèlera la Ve République. A travers le premier ministre, c'est lui qui gouvernera.

Puisse la démocratie user du répit qui lui est laissé pour se reconstituer, les partis pour se reprendre, le pays pour se réformer!

Puissent en même temps les adversaires de la démocratie ne pas abuser des circonstances et du climat pour pousser leur avantage, même au besoin contre le général de Gaulle, jusqu'aux approches du pouvoir! Président de la République, il le sera aussi de la Communauté. Où que l'Algérie doive se situer dans cet ensemble, elle attendra un geste, en don d'avènement, cette générosité, cette imprudence peut-être que seule peut se permettre la force. Le droit de grâce est un droit régalien. Pour en avoir usé non sans courage, le président Coty a été parfois incompris, et son nom conspué dans les rues d'Alger.

La IVe République avait deux problèmes. Son mérite est d'avoir lancé un vieux pays sclérosé dans la voie du rajeunissement de la modernisation. Son malheur et sa mort sont venus de l'incapacité où elle a été de régler le second des problèmes de l'après-guerre : celui de l'évolution des pays d'outre-mer et finalement de l'Algérie.

Souhaitons que la Ve République n'échoue pas là où la IVe a réussi, et qu'elle réussisse là où sa devancière a échoué. Et, au regard de l'histoire, ces douze années n'auront pas été perdues.

JACQUES FAUVET

23 décembre 1958

1. Président de 1947 à 1954.
2. Président de 1954 à 1958.
3. Le général de Gaulle, premier président de la Ve République, fut élu en 1959.

BULLETIN DE L'ÉTRANGER

P5 Dix ans

L'année qui s'achève est la dernière d'une décennie au cours de laquelle l'humanité a vu se transformer profondément ses craintes et ses espoirs. Si le pire que l'on a pu parfois redouter : la guerre thermonucléaire, ne s'est pas produit, s'il devient chaque jour moins probable, si les conditions matérielles d'existence de la partie du monde dans laquelle le destin nous a fait naître se sont pour beaucoup sensiblement améliorées, si l'Europe en fin de compte, se fait, de vieux problèmes restent aujourd'hui comme hier sans solution, d'autres se posent plus graves encore peut-être auxquels personne n'a imaginé de réponse satisfaisante.

Au chapitre des litiges éternels : l'Allemagne, dont la crise de Berlin nous a rappelé cette année encore qu'elle pouvait à tout moment provoquer un grave conflit; le désarmement, que la méfiance réciproque et la complexité des questions techniques soulevées rendent singulièrement difficile à mettre en pratique; la Corée, toujours divisée malgré une guerre qui a fait deux millions de morts; la Chine, maintenue en dehors des Nations unies et qui n'a pas renoncé à s'emparer « manu militari » de Formose; l'Algérie enfin, où se poursuit depuis cinq ans une lutte atroce que la promesse de l'autodétermination n'a pas suffi à arrêter.

Mais tout se passe comme si l'espèce humaine s'était habituée à ces maux comme à quelque affection chronique. Ils ont cessé de faire peur. La disparition de Staline a permis une détente, qui était déjà en train de s'affirmer lorsque le Kremlin a refréné avec son habituelle absence de scrupules un courant de libéralisation qui était à Budapest en voie de lui échapper. Mais le temps a fait son œuvre. M. Dulles[1], champion occidental de la guerre froide, est mort à son tour, et M. Khrouchtchev, invité aux États-Unis, a jugé le moment venu l'été dernier de célébrer à nouveau la paix. Changement profond ou reconversion tactique? La conférence « au sommet » qui se déroulera à Paris le 16 mai le montrera peut-être. A cette rencontre des quatre Grands il manquera les représentants des peuples dont l'émancipation constitue sans doute le phénomène le plus important des années que nous venons de vivre. En 1949 la Chine achevait seulement sa révolution, et personne ne s'attendait à la voir devenir aussi vite le géant austère qui menace aujourd'hui ses voisins.

L'Union française était intacte, à part la brèche indochinoise.

L'Afrique presque tout entière était encore sous le régime colonial. Mais la force, avec Suez[2], comme la conciliation ont été impuissantes à contenir une exigence d'émancipation qui aboutit aujourd'hui à faire de Dakar la capitale d'une république indépendante et qui menace, avec Fidel Castro, jusqu'à l'influence de Washington en Amérique latine.

Dans la plupart de ces pays neufs l'indépendance ne résout rien par elle-même. Coïncidant avec une prolifération démographique sans précédent – la population de la Terre s'est accrue en dix ans de près de vingt-cinq pour cent –, elle aboutit d'abord à une prise de conscience plus aiguë de l'insuffisance du niveau de vie. Incapables d'y porter remède, les institutions démocratiques sont rapidement balayées. Il faut dire que les pays sous-développés ne sont pas les seuls où elles aient démontré leur impuissance, puisque la France elle-même, d'où partit le message de 1789, s'est donné un régime où le Parlement ne joue plus qu'un rôle assez effacé.

Quelles seront dans la décennie qui s'ouvre les chances de la liberté?

Quoi qu'il en soit, ces pays prolétaires se posent vis-à-vis des riches que nous sommes en demandeurs révoltés par l'inégalité de la condition humaine. Saurons-nous leur répondre? Il est exaltant, certes, pour notre orgueil, de savoir que l'espace a été vaincu et que, tôt ou tard, nos enfants mettront le pied sur la Lune. Il le serait au moins autant de dépasser les conflits idéologiques pour arracher tous les hommes, grâce à des plans mondiaux de développement, à la hantise du pain quotidien. L'intérêt ne nous y pousse-t-il pas d'ailleurs autant que la morale?

1er janvier 1960

1. John Foster Dulles (1888-1959) : secrétaire d'État à partir de 1953 (sous la présidence d'Eisenhower); il se signale particulièrement par son anticommunisme militant.

2. Allusion à la crise de Suez en 1956 (voir P 1 note 2).

P6 Comment on en est arrivé là

Si violentes qu'aient été les poussées de fièvre qu'Alger a connues depuis cinq ans, pour la première fois, ce dimanche 24 janvier, manifestants et forces de l'ordre se sont mitraillés. Pour que l'on en soit arrivé au drame qui avait pu être évité lors des crises précédentes, il faut que le soulèvement algérois ait pris une autre intensité ou une autre nature qu'au mois de février 1956 ou au mois de mai 1958.

Il convient de rappeler d'abord qu'un climat psychologique de plus en plus hostile au chef de l'État et au gouvernement avait été créé, surtout depuis le 16 septembre, et que des tracts dénonçant dans les termes les plus vifs le général de Gaulle et les responsables de la politique algérienne étaient depuis cette date distribués quotidiennement dans les boîtes aux lettres d'Alger.

L'annonce d'une conférence consacrée au problème algérien, le 22 janvier, avait donné lieu à une propagande effrénée contre les initiatives complaisamment prêtées au général de Gaulle. Brochant sur cette « toile de fond politique », un climat passionnel avait été créé par la campagne terroriste des rebelles dans l'Algérois, provoquant autour des cadavres de vieillards et à l'occasion des obsèques des mouvements d'indignation parfaitement compréhensibles. L'inquiétude qui se propageait dans les milieux politiques d'Alger avait pris une dimension nouvelle avec la diffusion des informations concernant le remaniement du « gouvernement » F.L.N., interprété comme facilitant d'éventuels pourparlers.

C'est alors que survinrent la publication de l'interview du général commandant le corps d'armée d'Alger, et la sanction prise à son encontre. Mais déjà depuis des semaines on n'ignorait pas dans certains milieux politiques de la métropole, et les milieux activistes algérois l'avaient laissé entendre, que le 24 ou le 25 janvier pourraient être des dates importantes.

Les éléments nouveaux qui ont donné son caractère insurrectionnel à la journée du 24 janvier, ce sont d'une part la création d'une formation paramilitaire, les milices du Front national français[1], plus prêtes à l'action immédiate que les phalanges paysannes de M. Martel[2] ou même que les étudiants de MM. Lagaillarde[3] et Susini[4]; c'est aussi le relatif isolement des insurgés, qui n'ont réussi à obtenir ni l'adhésion immédiate de l'armée, ni cette présence de musulmans qui, si controversée qu'en ait été l'origine, avait donné son style, et sa relative sérénité au mouvement du 13 mai.

Il y a eu choc parce que les émeutiers ont, cette fois-ci, trouvé une résistance en face d'eux (en dépit de l'attitude presque « neutre » de certaines unités). Et il y a eu choc meurtrier parce que les insurgés étaient cette fois-ci armés et encadrés.

Depuis des mois on signalait la croissance et le développement de cette singulière phalange qu'est le Front national français, dont les liens avec le mouvement Jeune Nation[5] sont évidents. On savait que leur armement s'accroissait, que leur encadrement se renforçait. Compromis dans l'affaire de l'attentat contre le général Salan[6], membre du comité de salut public du 13 mai, leader de la fraction la plus violente de ce mouvement, M. Ortiz[7] avait conservé à son organisation un caractère presque clandestin jusqu'à une date récente.

L'opposition algéroise avait trouvé un chef plus déterminé que M. Lagaillarde, mieux armé que M. Martel, plus maître de lui que M. Susini, plus attaché à l'action immédiate que le docteur Lefèvre[8]. Et ce n'est pas par hasard que, lorsque les choses se gâtèrent au cours de la matinée de dimanche, c'est M. Ortiz que le général Challe[9] reçut, fort longuement, à l'état-major, ne craignant pas de donner au cafetier une représentativité dont il est désormais à même de se targuer.

Fallait-il prévoir que, livrant la bataille autrement qu'elles l'avaient préparée, les forces qui constituent le noyau de l'insurrection soient prises « à contre-pied »? Ce qu'il semble bien en tout cas, c'est qu'elles avaient compté sur une autre attitude de la part de l'armée, qu'elles sont désorientées par la réserve qui s'est manifestée. D'autre part l'échec de M. Kaouah, colistier de M. Lagaillarde, chargé d'aller recruter des manifestants musulmans, isole le mouvement et ruine sa prétention d'apparaître ce qu'un quotidien d'Alger appelle ce matin un « soulèvement unanime ».

JEAN LACOUTURE

26 janvier 1960

1. Groupes civils armés de pieds-noirs, partisans à tout prix du maintien de l'Algérie française.
2. Poujadiste (voir P 2 note 7) ayant regroupé des colons armés, partisans de l'Algérie française.
3. Président de l'association générale des étudiants algérois; partisan de l'Algérie française.
4. Étudiant; agitateur d'extrême droite.
5. Mouvement d'extrême droite.
6. Commandant en chef des troupes d'Indochine (1952); commandant supérieur des troupes françaises en Algérie au moment des événements d'Alger. Partisan de l'Algérie française, participe au « putsch » des généraux (1961). Collabore avec l'O.A.S. Condamné à mort par contumace, puis amnistié.
7. Cabaretier; l'un des chefs des barricades d'Alger.
8. Activiste de droite, membre du comité de salut public du 13 mai 1958.
9. Major général de l'aviation. Commandant en chef de l'armée d'Algérie (1958-60). Commandant en chef des forces alliées de l'OTAN (1960). Participe avec les généraux Jouhaud et Zeller au « putsch » des généraux (1961). Après l'échec de ce dernier, se rend aux autorités militaires. Jugé à Paris, il est condamné à 15 ans de prison, puis amnistié et libéré quelques années plus tard.

P7 Au fur et à mesure que les jours passent la popularité des « assiégés » s'accroît

De notre envoyé spécial.

Alger, 27 janvier – Alger s'est aisément installé dans l'« état de siège » proclamé par le général Challe [1] et dans la grève illimitée « décrétée » par les « mouvements nationaux ». Celle-ci est à coup sûr plus effective que celui-là. Du centre de la ville aux derniers pavillons de Saint-Eugène [2], ce n'est, face à la mer, qu'une suite de rideaux tirés sur les devantures : une sorte de 15 août insolite, accablant. Solidarité chez les uns et crainte chez d'autres : les commerçants ont observé le mot d'ordre.

La zone des barricades continue d'être un lieu de rassemblement. C'est par milliers que les Algérois s'attardent dans les rues d'où ils aperçoivent comme ils le peuvent le camp retranché. On a vite renoncé à l'interdiction faite de tout rassemblement de plus de trois personnes. Il y aura bientôt, tronçonnée certes par les diverses rues, une foule aussi nombreuse que celle qui grimpait, à heures régulières, en 1958, sur le Forum [3]. Les parachutistes tous les soirs restreignent leur étau, bouchent les artères avec leurs camions, mais c'est pour éviter durant la nuit une improbable surprise.

Les partisans de MM. Ortiz [4] et Lagaillarde [5] n'ont apparemment pas plus envie de tenter une sortie que l'armée de lancer une attaque. Aussi, est-ce, durant le jour, une trêve à la bonne franquette. On va des uns aux autres dans un hinterland qui n'a jamais été un no man's land. Au-delà des barricades, dont les pavés sont maintenant rangés avec minutie, on a mis à profit cette attente sans nervosité pour rendre à la fois sûr et plus confortable l'espace occupé. On a édifié des chicanes, nettoyé la rue Michelet des débris dont elle était jonchée, installé des chaînes pour la nuit, et même conçu un plan de rotation qui permet les relèves. Ainsi donc le réduit est aujourd'hui mieux organisé qu'hier. Les autorités ne s'en émeuvent pas. Et peut-être en effet le problème n'est-il plus là. On estime à Alger que le conflit sera réglé à l'amiable, le gouvernement donnant des « assurances ». Car il n'est guère question de persuader – puisque c'est la persuasion qui est à l'ordre du jour – les manifestants en armes de faire confiance à la politique présidentielle. Il appartient au gouvernement – et quelques officiers l'ont dit avec passion à M. Michel Debré [6] – de faire un « geste d'apaisement ». Il devrait pour les uns renoncer, puisqu'un cessez-le-feu ne s'est pas produit, au principe même de l'autodétermination ou, pour d'autres, plus nombreux, proclamer son souci de faire triompher l'« intégration ».

Le discours du premier ministre n'a pas répondu à cette attente. Aussi assiste-t-on à présent à un effort destiné à convaincre la métropole de l'ampleur revêtue par la protestation de la population algérienne contre la politique définie le 16 septembre [7]. Il est hors de doute qu'au fur et à mesure que les jours passent la popularité des « assiégés » s'accroît. La population ne participait pas dimanche dans son ensemble à la démonstration qui s'acheva de manière si tragique, mais loin d'être des obstacles entre elle et les groupes armés, les barricades deviennent des points de jonction.

« Nous ne devons plus attendre pour ressusciter l'esprit du 13 mai [8] et retrouver son ambiance fraternelle », lit-on dans un tract qu'à 50 mètres des soldats en faction distribuaient des territoriaux. « Notre armée est à la pointe du combat pour la défense de l'Occident; nous nous efforcerons de ne pas lui imposer le problème d'un choix susceptible de la diviser ou de l'affaiblir », conclut ce manifeste.

Va-t-on assister à une évolution comparable à celle du mois de mai 1958, quand l'armée, attachée à la fois au maintien de l'ordre et au triomphe des aspirations algéroises, « canalisait » le torrent et en « captait les énergies », pour reprendre une expression du général de Gaulle?

Restent les musulmans. Ils sont jusqu'ici demeurés étrangers à cette affaire, mais on annonce que « la Casbah va se joindre au mouvement ».

Aux premières heures de la matinée de mercredi, Alger demeure engourdie, et l'on ignore à la fois le but et le résultat de l'entretien qu'auraient eu avec le général Challe – car l'état-major le dément – M. Pierre Lagaillarde, qui assure le « commandement du secteur des facultés », et M. Ortiz. « Je n'ai rien à dire et rien à commenter », a déclaré ce dernier quand il rejoignit le secteur des barricades, où l'on scandait : « Renvoyez Massu [9]! Renvoyez Massu! »

Rappelons que toutes les informations de presse en provenance d'Alger sont soumises à la censure.

EUGÈNE MANNONI

28 janvier 1960

1. Voir P 6 note 9.
2. Quartier résidentiel d'Alger.
3. Grande place d'Alger située devant le Palais du gouvernement général.
4. Voir P 6 note 7.
5. Voir P 6 note 3.
6. Voir E 3 note 9.
7. Discours du général de Gaulle, du 16 septembre 1959, ayant pour thème essentiel le droit de l'Algérie à l'« autodétermination », avec trois options possibles : sécession/francisation complète/gouvernement des Algériens par les Algériens avec l'appui de la France.
8. Voir P 2 note 2.
9. Voir P 2 note 3.

DANS LA NUIT DE VENDREDI A SAMEDI AVEC L'APPUI DES PARACHUTISTES

P8 Coup de force militaire à Alger

Les généraux en retraite Challe [1], Jouhaud [2] et Zeller [3] s'emparent du pouvoir
Les généraux commandant à Oran et à Constantine refusent de les suivre
Le général Olié [4] remplace en Algérie le général Gambiez [5] « prisonnier ».

L'aventure

Pour la troisième fois en trois ans Alger entre en insurrection contre le pouvoir central. En mai 1958 les chefs militaires, coiffant le mouvement et faisant corps avec lui, provoquaient la chute du gouvernement, le changement de régime et, bon gré mal gré, l'accès à la tête du pays d'un homme prestigieux, qui devait bientôt les décevoir. En janvier 1960 une nouvelle révolte n'obtenait que le soutien indirect de certains éléments de l'armée et des hauts états-majors. Aujourd'hui ce sont des officiers généraux à la retraite – mais ayant exercé les plus hauts commandements – qui prennent l'initiative et s'emparent sur place de tous les pouvoirs. A leur tête se trouve l'ancien commandant en chef qui, en 1960, avait dû tant bien que mal faire face à l'émeute.

La première phase de l'opération a été – reconnaissons-le – remarquablement conçue et exécutée. Cette nuit, quand le rideau tombait sur la dernière réplique de *Britannicus*[6], ni le général de Gaulle ni la pléiade de ministres qui l'accompagnaient, parmi lesquels celui de l'Algérie, ne se doutaient manifestement de quoi que ce soit.

Mais maintenant? Si, comme les précédents permettent de le croire, l'Élysée tient ferme la barre, il est peu probable que le mouvement gagne sérieusement la métropole ou que l'autorité légitime reste désarmée, comme le 13 mai, par la totale passivité des exécutants. Il paraît certain, en revanche, que, cette fois encore, les forces populaires n'hésiteront pas, malgré leurs griefs ou leurs rancœurs, à faire bloc derrière le général de Gaulle. En Algérie même les chefs responsables des régions d'Oran et de Constantine ont refusé de courir l'aventure. Si cette situation se maintient, que pourrait espérer un gouvernement insurrectionnel constitué par hypothèse à Alger? Le ralliement des masses musulmanes? Des concours extérieurs? L'idée de manœuvre des militaires révoltés est, semble-t-il, toujours la même : compter sur le refus de l'armée de marcher contre l'armée et peser ainsi sur le gouvernement pour l'obliger à changer de politique ou à se démettre.

Y parviendraient-ils, quels pourraient être finalement les résultats du coup de force? Ce n'est pas avec une armée dont l'unité serait brisée, des recrues libérées en conscience du devoir d'obéissance, une métropole bouleversée et moins encore dans l'horreur d'une éventuelle guerre civile que la lutte pour l'Algérie française pourrait être poursuivie et gagnée. Ceux qui connaissent bien le général Challe et que son geste stupéfie sont convaincus qu'il ne s'est pas jeté dans l'aventure sans l'avoir minutieusement préparée. Mais, en définitive, il s'agit ici beaucoup plus de stratégie politique que de tactique insurrectionnelle. Ce sont les rapports de la France avec la Tunisie, le Maroc et sans doute l'Afrique noire qui seraient bientôt remis en question. Ce serait l'internationalisation du conflit rendue inévitable à travers un chaos de style congolais. Ce serait pour le Kremlin, après Cuba, une nouvelle occasion de s'assurer l'avantage, offerte par ceux-là mêmes qui l'exècrent et se flattent de lui opposer enfin une résistance victorieuse.

Rarement apprentis sorciers ont pris sur eux de telles responsabilités, accepté de pareils risques. Est-il encore une chance qu'ils le comprennent avant l'irrémédiable?

SIRIUS

23-34 avril 1961

1. Voir P 6 note 9.
2. Pied-noir; ancien vice-président du comité de salut public. Chef d'état-major de l'Armée de sept. 1958 à sept. 1960, époque à laquelle il démissionne après le discours de de Gaulle sur l'autodétermination de l'Algérie. Participe avec Challe et Salan au « putsch des généraux ». Après l'échec du putsch, s'enfuit avec l'aide de l'O.A.S. Condamné à mort par contumace, comme Salan. Arrêté en mars 1962, il est ensuite amnistié et libéré.
3. Chef d'état-major de l'armée de terre. S'entoure d'officiers activistes et préconise que l'armée doit guider la République. En 1959 il démissionne et s'engage dans la lutte en faveur de l'Algérie française. Après l'échec du « putsch d'Alger », il est arrêté et condamné, en même temps que Challe, à 15 ans de prison; amnistié et libéré par la suite.
4. Général fidèle à de Gaulle, nommé commandant en chef en Algérie après l'échec du « putsch des généraux ».
5. Commandant en chef de l'Armée d'Algérie en 1961. Fidèle à de Gaulle, il avait refusé de participer au putsch des généraux, qui le font arrêter et emprisonner le 23 avril 1961.
6. Tragédie de Racine (1669) à laquelle assistaient le général de Gaulle et ses ministres le vendredi soir 21 avril 1961, tandis qu'au même moment à Alger les généraux Challe, Jouhaud et Zeller s'emparaient du pouvoir.

P9 Ceux dont on ne parle pas

Tandis que s'entrecroisent les déclarations et les adjurations, il est des hommes dont on ne parle pas : les quelque 250 000 jeunes soldats du contingent qui se trouvent en Algérie.

Ils représentent pourtant à peu près la moitié des effectifs (harkis [1] non compris) présents outre-Méditerranée. Le reste est constitué par la gendarmerie, le Légion étrangère, la majeure partie de l'armée de l'air et de la marine.

Il faut enfin faire entrer en ligne de compte les cadres. Parmi les officiers subalternes le plus grand nombre des aspirants et sous-lieutenants proviennent du contingent, auxquels il faut ajouter quatre cents officiers de réserve rappelés qui servent pour la plupart dans le bled [2]. Parmi les sous-officiers, la majorité des « petits cadres » proviennent du service militaire. Lors des événements du 13 mai [3], le contingent, d'ailleurs soigneusement tenu à l'écart, n'a représenté ni une force ni un frein.

Aujourd'hui, le cas est plus net. On parle des cas de conscience qui se posent aux officiers de carrière. Mais ceux qui déchirent les jeunes soldats métropolitains en Algérie ne sont-ils pas au moins aussi graves? Certes il serait effroyable de chercher à opposer soldats de métier et soldats du contingent, sous le prétexte que des militaires de carrière – qui ne représentent pas, loin de là, ce qu'on continue d'appeler le « corps des officiers » – hésitent en face du devoir. Mais ceux qui tentent la sécession ou la révolte ne doivent pas oublier que les jeunes gens qui leur sont confiés sont allés en Algérie pour obéir à l'appel de la nation. Chercher à les entraîner dans l'aventure serait à la fois une faute contre l'honneur et un crime contre la France.

J. P.

30 janvier 1960

1. Harkis : soldats algériens ayant choisi de combattre dans les rangs de l'armée française en Algérie.
2. Zones, situées à l'intérieur des terres, propices à la guérilla.
3. Voir P 2 note 2.

AU JOUR LE JOUR

Quand l'esprit vient à Bidasse

Les historiens démêleront sans doute un jour les fils nombreux des trames qui se firent et se défirent au cours du complot d'Alger, mais d'ores et déjà tout le monde s'accorde à dire que l'audition par les jeunes soldats du message présidentiel fut déterminante.

Tout message suppose une émission, une transmission et une réception. A l'émission nous avions un spécialiste qui a fait ses preuves certain jour de juin 1940 [4]. A la transmission il y avait cette merveille de la technique qu'est le poste à transistors.

A-t-on songé qu'à la réception il y avait quelque chose de nouveau?

L'erreur des insurgés fut de croire qu'en 1961 l'opinion de l'armée, c'est encore exclusivement l'opinion de ses officiers. Ils ont cru avoir encore affaire au Bidasse [5] naïf qui grogne mais marche, alors qu'ils avaient affaire à son petit-fils, celui qui est allé à l'école.

J'ai peut-être tendance à trop attendre de l'éducation populaire, mais l'argument ici est irréfutable. L'enseignement public a prouvé en Algérie sa vertu d'arme secrète.

La prochaine fois, s'ils veulent réussir, il faudra que les aventuriers ferment les écoles... mais au moins vingt ans à l'avance.

ROBERT ESCARPIT

30 avril-2 mai 1961

4. Voir P 2 note 11.
5. Simple soldat, deuxième classe (argot).

APRÈS LA CONCLUSION DES NÉGOCIATIONS FRANCO-F.L.N. D'ÉVIAN

P10 Au-delà de la guerre

On nous l'a tant dit que nul ne peut l'ignorer : le cessez-le-feu n'est pas la paix. Il n'en était pas moins la condition préalable, porte étroite par laquelle il fallait nécessairement passer. En deçà la priorité était aux forces de destruction, au-delà il ne devrait plus s'agir que de reconstruire ou de construire. Fallait-il vraiment sacrifier pendant plus de sept ans des centaines de milliers de vies humaines et des milliers de milliards pour franchir enfin ce seuil? Après plusieurs tentatives manquées, fallait-il encore tant d'étapes : la paix des braves [1], Melun [2], Évian [3], Lugrin [4] et, avant de revenir à Évian, ce rendez-vous des Rousses [5], où les adversaires, pris au jeu d'un rallye clandestin, devenaient bon gré mal gré quelque peu complices? Sûrs de la force qu'ils tiraient de leur foi et de leur volonté, d'une énorme disproportion démographique, de sympathies ou d'appuis assurés à l'Ouest et à l'Est, les nationalistes algériens n'auraient-ils pu, plus vite et à moindres frais, parvenir à leurs fins? Et comment croire que de notre côté il était vraiment impossible de faire l'économie de tant de déclarations et de gestes contradictoires, de mettre un terme beaucoup plus tôt à toutes sortes de menées, parties souvent des hauts postes de l'État, de mieux organiser la formation civique des officiers et le contrôle des états-majors, d'empêcher qu'à tous les échelons des chefs courageux et honnêtes, sinon toujours très lucides, aient pu s'estimer abusés, trahis, irrémédiablement atteints dans leur honneur d'homme, de citoyen, de soldat?

Mieux vaut tard que jamais. Par-delà tous les délais et toutes les déceptions, ceux qui, voici bientôt quatre ans, ont cru devoir se résoudre contre leurs sentiments et contre les principes à un pari dont ils ne se dissimulaient pas les énormes dangers ne peuvent qu'attacher à ces premières et incertaines perspectives de paix ce qui leur reste d'espoir. Libre à chacun de penser que d'autres – mais qui donc se présentait alors? – eussent été plus habiles, plus forts, plus prompts, que le général de Gaulle, ou au contraire qu'il n'était guère possible de faire beaucoup mieux, compte tenu de l'inextricable enchevêtrement des faits, des intérêts et des forces. Une étape est franchie, qui aurait dû l'être plus tôt, mais qui pourrait aussi ne pas l'être encore sans la volonté du chef de l'État et l'inlassable concours que lui apportait le ministre des affaires algériennes. Sans vaines récriminations, il convient de n'évoquer aujourd'hui le passé que pour en tirer les leçons utiles à la construction de la paix.

SIRIUS

20 mars 1962

1. Au cours d'une conférence de presse du 23 octobre 1958, de Gaulle utilise cette expression (« la paix des braves ») pour inviter à des pourparlers entre le gouvernement français et les combattants algériens du F.L.N. (Front de libération nationale).
2. Entretiens préliminaires (25-29 juin 1960) entre la France et le G.P.R.A. (Gouvernement Provisoire de la Révolution algérienne) en vue du cessez-le-feu en Algérie. Échec.
3. 20 mai-13 juin 1961 : les premiers pourparlers s'engagent; échec. Du 7 au 18 mars 1962 : nouvelles conversations; accord.
4. 20-28 juillet 1961, au château de Lugrin (Haute-Savoie), deuxième rencontre des deux délégations; échec.
5. 10-18 février 1962 : conférence secrète entre les deux délégations. Préparation à le deuxième conférence d'Évian.

P11 L'O.A.S. tire sur des patrouilles militaires à Alger et tue un officier et cinq jeunes soldats

Ces agressions sont suivies de combats de rue

A Alger un commando de l'O.A.S. a ouvert le feu vendredi matin à Bab-El-Oued [1] sur un camion de l'armée, tuant un lieutenant et cinq jeunes soldats et en blessant plusieurs. Deux autres patrouilles ont été attaquées dans la matinée, en sorte que le nombre des militaires blessés serait plus nombreux.

Au début de l'après-midi, des combats de rue ont éclaté dans le centre de Bab-El-Oued. Des soldats et des gendar-

1. Quartier populaire et « coloré » d'Alger où cohabitaient Algériens et pieds-noirs de condition modeste.

mes qui tentaient de dresser des barbelés aux entrées du quartier ont essuyé des coups de feu. Ils ont aussitôt riposté. A 15 heures des civils armés de pistolets mitrailleurs, de bazookas, et de fusils-lance-grenades ont pris position à certains carrefours et tirent sur les militaires.

Jeudi soir les commandos O.A.S. avaient déjà ouvert le feu sur les forces de l'ordre, en exécution du plan « d'offensive généralisée » de Raoul Salan [2]. *La fusillade s'était poursuivie sporadiquement toute la nuit. Un attaquant a été tué près du tunnel des facultés.*

L'O.A.S. a d'autre part dirigé plusieurs attentats contre des musulmans tant à Alger, où il y a plusieurs morts, qu'à Oran, où jeudi un tir au lance-grenades a fait de nombreuses victimes parmi les femmes et les enfants d'un quartier arabe.

A Paris, le général de Gaulle a reçu, avant de présider le conseil des ministres, M. Christian Fouchet [3], *arrivé jeudi soir de Copenhague.*

Le haut commissaire de France en Algérie, qui confère d'autre part, en fin de journée, avec M. Debré [4], *compte rejoindre son poste samedi, et dès son arrivée il s'adressera, dans une allocution radiodiffusée, aux Français d'Algérie.*

Une folie meurtière

Chaque jour, chaque heure qui passe – et la nuit même ne connaît plus de répit – confirment que l'O.A.S. est désormais passée à l'offensive à Alger et à Oran. On savait depuis le « bombardement » de la place du Gouvernement que ses tueurs n'hésitaient plus à massacrer aveuglément les musulmans. On sait depuis qu'ils ont pris pour cible à Oran un quartier populeux et misérable, massacrant là encore femmes et enfants.

On connaissait les avertissements adressés ces jours derniers aux forces de l'ordre, leur « interdisant » l'accès de Bab-El-Oued ou du centre d'Oran. On hésitait cependant à croire que les commandos de Godard iraient jusqu'à tuer froidement des soldats français après avoir, une partie de la nuit, tiré à travers la ville sur les gendarmes et les C.R.S.

Les actions de l'O.A.S. provoquent l'indignation. Elles déconcertent aussi. Ses chefs se présentent comme les « défenseurs » des populations musulmanes contre une métropole qui les « abandonne », mais ils ordonnent simultanément d'aveugles attentats et des massacres d'innocents. Ils mettent au défi l'armée, depuis des mois, de tirer sur d'autres Français, mais ne craignent pas aujourd'hui d'ouvrir le feu les premiers sur de jeunes soldats et leurs officiers.

L'organisation activiste paraissait jusqu'ici soucieuse de ménager l'armée, de l'entretenir dans une certaine neutralité; les événements de la nuit et de la matinée laissent à penser qu'elle a franchi le pas. Désormais la folie meurtrière de ses commandos ne distingue plus parmi ses victimes.

Si ces contradictions et ces débordements renforcent l'unité et la détermination de ses adversaires, l'O.A.S. semble d'autant plus redoutable et redoutée qu'elle conserve toujours le bénéfice de l'initiative et de la surprise, face à un pouvoir et à des forces de l'ordre qui se tiennent sur la défensive.

La détermination de la plupart des unités engagées à Alger et à Oran n'est pas en cause, comme en témoignent leur riposte la nuit dernière et le sang-froid dont elles ne se départent pas. Mais les autorités n'agissent pas et ne réagissent pas au même rythme que la subversion. Elles sont toujours en retard d'une opération, surprises par l'événement, et manquent pour le moins d'imagination face aux entreprises diaboliques de l'ennemi. Comment expliquer autrement que les commissariats de police puissent être encore dévalisés, que des policiers se laissent désarmer en pleine rue, que l'on n'ait pas encore trouvé le moyen d'assurer la protection des avocats d'Alger, en grève depuis plus d'une semaine? Comment croire que des perquisitions opérées, comme celles de vendredi à l'aube, plusieurs heures après que des coups de feu eurent été tirés d'un immeuble, puissent être réellement fructueuses?

Tant que les forces de l'ordre ne passeront pas à la contre-offensive sur le front d'Alger et d'Oran, que l'autorité ne se manifestera pas sur place, présente, vigilante, imaginative, l'O.A.S. gagnera inévitablement du terrain et l'on ne pourra pas s'étonner, ni même le leur reprocher, que les Européens de ces villes, y compris ceux qui n'en sont pas partisans, se plient aux consignes, ordres et interdits de l'O.A.S.; bref, ploient l'échine sous le régime de terreur qu'elle instaure progressivement.

PHILIPPE HERREMAN

24 mars 1962

2. Voir P 6 note 6.
3. Gaulliste de la première heure, demeuré fidèle au général, diplomate, député et ministre sous la Ve République. Commissaire de la République en Algérie (19 mars 1962), il est chargé d'organiser le référendum pour l'autodétermination. Mort en août 1974.
4. Voir E 3 note 9.

PORTRAIT

P12 Un banquier baudelairien entre à l'hôtel Matignon

Au dictionnaire des idées reçues [1], un professeur n'est pas un juge, un banquier ne fréquente pas les poètes, et ce n'est pas en cultivant les roses qu'on devient premier ministre. Pourtant, M. Georges Pompidou, selon ses biographes, aurait été professeur. Puis il aurait dit le droit au Conseil d'État et au Conseil constitutionnel. En même temps il aurait dirigé une banque d'affaires. Il serait encore l'auteur d'un récent ouvrage qui étale une passion pour Baudelaire, de l'inclination pour Apollinaire et du goût pour Éluard. D'aucuns assurent l'avoir vu repiquer des rosiers dans le jardin d'une blanche maison d'Orvilliers, près de Houdan. Et c'est le même homme qui va être nommé premier ministre.

La clé de cette confusion est évidente : ils sont trois. Il existe bel et bien trois Georges Pompidou, inséparables et identiques, mais aux destins divergents. Le premier est professeur. Il est né d'ailleurs dans l'enseignement, d'un père qui, dit-on, ne tenait pas moins solidement en main ses élèves que son collègue, le professeur Henri de Gaulle, père du général. Brillant sujet du lycée d'Albi, il « monte » faire « khâgne » [2] à Louis-le-Grand [3], et, muni de l'agrégation, redescend aussitôt au lycée de Marseille, où il entame une carrière toute tracée. Elle le reconduira à Paris, où débute et s'achève, selon l'immuable logique exposée lumineusement par Giraudoux [4], toute ascension administrative, qui ramène inexorablement l'heureux promu à son point de départ et à la capitale. A la faveur des longues vacances universitaires, le professeur a consacré d'abord une étude à *Britannicus* [5]. Puis il a sélectionné pour deux petits « classiques illustrés » [6] à l'usage de l'enseignement secondaire des « pages choisies » de Taine [7] et de Malraux [8], avec introduction, bibliographie, documents, questions de cours et sujets de composition française. Il vient de produire l'hiver dernier une anthologie de la poésie française qui, malgré la part généreuse faite à Nerval [9] et surtout à Baudelaire (mais les poètes maudits acquittés par la justice sont admis dans les bonnes familles) et malgré une certaine complaisance pour J.-P. Toulet [10], peut être mise sans péril entre toutes les mains. Entre la correction de dissertations et quelques leçons particulières, il consacre ses loisirs au jardinage. Le regard un peu las, mais rieur, sous de gros sourcils drus, la jovialité débonnaire, le geste mesuré de l'homme qui sait le poids des saisons et des jours, ce robuste Auvergnat est d'ailleurs taillé pour pousser la brouette et manier la bêche.

Son frère jumeau, le second, est un tout autre personnage. Chaque matin, il quitte un appartement du quai de Béthune qui trahit l'amour des vieilles pierres et des beaux meubles pour un grand bureau aux boiseries sombres, au premier étage de l'hôtel de MM. de Rothschild Frères, rue Laffitte. Là, il est M. le directeur général, bien que l'huissier en jaquette qui règne sur les fauteuils augustes et râpés de l'antichambre oublie parfois ce titre créé exprès pour lui et revienne par inadvertance à la tradition de la maison en l'appelant M. le fondé de pouvoir. Pour parvenir à ce haut poste, qu'ont occupé déjà avant lui de futurs présidents du conseil, M. René Mayer [11] notamment, il est sorti, comme il est d'usage, d'une grande école, en ce qui le concerne de Normale supérieure. Il collectionne maintenant les présidences et les sièges d'administrateur, de Penarroya à Francarep et de l'Ouest africain à la société Rateau. Il suit particulièrement l'économie du Nord en présidant la Société d'investissements de cette région et s'est révélé aussi compétent au conseil de la Société de gérance et d'armement que dans les affaires de transport ferroviaire des chemins de fer du Nord et de Paris à Orléans, qu'il administre également. Quant au troisième Georges Pompidou, il a choisi la politique. Pour cela, il a pris son diplôme de Sciences Po, est entré au cabinet du chef de gouvernement provisoire comme chargé de mission au sortir de la guerre et de la résistance, à laquelle il avait participé avec éclat. Douze ans après, en 1958, son « patron » ayant été rappelé au pouvoir, il a accédé à la direction du cabinet présidentiel dans un gouvernement également provisoire. Entre-temps, il avait fait son entrée au Conseil d'État, avait tâté de l'administration au tourisme, avait quitté le Conseil avec l'honorariat et sans

1. Allusion à une œuvre inachevée de Flaubert portant ce titre.
2. Classe préparatoire au concours d'entrée à l'École normale supérieure de la rue d'Ulm.
3. Lycée parisien dont la « khâgne » est réputée.
4. Écrivain français (1882-1944), célèbre surtout pour ses pièces de théâtre : *la Guerre de Troie n'aura pas lieu, Ondine, la Folle de Chaillot.*
5. Tragédie de Racine (1669).
6. Collection scolaire de textes classiques et commentés.
7. Philosophe et historien français (1828-1893).
8. Né en 1901. Romancier *(La Condition humaine, l'Espoir)*; critique d'art *(les Voix du silence, le Musée imaginaire)* et homme politique; ministre des Affaires culturelles (1959-1969).
9. Écrivain romantique (1808-1855), auteur de récits *(Sylvie, les Filles du feu)* et de poèmes (*les Chimères).*
10. Poète et romancier (1867-1920), précurseur du surréalisme.
11. Président du Conseil de janvier à juin 1953.

esprit de retour. Bien que ses talents soient d'une autre nature, il devait retrouver en 1959 les problèmes juridiques au sein du Conseil constitutionnel, où il était nommé pour neuf ans. S'il accomplissait de discrètes missions pour ouvrir les voies de la paix algérienne, c'était plus comme émissaire et conseiller officieux que comme « sage » du régime. Entre autres avantages, son mandat public n'était nullement incompatible avec l'exercice d'une profession. C'est ainsi, peut-on penser, qu'est née la confusion entre le banquier, le haut fonctionnaire et l'écrivain, et que certains ont pu alors croire qu'il s'agissait du même personnage.

Lequel, dans ces conditions, est aujourd'hui premier ministre? S'il fallait être juriste pour siéger dans les hautes juridictions de l'État, homme d'affaires pour devenir directeur de banque, diplomate pour négocier, parlementaire pour diriger le ministère, il serait resté professeur et jardinier. Mais cette fois, à la liste prestigieuse des qualités successives ou simultanées qui ornent déjà sa carte de visite, M. Georges Pompidou pourra ajouter, dans un an tout au plus, le titre peu galvaudé d'ancien chef du gouvernement de la Ve République.

PIERRE VIANSSON-PONTÉ

14 avril 1962

DANS UN COMMUNIQUÉ CONJOINT

P13 Paris et Pékin annoncent officiellement l'établissement de relations diplomatiques

Formose [1] paraît pencher pour la rupture avec la France

Le communiqué suivant a été publié lundi à midi, heure de Paris, simultanément à Paris et à Pékin.

« Le gouvernement de la République française et le gouvernement de la République populaire de Chine ont décidé d'un commun accord d'établir des relations diplomatiques ».

« Ils sont convenus à cet effet de désigner des ambassadeurs dans un délai de trois mois. »

Ce texte extrêmement concis n'est assorti pour le moment d'aucun commentaire du côté français. Du côté chinois on s'attendait généralement à la publication d'une déclaration indiquant que l'établissement de relations diplomatiques avec la France n'implique aucunement l'acceptation de la thèse dite « des deux Chines ».

Rencontre de deux indépendances

Lorsqu'un gouvernement comme celui de la France, qui célèbre en toute occasion la totale indépendance de sa politique étrangère, procède à l'échange d'ambassadeurs avec un gouvernement comme celui de la Chine populaire, qui exerce sa souveraineté depuis près de quinze ans sur la totalité du territoire chinois continental, il y a sans doute moins lieu de se demander pourquoi il le fait que pourquoi il ne l'a pas fait plus tôt.

Il y a bien longtemps en effet qu'à part quelques fanatiques chacun est convaincu que les chances de Tchiang Kaï-chek [2] de se réinstaller à Pékin sont infimes et qu'on ne peut éternellement maintenir la fiction qui fait de lui le détenteur du pouvoir dans l'Empire du Milieu. D'année en année, d'ailleurs, les rapports de fait se sont intensifiés entre la Chine populaire, qui a participé aux deux conférences de Genève sur l'Indochine et sur le Laos, et les puissances occidentales. Les États-Unis eux-mêmes, tout en maintenant leur assistance à Formose, considérée comme un bastion stratégique essentiel, ont montré une certaine tendance à prendre leur parti des réalités.

Rien donc n'aurait empêché le général de Gaulle de procéder bien plus tôt à une normalisation qu'on serait d'autant plus mal venu à lui reprocher, dans les chancelleries alliées, qu'après tout la Grande-Bretagne, les Pays-Bas, les pays scandinaves, le Pakistan entretiennent depuis longtemps, sans grand profit d'ailleurs, des rapports avec Pékin. S'il ne l'a pas fait, c'est vraisemblable-

1. Chine nationaliste, établie dans l'île de Formose au large des côtes chinoises.

2. Né en 1887, chef du gouvernement de la Chine nationaliste depuis 1949 après l'échec de sa résistance contre Mao Tsé Toung.

ment parce qu'il voulait régler chaque problème en son temps et que, dans son esprit, l'Algérie puis l'Europe venaient en tête. C'est aussi, comme en témoignent ses déclarations au moment de la visite en France de M. Khrouchtchev, parce qu'il n'avait perdu l'espoir de voir l'Europe se réaliser un jour, grâce à lui, « de l'Atlantique à l'Oural ». Il était même allé, dans une conférence de presse fameuse, jusqu'à désigner le péril jaune comme le principal ciment de cette réconciliation.

Mais les choses ont tourné autrement. On a vu la Russie soviétique, après la crise des Caraïbes, chercher un rapprochement avec les États-Unis, dont le signe le plus remarquable jusqu'à présent a été le traité de Moscou sur les essais nucléaires. Que la Chine soit appelée à faire les frais de ce rapprochement, on n'en a pas douté un instant à Pékin.

Lâchée par son protecteur naturel, qui rappelait ses techniciens et diminuait de manière spectaculaire les échanges commerciaux avec elle, la Chine populaire, en dépit de son aversion pour l'« impérialisme » sous toutes ses formes, était bien forcée de se retourner vers le monde extérieur. Elle s'y est trouvée encouragée par la politique du général de Gaulle, dont la résistance à la volonté américaine est mise en valeur par Pékin. C'est donc dans la rencontre de ces deux volontés d'indépendance qu'il faut voir la raison fondamentale du paradoxal rapprochement du régime qui a repris le flambeau de la révolution permanente à une Russie jugée révisionniste et embourgeoisée et d'un homme qui s'est posé au cours de ces dernières années comme le champion de la résistance de l'Occident aux entreprises du communisme sous toutes ses formes.

Que les arrière-pensées, de part et d'autre, soient assez contradictoires, qui en douterait? L'avenir dira qui a raison de ceux qui croient qu'une chance va être donnée aux communistes chinois de trouver leur place dans la communauté humaine et ceux qui pensent qu'un nouveau jalon vient seulement d'être posé dans la progression du communisme le plus offensif.

28 janvier 1964

P14 « Un personnage de roman »

« Ce Mitterrand, je l'aime bien. C'est un garçon romanesque : je veux dire, un personnage de roman. Il sort, à quelques lieues de chez moi, du terroir charentais, comme Rastignac [1]. » Ainsi François Mauriac [2] saluait-il en 1954, dans son « Bloc-Notes » [3] de l'*Express*[4], l'entrée de François Mitterrand comme ministre de l'intérieur dans le gouvernement Mendès France [5].

Un personnage de roman? La carrière du nouveau candidat à l'Élysée comporte en tout cas trois chapitres bien tranchés, qui pourraient s'intituler respectivement « la Conquête », « la Réussite », « la Solitude », chacun d'eux représentant une « tranche de vie » d'environ dix années.

De vingt à trente ans, c'est la conquête. Fils d'un cheminot fixé en Charente pour y exploiter une petite entreprise familiale, né à Jarnac, François Mitterrand s'arme solidement pour l'avenir : deux licences – lettres et droit, – un diplôme d'études supérieures de droit public, Sciences po... Il sera journaliste, avocat. Mais la guerre le surprend – né en 1916, il a vingt-trois ans en août 1939, – en fait un sergent d'infanterie coloniale. Il est blessé, capturé, et mettra à s'évader une redoutable obstination, comme en toutes choses. La troisième tentative, en décembre 1941, sera la bonne.

L'évadé se préoccupe tout naturellement de ceux qui furent ses camarades de captivité. A Vichy [6], il les sert un moment au commissariat général aux prisonniers, et on lui reprochera tout au long de sa vie publique d'y avoir reçu la distinction du régime, la francisque – mais il s'en défendra toujours. Cependant, il conclut parallèlement un tout autre engagement, et participe à la fondation de la première organisation de la Résistance tournée vers les captifs, qui deviendra le Mouvement national des prisonniers de guerre et déportés, le M.N.P.G.D. Missions à Londres et à Alger, vie dangereuse et exaltante des clandestins : en août 1944 François Mitterrand est l'un des secrétaires généraux désignés par le général de Gaulle pour occuper provisoirement les postes ministériels en attendant l'installation à Paris des membres du gouvernement provisoire. Pour la première fois, il entre dans un palais officiel en maître; ce n'est pas la dernière. Tandis qu'il prend ainsi possession du ministère des anciens combattants avec ses gardes du corps, le premier chapitre s'achève. Alors commence la réussite. Elle n'ira pas sans vicissitudes. Désigné pour siéger à l'Assemblée consultative, il lui faut s'effacer devant un de ses camarades. Il est candidat le 2 juin 1946 à Paris aux élections législati-

1. Personnage de Balzac (*Les Illusions perdues*), jeune provincial ambitieux venu faire carrière à Paris.
2. Romancier catholique (1885-1970) *Thérèse Desqueyroux, Le nœud de vipères* et journaliste; prix Nobel en 1952.
3. Nom de la rubrique que tenait chaque semaine François Mauriac dans *L'Express* (voir note 4).
4. Hebdomadaire politique et d'information fondé par Jean-Jacques Servan-Schreiber au début de la guerre d'Algérie; aujourd'hui d'inspiration centriste, après avoir longtemps milité à gauche et même à l'extrême gauche à ses origines.
5. Voir P 38 : « Pierre Mendès France ».
6. Siège du gouvernement du maréchal Pétain au cours de la 2e guerre mondiale.

ves, mais il est battu. Son journal, *Libres,* issu de l'organe clandestin du M.N.P.G.D., n'a qu'une existence éphémère. Il collabore à diverses publications, conseille le groupe qui édite la revue *Votre Beauté,* envisage de s'inscrire au barreau... Puis, en trois mois, de novembre 1946 à janvier 1947, il conquiert coup sur coup un siège de député et un portefeuille ministériel.

Il a choisi la Nièvre, un département proche de Paris et en même temps politiquement stable. Il est entré à l'U.D.S.R. de René Pleven [7], où figure aussi Jacques Soustelle [8], un petit parti qui se situera d'abord à la charnière de la « troisième force » et du R.P.F., puis des radicaux et des modérés, des socialistes et du M.R.P. Il sera de toutes les combinaisons, de tous les cabinets ou presque. En dix ans, de trente à quarante ans (ou de 1947 à 1957), il sera ministre pendant plus de six années, dans onze gouvernements. Et il occupera les entractes en présidant le groupe parlementaire de l'U.D.S.R., puis le parti lui-même.

Des anciens combattants, il s'orientera très vite vers un autre champ d'action : l'outre-mer, l'Union française. C'est à lui qu'on doit de voir le Rassemblement démocratique africain du président Houphouët-Boigny [9] s'éloigner du communisme, s'engager vers ce qui sera un jour la coopération. A lui encore que revient le mérite, à la faveur d'un passage au ministère de l'information, d'avoir choisi la « définition » française de la télévision sur 819 lignes et non le procédé américain. Mais à lui aussi qu'incombera, comme ministre de l'intérieur, la charge de faire face le premier à l'explosion algérienne du 1er novembre 1954. « La seule négociation, dira-t-il, c'est la guerre. Car l'Algérie, c'est la France. »

Il est bon orateur, impassible sous les injures, d'une ironie marmoréenne quand il griffe – et il fait mal. Sa froideur n'est pas exempte d'une courtoisie appuyée. Il sait donner des démissions feutrées – au sein du gouvernement Laniel [10] par exemple – qui se révéleront prophétiques selon les uns, profitables diront les autres. Ses ennemis – il n'en manque pas – s'efforceront de l'atteindre, de l'abattre par tous les moyens : mais « l'affaire des fuites » [11], odieuse machination de médiocres animés par l'esprit de vengeance, s'effondrera, son principal accusateur lui-même, M. Georges Bidault [12], ayant reconnu loyalement qu'il avait été trompé.

Avec la chute de la IVe République, François Mitterrand entame le troisième chapitre de sa carrière : il fait l'apprentissage de la solitude. Dès le premier jour, il s'oppose avec force, avec violence même, au nouveau régime. La perte de son siège de député – qu'il remplace aussitôt par un mandat de sénateur de la Nièvre, avant de revenir, en 1962, au Palais-Bourbon – est un coup de semonce : désormais, il défendra mieux son fief électoral. Il devient maire de Château-Chinon en 1959, président du conseil général en 1964. A la tribune des assemblées, il sera le procureur, celui qui pose les questions gênantes, celui qui prononce les réquisitoires les plus durs, sous les sarcasmes de la majorité.

Mais l'opposition laisse des loisirs. Il a réalisé son vieux projet et, n'éludant aucune formalité, il a été reçu avocat au barreau de Paris, quelques mois après avoir été garde des sceaux. Il voyage, et de Pékin rapporte un volume qui connaîtra le succès, *la Chine au défi.* Un peu plus tard, il résumera ses critiques contre le régime dans un brillant essai, *le Coup d'État permanent.*

Cependant le personnage de roman a connu une nouvelle aventure. Dans la nuit du 15 au 16 octobre 1959, à l'orée des jardins de l'Observatoire, une rafale atteignait sa voiture. Il est bientôt accusé par un des auteurs de l'agression d'avoir machiné lui-même toute l'affaire. Il restera de cet épisode, que François Mitterrand dénoncera comme une provocation, une impression de malaise et un sentiment de gêne... Son opposition se durcit encore. Elle l'entraîne jusqu'à faire au procès Salan [13] une déposition qui étonne par sa sévérité... à l'égard du général de Gaulle. A la tribune de l'Assemblée, il se mesure avec M. Pompidou [14] et fait figure de leader de la gauche. Dans les clubs, il joue un rôle important encore que discret pour forcer les regroupements. Aujourd'hui, à quarante-neuf ans, il apparaît soudain sur le devant de la scène. Il a pris du poids, et le visage de Clouet [15] que lui voyait François Mauriac s'éclaire toujours de ces yeux de velours qu'il plante droit dans le regard de son interlocuteur. Il continue d'avancer d'un pas tranquille, peu soucieux d'être à l'heure aux rendez-vous, assuré de son destin, Saint-Just [16] pour les uns, Julien Sorel [17] pour les autres, mêlant ainsi, encore et toujours, le romanesque à l'histoire de son temps.

PIERRE VIANSSON-PONTÉ

11 novembre 1965

7. Né en 1901; deux fois premier ministre sous la IVe République (en 1950 et 1951); ministre des Affaires étrangères (1958) et de la Justice (à partir de 1969) sous la Ve.
8. Voir P2 note 10.
9. Président de la République de Côte-d'Ivoire à partir de 1960.
10. Président du Conseil en 1954.
11. Au début de l'été 1954 Mitterrand, alors ministre de l'Intérieur, fut accusé d'avoir livré des secrets d'État militaires au parti communiste français. Le procès qui s'ensuivit tourna au désavantage des accusateurs et Mitterrand sortit intact de cette machination politique.
12. Voir P3 note 3.
13. Voir P6 note 6.
14. Voir P12 : « Un banquier baudelairien entre à l'hôtel Matignon » et P48 : « Un drame, un destin ».
15. Jean Clouet (1475-1541) et son fils François (1520-1572), peintres à la cour de François Ier, furent de remarquables portraitistes.
16. Révolutionnaire (1767-1794), célèbre pour son intransigeance, qui fut le théoricien de la Terreur.
17. Héros du roman de Stendhal : *Le Rouge et le Noir* (1830).

MIS EN BALLOTTAGE DIMANCHE
AVEC 43,97 % DES SUFFRAGES EXPRIMÉS

P15-16 Le général de Gaulle déciderait avant jeudi soir de maintenir sa candidature au second tour

M. François Mitterrand [1] (32,04 %) sera alors seul à l'affronter. Jamais les Français n'ont été aussi nombreux à voter (85 %)

Un choc

Rarement, il faut le dire, résultat électoral aura autant surpris l'opinion internationale. Qu'on l'aimât ou non, on tenait le général de Gaulle pour assuré d'une telle autorité sur le peuple français qu'on n'imaginait pas que la majorité de celui-ci pût lui infliger ce qu'il est difficile d'interpréter autrement que comme un désaveu : un désaveu aux raisons multiples certes, sinon contradictoires, mais un désaveu tout de même. Il faut dire que la démocratie n'est pas si répandue dans le monde qu'il existe beaucoup de pays où l'on puisse se payer le luxe de mettre en ballottage un chef d'État qui fait figure de héros national.

Le choc a été si grand dans ces pays du « tiers monde », qui voient dans son attitude à l'égard des États-Unis et de l'U.R.S.S. la meilleure caution de leur neutralisme, qu'ils redoutent son retrait de la compétition, et avec lui la fin d'un grand espoir. Il est clair que pour eux le succès de la gauche ne suffit pas à garantir que la politique d'indépendance et de coopération sera poursuivie.

On trouve beaucoup plus de sang-froid à Moscou et d'une manière générale dans les pays de l'Est, où l'avance d'un candidat soutenu par le parti communiste est de nature à compenser la déception née du recul d'un homme pour lequel on ne se cachait pas de faire des vœux. Cela dit, on s'y rend bien compte que si le général est réélu en fin de compte le 19 décembre, ce sera grâce au soutien de la droite, et l'on redoute un peu que, pour l'obtenir, il ne soit amené à faire une campagne anticommuniste de nature à affecter sa politique extérieure.

C'est le sentiment inverse qui caractérise la réaction des grandes capitales occidentales, où le ballottage, en l'absence bien entendu de tout commentaire officiel, avait provoqué une évidente satisfaction. Aujourd'hui, le *New York Herald Tribune* n'est pas seul à exprimer la crainte que suscite à Washington la poussée d'une gauche dans laquelle les communistes figurent en première position. Entre deux maux on se demande, en somme, lequel il faut choisir. Le Dr Adenauer, pour sa part, n'a pas d'hésitation : pour lui le président sortant est le seul rempart contre le Front populaire. On pense exactement le contraire à Pékin, où M. Mitterrand, qui est favorable au traité de Moscou, est considéré comme le candidat « américain » – ce qui vaut des critiques voilées aux communistes qui l'ont soutenu. Les socialistes allemands, et avec eux, semble-t-il, bien des « européens », sont un peu d'accord avec cette analyse puisqu'ils se félicitent du succès de deux candidats qui n'ont pas fait mystère de leur attachement à la cause de la fédération européenne.

Tous en tout cas à l'étranger, qu'ils approuvent ou qu'ils désapprouvent la politique gaulliste, qu'ils se félicitent du résultat de dimanche ou qu'ils le déplorent, qu'ils pensent ou non qu'il affectera le comportement ultérieur du chef de l'État, sont d'accord sur un point : une page a été tournée, un ressort brisé.

Le général, comme a dit un journaliste allemand, « a raccourci de 10 centimètres ». Il ne manque pas d'ailleurs, même parmi ses adversaires résolus, de gens pour s'attendrir un instant sur le nouveau coup qu'au soir de sa vie lui inflige le destin.

Désormais, chaque fois qu'il parlera ou qu'un de ses ministres parlera, ceux dont il recherche l'amitié, comme ceux dont il défie la puissance, s'interrogeront avant de le croire sur ce qu'en pense ce peuple français qui vient brusquement de rappeler qu'il avait lui aussi, à l'occasion, ses idées. Le rendez-vous des élections législatives a toutes chances de devenir de ce fait un rendez-vous international. L'une des forces principales de la Ve République était jusqu'à présent de ne pas craindre de désaveu de l'opinion, et donc de pouvoir agir librement, alors que périodiquement, à Washington, à Bonn ou à Londres, l'action politique était paralysée par la proximité du verdict électoral. C'est là une supériorité qu'elle a perdue et qu'elle ne pourrait retrouver que si le résultat de la consultation de 1967 corrigeait, dans un sens favorable au gaullisme, celui du scrutin de dimanche.

8 décembre 1965

1. Voir P14 : « Un personnage de roman ».

AU JOUR LE JOUR

La messe et le tiercé

La messe et le tiercé disputent au suffrage universel les matins électoraux des Français et en rythment le déroulement. Il n'est pas surprenant qu'ils leur offrent aussi deux styles contradictoires. Jusqu'ici les consultations de la Cinquième République avaient plutôt des allures liturgiques, oblatives et adoratoires. Mais cette fois l'esprit de pari l'emporte sur celui de vénération; le tiercé l'emporte sur la messe.

La combinaison gagnante, si l'on s'en tient aux dossards qui ont été tirés au sort pour la campagne électorale, est 5-2-6. Gêné par le terrain lourd et par l'âge, le grand favori de l'écurie à Croix de Lorraine [2] est serré de près par les yearlings [3] de l'opposition, et notamment par celui de l'écurie au bonnet phrygien [4].

Ce n'est pas une surprise et je doute que le couplé du 19 décembre doive en être une. Mais il reste à connaître le rapport. Les dieux promettent en général de rendre au centuple ce qu'on leur donne. Il arrive que le P.M.U. fasse mieux.

ROBERT ESCARPIT

7 décembre 1965

2. Emblème du gaullisme.
3. « Yearling » : pur-sang d'un an; ici : jeune outsider.
4. Emblème révolutionnaire; ici : symbole du candidat de la gauche unie.

IL Y A VINGT ANS, LE 16 JANVIER 1947

P17 L'élection de M. Vincent Auriol marquait la naissance de la IVe République

C'était une belle journée claire et ensoleillée, mais pourtant froide, que le jeudi 16 janvier 1947. Depuis trois mois, la France avait enfin une Constitution. Le 13 octobre précédent, en effet, le projet de loi fondamentale issu des débats de la seconde Assemblée nationale constituante [1] avait été ratifié par le référendum populaire. Cette Constitution de la IVe République n'avait recueilli que la « minorité de faveur »; 36,05 % de oui par rapport aux électeurs inscrits, dont 31,4 % s'étaient abstenus.

Les deux Assemblées avaient élu leur président. Les députés avaient reconduit au fauteuil [2] un socialiste, M. Vincent Auriol, l'ancien ministre des finances du Front populaire de 1936, ayant rejoint Londres puis Alger en octobre 1943. M. Vincent Auriol avait fait la preuve de ses talents de conciliateur et de négociateur comme président des deux Constituantes depuis le départ du général en janvier 1946. Le Conseil de la République avait choisi M. Champetier de Ribes, l'un des fondateurs du Parti démocrate populaire, l'ancêtre du M.R.P., qui n'avait dû d'ailleurs sa désignation qu'au bénéfice de l'âge puisqu'il avait recueilli exactement le même nombre de suffrages – 129 – que son concurrent communiste, M. Marrane. L'institution parlementaire était en place.

Le gouvernement, lui, n'était que provisoire et de transition. De guerre lasse, après que l'Assemblée eut refusé d'investir M. Maurice Thorez [3], puis M. Georges Bidault [4]

1. La première Assemblée constituante fut élue le 21 octobre 1945; son projet de Constitution ayant été rejeté, une 2e Assemblée constituante fut élue le 2 juin 1946; son projet de Constitution fut adopté par le référendum du 13 octobre 1946 et promulgué le 27 octobre.
2. A la présidence de l'Assemblée nationale.
3. Voir P36-37 : « M. Thorez : l'homme d'État ».
4. Voir P3 note 3.

– communistes et républicains populaires s'excluant mutuellement –, M. Léon Blum [5], le vieux sage du socialisme, avait accepté, le 16 décembre, de former un gouvernement de minorité composé uniquement de socialistes et dont la mission était limitée au départ à un mois jour pour jour. Il avait été investi par une majorité d'autant plus large qu'elle ne signifiait rien – 544 voix contre 2 et 72 abstentions.

Le législatif ainsi installé et l'exécutif ainsi délégué, il ne restait plus qu'à couronner l'édifice en désignant le président de la République. C'est pour y pourvoir que, dès la fin de la matinée du jeudi 16 janvier, sénateurs et députés débarquaient par wagons entiers des trains de banlieue à la gare de Versailles – les voitures étaient rares et l'essence rationnée. Le chef de l'État en effet devait, selon la Constitution, être élu par les deux Assemblées réunies en congrès du Parlement. Mais on ne savait pas – la Constitution était muette sur ce point et il n'y avait pas de précédent – comment se déroulerait le scrutin, ou plutôt comment devait être décomptée la majorité absolue : serait-ce celle des membres du Parlement, celle des votants ou celle des suffrages valablement exprimés? Les présidents des groupes se consultent et tranchent : on prendra la majorité absolue des suffrages exprimés.

Un buffet de gare

A part ce détail, tout a été prévu – enfin, presque tout, Des cabines téléphoniques ont été installées pour les journalistes dans la galerie des bustes. Un signal d'alerte pour commander l'évacuation en cas d'incendie est prévu, un bloc chirurgical monté, un buffet disposé dans la galerie des Batailles [6] : en raison des restrictions, il ne peut servir qu'un repas unique et bien modeste composé de trois sandwiches variés, un chou à la crème et un verre de vin, pour le prix de 120 francs; pour cette somme il n'est pas question d'offrir fourchettes et couteaux. « Le député, écrit Roger Priouret, emportait le tout et allait le manger gauchement sur un coin de table, avec les doigts. La simplicité démocratique était tombée au niveau d'un buffet de gare ». Et Jacques Fauvet [7] note de son côté : « La salle du congrès est mal éclairée; les couloirs sont sales, mal chauffés. M. Vincent Auriol, qui préside, est en veston, et s'en excuse auprès des secrétaires généraux des Assemblées qui sont en jaquette ».

Car c'est M. Vincent Auriol lui-même, qui, en sa qualité de président de l'Assemblée nationale, prend place au fauteuil. Depuis une quinzaine de jours déjà il a engagé discrètement sa propre campagne, encouragé par Léon Blum et appuyé par ses amis socialistes. La droite a aussi son candidat symbolique, pour se compter : c'est M. Michel Clemenceau, député et président du P.R.L., qui peut invoquer le nom de son illustre père et aussi son attitude courageuse sous l'occupation, qui lui a valu d'être déporté en Allemagne. Le M.R.P. a beaucoup hésité, et il a nourri beaucoup d'illusions avant de choisir à son tour son représentant. Certains de ses dirigeants, et surtout M. Maurice Schumann [8], avaient souhaité que « le premier résistant de France fût le premier président de la République » : mais l'opposition formelle du général de Gaulle à la Constitution nouvelle, qu'il avait vainement conseillé aux Français de rejeter, lors du référendum, fait de cet espoir un vœu pieux. Ni de Gaulle ni les parlementaires n'y songent, même pas les plus ardents gaullistes, comme M. Capitant.

Une autre décision, plus lourde de conséquences, a été prise le matin également, à Paris, par les groupes communistes des deux Chambres, réunis au Théâtre des Variétés : selon la tactique arrêtée par leur chef, Maurice Thorez, les élus communistes ne présenteront pas de candidat et voteront dès le premier tour pour celui de la S.F.I.O., pour M. Vincent Auriol. Faute d'avoir la moindre chance de faire élire l'un des leurs, ils entendent que le vainqueur soit leur obligé, et que les socialistes soient contraints de répondre à ce bon procédé en les payant un jour de retour.

Il appartiendra à M. Jacques Duclos [9], en sa qualité de premier vice-président de l'Assemblée nationale, de proclamer le résultat du scrutin. Lorsque la nouvelle circule dans les couloirs, on comprend que, si M. Vincent Auriol se fait ainsi suppléer, c'est parce qu'il est élu.

Embrassades

Et à 10 h 45, M. Duclos proclame, en effet, d'une voix forte où roulent les cailloux des gaves [10] pyrénéens, que le candidat socialiste a recueilli 452 voix sur 883 suffrages exprimés, la majorité absolue étant donc de 442 bulletins, et qu'en conséquence M. Vincent Auriol est élu président de la République française. Aux socialistes et aux communistes, une quarantaine de députés et de sénateurs

5. Socialiste, président du Conseil du 18 déc. 1946 au 22 janvier 1947; il l'avait déjà été en 1936-38 lors du Front populaire.
6. Aile du château de Versailles aménagée en musée, où sont exposés des tableaux de batailles.
7. Actuel directeur du quotidien *Le Monde*.
8. Sera ministre des Affaires étrangères de 1969 à 1973.
9. Né en 1896, membre du bureau politique du P.C.F.
10. Torrent pyrénéen.

ont joint leur voix. Applaudissements, Marseillaise. Embrassades : on s'embrassera beaucoup ce jour-là chez les socialistes, et le premier à féliciter le nouveau chef de l'État, avant de l'accompagner à Paris et à Élysée, sera M. Léon Blum, qui étreindra longuement, au milieu des larmes de joie, son ami et camarade de trente années de luttes.

Président de la République, M. Vincent Auriol confiera à un autre socialiste, Paul Ramadier, le soin de former le nouveau gouvernement, dans lequel figureront, pour quelques mois encore, les communistes aux côtés des socialistes, M.R.P., radicaux, U.D.S.R. et indépendants.

Il lui faudra faire face sept années durant à bien des tempêtes intérieures et à bien des orages extérieurs avant de parvenir au terme de son mandat. A la différence de son chef Léon Blum et de son successeur au Palais-Bourbon [11], Édouard Herriot, il survivra au régime après l'avoir incarné, exercera même une influence importante en faveur du retour au pouvoir du général de Gaulle en 1958, et de la naissance de la Ve République, avant de disparaître à son tour le 1er janvier 1966.

PIERRE VIANSON-PONTÉ

16 janvier 1967

11. Assemblée nationale.

P18 Nuit dramatique au quartier Latin

Les négociations tardives avec les étudiants ayant échoué, la police prend d'assaut soixante barricades. La C.G.T., la C.F.D.T. et la F.E.N. lancent un appel à la grève générale lundi 367 blessés, 460 interpellations, 188 voitures endommagées

Commencée dans le calme, la manifestation organisée vendredi au quartier Latin par les étudiants parisiens, auxquels s'étaient joints des lycéens, a pris un tour dramatique dans le courant de la nuit.

Derrière les barricades qu'ils avaient dressées, les manifestants ont livré durant près de quatre heures des combats acharnés contre d'importantes forces de police qui, à partir de 2 h 20 du matin, avaient reçu l'ordre de rétablir le calme. Au cours de cette émeute, trois cent soixante-sept personnes ont été blessées, dont une vingtaine (quatre étudiants, dix-huit membres du service d'ordre) seraient dans un état grave.

Sur le plan matériel : soixante automobiles ont été incendiées, cent vingt-huit ont été endommagées, sans parler des chaussées ravagées et des magasins aux vitrines brisées.

Responsabilités

Notre histoire est, hélas! assez chargée d'émeutes pour que ne soit pas commise une fois de plus l'erreur d'en accuser un seul camp, sachant que les historiens eux-mêmes discutent longtemps après sans jamais réussir à s'entendre. S'il n'était lourd de gêne ou de colère, le silence conviendrait mieux, laissant parler non les hommes qui toujours, en ce cas, ne voient ou ne disent qu'une part de la vérité, mais les faits. Chacun pour se couvrir ou se défendre se situe évidemment au lieu et à l'heure qui lui sont favorables. Mais la part faite aux intentions « révolutionnaires » de ceux qui ont le courage singulier en cette époque de se présenter comme tels, le gouvernement – ou ce qui en a tenu lieu pendant huit jours – partage largement la responsabilité des émeutes du quartier Latin. Mal informé et mal inspiré, il a donné l'impression de flotter au gré des mouvements de la foule étudiante, précipitant des décisions malencontreuses à l'origine, tardant à en prendre à l'heure où elles pouvaient encore éviter le pire.

Longtemps brocardé puis condamné, tant par le parti communiste que par le pouvoir, un noyau d'étudiants plus nihilistes que révolutionnaires est depuis longtemps au cœur du combat dans le désert moral et social des campus. Que veulent-ils? On ne le sait encore. Que peuvent-ils? On le voit aujourd'hui. Devant l'affaiblissement des organisations syndicales et politiques et la défaillance des autorités universitaires et gouvernementales, ils peuvent enflammer toute une jeunesse que la carence de tout encadrement rend d'autant plus libre et ardente.

Que les « autorités » universitaires, et à leur tête le ministre de l'Éducation nationale, aient été comme paralysées et pour certaines terrorisées devant ce soulèvement ne devrait pas étonner tant la simple communication avec cette jeunesse est difficile à tous les niveaux, à commencer par le plus naturel : personnel ou familial. Mais c'est précisément cette coupure, aggravée par la nature même du pouvoir, qui aurait dû l'inciter à la prudence.

Huit jours après, il est encore difficile de comprendre pourquoi la police a été requise pour faire expulser les étudiants d'un « sanctuaire » qu'ils étaient en train d'évacuer. On ne manie pas plus à la légère un détonateur. Il est également difficile d'admettre qu'une faculté a pu être précipitamment fermée alors que pratiquement aucun cours n'y avait été troublé. On n'amasse pas plus sûrement la poudre dans la rue qu'en vidant les amphithéâtres.

Il est encore plus incompréhensible que depuis lundi, alors que, non sans peine ni mérite, les organisations d'étudiants avaient réussi à rétablir un certain calme en reprenant le contrôle du mouvement, le pouvoir n'ait prononcé que de vagues paroles d'apaisement sans les accompagner du moindre geste concret. On ne sous-estime pas mieux le sentiment de fierté et de solidarité de toute masse en mouvement ou en colère, qu'elle soit ouvrière, paysanne, étudiante ou, comme l'on disait naguère, indigène.

Enfin, dans la nuit tragique du second vendredi rouge, un seul mot du pouvoir aurait sans doute évité la nouvelle et sanglante épreuve de force. Aux causes proches d'un tel drame, il faut d'abord des palliatifs dont le plus immédiat devrait être l'offre de démission du ministre de l'Éducation nationale et du recteur de l'académie de Paris. Il faut en même temps aider les organisations d'étudiants à reprendre en main le mouvement étudiant au lieu d'ajouter à leurs propres faiblesses. Il faut aussi que tout en se solidarisant avec les victimes d'une répression excessive, le corps professoral n'abdique pas devant d'autres excès. Il faut enfin que si la justice passe, elle soit sereine, c'est-à-dire tardive, et juge les intentions autant que les actes.

JACQUES FAUVET

12-13 mai 1968

P19-20 « Nuit de la liberté » à la Sorbonne

« Le quartier Latin aux étudiants! », ce slogan lancé depuis la fermeture de la Sorbonne s'est brusquement concrétisé lundi soir. Après l'avoir complètement investie les étudiants l'ont « ouverte » à la population, appelant les « ouvriers et les travailleurs » à venir discuter avec eux « des problèmes de l'Université ». Ce fut une extraordinaire nuit de liberté exaltée, de discussions fiévreuses pour « changer la société ». D'un coup, l'ordre paraissait avoir disparu. Tandis que des groupes déambulaient, discutant sur la chaussée du boulevard Saint-Michel, des étudiants faisaient eux-mêmes la police en détournant les voitures. Dans la nuit chaude, des milliers de personnes allaient à la Sorbonne. Beaucoup d'entre elles pénétraient pour la première fois de leur vie dans ce temple de la culture.

Dans la cour, de petits groupes assis sur les dalles discutaient paisiblement tandis qu'un orchestre de jazz rythmait le brouhaha. Victor Hugo et Pasteur, effigies solennelles haut situées sur leur socle, portaient dans leurs bras des drapeaux rouges.

A l'intérieur, on aurait dit les assemblées révolutionnaires vues par Abel Gance [1]. Dans des amphithéâtres combles régnait la « liberté d'expression », nouveau droit chèrement conquis sur les barricades de vendredi. On s'enivrait de paroles enthousiastes. Ici le thème était : « l'Université critique »; là : « Luttes ouvrières, luttes étudiantes »; ailleurs : « Les pouvoirs dans l'Université ».

Partout, follement applaudis, des orateurs relançaient le mot d'ordre de boycottage des examens tant que l'on n'aurait pas obtenu la démission du ministre de l'Intérieur, M. Fouchet, et du préfet de police, M. Grimaud.

Partout aussi la liaison avec les travailleurs était l'un des points les plus souvent affirmés. « Il faut aller aux portes des usines pour s'expliquer avec les ouvriers. » Ceux-ci, en petit nombre et des jeunes pour la plupart, étaient présents dans les différents amphithéâtres. Ils étaient attirés par cette révolte des étudiants qui se développe de façon anarchique et en dehors des organisations et des syndicats dominés par les notables. Cette vague d'enthousiasme n'empêchait pas une sévère autocritique.

« Ne nous faisons pas d'illusion – indiqua un orateur, approuvé par la salle – nous n'étions qu'une minorité sur les barricades. Et l'U.N.E.F., quand le mouvement s'est déclenché, était quasi morte ».

Dans un amphithéâtre où le désordre était total on réclamait la « fin des parlotes ». « Si nous n'aboutissons pas à des propositions concrètes, que va-t-on penser de nous? Il faut que nous offrions un programme précis aux

1. Cinéaste français né en 1889 (*La Roue, Napoléon*).

travailleurs. » Mais qui pourra le formuler? « Ce n'est pas l'U.N.E.F. qui a organisé le mouvement, c'est le mouvement qui s'est organisé de lui-même », affirme un orateur, nullement contredit sur ce point.

Pendant des heures et presque jusqu'au jour on échangea ainsi des arguments dans un mélange de fièvre et de rigueur : il fallait laisser tous les points de vue s'exprimer, aboutir à des suggestions reflétant les points de vue de la base.

D'autres groupes discutaient dans les couloirs, dans de petites salles. Seuls restaient fermés les locaux de l'administration de la faculté des lettres. Personne n'entreprit de les attaquer.

Des meetings analogues ont eu lieu dans la journée de lundi et dans la nuit dans toutes les facultés parisiennes et en province.

Ce mardi matin, les comités d'action qui ont été constitués à la Sorbonne ont expliqué au cours d'une conférence de presse les raisons et les objectifs de l'« occupation des locaux » qu'ils ont entamée lundi. « Nous n'acceptons pas de revenir au calme en enfants sages », a déclaré notamment M. Kravetz. « Nous voulons mettre en pratique avec des enseignants et des ouvriers la critique de l'Université qui était l'objectif de notre mouvement. Pour l'instant, tant que nous n'aurons pas obtenu, en particulier, la démission du préfet de police et du ministre de l'Intérieur, nous voulons empêcher l'Université traditionnelle de fonctionner. Mais nous ne voulons pas constituer une forteresse. L'Université est ouverte à tous, en particulier aux gens du quartier qui nous ont déjà aidés les jours précédents. »

M. Kravetz a ajouté que cette nouvelle revendication – les démissions du ministre de l'Intérieur et du préfet de police – avait été ajoutée par l'U.N.E.F. et le Syndicat national de l'enseignement supérieur à la suite des déclarations faites par M. Kahn, professeur à la faculté de médecine de Paris, mais contestées par la préfecture de police, sur l'emploi de gaz par les forces de l'ordre.

B. GIROD DE L'AIN

15 mai 1968

P21 L'enchaînement

En quelques jours, en quelques heures, tout a changé, tout a basculé. L'enchaînement des causes et des effets est éclatant.

Il y a peu de semaines, les dirigeants syndicaux ne jugeaient la grève générale ni souhaitable ni possible. La masse ne suivait pas; en voie de renaissance, le mouvement social en souffrirait; l'unité syndicale, déjà à l'épreuve, n'y résisterait pas.

Puis vint la révolte des étudiants, vite amplifiée par les erreurs du pouvoir et les excès de la répression. Un climat était créé. La preuve était faite que le pouvoir était sensible aux démonstrations de force. Jamais sans les manifestations et, hélas! les barricades, la réforme, la refonte de l'Université ne se serait imposée avec cette évidence et cette urgence aux gouvernants et aux enseignants eux-mêmes.

Si les anarchistes, les révolutionnaires et les syndicalistes qui sont à la tête du mouvement étudiant ont des buts politiques différents et s'exposent ainsi les uns et les autres aux divisions ou aux déceptions, ils ont en commun un refus, celui d'un pouvoir, d'ailleurs moins autoritaire que paternaliste, et un succès; le relais, la relance du mouvement ouvrier. Jamais, sans les défilés du 13 mai, les salariés n'auraient pris ou repris conscience de leur nombre, de leur unité et de leur force.

Que le pouvoir nous épargne à cet égard les lieux communs sur les agitateurs et la grève politique. Le monde est toujours mené par des avant-gardes, des minorités, agissantes ou non, et ce sont les erreurs et les lenteurs du pouvoir généreusement aveugle qui leur offrent les masses dont elles ont besoin. Aujourd'hui le gaullisme n'a qu'un espoir : que son chef, si son intuition ne s'est pas émoussée avec l'âge, saisisse enfin qu'un phénomène s'est produit dans les profondeurs de la jeunesse étudiante et ouvrière.

Il y a deux limites à ce double et vaste mouvement, en attendant peut-être celui des paysans. L'une est économique, mais il est prématuré de la tracer. L'autre est politique. En régime parlementaire, le gouvernement serait tôt ou tard obligé de composer. En régime personnel, le risque est toujours grand d'une épreuve de force.

Le pouvoir et la gauche n'ont plus qu'un ennemi commun : l'anarchie, qui, « les hommes d'ordre » étant toujours à l'affût, pourrait nous conduire à un « 13 mai » [1] sans de Gaulle cette fois et sans Guy Mollet [2].

JACQUES FAUVET

19-20 mai 1968

1. Voir P2 note 2.

2. Voir P1 note 7.

POINT DE VUE

P22 De mai 36 à mai 68

Du 6 au 7 juin 1936[1], une nuit à Matignon[2] suffit pour bouleverser la condition des travailleurs et donner à la France le statut social le plus moderne de l'époque. Deux nuits rue de Grenelle[3], en 1968, apportent aux travailleurs des avantages certes considérables. Mais les premières manifestations de lundi font douter qu'ils s'en contentent : il n'est pas évident que la lutte soit achevée.

C'est qu'au-delà de quelques similitudes les situations sont très différentes.

Similitudes : la crise économique avec 800 000 chômeurs en mai 36, et sans doute 450 000 aujourd'hui; le travail sous-payé, avec des millions de salaires « anormalement bas » en 1936 et inférieurs à 600 F par mois aujourd'hui; les grèves avec occupations, auxquelles participent des millions d'hommes.

Mais que de différences! En 1936, les grèves éclatent le 26 mai, trois semaines après la victoire du Front populaire et onze jours avant la présentation du gouvernement de Léon Blum[4]. Les ouvriers l'aiment, savent pouvoir compter sur lui, face à un patronat démoralisé et résigné à faire la part du feu. Pendant la nuit de Matignon, j'avais l'impression qu'il suffisait d'exiger plus pour l'obtenir...

En 1968, pas de lutte politique. Patronat et gouvernement, cette fois proches l'un de l'autre, cèdent à la poussée des grèves : le peuple est invincible quand il se croise les bras! L'alternance maladroite de la répression et de la capitulation – la pire des méthodes – unit les deux combats, primitivement distincts, des étudiants et des salariés.

Ainsi, en 1936, les ouvriers vainquent le patronat avec l'appui du gouvernement, tandis qu'en 1968 ils remportent une victoire partielle sur patronat et gouvernement. Les premiers devaient, logiquement, accepter d'enthousiasme l'accord Matignon; les seconds ont montré lundi qu'ils ne sont pas prêts à désarmer.

Autres divergences : la classe ouvrière possède, en 1936, une seule centrale syndicale réunifiée, que dirigent, côte à côte, Jouhaux [5] et Frachon [6]. En 1968, avec celle des cadres, on en compte cinq principales et au moins deux secondaires. D'où risques de surenchère et rivalités. La C.F.D.T. et F.O. sont plus attachées aux réformes de structure que la C.G.T., et moins enclines à critiquer l'action estudiantine. D'autre part, nul « groupuscule » ne menaçait la C.G.T. de 1936. Celle de 1968 a, surtout au début, cherché à n'être pas tournée sur sa gauche par des éléments trotskistes, pro-chinois, anarchistes, romanesquement blanquistes[7], ou provocateurs. Les divisions syndicales mal colmatées, l'agitation gauchiste, peuvent durcir l'attitude future de la C.G.T. et ralentir, plus qu'en 1936, la reprise du travail.

Politiquement, enfin, les situations diffèrent. En 1936 les partis socialiste et communiste comptaient chacun 130 000 membres, en nombre rond, mais avec, sans le vote des femmes, deux millions de voix et cent cinquante élus aux socialistes, et moitié moins de suffrages et soixante-douze députés au P.C. Aujourd'hui, les effectifs parlementaires sont à peu près ceux de 1936 – sur 487 députés, au lieu de 610, – mais le P.C. groupe un peu plus de suffrages que la Fédération de la gauche démocrate et socialiste.

Dernière dissemblance : les souvenirs des épurations de Staline, surtout en 1937 et 1938, et du « coup » de Prague, en 1948, subsistent dans la mémoire de nombre de Français, même de gauche, même résolus à l'entente avec le P.C....

JULES MOCH

29 mai 1968

1. 5 juin 1936 : après la victoire aux élections du Front populaire, Léon Blum devient président du Conseil et, entre autres réformes sociales, porte aussitôt à trois semaines la durée annuelle des congés payés.
2. Hôtel Matignon : siège de la présidence du Conseil.
3. Siège du Ministère de l'Éducation où furent signés les « Accords de Grenelle » entre syndicats, patronat et gouvernement.
4. Voir note 1.
5. Léon Jouhaux (1879-1954) : syndicaliste, secrétaire général de la C.G.T. de 1909 à 1947. Il resta à la direction de la C.G.T. aussi bien après la scission de 1921 (fondation de la C.G.T.U. de tendance communiste) qu'après la réunification des deux mouvements (congrès de Toulouse, 1936). Prix Nobel de la paix en 1951.
6. Membre du bureau confédéral de la C.G.T. et du bureau politique du P.C.F. Secrétaire général de la C.G.T.U. (voir note 5) en 1933.
7. Louis-Auguste Blanqui (1805-1885), l'un des chefs de la révolution de 1848, passa la plus grande partie de sa vie en prison.

P23-24 Les fruits du printemps 68

Malgré la participation de nombreux ouvriers au meeting de Charléty [1] et d'étudiants aux défilés de la C.G.T., malgré le développement d'une solidarité entre les étudiants révoltés et les travailleurs en grève, les positions des uns et des autres demeurent très éloignées. Les étudiants veulent bouleverser à la fois l'Université et la société globale; les grévistes combattent surtout pour des avantages matériels, sans remettre en cause le système social (à quelques exceptions près, qui tendent à se multiplier il est vrai). Dans l'ensemble, les premiers sont révolutionnaires, pas les seconds.

Cependant, la différence entre étudiants et travailleurs n'est pas si grande qu'elle paraît. Les revendications des grévistes ne seraient pas si intransigeantes si les ouvriers n'avaient plus ou moins conscience que la France vit une période exceptionnelle où bien des choses deviennent possibles. Ils ont été tant de fois floués qu'ils n'osent croire à la possibilité d'une révolution. Ils se rendent compte d'ailleurs que, malgré les apparences, le rapport des forces est tel qu'il n'est pas possible de construire brusquement le socialisme, et qu'à vouloir le faire on provoquerait sans doute l'avènement d'un fascisme. Mais ils rêvent eux aussi de changements plus profonds que les augmentations de salaires et le retour aux quarante heures, surtout parmi les jeunes. L'ensemble des mouvements de contestation a des bases communes.

On se trompe en croyant que la société de consommation est au centre du problème. Les ouvriers dans leur ensemble n'y sont pas encore entrés, et les jeunes ouvriers encore moins. Les étudiants y demeurent étrangers eux aussi, assez largement. Certes, ils sont d'origine bourgeoise en majorité. Mais ils ne profitent pas encore de tous les avantages de la bourgeoisie : les soucis de carrière, les difficultés de logement et l'insuffisance du niveau de vie sont grands pour la plupart d'entre eux. On n'entre guère avant la quarantaine dans la société de consommation.

La « révolution de 1968 » est moins dirigée contre elle que contre la société d'organisation : contre le côté machine, appareil, bureaucratie des nations industrielles modernes (capitalistes et socialistes). La révolte des étudiants se tourne contre l'appareil universitaire, le mécontentement des ouvriers s'oriente contre la machine administrative des entreprises et contre la rigidité des organisations politiques et syndicales. Les mots de participation et de cogestion sont les mots clés de la situation actuelle, et les seuls qui appartiennent au vocabulaire commun des mouvements étudiants et de certains mouvements ouvriers (telle la C.F.D.T., mais la C.G.T. aussi participe au mouvement pour la gestion des caisses de Sécurité sociale).

Le refus d'encadrement, la volonté de spontanéité qui se développent dans les universités expriment la même attitude fondamentale.

On voit ainsi que la grande rénovation engagée depuis un mois se trouve menacée par deux dangers symétriques. En premier lieu, elle risque d'être récupérée et digérée par les appareils existants. Le parti communiste et la C.G.T. ont jusqu'ici orienté toute leur stratégie vers cet objectif. La Fédération et la C.F.D.T. restent plus nuancées : la première parce qu'elle groupe à la fois de vieilles organisations (parti radical et S.F.I.O.) et des mouvements nouveaux, plus dynamiques et moins sclérosés (la Convention et les clubs); la seconde, parce qu'elle espère attirer à elle un grand nombre de jeunes ouvriers. De son côté, le gouvernement joue sur la peur du désordre et de l'anarchie pour maintenir l'organisation gaulliste.

L'autre danger, c'est la dissolution des organisations existantes. Une désagrégation du gaullisme n'est pas impossible, et l'on en voit déjà des signes avant-coureurs. Un grave affaiblissement de la C.G.T. et du parti communiste peut aussi se produire. La plupart des étudiants et beaucoup de jeunes ouvriers souhaitent à la fois l'un et l'autre. Leur rancune à l'égard du P.C.F. est vive et profonde : il est frappant que le « stand » de l'Union des étudiants communistes ait disparu de la Sorbonne ces jours derniers. Leur hostilité à l'égard de la C.G.T. est à peine moindre, et Georges Séguy [2] a été le personnage le plus conspué du meeting de Charléty. Un nouvel anticommunisme se développe ainsi à gauche. Il est aux antipodes de l'anticommunisme traditionnel : mais il le renforce cependant.

L'affaiblissement du P.C.F. et de la C.G.T. profiterait nécessairement à la droite, car on ne pourrait pas avant longtemps remplacer ceux-ci par des organisations aussi puissantes.

Croire qu'on pourra profiter de la disponibilité d'une classe ouvrière désencadrée pour promouvoir une révolu-

1. Meeting gauchiste organisé au lendemain des accords de Grenelle en mai 1968 au stade universitaire Charléty à Paris.

2. Secrétaire général de la C.G.T. et membre du bureau politique du P.C.F.

tion socialiste à partir de la base, à travers des comités d'action spontanés et libres, c'est verser dans une redoutable utopie. La masse des ouvriers n'est pas prête à de telles actions. La majorité de la nation – qui demeure conservatrice – n'est pas prête à les soutenir. Surtout, la nature même de la société industrielle s'oppose à ces méthodes. On ne peut pas faire marcher la machine délicate et complexe d'une économie moderne sans organisations fortes et hiérarchisées. En face du péril mortel que le néoanarchisme constituerait pour elle, la société industrielle réagirait avec violence et le fascisme deviendrait à peu près inévitable.

Que l'on considère la stratégie à court terme ou l'analyse à long terme, les conclusions sont analogues.

Le mouvement de mai 1968 ne peut aboutir qu'en collaborant avec les organisations existantes pour les aiguillonner – soit de l'intérieur, soit de l'extérieur – non en cherchant à les détruire. Cela n'est pas facile, car on n'est guère favorable à une telle collaboration d'un côté comme de l'autre. Mais cela est nécessaire si l'on ne veut pas qu'il reste seulement des grands espoirs de ce printemps au mieux une cogestion de l'Université, des augmentations de salaires, une poussée d'inflation et quelques images d'Épinal [3], au pire un régime de colonels (militaires ou civils) qui ferait regretter le général...

MAURICE DUVERGER

31 mai 1968

3. Voir E5 note 1.

P25 La base

Tout au long de la crise sociale, lors de la reprise comme de l'arrêt du travail, la tactique des syndicats s'explique par la crainte d'être débordés par la base.

Dans les universités, les représentants étudiants dans les comités paritaires, préparant des structures nouvelles, ont peur de céder sur quoi que ce soit : la base pourrait les désavouer. Il faut qu'ils obtiennent des résultats rapidement : la base risquerait d'en avoir assez de tout cela et de réclamer les examens.

Dans l'un et l'autre cas, y a-t-il contradiction? Est-ce de la même base qu'il s'agit? En partie certainement : un revirement d'opinion peut s'opérer, un renversement de tendance intervenir. Mais ce ne sont pas les mêmes qui expriment les deux courants. Il y a des sensibilisations successives et contradictoires par deux minorités qui, tour à tour, parlent pour la base, sont la base.

La base « dure » exprime la colère, la revendication la plus extrême, mais aussi plus simplement la volonté de changement. Quiconque n'a pas le goût d'une société fondée sur la résignation devrait avoir à cœur de voir cette volonté aboutir à des résultats tangibles et irréversibles avant que n'intervienne le renversement de tendance. Dans les usines, il ne s'agissait pas seulement de salaires, mais aussi du droit à la dignité pour ceux qui aspirent à la dignité, c'est-à-dire qui veulent cesser d'être de simples objets de la vie économique. Dans les universités, il ne s'agit pas seulement de locaux et de laboratoires, mais aussi de la place gestionnaire à accorder durablement, institutionnellement aux étudiants traités en adultes.

Pourquoi la base a-t-elle tendance à changer plus vite chez les salariés que chez les étudiants? Pourquoi une reprise certaine du travail chez les uns et pas chez les autres? En partie parce que le malaise est plus profond dans l'Université, parce que le système ancien était réellement bloqué et se trouve en grande partie détruit par la crise. Mais aussi parce que le risque que courent les étudiants en prolongeant cette crise est négligeable comparé aux souffrances de la base ouvrière. Quand la grève consiste à ne pas apprendre, tout au plus à retarder le moment où l'on peut aspirer à une situation professionnelle, on a beau jeu d'ironiser sur une formule telle que : « Il faut savoir terminer une grève. » Se voir contraint d'emprunter pour assurer la nourriture familiale, craindre que l'immobilisation de l'usine n'entraîne sa fermeture ou tout au moins des licenciements, se rendre compte qu'on sera parmi les premières victimes d'une crise économique – voilà peut-être des réalités peu glorieuses, mais auxquelles bien des étudiants devraient réfléchir avant de tirer gloire de la « grève illimitée des examens ».

La différence entre l'évolution sociale et l'évolution universitaire tient aussi à l'existence dans le premier cas de l'appareil syndical. Certes cet appareil peut être surpris par un mouvement auquel il n'était pas préparé. Il peut être débordé. Mais il aura le souci d'exprimer tour à tour les deux dominantes de la base, de les canaliser. Il sera stimulé par la poussée de la base « dure » et il continuera à exprimer une volonté d'action quand la tendance au renoncement fera de nouveau des « durs » une minorité. Chez les étudiants, l'U.N.E.F. n'est redevenue représentative que par la vague révolutionnaire et elle cherche à retarder le reflux non seulement pour éviter l'échec de la révolution mais encore pour ne pas perdre toute emprise et toute représentativité.

ALFRED GROSSER

7 juin 1968

P26 Une révolution?

Depuis le 3 mai dernier, on pouvait douter sérieusement que le président de la République ait conservé intacts les dons d'analyse, d'intuition, d'imagination qui avaient fait le de Gaulle du « Fil de l'épée »[1], des années 40[2] et du 13 mai 1958[3]. Au-delà du désordre, c'est-à-dire de l'apparence, avait-il conscience de la profondeur de la crise? Ni l'injurieux « chienlit »[4] ni l'étroite allocution du 24 mai ne le donnaient à penser. Avait-il conscience de l'ampleur, de l'originalité de la réponse attendue par les révoltés? Ni l'impossible référendum[5], ni le passe-partout de la participation[6], ni le discours impérieux du 30 mai ne le laissaient espérer.

Enfin le général de Gaulle s'est donné l'intelligence et la peine de prendre au sérieux la France et les Français. Il leur est apparu vendredi soir non comme le politicien vieilli du 24 mai ni comme le « héros tragique » du 30, mais comme un homme. Quel acteur! On découvre certes bien des erreurs d'analyse et bien des artifices. L'événement est trop présent pour que quiconque puisse oublier que sa décision de rester a été un acte de volonté, calculé au plus juste, et non une réponse à l'appel du peuple ou plutôt de la foule mêlée des Champs-Élysées[7]. Nul ne croira davantage que la grève générale a été vaine ni que les salariés auraient obtenu « de toute façon » 12 à 13 % d'augmentation en 1968-1969. Chacun sait aussi qu'au petit matin des accords de Grenelle[8] les grandes centrales syndicales souhaitaient la reprise du travail; si elle n'a pas eu lieu, ce n'est pas que les confédérations n'aient pas voulu l'obtenir, mais qu'elles ne l'ont pas pu. Et ce n'est pas d'un syndicalisme trop fort dont le pays et l'économie ont souffert et souffrent encore, mais d'un syndicalisme trop faible.

Enfin, se flatter que le gouvernement soit resté « cohérent » autour du chef de l'État, c'est prêter beaucoup de naïveté aux Français, qui n'ignorent pas la singularité de la Ve République. Se plaindre d'une Assemblée à laquelle pour toute récompense de son fidèle soutien on reconnaît tardivement une vocation à être dissoute, c'est porter bien du mépris à une institution et à une majorité dont le général doit se demander, il est vrai, si elles sont bien utiles puisqu'en effet la crise s'est déroulée et dénouée en dehors d'elles.

Ces retouches faites, et avant de le replacer dans son cadre électoral, le tableau de la société, du communisme et du capitalisme, de la jeunesse même et, finalement, de la crise française mérite à coup sûr de figurer dans une anthologie gaullienne.

Grâce soit rendue à cette « secousse terrible », c'est-à-dire à la révolte étudiante, puisqu'elle « a dû ouvrir les yeux à beaucoup de monde », à commencer – ou pour finir – par ceux du général de Gaulle.

Révolutionnaire, ou tout au moins réformiste, le général de Gaulle l'a été en effet; il le demeure sans doute en esprit. Mais peut-il l'être en fait s'il sonne le rassemblement des droites au nom de l'action civique, s'il ne s'appuie que sur les forces les plus conservatrices ou si les groupes ou les hommes les plus acquis aux réformes ont perdu à jamais confiance en lui et en son régime, si la jeunesse, sans laquelle on ne reconstruira rien, préfère après tout « les démons de l'enfer » au « pauvre ange » que le général serait devenu au soir de sa vie?

Offrir une troisième voie entre le communisme et le capitalisme n'est pas une idée neuve. Facile en théorie, et même séduisante, elle a trop souvent abouti à des régimes qui n'accordaient aux citoyens redevenus sujets pas plus de justice que le capitalisme et pas plus de liberté que le communisme. Il est en tout cas bien tard pour l'entreprendre, et il est à craindre que les épigones ne l'abandonnent.

Pour que le verdict du pays soit clair, il faudrait que la « révolution » promise soit l'objet même du débat électoral, que le pouvoir traduise ses mots et ses mythes dans des projets concrets et que la gauche, trop souvent absente de la crise et trop souvent conservatrice, s'éveille enfin elle aussi. Mais peut-on raisonnablement espérer qu'en quinze jours de campagne le débat sur la société soit réellement porté devant le pays et justement tranché? Et peut-on raisonnablement penser, si le verdict est positif, que le général de Gaulle puisse accomplir avant 1972 ce qu'il n'a pas entrepris depuis 1962?

Au surplus, on l'a bien senti, après s'être attardé sur les sommets, le général en est venu pour finir aux élections. Inévitable chute!

La campagne électorale était alors bien ouverte.

JACQUES FAUVET

9-10 juin 1968

1. Ouvrage où le général de Gaulle expose sa théorie du rôle social de l'armée.
2. Allusion à l'appel de Londres du 18 juin 1940 (voir P2 note 11).
3. Voir P2 note 2.
4. Mot par lequel dans un de ses discours de Gaulle fustigeait les fauteurs de trouble.
5. Solution à laquelle de Gaulle avait un instant songé pour sortir de l'impasse révolutionnaire (allocution du 24 mai 1968 : il annonce un référendum par lequel le chef de l'État sollicite « un mandat pour la rénovation »).
6. Programme social réformiste visant à désamorcer la révolution et se proposant comme une troisième voie entre le capitalisme et le communisme.
7. Manifestation populaire de soutien au général de Gaulle lors de son retour à Paris, le 30 mai 1968. (Voir tableau 19 : Mai 1968).
8. Voir P22 note 3.

P27 Le premier tour des législatives

FORTE POUSSÉE DES GAULLISTES SUR L'ENSEMBLE DU TERRITOIRE. RECUL SENSIBLE DES COMMUNISTES ET DE LA FÉDÉRATION DE LA GAUCHE

Cent quarante-deux des cent cinquante-quatre sièges du premier tour en métropole reviennent à la majorité. Tous les leaders de la F.G.D.S. sont en ballottage. Progrès du P.S.U. Tassement des centristes

La peur et l'espoir

C'est être fort peu démocrate que de contester le succès de l'adversaire ou de lui attribuer de bas sentiments. Ne pouvant nier les progrès de la majorité, la gauche est tentée d'y voir le seul effet de la crainte. Mais si « le parti de la peur » l'a emporté largement au premier tour n'est-ce pas qu'elle-même n'est pas assez apparue comme le parti de l'espoir? Le parti communiste a-t-il semblé trop révolutionnaire aux yeux des classes moyennes dont l'appoint lui est indispensable et pas assez aux yeux des plus jeunes, parfois séduits par l'ardeur du P.S.U.? Il a pâti en tout cas de l'astuce du pouvoir qui, dépeignant l'entreprise totalitaire, lui a prêté les couleurs de l'anarchie; il a payé le prix de barricades qu'il n'a jamais dressées, et celui de piquets de grève qu'il n'avait pas commandés.

Faute d'avoir rajeuni ses cadres et renouvelé ses candidats, la Fédération de la gauche a pu encore passer trop souvent pour le parti du passé et non pour celui de l'avenir. Alors que le gaullisme réussit, lui dont le chef est le dernier survivant des monstres sacrés, à se donner devant les électeurs le visage de la nouveauté et parfois de la jeunesse.

Peur du communisme et peur de l'anarchie, habilement confondues : refus du régime et du personnel d'antan, rassemblement sinon réconciliation des droites, de la plus républicaine à la plus extrême : tout cela explique le succès du gaullisme mais ne suffit pas à justifier son attrait, encore sensible dans les couches populaires; il faut bien qu'un peu d'espoir s'y mêle à beaucoup de crainte.

L'opposition et la majorité sont désormais exposées à deux tentations. La gauche peut soit se jeter dans l'activisme politique ou syndical au nom du « danger fasciste », soit se morfondre dans d'interminables querelles sur l'unité et le programme commun, et dans un cas comme dans l'autre laisser passer l'occasion de se donner un visage neuf.

Le gaullisme, s'il l'emporte dimanche, ne peut oublier qu'une bonne partie du pays se refuse toujours à lui et qu'il ne peut gouverner contre elle. Dans le soulèvement de mai qu'il a su exploiter – et c'est de bonne guerre électorale –, le pouvoir sait bien qu'il y avait beaucoup d'espérances à côté de folles utopies ou de froids calculs. Se figurer que rien après tout ne s'est passé, sauf un mauvais moment; différer les réformes pour satisfaire non seulement une majorité mais une opinion conservatrices, ce serait parier sur la facilité et compromettre bien imprudemment l'avenir.

JACQUES FAUVET

25 juin 1968

P28 Les jeunes filles aussi...

Le premier tour de la campagne électorale s'est achevé sans qu'aucun « ténor » ait songé à reprendre l'un des thèmes favoris de la campagne de 1967 : les électrices. Non qu'en quinze mois l'intégration sociale, politique et professionnelle des femmes dans la vie française ait fait le moindre progrès; simplement, le sujet est passé de mode. Ou, plus exactement, la vedette lui a été volée par une actualité plus brûlante : les jeunes.

Mais il y a peut-être une autre explication à ce silence : les candidats croient sans doute le problème résolu. Car l'un des faits les plus marquants des événements de mai, c'est que les femmes – ou plutôt les jeunes filles – y ont été mêlées dans des proportions à peine moindres que les garçons. Grèves, manifestations, barricades, elles étaient partout. A Sochaux, des ouvrières de vingt ans et des mères de famille de quarante ravitaillaient les grévistes en vivres... et en projectiles. Au quartier Latin, des fortes en thème [1] et des dilettantes se sont muées en guérilleros.

Les vertus de la solidarité

Dans un registre plus pacifique, on a vu les filles siéger dans les comités de grève, jouer un rôle important dans les commissions de réforme de l'Université, prendre la parole avec sang-froid et compétence devant des amphithéâtres de huit cents personnes.

Des secteurs typiquement « féminins » et, comme tels, réputés individualistes, ont découvert, eux aussi, les vertus de la solidarité : des infirmières, des assistantes sociales ont cessé le travail pour faire entendre leurs revendications; des employées de maison ont versé une semaine de leurs gages à des comités de grève; on a vu les jeunes vendeuses d'un grand magasin faire un véritable cours de syndicalisme aux plus anciennes de la maison pour les inciter à « tenir ».

Du sentiment de la solidarité à la prise de conscience politique il n'y a traditionnellement qu'un pas que des milliers de jeunes – ou de futures – électrices ont franchi allégrement, si on en juge par le nombre de celles qui ont participé aux manifestations de masse. Que restera-t-il de tout cela? Il serait bien hasardeux de le prédire, mais on peut difficilement imaginer que celles qui ont fait l'expérience de l'étonnant élan de camaraderie de ces dernières semaines soient prêtes à l'oublier de si tôt.

Et pourtant, on est bien obligé de remarquer qu'au milieu de la marée de revendications qu'à fait resurgir le mouvement de mai les associations féminines sont restées, pour la plupart, muettes. Muettes sur la nécessité de promouvoir une politique de formation professionnelle adaptée aux femmes, muettes sur le manque d'équipements collectifs, faute desquels les jeunes filles qui viennent de s'éveiller à la vie publique devront tout abandonner lorsqu'elles seront mères de famille, muettes sur la loi tronquée qui a été adoptée par le Parlement en décembre sous le nom de « loi Neuwirth » [2]. Une poignée d'associations ont réagi avec vigueur à une actualité politique exceptionnelle. Faut-il en conclure que les autres sont, comme beaucoup d'autres « structures », dépassées? Il est vrai que la – brève – campagne électorale ne s'est pas faite sur des programmes de partis, mais seulement sur des options politiques.

Pendant ce temps-là, sans discours, sans tapage... et sans moyens, des nouvelles crèches [3] s'ouvraient enfin à Paris... dans les facultés.

NICOLE BERNHEIM

28 juin 1968

1. « Fort en thème » : élève modèle, sérieux et appliqué.
2. Loi sur la contraception.
3. Centre d'accueil pour nouveau-nés et enfants en bas âge dont les mères travaillent.

P29-30 Une révolution impossible

Avant mai 1968 on jugeait une révolution impossible dans les pays très industrialisés. On disait que l'élévation générale du niveau de vie y avait embourgeoisé les travailleurs et atténué la violence de la lutte des classes. On pensait que le bouleversement brutal d'un système de production et d'échanges très complexe et très fragile le désorganiserait pour longtemps, entraînant une régression économique profonde. On estimait que les masses populaires, devenues plus ou moins conscientes de ce fait, refuseraient de sacrifier leur bien-être présent, même médiocre, à la perspective aléatoire d'un mieux-être futur obtenu au prix d'une longue période de difficultés et de restrictions. Ces thèses n'étaient pas seulement répandues en Occident. Le nº 2 de la République populaire de Chine – le maréchal Lin Piao – les admettait implicitement. Il considérait que la révolution mondiale était désormais conduite par les pays sous-développés, ces régions rurales du monde investissant progressivement les nations industrielles comme le communisme chinois, d'abord répandu dans les campagnes, avait ensuite gagné les villes. Le révisionnisme de l'U.R.S.S. et de l'Est européen illustrait d'une certaine façon l'incapacité révolutionnaire des sociétés surdéveloppées. Le prestige de Mao, de Castro, de « Che » Guevara dans les extrêmes gauches occidentales correspondait à cette analyse générale.

Une nouvelle théorie révolutionnaire

Certains la remettent en cause aujourd'hui. A partir de l'expérience française de mai 1968, ils élaborent une nouvelle théorie de la conquête révolutionnaire du pouvoir dans les sociétés industrielles. L'impulsion première serait donnée par les jeunes, moins intégrés dans l'ordre existant que leurs aînés, même appartenant à la classe ouvrière. Parmi eux, les étudiants joueraient le rôle d'avant-garde. Leur accroissement numérique et leur concentration géographique en certains points, analogues à ceux du prolétariat naissant au dix-neuvième siècle, leur donnent une force d'intervention dont les barricades de Paris et les combats de Flins [1] ont montré l'ampleur. Par ailleurs, leur formation intellectuelle leur confère un degré élevé de conscience politique.

Dans une seconde phase, le détonateur constitué par la révolte des étudiants embraserait l'ensemble des travailleurs. Par la grève générale, ceux-ci paralyseraient alors toute l'activité de l'État bourgeois et le réduiraient ainsi à l'impuissance. En même temps, ils commenceraient à lui substituer un État socialiste, en assurant eux-mêmes la gestion des entreprises et des services et en les remettant en marche : telle serait la troisième phase. Ainsi le pouvoir ancien deviendrait de plus en plus irréel et factice, cependant qu'un pouvoir nouveau le remplacerait progressivement. Finalement, le premier s'effondrerait et le second prendrait totalement en main la société.

Les événements de mai correspondraient à la première et à la seconde phase de ce processus. La troisième phase n'aurait pas suivi parce que les grandes organisations ouvrières (C.G.T. et parti communiste) ont freiné le mouvement au lieu de l'accélérer. Si elles n'avaient pas détourné la grève des travailleurs vers des objectifs de salaires ou de réductions d'horaires, vers des revendications « quantitatives », si elles l'avaient orientée au contraire vers la prise en charge des usines et administrations dans une perspective socialiste, le pouvoir gaulliste serait tombé, comme il a bien failli le faire le 29 mai.

Cette nouvelle théorie révolutionnaire néglige d'abord la puissance de répression de l'État moderne. Tant que les étudiants jetaient bas le pouvoir professoral, le capitalisme a réagi mollement parce qu'il n'était pas directement en cause. Si l'on avait vraiment touché au pouvoir patronal, la réaction aurait pu être toute différente.

Surtout, la nouvelle théorie révolutionnaire méconnaît que la masse des travailleurs n'est pas vraiment disposée à la révolution. La grève générale ne peut être l'arme absolue que croyait Georges Sorel [2], capable de faire échec à la répression policière et militaire que si les grévistes sont réellement décidés à aller jusqu'au bout et à renverser l'ordre social. Il n'y songeaient pas en mai 1968 dans leur majorité.

La crise de mai a seulement montré que certains petits groupes à l'intérieur des sociétés industrielles – notamment les étudiants – résistent plus fortement qu'on ne le croyait à l'intégration générale et que cette résistance peut provoquer des troubles graves. On savait déjà par l'exemple allemand que les universités pouvaient devenir des centres d'agitation violente. On avait constaté aux États-Unis que cette agitation pouvait développer dans la nation la prise de conscience de certains problèmes fondamentaux, notamment celui du Vietnam. On vient de s'apercevoir en France que cela peut aussi constituer un détonateur pour faire exploser des mécontentements accumulés.

Mais ces mécontentements ne peuvent être confondus avec une volonté révolutionnaire. L'absence de celle-ci

1. Voir E9 note 4 la lutte ouvrière à Flins en mai 1968 fut marquée par une série de « grèves sauvages ».

2. (1847-1922), sociologue, auteur de *Réflexions sur la violence*.

dans la grande majorité des travailleurs en mai dernier, sauf chez les jeunes, n'était pas la conséquence du réformisme de la C.G.T. et du parti communiste. Au contraire, le réformisme de la C.G.T. et du parti communiste était le reflet de cette absence, qui tient elle-même à la nature des sociétés industrielles. La masse de la population – prolétariat compris – s'intègre suffisamment dans l'ordre établi pour n'en pas vouloir le renversement violent.

Cela peut changer un jour, évidemment; mais, dans l'avenir prévisible, une révolution dans les pays surdéveloppés paraît encore improbable.

MAURICE DUVERGER

12 juillet 1968

P31 Les préparatifs du référendum

Les gaullistes pour le « oui » et le P.C. pour le « non » prévoient de mener d'actives campagnes M. Georges Pompidou envisage son « destin national »

Avant même que la date du référendum soit fixée et connus les textes qui feront l'objet de cette consultation, diverses formations et personnalités font connaître leur position.

Le comité exécutif de l'U.D.R. et le comité central du parti communiste ont décidé l'un et l'autre de mener une campagne nationale très active, le premier en faveur du « oui », le second pour le « non ».

M. Lecanuet [1] s'est prononcé de son côté contre la procédure référendaire, contre la réforme telle qu'elle est envisagée [2] et contre l'abstention. M. Tixier-Vignancour [3] souhaite « un « non » aussi franc que massif ». Un groupe de sénateurs, parmi lesquels MM. Monnerville et Marcilhacy, fondent l'Union pour les libertés démocratiques et constitutionnelles, qui fera campagne pour le « non ».

Cependant, à Genève, M. Pompidou a déclaré à la télévision suisse qu'il appuyait l'action du gouvernement et a ajouté : « Je ne crois pas avoir ce qu'on appelle un avenir politique. J'ai un passé politique. J'aurai peut-être, si Dieu le veut, un destin national, mais c'est autre chose. »

A Rome, le 17 janvier, M. Pompidou avait dit : « Ce n'est, je crois, un mystère pour personne : je serai candidat à une élection à la présidence de la République lorsqu'il y en aura une. » Le lendemain matin, il ajoutait : « Grâce au ciel, le général de Gaulle est bien installé... je ne fais à l'heure actuelle aucune campagne électorale. » Deux jours plus tard, à son retour à Paris, il disait encore : « Le général de Gaulle est président de la République. Son mandat expire en 1972, je ne connais absolument rien de ses intentions. » Le mercredi 22, le général de Gaulle faisait diffuser « au sujet de la fonction de chef de l'État » une déclaration qu'il venait de prononcer devant le conseil des ministres : « Dans l'accomplissement de la tâche nationale qui m'incombe, j'ai été, le 19 décembre 1965, réélu président de la République pour sept ans par le peuple français. J'ai le devoir et l'intention de remplir ce mandat jusqu'à son terme. » Allait-on en rester là? Voici qu'à Genève, l'ancien premier ministre montre qu'il n'a pas varié. Parlant de son éventuel « destin national », il semble faire référence aux termes mêmes qu'utilisait le général de Gaulle dans la lettre qu'il lui adressait au moment où, le 12 juillet dernier, il l'écartait de la direction du gouvernement, souhaitant qu'il se tienne prêt à « assumer tout mandat » qui pouvait lui être « un jour confié par la nation ». En fait, il va au-delà, et derrière les deux mots de Genève, il rappelle et confirme la candidature annoncée à Rome. Depuis son retour d'Italie, M. Pompidou n'a pas vu le général. Il marque aujourd'hui qu'il poursuivra dans la voie qu'il s'est tracée, même si le chemin doit être long jusqu'au terme du mandat présidentiel. Il a repris la parole, coupé la route d'autres candidats gaullistes et notamment de son successeur : il ne se taira plus, ne se laissera pas oublier et poursuivra sa course. Tel est le sens de sa réponse à la sèche déclaration faite il y a trois semaines au conseil des ministres.

Cela dit, M. Pompidou appuiera, visiblement sans enthousiasme, l'action du gouvernement. Il participera à la campagne du « oui » au référendum, cette campagne qu'entament déjà l'U.D.R., en présentant les réformes des régions et du Sénat comme « un tout indissociable », et le parti communiste, en appuyant son « non » d'un procès global du gaullisme.

PIERRE VIANSSON-PONTÉ

15 février 1969

1. Président du Centre démocrate, ministre de la Justice du premier ministère Chirac, sous la présidence de Giscard d'Estaing.
2. Réforme du Sénat et régionalisation.
3. Avocat; une des principales personnalités de la droite française.

P32 Les chances de la francophonie

Les liens entre États francophones doivent demeurer strictement culturels et techniques

Ce lundi débutent à Niamey les travaux de la première conférence qui réunit les représentants d'une trentaine de pays utilisant la langue française.

Cette rencontre a pour objet d'étudier un projet d'agence de coopération culturelle et technique du monde francophone, projet établi par le secrétariat général de l'Organisation commune africaine et malgache (O.C.A.M.) après la conférence des chefs d'État et de gouvernement de cette organisation tenue également à Niamey, en janvier 1968.

En fonction des remarques formulées au cours de ces assises, le projet de l'O.C.A.M. sera éventuellement amendé et un texte définitif sera soumis à l'approbation d'une deuxième conférence qui se tiendra avant 1970. Un secrétariat permanent sera chargé de préparer cette deuxième rencontre.

La conférence de Niamey revêt une importance certaine car ses travaux intéressent un ensemble de plus de deux cents millions d'habitants répartis entre trente-trois États.

Lancée il y a cinq ans par M. Léopold Sedar Senghor, président de la République du Sénégal, l'idée d'un vaste regroupement francophone a déjà parcouru beaucoup de chemin. C'est en 1964 que le poète-homme d'État sénégalais déclarait : « La francophonie, c'est cet humanisme intégral qui se tisse autour de la terre, cette symbiose des énergies dormantes de tous les continents, de toutes les races, qui se réveillent à leur chaleur complémentaire. »

Zélé propagandiste de la « francité », M. Senghor partage, en fait, avec M. Habid Bourguiba, président de la République de Tunisie, la paternité des premiers projets intéressant la francophonie. En effet, à l'occasion d'une visite officielle au Sénégal, le leader tunisien déclarait en 1965 aux étudiants de l'université de Dakar : « A nous, francophones, seul un Commonwealth à la française pourra donner les énormes moyens nécessaires au progrès de nos élites, c'est-à-dire de nos États. »

Depuis cette époque, de nombreux chefs d'État se sont prononcés en faveur de la francophonie, tandis que d'autres faisaient en revanche connaître leurs réserves, ce qui fut notamment le cas du colonel Boumediene, chef de l'État algérien, ou de M. Sekou Touré, président de la République de Guinée.

La francophonie exprime la solidarité linguistique et culturelle en voie de constitution entre toutes les communautés qui utilisent la langue française. Mais l'appartenance au monde francophone n'est pas seulement un état de fait : elle résulte également d'un choix libre. Or, certains États estiment que ce choix comporte des risques d'« impérialisme culturel » de la part de la France, ancienne puissance coloniale.

Ces États, dont le nombre reste au demeurant limité, redoutent d'aliéner une partie de leur souveraineté. Ils craignent surtout de compromettre certains des liens internationaux à caractère régional qu'ils ont noués avec d'autres pays en proclamant ouvertement leur désir d'organiser en commun la coopération au niveau du monde francophone. C'est en partie à cause de ces réticences que le gouvernement français ne s'est d'abord engagé qu'avec prudence sur la voie choisie par la majorité des pays africains francophones. L'avenir de ces divers projets est désormais directement lié aux options, qui seront officiellement prises à Niamey. Ou bien les projets d'organisation du monde francophone demeureront strictement culturels et techniques, ou bien ils prendront une coloration politique. Dans la première hypothèse, ils ont quelque chance de progresser après de longs mois de mise au point. Dans la seconde hypothèse, ils se heurteront inévitablement à l'hostilité des pays concernés qui restent particulièrement soucieux de préserver intégralement leur souveraineté.

PHILIPPE DECRAENE

Le monde francophone

Le monde francophone regroupe les pays dont le français est la langue nationale, ceux dont le français est la langue officielle ou l'une des langues officielles, ceux dont le français est la langue de l'enseignement.

Il rassemble trente-trois États groupant une population de plus de 210 millions d'habitants. Sur ce total, 75 millions environ sont de véritables « francophones », car en Afrique et à Madagascar on estime qu'en moyenne 10 % des habitants comprennent le français et 1 ou 2 % le parlent. Il s'agit des pays suivants :

ALGÉRIE : 12 millions d'habitants. La langue nationale et officielle est l'arabe, mais le français sera utilisé, conjointement avec la langue arabe, jusqu'à la réalisation effective de l'arabisation.

BELGIQUE : 9 500 000 habitants dont 32,7 % de francophones. La Belgique francophone comprend la Wallonie (Liège, Namur, Hainaut et Luxembourg), soit les 7/12e de la superficie du pays. Bruxelles compte de nombreux francophones.

BURUNDI : 3 300 000 habitants. La langue officielle est le français et la langue nationale est le kirundi.

CAMBODGE : 6 350 000 habitants. Les langues officielles sont le français et le khmer.

CAMEROUN : 5 millions d'habitants. Les langues officielles sont le français et, depuis la réunification, l'anglais.

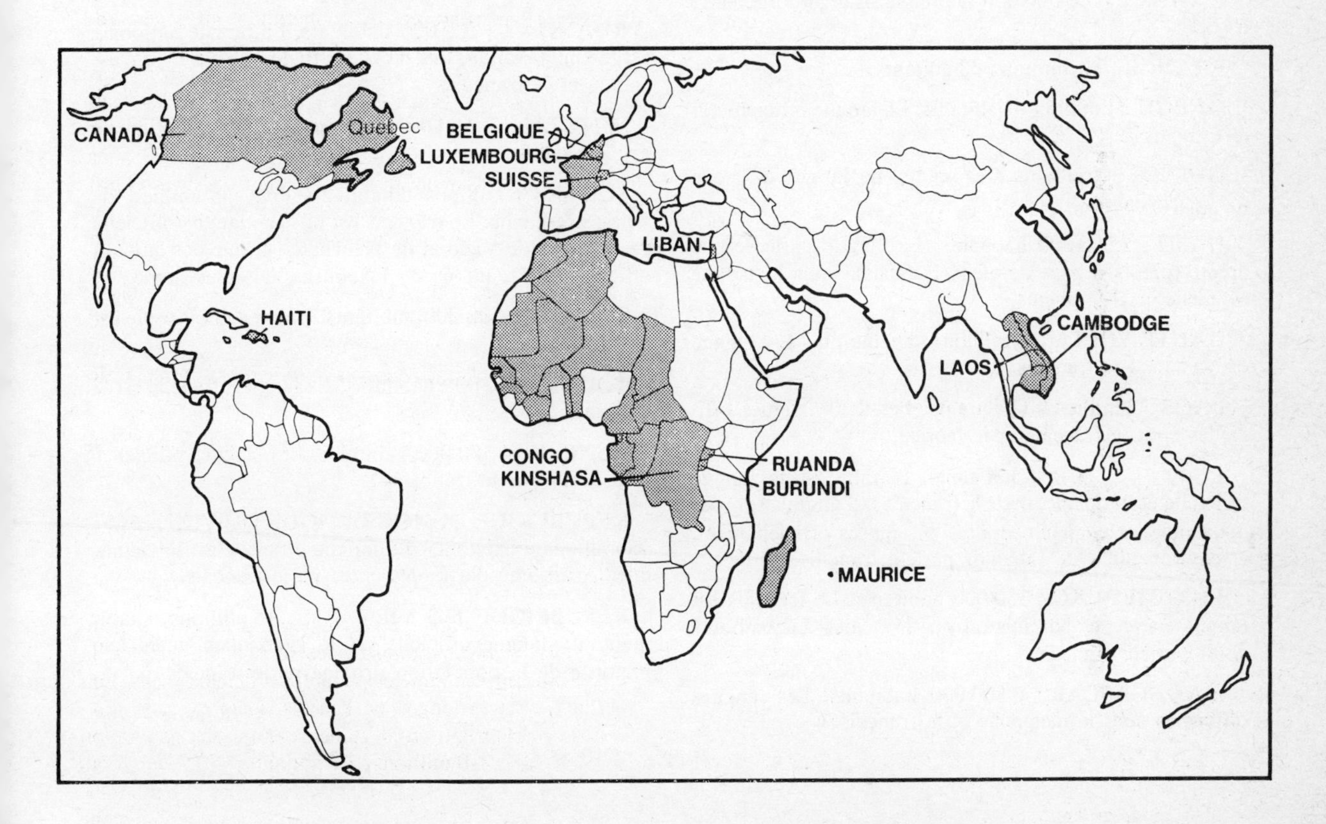

(Nous n'avons pas porté sur la carte le nom des pays de l'ancienne Afrique française).

Ont été invités à la conférence de Niamey les États suivants : les quinze pays membres de l'Organisation commune africaine et malgache (Cameroun, Centrafrique, Côte-d'Ivoire, Congo-Brazzaville, Congo-Kinshasa, Dahomey, Gabon, Haute-Volta, Madagascar, Maurice, Niger, Ruanda, Sénégal, Tchad, Togo), la Guinée, le Mali, la Mauritanie, le Burundi, l'Algérie, la Tunisie, le Maroc, le Liban, le Cambodge, le Laos, la Belgique, la France, le Luxembourg, la Suisse, Haïti, le Canada (dont une délégation du Québec).

Ont été invités à titre d'observateurs les organismes suivants : le Conseil International de la langue française, l'Association des universités partiellement ou entièrement de langue française, l'Institut de droit des pays d'expression française, l'Association des écrivains de langue française, l'Association « la Solidarité francophone », la Société nationale des Acadiens.
Ni la République démocratique du Vietnam ni la République du Vietnam n'ont été invitées.

CANADA : 20 millions d'habitants dont plus de 6 millions de Canadiens français répartis notamment entre le Québec, l'Ontario et le Nouveau-Brunswick. Le bilinguisme (français-anglais) est en principe de règle au niveau du gouvernement fédéral.

CENTRAFRIQUE : 2 millions d'habitants. La langue officielle est le français, et la langue nationale le sangho.

CONGO-BRAZZAVILLE : 900 000 habitants. La langue officielle est le français.

CONGO-KINSHASA : 16 millions d'habitants. La langue officielle est le français.

COTE-D'IVOIRE : 4 500 000 habitants. La langue officielle est le français.

DAHOMEY : 2 500 000 habitants. Langue officielle : français.

FRANCE : 50 millions d'habitants.

GABON : 1 million d'habitants. La langue officielle est le français.

GUINÉE : 4 millions d'habitants. La langue officielle est le français.

HAITI : 4 500 000 habitants. La langue parlée est le créole (patois à base de vieux français), mais la langue officielle est le français.

HAUTE-VOLTA : 5 millions d'habitants. La langue officielle est le français.

LAOS : 2 millions d'habitants. Les deux langues officielles sont le français et le laotien.

LIBAN : 2 500 000 habitants. L'arabe est la langue officielle et nationale, mais le français et l'anglais sont les deux langues complémentaires enseignées officiellement, et environ 60 % de Libanais parlent français.

LUXEMBOURG : 350 000 habitants. Le français est langue parlée et administrative. 85 % des Luxembourgeois parlent français.

MADAGASCAR : 6 800 000 habitants. Les langues officielles sont le malgache et le français.

MALI : 4 500 000 habitants. La langue officielle est le français.

MAROC : 13 500 000 habitants. La langue officielle est l'arabe, mais l'arabisation de l'enseignement ne devrait être achevée qu'en 1974.

MAURICE : 800 000 habitants. La langue officielle et administrative est l'anglais, mais 60 % de la population parlent le créole (à base de français) et 10 à 20 % s'expriment en français.

MAURITANIE : 1 100 000 habitants. La langue nationale est l'arabe. Les langues officielles sont l'arabe et le français.

NIGER : 3 200 000 habitants. La langue officielle est le français.

RUANDA : 3 200 000 habitants. La langue nationale est le kinyarwanda. Les langues officielles sont le kinyarwanda et le français.

SÉNÉGAL : 3 500 000 habitants. La langue officielle est le français.

SUISSE : 6 millions d'habitants dont un million de Suisses romands. Le français est la seule langue officielle des cantons de Vaud et de Neuchâtel, et une des langues officielles des cantons de Fribourg, Valais et Berne.

TCHAD : 3 500 000 habitants. La langue officielle est le français.

TOGO : 1 800 000 habitants. La langue officielle est le français.

TUNISIE : 4 500 000 habitants. Les langues officielles sont l'arabe et le français.

RÉPUBLIQUE DÉMOCRATIQUE DU VIETNAM : 18 millions d'habitants. La langue officielle est le vietnamien, mais une partie des élites parle français.

RÉPUBLIQUE DU VIETNAM : 16 millions d'habitants. La langue officielle est le vietnamien, mais une minorité de la population urbaine parle français.

18 février 1969

P33 « Ils ont besoin de dormir »

Soucieux de bien marquer la légitimité de son autorité, de Gaulle s'était transporté dès son arrivée à Paris, le 25 août 1944, à l'hôtel du ministre de la Guerre, puisque, en quittant la France le 17 juin comme sous-secrétaire d'État à la guerre dans le cabinet Paul Reynaud, il pouvait prétendre être resté le dernier membre libre du cabinet régulièrement investi.

Cependant, le général de Gaulle, cédant de mauvaise grâce aux objurgations de Parodi et de Luizet, qui lui remontraient que les chefs de la Résistance intérieure réunis à l'Hôtel de Ville étaient très irrités qu'il ne leur eût pas encore rendu visite, avait brusquement décidé de suivre leur conseil.

D'autres ont conté ce que fut cette réception d'une foule en délire entourant des hommes qui venaient de vivre des journées exaltantes.

Rentré harassé et maussade de ces retrouvailles, le général de Gaulle, quand je lui demandai, le soir même, à dîner, ce qu'il pensait des hommes de la Résistance intérieure, se contenta de grommeler : « Ils ont besoin de dormir! »

Le pacte menacé

Constatation certainement pertinente mais combien décevante au regard de l'attente fiévreuse de ces hommes qui escomptaient voir le libérateur leur ouvrir tout grands ses bras et les presser sur sa poitrine, de ces hommes qui abordaient en somnambules les « lendemains qui chantent ».

Lui, soit qu'il fût insensible à cet aspect humain d'une situation exceptionnelle, soit qu'il ne voulût pas laisser embuer son regard, se raidissait à mesure que les autres faisaient mine de se jeter à son cou.

A Bidault[1], qui lui montrait la foule en délire et s'écriait, ravi : « Quel triomphe, mon général! », il répondait : « Oui, mais quelle pagaille! ».

Ce fut pire le lendemain, 26 août, à Notre-Dame, après la descente triomphale des Champs-Élysées. Des coups de feu partis de la nef au moment du *Te Deum* provoquaient une riposte bruyante et désordonnée du service d'ordre. Bientôt, le général de Gaulle se trouva à peu près seul debout au milieu de la nef, tous les « mameluks »[2] couchés autour de lui.

Dès ce moment, il ne manque pas de bonnes âmes pour lui suggérer que les premiers coups de feu étaient le fait de provocateurs communistes soucieux de bien montrer que la vigilance démocratique continuait à s'imposer contre les collaborateurs et qu'il ne fallait pas toucher aux milices populaires.

Rentré au ministère de la guerre, de Gaulle en tire la leçon. Je l'entends dire au général Juin qu'il y a décidément trop d'armes à Paris dans des mains inexpertes.

Le sort des F.F.I., F.T.P. et autres formations paramilitaires est dès maintenant réglé dans son esprit. Reste à savoir comment s'y prendre sans heurter de front la Résistance, dont l'union, pour imparfaite qu'elle soit, s'exprime encore par l'organe du C.N.R. (Conseil national de la Résistance).

Le pacte qui s'est lentement élaboré de 1940 à 1944 entre le chef de la France libre[3] et la Résistance intérieure est menacé. Pourtant, si les résistants de l'intérieur avaient eu quelque peine à surmonter leurs préventions contre ce général entaché de maurrassisme[4], ils ont fini par reconnaître qu'il pouvait fournir l'élément catalyseur et fédérateur qui leur manquait, tandis que de Gaulle, surtout depuis l'entrée en guerre de l'U.R.S.S., estime convenable de se séparer de cette bourgeoisie bien-pensante et égoïste qui a suivi Pétain[5] et accepté sans trop de contraintes la perspective d'une victoire nazie.

La Résistance a besoin du général de Gaulle pour réaliser son unité. Lui, de son côté, a encore besoin de la Résistance pour s'affirmer auprès de ses alliés. C'est au nom de la C.G.T. et du C.N.R. que Gazier a proposé, le 15 mai 1944, à l'Assemblée consultative provisoire d'Alger, que le C.F.L.N. (Comité français de la libération nationale) prenne le titre de « gouvernement provisoire ». C'est en qualité de chef de ce gouvernement que de Gaulle arrive en France libérée. Reconnu *de facto* par l'U.R.S.S. dès le 27 août, il ne sera reconnu *de jure* par les Américains, les Anglais, les Canadiens et les Russes que le 24 octobre 1944. Bidault, sortant du cabinet du général, auquel il vient d'annoncer la nouvelle de cette reconnaissance, éclate d'indignation : « Il n'est jamais content. Il finira par lasser tous ses amis! »

Tant qu'il sera en difficulté avec les alliés, de Gaulle s'appuie sur la Résistance. C'est l'époque où il dénonce les responsables de l'effondrement, où il écarte de son che-

1. Voir P3 note 3.
2. Mameluks : soldats d'élite arabes battus par Bonaparte à la bataille des Pyramides (1748); ici, allusion au groupe de « fidèles », combattants de la Résistance, qui entouraient de Gaulle.
3. Le général de Gaulle.
4. Charles Maurras (1868-1952), homme politique et écrivain de droite, directeur de *L'Action Française*; condamné en 1945 à la réclusion perpétuelle pour collaboration avec l'ennemi.
5. (1856-1951), maréchal de France, vainqueur de la bataille de Verdun (1916), chef du gouvernement de Vichy sous l'occupation allemande; condamné à mort en 1945, sa peine fut commuée en détention perpétuelle à l'île d'Yeu.

min les Queuille[6] et autres tenants de la IIIe République. De Gaulle et la Résistance se trouvent naturellement d'accord pour affirmer que les sacrifices demandés à la France n'ont pas été consentis pour remettre en selle les vieilles équipes solidairement responsables de la défaite, « pour blanchir les sépulcres ».

J'admire la monarchie

Dès le retour en France, la lune de miel prend fin. Le 28 août, déjà, deux jours après la descente triomphale des Champs-Élysées, je note dans mon Journal : « La libération est « jouie », et maintenant les problèmes urgents nous assaillent de tous côtés : manque de charbon, intégration des F.F.I. et des F.T.P. dans l'armée; intégration du C.N.R. dans le gouvernement. Un peuple qui s'est habitué à considérer le sabotage, la grève, l'illégalité, la resquille, comme autant de manifestations patriotiques, des jeunes qui manient la mitraillette avant d'avoir appris la discipline, des gens fatigués, surexcités, qui ne retrouvent pas leur assiette, tout cela est à reprendre en main sans brusquerie et sans faiblesse. On attend tout du général de Gaulle, comme s'il était un magicien, comme s'il devait dispenser la nation de tout effort. »

Ce soir-là, à dîner, le général de Gaulle s'est laissé aller à quelques propos désabusés le dos tourné à la cheminée où le hasard, ou bien la main d'un courtisan, a placé un buste en marbre de Louis XIV. « J'admire, dit-il, la monarchie qui a pu se maintenir en France si longtemps, c'est que les rois ont su rester populaires, ce qui les a sauvés lors des grandes crises, sous Louis XI et sous Henri IV. Avec Louis XIV, le pouvoir royal s'éloigne du peuple, et c'est la fin. »

Escarmouches

Le 26 août, tandis que de Gaulle descendait les Champs-Élysées, les forces du général Leclerc[7] étaient engagées dans de durs combats autour de Saint-Denis et de Pierrefitte. La population, craignant les représailles, refluait vers Paris, et le bruit de la canonnade toute proche se mêlait aux acclamations de la foule.

Ce n'est que le 27 que Leclerc, enfin libéré des obligations que les festivités parisiennes avaient imposées à ses troupes, peut reprendre l'offensive au nord de Paris en s'emparant du Bourget, de Stains et de Gonesse. Le général Eisenhower vient voir le général de Gaulle pour lui annoncer l'installation de son Q.G.[8] à Versailles. « Auparavant, selon le récit du maréchal Juin, le Grand Charles avait réuni les principaux chefs des partisans parisiens sous prétexte de les connaître et de les féliciter, mais en vérité pour les informer, ses réflexions sur la journée du 26 l'y poussant, de sa volonté de verser les forces de l'intérieur dans les rangs des forces régulières. »

La décision à ce sujet ne devait intervenir que plus tard, au retour de la croisade dans le sud de la France. Entretemps, le C.N.R. comme le note Juin[9] s'était également fait admonester pour avoir donné l'impression de vouloir établir un gouvernement parallèle.

L'arrivée de l'équipe « ministérielle » d'Alger achève de désorienter les résistants. Ils se voient déjà réduits aux rôles de figurants.

GÉRAUD JOUVE

26 août 1969

6. Président du Conseil en 1948, 1950 et 1951.
7. Maréchal de France (1902-1947); rallié à de Gaulle, après avoir combattu en Afrique il débarqua en Normandie en 1944 et gagna Paris à la tête de la 2e division blindée.
8. Quartier général.
9. Maréchal de France (1888-1967).

P34 Le général de Gaulle est mort

L'ancien président de la République, qui sera inhumé jeudi à Colombey, avait refusé dès 1952, dans son testament, les obsèques nationales
« Il a donné à la France actuelle ses institutions, son indépendance, sa place dans le monde » déclare M. Georges Pompidou

De Gaulle, pour l'Histoire, c'est et ce sera à jamais l'homme du 18 juin 1940[1]. Ce qu'en expert et en prophète il avait dans l'ombre tenté jusque-là d'empêcher, la défaite des armes, pourra être ignoré; ce qu'il aura fait pour défendre, pendant quatre ans, l'honneur et l'intérêt de la France, et souvent plus face à ses alliés que face à ses ennemis, pourra même être oublié; ce que, dans l'exil intérieur, comme chef de parti, il aura entrepris pour miner puis abattre le régime en place pourra être réhabilité; ce qu'il aura accompli au pouvoir, par deux fois saisi et deux fois perdu, pourra être contesté; il restera l'homme qui, seul, contre le vieux bon sens qui fait commettre tant d'erreurs aux sages, contre le sentiment populaire si souvent abusé, contre l'apparente logique de la force, aura dit « non » à la défaite de la France.

« L'homme de caractère », c'était bien lui tel qu'il se décrivait dès son premier livre, et tel qu'il allait être tout au long de sa vie, celui qui se barricade de refus et s'entoure de mystère. Et de tous ses refus, l'un des plus grands, peut-être parce que le plus risqué, fut celui qu'il opposa aux alliés qui voulaient abandonner Strasbourg. Ceux que retiendra davantage l'histoire politique ont été plus calculés. « Non » au pouvoir qu'il délaisse le 20 janvier 1946, avec l'espoir sans doute que l'appel du vide l'y ramènerait bien vite; « non » à la Constitution de la IVe République qu'il croit mort-née et combat jusqu'au jour où « la faillite des illusions » lui fera dire « non », à son propre mouvement, le R.P.F., le 6 mai 1953; et le temps du « recours », alors prophétisé, survenant enfin cinq ans plus tard, ce sont les refus opposés à ceux qui veulent chicaner les conditions de son retour, puis discuter l'exercice envahissant de son pouvoir personnel; ce sont les grandes et cruelles heures de la guerre d'Algérie, où il atteint au zénith de sa popularité d'un côté de la Méditerranée et à l'abîme de l'impopularité de l'autre, et qui lui font dire, dans le plus pur style gaullien, « non » aux officiers des barricades de 1960, aux généraux de la fronde de 1961. Qui ne se souvient du visage qui apparut alors souverain sur le petit écran, comme, plus tard, de sa voix impérieuse, le 30 mai 1968 : « Eh bien! Non, la République n'abdiquera pas, le peuple se ressaisira... » Il se ressaisit en effet, mais l'ordre retrouvé... et le charme rompu, il devait, à son tour, un an plus tard, dire « non » au président de la République.

« L'ambitieux de premier rang », tel qu'il le décrivait aussi il y a quarante ans, c'était bien lui, qui souffrait tant que la France ne fût pas un plus grand pays dictant sa loi au monde, à défaut de quoi il donnait à tout vent, d'ouest et d'est, des leçons aux Grands. On l'écoutait autant, mais comme on le fait d'un acteur, d'un artiste du verbe; on le suivait de moins en moins, alors même que son seul tort était souvent d'avoir raison trop tôt ou de parler trop haut. Qu'il ait été ou non joué à la « roulette russe », le dernier acte du référendum était, lui aussi, un refus et une ambition, le refus d'en rester aux mauvais souvenirs et au verdict incertain de mai, l'ambition de rénover en profondeur les structures du pays et les rapports sociaux. Mais il était bien tard, trop tard.

Peu d'hommes ont voulu plus que lui, de sa jeunesse à sa mort, s'identifier autant à la France. Puisse Plutarque avoir menti au moins une fois, et l'ingratitude envers les grands hommes n'être pas la marque des peuples forts!

J. F.

11 novembre 1970

1. Date de l'appel lancé à Londres par de Gaulle à l'adresse de la « France libre ».

P35 « Un façonneur de l'Histoire »

Faut-il dater son investiture de l'élection de janvier 1959? Plutôt du 15 juin 1958. C'est ce jour-là, en effet, que Charles de Gaulle apparaît pour la première fois sur l'écran de télévision. Et, de même que son entrée dans l'Histoire a pour origine les paroles prononcées à la fin de la journée du 18 juin à la radio de Londres, de même sa seconde carrière peut-elle être datée de ce moment où 10 millions de Français ensemble virent paraître le personnage qui, ayant largement contribué à en attiser la menace, venait de couper court à la guerre civile.

Un type de rapports nouveaux va s'établir en effet à cette heure, « de vous à moi ». Étrange démocratie directe, fondée sur une allégeance visuelle et sentimentale de la masse au héros bien-disant, hommage impatient mais durable au vieillard inflexible et loquace qui sait trouver les mots qui font rêver et qui font mouche.

L'ancien prophète masqué des hommes de la nuit[1] s'est mué en un vieux monsieur aux grâces un peu lourdes, à l'ironie volontiers ravageuse, qui traite la France comme un patronage en déshérence. Et la voix de naguère, si grave et pathétique, grimpe souvent dans un registre de fausset comme pour bien marquer le domaine où le héros se penche sur les autres, les « petits hommes » des jours ordinaires. Ainsi l'écran de la télévision devint-il son arme de gouvernement, par-delà le rideau d'observateurs étrangers des « conférences de presse » de l'Élysée, garants auprès de son peuple sceptique de sa gloire universelle. Le de Gaulle de la télévision, c'était un œil, un masque, des avant-bras. L'œil d'éléphant, de ruse et de rancune, fourré de sagesse énorme et de colère froide; le masque, que l'âge a cessé de raviner pour en raboter désormais les méplats, comme le Balzac de Rodin, comme le sommet d'une vieille montagne, rosi par le temps, tordu par l'invective, arrondi pour le paternel. Et puis ces avant-bras qu'il jetait en avant, comme des chars sur les pentes d'Abbeville, comme une épée aux pieds de César, et qu'il lui arriva aussi d'agiter pour les foules, sémaphore indépendant d'une partie de lui-même, branché sur le de Gaulle épris de la nation – le petit peuple, les « braves gens », – quand médite sombrement le de Gaulle voué à la défense de l'État, face à l'« étranger », aux « intermédiaires ».

Devant ces caméras, ces témoins, ce peuple qui le regarde, ébloui ou agacé, le grand sorcier se livre à son alchimie favorite : il remplace les faits par leur représentation, les choses par les idées qu'il veut en proposer, il picore dans l'histoire la matière première de « son » histoire, il se saisit du réel d'où jaillit au fur et à mesure son rêve dont un grand talent, une grande volonté et un grand mépris feront une sorte de réalité. Le passé, il le connaît assez bien pour le remodeler au gré de sa passion; et sa passion, il la contrôle assez bien pour la remodeler au gré de ce qu'il a décidé être l'intérêt public. L'intérêt d'une France « rassemblée » en État, guidée par l'homme qui incarne la nation.

Il advint, en décembre 1965[2], que le miracle de la transmutation de l'imaginaire ne se produisit pas, que, troublé par d'insolents contradicteurs, le grand hypnotiseur manqua d'enchanter son monde de ses phantasmes favoris. On le vit alors, avec un prodigieux opportunisme, changer de registre.

Et de même que l'implacable solitaire de Londres s'était mué, le 2 juin 1958, en un suave candidat aux suffrages parlementaires, de même le vieux roi en quête d'un nouveau sacre descendit de son trône et passa de la prophétie comminatoire à l'art bénin de la conversation. Qu'il avait donc de charme, alors, le souverain chenu à hauteur d'homme, le vieil homme qui parlait de « ce pauvre Churchill » comme d'un frère d'armes trop tôt disparu, le rebelle mué en oncle Charles qui regardait derrière son épaule le travail de la longue journée...

JEAN LACOUTURE

11 novembre 1970

1. Allusion à la clandestinité des Résistants.
2. Allusion aux élections présidentielles où de Gaulle fut mis en ballottage au premier tour par le candidat de la gauche unie, François Mitterrand.

P36-37 Le cinquantenaire du parti communiste français

Un anniversaire et un bilan

La tradition veut que l'anniversaire d'un parti comme d'une institution soit l'occasion de présenter un bilan. Mais c'est une occasion un peu artificielle d'un bilan toujours provisoire. En 1930, entre deux défaites électorales et en pleine et profonde crise interne, celui du parti communiste, déjà vieux de dix ans, mais qui n'en finissait pas de naître, aurait été un constat d'échec, d'impuissance, de désordre. En 1936, triplant ses effectifs et doublant le nombre de ses électeurs, réalisant enfin son rêve d'union de la gauche, membre de la majorité, il apparaissait en pleine possession de lui-même, en pleine ascension. Mais en 1940, au lendemain du pacte germano-soviétique et de la dissolution du parti, ses militants désorientés, ses députés arrêtés ou passés à la dissidence, et son chef à l'étranger[1], il semblait à jamais isolé, condamné, anéanti. Et en 1946, approchant du million d'adhérents et dépassant cinq millions de voix, accédant au gouvernement, il devenait le premier parti de la France. Dans la période plus contemporaine, son bilan est bien différent selon qu'on l'établit au moment où, victime et agent de la guerre froide, il souffre de son isolement et de sa défaite électorale en 1951, ou, plus tard, en 1958, lorsque, submergé par la vague gaulliste, il subit une véritable débâcle, ou bien, au contraire, au moment de son rétablissement de 1956 et de sa remontée de 1967. Car ni son ascension n'a jamais été continue ni son déclin prolongé. Paradoxalement, le parti, qui a toujours donné la primauté à la politique étrangère, ne peut, de son point de vue, présenter à cet égard un bilan positif : il n'a pu abréger ni la guerre du Rif[2] ni l'occupation de la Ruhr – qui furent ses grands combats des années 20, – il n'a pu empêcher ni l'accord de Munich, ni la non-intervention en Espagne, ni après guerre la signature du pacte atlantique, la guerre d'Indochine ou le réarmement de l'Allemagne, bien qu'il ait largement contribué à le rejeter sous sa forme première, celle de la communauté européenne de défense (C.E.D.); il a dû, enfin, laisser au général de Gaulle le soin de réaliser la détente Est-Ouest, la reconnaissance de la Chine populaire, la sortie de l'OTAN, le freinage de l'Europe... En revanche, en lançant l'idée du front populaire[3] et en faisant les concessions nécessaires à ses partenaires, il a permis les réformes sociales de 1936; en participant au pouvoir après la libération, il a facilité les réformes économiques et leur application, surtout après le départ du général de Gaulle; en soutenant, au début, le gouvernement Guy Mollet[4], il l'a aidé à réaliser son programme social sans toutefois obtenir qu'il mette fin à la guerre d'Algérie. Ainsi, chaque fois qu'il est sorti de son isolement – où le plus souvent sa politique extérieure l'a cantonné ou rejeté – le parti communiste français a été efficace; il lui suffisait de conjuguer son action avec celle des autres partis de gauche.

Cinquante ans après sa naissance, son histoire, sa nature, son ambition, en font toujours un lieu de contrastes et de contradictions.

Parti internationaliste et parti français, il a parfois difficilement concilié, dans le fond et plus encore dans la forme, cette double fidélité dès lors que la politique de « la patrie du socialisme » ne coïncidait pas avec celle du gouvernement français. Il avait vu clair lors de Munich; il s'est aveuglé, en même temps que le Komintern, sur la nature du pacte germano-soviétique et, partant, sur celle de la guerre de 1939. Il a fallu le baptême du sang de la Résistance pour le réhabiliter aux yeux de millions de Français. Héritier de la tradition socialiste ou parfois simplement « républicaine », il n'est aux yeux de nombreux électeurs que « le parti le plus à gauche possible », mais il est en même temps un parti d'un type nouveau, marxiste-léniniste, et longtemps « le plus stalinien », et se trouve ainsi tenté tour à tour par l'opportunisme et le sectarisme. Il se prononce à la fois pour le pluralisme, condition de la liberté, et la dictature du prolétariat, condition de l'efficacité révolutionnaire. La thèse ou le slogan de la « démocratie avancée » ne suffit pas à résoudre la contradiction. Parti de la classe ouvrière, dont il veut être « l'avant-garde », il sait que ni la classe ouvrière n'est tout entière communiste ni le parti tout entier ouvrier; il a ses paysans, ses cadres, ses intellectuels et, lui aussi, ses « petits-bourgeois ». S'il veille à ce qu'à tous les niveaux ses dirigeants soient d'origine ouvrière, et s'il refuse le slogan ou la thèse du nouveau « bloc historique », de la fusion des ouvriers et des intellectuels, il se fait le défenseur de toutes les catégories sociales, de celles-là mêmes qui sont condamnées par l'évolution économique et technique. La contradiction ne serait peut être résolue que si le parti était au pouvoir.

1. Maurice Thorez.
2. (1924-1926, Maroc) : guerre déclenchée par la rébellion d'Abd-El-Krim contre les autorités françaises et espagnoles.
3. Voir P22, « De mai 36 à mai 68 ».
4. Voir P1 note 7.

Aujourd'hui comme hier, ou plus précisément depuis la déclaration de Maurice Thorez de 1946, il n'est pas question pour le parti de conquérir le pouvoir par d'autre voie que la voie pacifique et parlementaire. Aujourd'hui comme hier, depuis le « bloc ouvrier-paysan » de 1924, il a besoin d'alliés et ses alliés ont besoin de lui, car, s'il est difficile d'exercer le pouvoir avec la participation des communistes, il est impossible pour la gauche de le conquérir sans leur alliance.

Aujourd'hui comme hier, le parti constitue en marge, ou plutôt au sein de la société, une société complète avec ses structures, ses valeurs, ses rites, ses mythes, ses conflits et naguère ses martyrs. Face au « désordre établi » ou à l'agitation gauchiste, cette société est devenue plus ou moins un facteur de stabilisation, sinon d'ordre, dans l'entreprise, l'Université, l'État. Cette société n'est pas seulement à ses heures l'ordre. Elle est, depuis cinquante ans, un Ordre. Nombre de ses adversaires, qui, en d'autres temps, s'en seraient effrayés, s'en félicitent ouvertement. Ceux-là parlent volontiers du parti de l'ordre jusqu'au jour où – qui peut répondre de l'avenir? – ils seraient les premiers à subir l'ordre du parti.

JACQUES FAUVET

Maurice Thorez : l'homme d'État

La vie de Maurice Thorez se confond tout entière avec l'histoire du parti communiste français. Ils se sont faits l'un l'autre au point que, comme ces vieux couples au soir de la vie, leur physionomie et leur caractère se sont si bien modelés et ajustés que l'on ne sait plus tout à fait ce qui est l'apport de chacun. Quand le parti communiste est né aux premières heures du 30 décembre 1920, il comptait parmi ses militants initiaux un jeune mineur de vingt ans effectuant alors son service militaire en Picardie. Maurice Thorez avait vu le jour le 28 avril 1900, dans une famille où, si bon élève que l'on fût à l'école primaire, il ne pouvait être question de poursuivre d'autres études. A douze ans, le futur secrétaire général du P.C.F. triait donc déjà des pierres à la fosse de Dourges. Il fera ensuite un peu tous les métiers, sans jamais se spécialiser. Faute de goût, faute de temps. Sa véritable profession est le militantisme. Dans un parti convulsif et déchiré, il brûle les étapes au triple galop. Secrétaire de la Fédération du Pas-de-Calais à vingt-trois ans, membre du comité central et secrétaire de la région du Nord à vingt-quatre ans, secrétaire à l'organisation et membre du bureau politique à vingt-cinq ans.

Il a, entre-temps, fait le pèlerinage à Moscou, été ébloui par Staline, quelques mois après avoir un peu flirté avec le trotskisme et coordonné la résistance à la guerre du Rif. Le voilà donc à Paris en 1925. Le parti communiste est pratiquement à construire. Il s'y emploie et va, d'un appareil en décomposition, faire un instrument d'une trempe typiquement léniniste. Maurice Thorez est, heureusement pour ses camarades, doté d'un sens peu commun de l'organisation. Il est calme, terriblement obstiné, autoritaire comme il sied à un secrétaire à l'organisation et avec un charme personnel, encore timide à l'époque, qui fait passer bien des décisions.

Celles auxquelles il est associé au sein du bureau politique ne sont, dans l'ensemble, pas particulièrement heureuses. Était-il toujours d'accord? Probablement pas, mais trop prudent et trop averti pour chercher à redresser ce qui ne pouvait l'être. Et, sans doute, ayant encore besoin d'assurer son jugement, d'affirmer son autorité et de se débarrasser des séquelles d'un sectarisme fort banal à l'époque.

Sa marche au pouvoir se poursuit, ralentie en 1929 par une arrestation qui sera suivie d'un an de prison – mis à profit pour se cultiver sérieusement, – menacée par le « groupe » Barbé-Celor et surtout la concurrence de Doriot. Il écarte le premier en 1931, et le second, définitivement, en 1934. Pour cela, il a fallu jouer serré à Moscou, où le « grand Jacques » avait de solides amitiés. Pour le secrétaire du P.C.F. (il occupe la fonction depuis sa libération) la voie est libre.

Les circonstances vont le pousser à élaborer sa ligne, la « ligne Thorez », mélange d'orthodoxie indéfectible envers Moscou et de révérence admirative à l'égard de Staline, de règne sans partage sur ses camarades et d'attirance pour l'union de la gauche. Cela ne conduit pas toujours à des décisions commodes. Maurice Thorez fait beaucoup pour la réalisation du Front populaire, la réintégration des valeurs nationales dans l'idéologie du P.C.; l'ouverture vers les catholiques, après la guerre la définition de la voie de passage pacifique vers le socialisme. Mais il se plie sans murmure, sinon toujours du premier mouvement, aux consignes que dicte à Moscou une analyse de la situation internationale qui n'est pas infaillible. C'est, après le sectarisme initial, la désertion de 1959, la guerre froide, les purges et les procès acceptés, Budapest approuvé.

Pourtant, le tempérament de Maurice Thorez le porterait plutôt vers l'union et le patriotisme. Autoritaire, certes, aimant le pouvoir au sein de son parti comme au gouvernement, où il fut après la guerre un fort bon ministre. Attaché aux avantages et aux prestiges de ses fonctions, ne détestant pas qu'on lui rende hommage. Mais bon orateur, l'esprit clair et curieux, tranchant souvent quand il était libre de ses choix dans la bonne direction. Cet ouvrier du Nord de la France, aux yeux clairs, au sourire épanoui et à l'air énergique, avait l'étoffe d'un homme d'État, même si les circonstances et ses convictions ne lui ont pas toujours permis d'en tirer le meilleur parti.

A. D.

Georges Marchais : solidité et abattage

A l'issue du dix-neuvième congrès du parti communiste français qui a siégé du 4 au 8 février à Nanterre, la nomination de M. Georges Marchais au poste de secrétaire général adjoint – M. Waldeck Rochet, écarté par la maladie, étant maintenu dans ses fonctions de secrétaire général – avait été présentée dans *Le Monde* comme un « changement dans la continuité »; quant à M. Marchais lui-même il était défini comme « un communiste » d'après la guerre. La suite a montré qu'il n'était pas facile pour un adhérent de 1947 de modifier l'image de marque de son parti sans l'ébranler trop profondément.

1947 : cette date devait valoir, vingt-trois ans plus tard, à M. Marchais ses premiers ennuis. Avant de les conter, revoyons son *cursus honorum*. Ouvrier spécialisé dans la métallurgie, il adhère donc en 1947, à l'âge de 27 ans, puisqu'il est né le 7 juin 1920 à La Hoguette, dans le Calvados. Secrétaire de la Fédération Seine-Sud, il entre au comité central en 1956, année du quatorzième congrès du P.C.F. et du fameux vingtième congrès du P.C.U.S., comme membre suppléant, titularisé et appelé au bureau politique en 1959. En 1961, il devient secrétaire du comité central chargé du travail d'organisation, l'un des postes clés du parti. Voilà pour la carrière.

Une réputation de « dur »

Pour l'homme, qui est maintenant connu du public, on sait qu'il a une haute stature, le poil noir, la mâchoire puissante et, sous d'épais sourcils, des yeux d'un bleu profond. Une certaine brusquerie de ton, qui n'a jamais eu l'occasion d'être tempérée par la pratique des assemblées parlementaires, a contribué à lui faire une réputation de « dur ».

Son accession au poste de secrétaire général adjoint a coïncidé avec l'élimination du bureau politique et du comité central de M. Roger Garaudy[1], jugé « opportuniste de droite ». Contre les thèses « révisionnistes » du philosophe marxiste, M. Marchais s'était fait le défenseur de la conception classique des rapports de production et de la lutte des classes et de la ligne politique intitulée « Pour une démocratie avancée, pour une France socialiste ». Cependant, « le révisionniste » avait pu se faire entendre au congrès, et si les principes du centralisme démocratique avaient été réaffirmés à cette occasion il avait été précisé que leur application serait favorisée par « l'information régulière et approfondie de tous les membres du parti ». M. Garaudy n'en poursuivait pas moins ses attaques contre les dirigeants du P.C.F. « Le Groupe Marchais » était accusé d'être inféodé à Moscou et d'avoir contribué à la mise à l'écart de M. Dubcek, en Tchécoslovaquie. Il s'en prenait même, avec le renfort de MM. Charles Tillon, Maurice Kriegel-Valrimont et Jean Pronteau, à la personne du secrétaire général adjoint auquel il était reproché de n'avoir participé à aucun des « combats vitaux » du parti. Allant plus loin encore, M. Tillon assurait que M. Marchais avait remis une biographie mensongère en adhérant au P.C.F. en 1947 (il aurait omis de signaler son séjour en Allemagne, pendant la guerre, dans le Service du travail obligatoire). L'intéressé n'a pas répliqué à cette attaque personnelle, qualifiée par lui « d'ignoble », mais le bureau politique a répondu pour lui en lui renouvelant solennellement sa confiance. M. Marchais a donc poursuivi sa tâche tandis que MM. Garaudy et Tillon étaient exclus.

Un nouveau style

Sa tâche fut notamment d'être, constamment et partout, le porte-parole du P.C.F. en inaugurant un nouveau style de propagande, celui des assemblées-débats; des « En direct avec Georges Marchais » ou « Dites-moi M. Marchais... ». A ce jeu il possède, outre la santé, autant de solidité mais plus d'abattage que M. Waldeck Rochet. Et si l'on devait le comparer aux autres dirigeants du P.C.F., on lui reconnaîtrait tantôt plus de jeunesse et de spontanéité, tantôt plus de prudence et de métier. Il lance volontiers des formules de tribun, celles que l'on assène avec force et sans complexe : « Les prétendus réformateurs sont de fieffés conservateurs, ceux qui pensent que le pouvoir est au bout du fusil n'ont qu'à y aller. » Il rejette également « l'anarchie de papa » et le « communisme de caserne ».

Dans ses rapports avec les autres dirigeants des partis de gauche, le secrétaire général adjoint du parti communiste est pareillement et tout à la fois brutal et attentif : il sait jusqu'où il peut aller. Ce costaud, qui sait parler fort sans dire n'importe quoi, plaît aux militants communistes : il a quelque chose de Thorez. Bref, il pourrait être appelé à la direction du parti communiste s'il n'y était déjà.

ANDRÉ LAURENS

25 décembre 1970

1. Philosophe, auteur de *Le grand tournant du socialisme* et *Pour un modèle français du socialisme.*

P38 Pierre Mendès France

« Le Monde » poursuit ici la publication des « bonnes feuilles » du livre de souvenirs de M. Pierre-Olivier Lapie, ancien député et ancien ministre, qui paraît cette semaine sous le tire « De Léon Blum à de Gaulle, 1846-1958 ». Après le portrait de Vincent Auriol (« Le Monde » du 15 avril 1971), voici celui que brosse l'auteur de Mendès France.

L'homme d'un style nouveau

Connu depuis vingt ans du monde parlementaire, il surgit aux yeux de l'opinion publique lors de son discours d'investiture manquée de juin 1953; alors, il jeta une lueur salvatrice au milieu des nuages lourds accumulés par ses prédécesseurs et de la poudre jetée par Pinay[1]; il était déjà l'homme d'un style nouveau, rompant avec le ronron traditionnel, pourvu d'idées méditées et non de solutions faciles, enrichi par la solitude et auréolé du mystère de dix années de silence, prêt à trancher dans le vif, à prendre à bras-le-corps et de face les difficultés et les problèmes, et oint de cette vertu insolite : une doctrine de gouvernement. Un hebdomadaire, *L'Express*[2], né de rien mais animé d'un feu neuf, d'un entrain juvénile et d'une brutalité franche, emboucha dix mois durant la trompette de sa candidature, le présenta à un public nouveau : gauche désorientée, centre indécis et jeunesse de toute part, comme l'homme nécessaire. Mendès France, après le désastre de Dien-Bien-Phu[3], les hésitations à Genève, le trouble de la C.E.D., les sursauts de Tunis[4], apparut aux yeux de la majorité de l'opinion publique comme le sang neuf qui irriguerait les veines déjà raidies de la IVe République.

Le personnage a marqué la IVe République de son sceau. Ensuite, dans l'opposition, il a continué d'exister même aux yeux de ceux qui, au cours de la Ve, croyaient avoir tout balayé des reliefs du « système ». Par un étrange ressort, les vues et, parfois, les procédés de gouvernement de Mendès n'étaient point éloignés de ceux du général de Gaulle. Par un nouveau retournement, son livre *la République moderne,* paru en 1962, tout oppositionnel qu'il s'affirmât, n'allait-il pas dans le même sens que la république nouvelle, sociale, etc., que le premier ministre de l'époque allait prônant?

De toute façon, nul ne peut traiter légèrement cette figure. Ce fut plus qu'un engouement ou qu'un éclair; il dura plus que le passage. Estimé sous la IIIe, persécuté sous Pétain[5], relevé à la Libération, longtemps silencieux sous la IVe, tout à coup surgi, puis effacé par la suite mais présent, Mendès mérite qu'on accorde à sa personnalité plus que ne sembleraient l'exiger les quelques mois de son gouvernement.

A cet être intellectuel voué aux choses difficiles, perméable seulement à quelques-uns, spécialiste avisé de l'économie et de la finance, comment accrocher un de ces mouvements passionnels qui font la popularité, déclenchent l'engouement populaire? L'attachement plus étendu s'opéra dès que Mendès, sortant des ombres élevées de l'économie et de la finance, des comptes de la nation et de ces travaux essentiels mais inconnus et imperméables au grand nombre, aborda les problèmes généraux de la politique du pays et y jeta une intense clarté : la France ne peut tout faire à la fois, se rebâtir par des dépenses productives et se détruire par les dépenses improductives, c'est-à-dire la guerre d'Indochine[6]. Il démontre que tout se tient : économie, diplomatie, guerre et finances.

Une volonté de décision

Cette clarté plaît aux Français, surtout aux Français perdus au milieu des difficultés innombrables; depuis la fin de la guerre, il semblait qu'« on n'en sortait pas ». Elle plaît d'autant plus qu'on perçoit derrière elle non seulement une valeur d'exposé, mais encore une volonté de décision.

Le mouvement passionnel, entretenu, développé par la campagne de *L'Express* bâtissant le personnage de Mendès, le présentant comme un homme neuf, non compromis dans les ministères précédents, fut facilité par l'apparente faiblesse, les silences, l'immobilité, l'apparence physique un peu lourde de Laniel[7] : la comparaison, l'opposition étaient faciles, le parallèle s'établissait de lui-même; il fallait peu pour le renforcer; la phrase de Mauriac marqua le trait : au jeune Mendès, il opposait « la dictature à tête de bœuf ». Exigences pamphlétaires : Mendès était de la même génération parlementaire que Laniel, et la dictature, relative! Mais le profil bovin resta dans toutes les mémoires, effacé par l'aquilin.

1. Voir E5 note 3.
2. Voir P14 note 4.
3. Le 7 mai 1954, la reddition de Dien-Bien-Phu, où résistait depuis février une garnison de 15 000 soldats français, marqua la fin de la guerre d'Indochine; la paix fut scellée par les accords de Genève (21.7.1954).
4. La Tunisie obtint son indépendance en 1955.
5. Voir P33 note 5.
6. La guerre d'Indochine avait commencé en mars 1946.
7. Mendès France succéda immédiatement à Laniel à la présidence du Conseil.

Mendès d'ailleurs ne craignait pas le spectaculaire. Sorti du silence et de sa modeste retraite, soudain aux pleins feux de la rampe, le voilà symbole de la pureté et de la rectitude, invention publicitaire de *L'Express,* un verre de lait[8] à la main. Ah! ces verres de lait sur la tribune de l'Assemblée, combien en a-t-il pu boire! Jusqu'à épaissir, jusqu'à se tuer le foie! Il l'avait en horreur. Mais le lait est plus pur que l'eau habituelle aux estrades parlementaires, sans doute! Car on n'y sert pas de vin, de porto, de la goutte, que je sache. Des loges à l'hémicycle, les yeux étaient fixés sur cette tache blanche, soit pour en rire, soit pour admirer. Et le lait s'épandit sur la France : lait dans les écoles, lait pour les soldats. Ici, symbole de la lutte contre l'alcoolisme et les bouilleurs de cru. Il se retourna contre lui : la révolte du pinard[9] ne fut pas étrangère aux campagnes contre Mendès; la révolte de la goutte inspira ses électeurs normands. Mais sur le moment, pour amuser le public, le retenir, le coup du lait parut génial. Une autre figure se substituait à l'image du député ou du ministre, un verre de rouge à la main, ancrée jusqu'alors dans la rétine du Français.

Le lait ne suffisait pas pour tenir l'opinion en haleine. Il lui fallait d'autres spectacles. Mendès, au cours de sa brève croisière, ne manqua pas de l'abreuver de suspenses; délai éclair pour finir la guerre d'Indochine, éclat de Carthage, le maréchal Juin*. Que n'a-t-il trouvé, à propos de la C.E.D., quelque Barnum[10] qui l'inspirât! On attendait de lui, sur ce sujet de passion, un geste imprévisible et spectaculaire : le référendum, par exemple. Il resta immobile et muet. L'abstention marqua sa défaite.

Cet esprit nourri de radicalisme, donc du thème de la démocratie, dans le sens du compromis, se révéla au pouvoir un autoritaire sans conteste.

Il considère ses ministres comme des subordonnés, entre lesquels il n'a pas à arbitrer, seul ou en conseil, mais qu'il doit commander des hauteurs de Matignon[11]. Une pluie de jeunes gens, pleins de titres et de mérite, s'avisera de donner des ordres en son nom à des ministres en exercice, et, chose plus dangereuse, à des directeurs installés.

Homme de parti, il tente de briser les partis. L'étrange et délicat échafaudage de sa majorité, reflété dans son gouvernement, plusieurs fois réparé après des détériorations ou des défections, s'était déjà bâti sur une division intérieure des partis. Il avait rogné le R.P.F., il avait chipé aux M.R.P. deux otages, tenta de débaucher trois socialistes. L'un hésita. Les autres répondirent : non-participation sans vote du parti. Et le berger Mollet[12] rameuta ses ouailles. Mendès, vieux routier, ignorait-il la discipline des S.F.I.O.? Dans le « spectacle » offert au peuple, il entrait de la part de Mendès une volonté décidée de gouverner avec le peuple par-dessus le Parlement. Si la télévision avait connu en 1954 la même expansion qu'en 1960, nous aurions assisté à des opérations de contacts directs à travers les « étranges lucarnes »...

PIERRE OLIVIER LAPIE

16 avril 1971

* N.D.L.R. M. Mendès France se rendait à l'improviste à Tunis le 31 juillet 1954 en compagnie de son ministre des Affaires marocaines et tunisiennes, M. Christian Fouchet, et du maréchal Juin et proclamait l'« autonomie interne » de la régence.

8. Boisson qui eut vite fait de devenir l'image de marque de Mendès France.
9. Vin rouge (argot).
10. Célèbre imprésario américain (1810-1891).
11. Siège de la Présidence du Conseil.
12. Voir P1 note 7.

DIX ANS APRÈS LE CESSEZ-LE-FEU

P39 La guerre d'Algérie redécouverte

Les combats ont cessé officiellement en Algérie le 19 mars 1962, à midi. Dix ans après, alors que dans « La Vraie Bataille d'Alger » *le général Massu a relancé le débat sur la torture, un film d'Yves Courrière et Philippe Monnier,* « La Guerre d'Algérie », *retrace les phases du conflit.*

Lorsque la lumière se fait, à la fin du film d'Yves Courrière et de Philippe Monnier, *La Guerre d'Algérie,* on reste écrasé, muet, le cœur au bord des lèvres.

C'était ça. On le savait, ou on croyait le savoir. Mais ce sang qui filtrait à peine des communiqués, ce délire croissant, ces tueries organisées, cette hypocrisie des hommes politiques sont là, deux heures et demie durant, sous nos yeux. Tout le monde est accusé, ou presque. Accusé d'aveuglement, de folie, de cruauté. Dix ans après, on a honte et on a peur. Honte de ce que si peu ait été fait, pendant si longtemps, pour arrêter cette guerre qui, officiellement, n'a jamais eu droit à ce nom. Peur devant la machine qui a fait des Français indifférents, ignorants ou passionnés les complices sans mauvaise conscience de tant de crimes et de tant de stupidité.

Pendant des années, on l'avait oublié. L'affaire d'Algérie n'intéressait plus que les rapatriés aux prises avec leurs drames matériels, les « soldats perdus » d'une guerre perdue devenus hommes d'affaires, bureaucrates ou parfois dévoyés. Mai 1968 avait achevé d'effacer mai 1958[1].

Aujourd'hui l'Algérie nous explose à nouveau au visage. Le général Massu[2] a, le premier, sorti le squelette du placard. Il l'a épousseté, il en a démonté les articulations. A ses yeux c'est une pièce d'anatomie. La présenter, c'est se justifier : « A ma place, qu'auriez-vous fait d'autre? » Belle cible que ce général que l'on voit partout et qui écrit et qui dit ce que tant de gens ont fait, ou pensé, ou « couvert ».

Terrifiante candeur

La terrifiante candeur de Jacques Massu a fait le vide autour de lui. Personne, ou presque, ne s'est levé pour le défendre ou partager ses responsabilités, ni parmi ses pairs, ni parmi ses chefs, ni surtout parmi ceux qui l'ont désigné, encouragé, poussé.

Désormais, Massu n'est plus seul, et le silence qu'il a si incongrument rompu, d'autres ne pourront éternellement le garder.

Le film de Courrière et Monnier est sans concessions. Ils ont puisé leurs images dans toutes les archives : dans celles du Service cinématographique des armées, dans celles du F.L.N., dans celles des cinéastes du monde entier, qui sont venus pendant sept ans et demi regarder la France « pacifier » l'Algérie avant d'aller voir les États-Unis pacifier le Vietnam.

Le pis est que le résultat n'est pas un pamphlet. C'est une synthèse souvent simplificatrice et qui, à ce titre, prêtera le flanc à la critique (mais comment ne pas simplifier?), parfois trop allusive pour les générations d'aujourd'hui (quelques cartes faciliteraient la compréhension), mais honnête, objective dans la mesure où elle peut l'être. On nous raconte la guerre d'Algérie et on nous la montre telle qu'elle fut.

Une phrase de Mauriac[3], prophétique, un rappel de la situation en Algérie après une guerre où « pieds-noirs » et musulmans avaient versé leur sang côte à côte, ce qui n'avait pas empêché les seconds de retrouver ensuite leur condition de « sujets » : que de médailles militaires parmi les « chefs historiques »... Une révolte de paysans qui surprend et qui choque. On en aura vite raison. Poussés par les gros intérêts financiers et les petits intérêts politiques, les « pieds-noirs » s'échauffent. M. Jacques Soustelle[4] en habit et haut-de-forme est accueilli en intrus : il vient réformer l'ordre établi. Puis c'est Philippeville, ravagé par le raz de marée des fellahs qui égorgent, et le reflux d'une répression froide, aux images insoutenables. Devant l'objectif de la caméra, un soldat tue un passant à 10 mètres, dans le dos, calmement. On verra les chars tirer sur les villages, les fantassins abattre les tentes des nomades et tuer tous ceux qui en sortent. Comme on verra les nez coupés, les égorgements, les pendaisons du F.L.N., les victimes de ses bombes.

Ballet des gouvernements à Paris, des discours à Alger, des gerbes au monument aux morts du plateau des Glières[5]. M. Edgar Faure[6] prêche l'intégration. M. Guy

1. Voir P2 note 2.
2. Voir P2 note 3.
3. Voir P14 note 2.
4. Voir P2 note 10.
5. Grande place d'Alger (où se trouve le monument aux morts) d'où l'on apercevait le palais du Gouverneur général de l'Algérie.
6. Voir S4-5 note 2.

Mollet[7] recule sous les tomates, M. Lacoste[8] fait la guerre. Le colonel Bigeard[9] défend l'Occident. L'armée simplificatrice sous la djellabah[10] croit retrouver le « Viet ».[11]

Le Front de libération nationale lui aussi connaît ses crises. A Tunis, les « frères » sont des frères ennemis en lutte permanente pour le pouvoir.

Arrêté au sortir de l'avion marocain qui le transportait de Tunis à Rabat, détourné par les chasseurs français, Ben Bella[12] nargue les caméras, comme les nargue plus tard, avec un calme qui explique l'admiration de ses adversaires, Ben Mehdi[13] qui, lui, mourra quelques heures plus tard. Exécuté, affirment les auteurs du film, contrairement à la thèse courante suivant laquelle il s'était donné la mort dans sa prison.

La corvée du contingent

Le contingent, il est là, qui débarque à pleins bateaux. Fleurs à l'arrivée, cadeaux au départ. Découvrant ce monde inconnu, une autre planète où les règles ne sont plus les mêmes, où la vie n'a pas le même prix que chez soi. En face, un peuple peu à peu gonflé de haine et de peur.

Et le « maintien de l'ordre ». Peu de combats, et pour quelques-uns seulement. Des gardes, des fouilles, et toujours des gardes, et toujours des fouilles de gens qu'on finit par traiter comme un troupeau que l'on rudoie, la méfiance au coin de l'œil : le mépris n'est pas loin.

Lorsqu'on rentre, on ne dit rien. Pas de quoi être fier. Une sale corvée et une corvée sale. Parce qu'on ne torturait pas seulement à Alger, ou à la ferme Ammeziane[14], près de Constantine. On a « fait parler » partout : il fallait bien se protéger des embuscades et avoir un tableau de chasse correct pour ne pas passer pour des « minables ». On se tait. Et la métropole ne sait rien. Elle ne veut pas savoir. Elle ne peut pas savoir. Les journaux qui soulèvent un coin de voile sont saisis à Alger, saisis ou menacés de l'être à Paris.

Il y va de l'honneur de l'armée et de l'honneur de l'Occident tout entier. M. Guy Mollet, des larmes dans la voix, n'a-t-il pas assuré, à la télévision, qu'il n'admettrait pas une minute un seul fait de torture, une seule tuerie inutile?

Tout le monde est pris dans l'engrenage, avec la complicité de tout le monde, à de trop rares exceptions près. La machine fabrique sa propre destruction. L'armée, bientôt, dans un pays sous-administré, devient toute-puissante. Incapables de se résoudre à traiter avec un adversaire lui aussi divisé, les gouvernements s'affaiblissent, et après avoir fait des soldats des policiers, des instituteurs, on fait des préfets. M. Lacoste, bon gré mal gré, a bien dû s'appuyer sur les militaires : les « pieds-noirs », manipulés par les démagogues à chaque succès militaire, bloquent les réformes.

L'armée est un bulldozer, mais à sa manière se veut libérale. Elle entend gagner les cœurs en intégrant les esprits grâce à une nouvelle arme : l'action psychologique.

La journée des dupes

Tout craque le 13 mai 1958[15]. La foule d'Alger monte à l'assaut. Immense journée des dupes, que d'autres suivront. M. Léon Delbecque[16] est là, au coin de chaque image qui pousse les uns en avant, tire les autres en arrière, souffle les répliques et inspire les déclarations. D'autres images aussi : l'arrivée de M. Soustelle, accueilli sans chaleur. Celle de de Gaulle, enfin, qui salue distraitement, froidement ceux qui veulent le confisquer à leur profit. M. Soustelle a vite compris, qui se rencogne, sombre, derrière un pilier. Le général, haï hier et qui le sera bien plus encore demain, regarde avec hauteur Alger qui l'acclame et qu'il « a compris », et Mostaganem, où il criera : « Vive l'Algérie française! », comme plus tard il criera : « Vive le Québec libre! », sans qu'on sache s'il a pesé ses mots sur sa balance secrète ou s'il s'est laissé porter, acteur pris à son propre jeu, par le public en délire.

Psychodrame des barricades, après le drame du plateau des Glières. Ortiz[17] prospère, Lagaillarde[18] martial, des silhouettes de colonels curieusement anonymes. Challe[19] a gagné la bataille en passant son rouleau compresseur entre les barrages de l'est et de l'ouest. Derrière les barbelés, en Tunisie, Boumediene[20], de son œil bridé, regarde parader Krim[21]. Décembre 1961 : tandis que de Gaulle parcourt l'Algérie algérienne et que les colonels balancent, les musulmans descendent dans la rue. Extraordinai-

7. Voir P1 note 7.
8. Homme politique, socialiste, député et ministre sous la IVe République; ministre de l'Algérie de 1956 à mai 1958.
9. Voir P2 note 4.
10. Long vêtement avec capuchon que les Arabes portaient pour se protéger de la chaleur et que les « commandos français » adoptèrent pendant la guerre pour « tromper l'ennemi ».
11. Appellation péjorative utilisée par l'armée française en Indochine pour désigner les ennemis vietnamiens.
12. Révolutionnaire algérien, ancien sous-officier de l'armée française. Responsable de l'organisation de la Résistance algérienne (1954); arrêté par surprise (arraisonnement de son avion) et emprisonné en 1956. Libéré lors des accords d'Évian. Élu président de la République algérienne le 20 septembre 1962. Le 19 juin 1965, renversé et arrêté par son ministre de la Défense, le colonel Boumediene, qui devient le 2e Président de la République algérienne.
13. L'un des neuf fondateurs (avec Ben Bella) de l'organisation de la Résistance algérienne.
14. Tristement célèbre pour les « interrogatoires » qui s'y déroulèrent.
15. Voir P2 note 2.
16. Gaulliste, proche collaborateur de M. Chaban-Delmas; ministre de la Défense en 1958. Installé à Alger longtemps avant le 13 mai, a été le metteur en scène du système mis en place pour ramener le général de Gaulle au pouvoir.
17. Voir P6 note 7.
18. Voir P6 note 3.
19. Voir P6 note 9.
20. Un des chefs de la Résistance algérienne; voir également note 12.
21. Vice-président du conseil du G.P.R.A. (gouvernement provisoire de la Révolution algérienne) et ministre des Armées (1958) puis ministre des Affaires étrangères et chef de la délégation algérienne lors des conversations d'Évian.

res images, jamais vues en France. Cent vingt morts dont on ne parlera pas. Le putsch[22] : de Gaulle en pleine forme, face aux généraux d'Alger fatigués par deux nuits sans sommeil. On ne nous montre le contingent que lorsque les putschistes rembarquent les soldats démobilisés pour la métropole. Peut-être aurait-on pu, parmi les causes de l'échec du « quarteron »[23], noter le rôle des jeunes soldats, pour la première fois peut-être conscients de l'enjeu.

Et c'est la grande folie de l'O.A.S., Bab-El-Oued[24] assiégé, la rue d'Isly[25] couverte de morts et de blessés, les cadavres musulmans sur les trottoirs, parmi les passants qui s'efforcent à l'indifférence. Un peuple, enfin, qui fuit, pleurant ses illusions, sa terre et son soleil, tandis qu'un autre peuple compte ses morts. Vainqueurs? Vaincus? Pourquoi conclure? Montrer suffit.

JEAN PLANCHAIS

22 mars 1972

22. Dans la nuit du 21 au 22 avril un groupe de généraux (Challe-Salan-Jouhaud-Zeller) s'empare du pouvoir à Alger. C'est le « putsch des généraux » ou « putsch d'Alger »; voir également P6 note 9 et P8 notes 2 et 3.
23. Terme péjoratif désignant une poignée d'hommes qui déclenchent une révolution, un coup d'État, etc., sans l'assentiment des masses. Terme employé par le général de Gaulle pour désigner les quatre généraux félons (« un quarteron de généraux en retraite »), le lendemain du putsch d'Alger.
24. Voir P11 note 1.
25. Après les accords d'Évian l'O.A.S. adopte la politique du désespoir : série d'attentats à l'aveuglette, à la fois contre les soldats français et contre les Algériens. Fin avril 1962 : l'explosion d'une voiture piégée dans une des rues les plus passantes d'Alger – la rue d'Isly – fait 62 morts et de nombreux blessés.

DE L'EUROPE DU GÉNÉRAL À CELLE DE M. POMPIDOU

P40 Une vieille idée : la confédération

Il est ridicule de dire, comme le font certains, que le général de Gaulle était « anti-européen », alors que dès le 11 novembre 1942, au cours d'un discours prononcé à l'Albert Hall de Londres, il a déclaré que la France « souhaitait désormais tout faire pour qu'en Europe ceux dont les intérêts, le souci de leur défense et les besoins de leur développement sont conjugués avec les siens se lient à elle comme elle-même à eux d'une manière pratique et durable ». Même langage, dix-huit mois plus tard, devant l'Assemblée consultative d'Alger : « Nous pensons qu'une sorte de groupement occidental réalisé avec nous principalement sur une base économique et aussi large que possible pourrait offrir de grands avantages. Un tel groupement prolongé par l'Afrique, en relations étroites avec l'Orient et notamment les États arabes qui cherchent légitimement à unir leurs intérêts, et dont la Manche, le Rhin, la Méditerranée seraient comme les artères, paraît pouvoir constituer un centre capital dans une organisation mondiale des productions, des échanges et de la sécurité. » Avec des variantes, c'est ce que le général n'a cessé de répéter jusqu'à sa mort.

Il est tout aussi ridicule de prétendre, comme on l'entend dire, que M. Pompidou a innové par rapport à son prédécesseur en parlant de *confédération*. Dans le tome I de ses *Mémoires de guerre*, de Gaulle est allé jusqu'à parler d'une « fédération stratégique et économique entre la France, la Belgique, le Luxembourg et les Pays-Bas, fédération à laquelle pourrait se rattacher la Grande-Bretagne »... Mais sans doute n'avait-il pas très clairement en tête le contenu véritable de la notion de *fédération*. Celle-ci implique, en effet, comme c'est le cas, par exemple, pour les États-Unis, l'U.R.S.S., l'Allemagne occidentale, l'Inde, la Yougoslavie, le Canada, délégation de souveraineté à l'État fédéral, par opposition à la *confédération*, qui préserve la souveraineté des États membres. (L'allemand, avec les deux expressions *Staatenbund* pour confédération et *Bundesstaat* pour fédération, montre mieux que le français le contraste des deux notions. Les États-Unis furent une confédération de 1776 à 1787, avant de devenir un État fédéral. La Confédération helvétique est en réalité, malgré son titre, une fédération.) Toujours est-il que, par la suite, le général a préféré se référer à l'idée de confédération, qu'il a notamment développée, pendant son exil à Colombey[1], dans un entretien avec son vieil ami Harold King, de l'agence Reuter.

Dans le grand discours radiotélévisé qui annonçait le

1. De 1946 à 1958; sur Colombey voir P2 note 12.

30 mai 1960, après l'échec dramatique du « sommet » Est-Ouest de Paris, le lancement de ce qui allait devenir le plan Fouchet d'union des États de l'Europe occidentale, le général évoquait « l'Europe d'Occident, jadis rêve des sages et ambition des puissants, aujourd'hui condition indispensable de l'équilibre du monde », ajoutant que la voie à suivre était celle d'une « coopération organisée des États, en attendant peut-être d'en venir à une imposante confédération ». Le 31 décembre de la même année, il allait plus loin : « Nous ferons, en 1961, ce que nous avons à faire : aider à construire l'Europe qui, en confédérant ses nations, peut et doit être pour le bien des hommes la plus grande puissance politique, économique, militaire et culturelle qui ait jamais existé. »

Où il était question de défense

Si le mot de confédération disparaît ensuite de son vocabulaire, ce n'est pas parce qu'il a renoncé à l'idée : le plan Fouchet, avec ses réunions périodiques à tous les échelons, sa commission politique (très voisine du secrétariat proposé par M. Pompidou), est d'inspiration purement confédérale. C'est parce que nos partenaires n'en ont pas voulu : les plus fédéralistes redoutaient en effet que l'on enterrât ainsi leur idéal; et surtout les Allemands n'aimaient pas le mot, chargé qu'il était pour eux des mauvais souvenirs de la Confédération germanique (*Deutscher Bund*) de 1815. Celle-ci, présidée par l'empereur d'Autriche, avec le roi de Prusse comme vice-président, fit en effet la preuve de son impuissance au moment du grand débat de 1848-1850 entre partisans de la petite et de la grande Allemagne, et de la guerre austro-prusienne de 1866, qui conduisit à sa dissolution.

La vérité, bien oubliée aujourd'hui, est que les propositions de de Gaulle de 1960 allaient bien au-delà du schéma dont il est question pour le moment. D'une part, en effet, elles prévoyaient un référendum dans tous les pays intéressés : idée qui fut abandonnée en raison de difficultés juridiques, notamment à Bonn où la Constitution interdit le recours à une formule dont Hitler avait fait trop, et si mauvais, usage. D'autre part, elles incluaient la *politique étrangère,* dont Paris semble aujourd'hui vouloir maintenir l'autonomie, et la *défense,* dont M. Debré[2] répète à tout bout de champ qu'elle doit rester une prérogative exclusivement nationale. Exposant son plan, au cours de sa conférence de presse du 5 septembre 1960, le général en définissait en effet ainsi le but : « Assurer la coopération régulière des États de l'Europe occidentale, c'est ce que la France considère comme souhaitable dans le domaine politique, économique, culturel, et dans celui de la défense... » Et dans la dernière version du plan Fouchet, en date du 18 janvier 1962, dont la présentation inopinée par la délégation française devait entraîner, le 17 avril, deux jours après la constitution du premier gouvernement Pompidou, la rupture des négociations, il était dit plus clairement encore : « L'union a pour but de rapprocher, de coordonner et d'unifier la politique des États membres dans les domaines d'intérêt commun : politique étrangère, économie, culture, défense. »

Ce plan, il n'est peut-être pas inutile de le rappeler, avait été à deux doigts d'aboutir. L'Allemagne, l'Italie et le Luxembourg étaient en effet d'humeur conciliante. Ce sont les Pays-Bas, et à un moindre degré la Belgique, qui prirent la responsabilité de la rupture. Leur position est claire : elle peut se résumer ainsi : « Si nous ne pouvons pas avoir la supranationalité, alors admettons la Grande-Bretagne dès maintenant dans notre union. » La Haye et Bruxelles s'opposaient ainsi à l'Élysée, qui mettait comme condition à cette admission l'heureux aboutissement des négociations pour l'entrée du Royaume-Uni dans le Marché commun, lesquelles venaient juste de s'ouvrir et soulevaient un « Himalaya » de difficultés techniques et politiques.

ANDRÉ FONTAINE

14 avril 1972

2. Voir E3 note 9.

P41 La bombe française et le « rang »

« Si les essais nucléaires ne sont pas dangereux, pourquoi ne les faites-vous pas dans votre arrière-cour? », nous écrit une correspondante de Nouvelle-Zélande. Elle traduit la réaction de la plupart des pays riverains du Pacifique à l'égard des expériences de Mururoa. A Stockholm, une conférence apparemment condamnée aux vœux pieux sur la protection de la nature prend brusquement l'allure d'un tribunal où la France, en compagnie de la Chine populaire, joue le rôle de l'accusé. Les procureurs – le Pérou et la Nouvelle-Zélande – ont emporté un premier vote : 48 voix contre 2 et 14 abstentions.

Lorsque le général de Gaulle, transformant en une doctrine précise assortie d'un programme rigoureux et d'énormes moyens les études et les travaux encore timides entrepris sous le régime précédent, entama la création de la force de frappe, le monde était entré, à l'égard de l'atome, dans une période de résignation, sinon d'acceptation.

Depuis l'explosion américaine de Bikini, tant de monstrueux champignons avaient surgi sur la planète que la décision gaullienne fut accueillie avec plus d'incrédulité, de dérision même, que de crainte véritable. L'Algérie était encore « française »; le coq gaulois, selon l'expression de M. Debré[1], pouvait chauffer ses ergots dans le sable du Sahara et y faire exploser ses bombes. Le grand débat portait beaucoup moins sur les dangers que pouvaient comporter ces essais que sur l'utilité de se doter, au prix d'énormes sacrifices, d'une arme de fin du monde.

Ainsi furent mises au point les bombes de 70 kilotonnes – d'une puissance égale à plus de trois fois celle de la bombe d'Hiroshima – qui arment aujourd'hui les Mirage-IV[2].

L'indépendance algérienne n'empêcha pas la poursuite des essais. Mais il était évident qu'ils ne pouvaient continuer longtemps sur un sol devenu étranger. Le Pacifique était le seul « désert » disponible. En 1963, les États-Unis et l'U.R.S.S. avaient signé un accord sur l'interdiction des essais nucléaires dans l'atmosphère, auquel se rallièrent la plupart des nations. La France, dernière-née avec la Chine populaire des puissances atomiques, se trouvait dans une position qui deviendrait de plus en plus délicate. Alors que l'ampleur des essais qu'elle avait entrepris était sans commune mesure avec les centaines de mégatonnes utilisées par les Super-Grands, désormais pourvus d'un arsenal colossal et qui restaient en mesure, du fait de l'étendue de leurs territoires, de poursuivre des expériences souterraines, elle apparaissait de plus en plus non seulement comme la grenouille qui se veut aussi grosse que le bœuf, mais surtout comme l'ennemi public numéro un.

Il faut bien reconnaître que tous les experts du monde ne sauraient convaincre des voisins, même lointains, d'une explosion nucléaire qu'ils ne courent aucun risque. Lorsqu'il fut question de tenter en France même des explosions nucléaires souterraines, la réaction fut extrêmement vive.

En définitive, s'agit-il encore de défense nationale? Même si l'on admet la nécessité d'une force nucléaire de dissuasion, est-il indispensable qu'elle comporte toute la panoplie de la destruction massive?

Les spécialistes français espèrent avoir terminé pour la fin de 1975 la réalisation de la bombe thermonucléaire. D'ores et déjà, la France, avec les moyens dont elle dispose ou disposera sans nouveaux essais, est ou sera en mesure de raser plusieurs dizaines de villes. La menace de quelques millions de morts supplémentaires ajoutera-t-elle à ce qui lui reste de puissance?

Au train où vont les choses, les ravages politiques causés par les essais du Pacifique auront largement dépassé les avantages supposés d'une promotion au rang de puissance thermonucléaire.

14 juin 1972

1. Voir E3 note 9.

2. Avions militaires supersoniques construits par la firme Dassault.

AU JOUR LE JOUR

Le chef-d'œuvre

Rester indifférent devant l'explosion de la bombe française me paraîtrait aussi étrange que s'indigner, comme le font certains, parce que la France vient d'ajouter sa pincée de poussières radio-actives aux nuages que, depuis quinze ans, soulèvent les membres du club atomique.

Je l'avoue donc sans honte : j'éprouve en apprenant l'explosion de Reggane un indiscutable sentiment de fierté. Je suis certain que beaucoup de mes compatriotes, qui désapprouvent les bombes atomiques en général et la bombe atomique française en particulier, sont comme moi.

Il n'est pas question, bien sûr, de s'enthousiasmer, de crier au miracle. Un pays comme le nôtre, s'il a le sens de la grandeur et de la dignité, ne pavoise pas lorsqu'il réalise à son tour un programme scientifique établi depuis de longues années.

Inutilisable sans doute, démodée peut-être, cette bombe n'est que symbolique. Mais il ne faut pas trop mépriser le symbole. Ainsi, naguère, le compagnon devenait maître en exécutant, selon les traditions anciennes, un inutile et symbolique chef-d'œuvre. Le chef-d'œuvre ne faisait pas de lui un prince, mais lui permettait de n'être pas un valet.

ROBERT ESCARPIT

14-15 février 1960

P42 L'enjeu

En politique intérieure les dates historiques sont rares et les superlatifs trompeurs. Mais on ne risque rien à affirmer que celle du 27 juin 1972 est la plus importante pour la gauche depuis la scission au congrès socialiste de Tours[1], le 30 décembre 1920. Pour la gauche et donc pour toute la politique française. De deux choses l'une : ou le contrat signé par le parti communiste et le parti socialiste sera de nul effet faute de victoire électorale ou de fidélité de l'un des alliés, et ce n'est pas de sitôt qu'une tentative de cette nature et de cette ampleur sera reprise; ou bien le programme deviendra celui de la gauche au pouvoir, et la politique française s'en trouvera profondément changée. Comme elle l'a été il y a plus de cinquante ans lorsque, irrémédiablement divisée, la gauche a été pour longtemps affaiblie, stérilisée et frustrée du pouvoir, sauf de brèves expériences d'où elle est vite sortie, plus découragée, plus divisée que jamais.

On pourra débattre longuement de l'ambiguïté ou même de l'irréalisme de tel ou tel chapitre, notamment économique, du programme commun, douter de la sincérité ou de la persévérance de l'un ou l'autre des deux partis. Mais on ne peut oublier que l'évolution qui s'est produite plus encore à la base qu'au sommet de chacun d'eux et les treize années qu'ils ont passées ensemble dans l'opposition, sans compter le jeu contraignant du mode de scrutin, les poussaient, les condamnaient à s'entendre.

Aujourd'hui, le fait capital n'est pas que le contrat ait tel ou tel contenu; c'est qu'il existe et qu'il modifie déjà, ranime la vie politique, renouvelle et renchérit l'enjeu des prochaines élections législatives et de la future élection présidentielle.

L'accord socialo-communiste rend à la fois plus faciles et plus difficiles la tâche et la responsabilité de l'actuelle majorité.

L'épouvantail du Front populaire, repeint à neuf, ou plus simplement le coût, non chiffré, du financement du programme peuvent effrayer les électeurs des « petites classes moyennes » et les faire refluer vers la majorité gouvernementale, tandis que les « centristes d'opposition » n'ont d'autre espoir et d'autre avenir que de la rejoindre, tôt ou tard. L'anticommunisme a cependant perdu de son effet depuis que le parti a changé sinon d'âme du moins de visage, et son maniement est plus délicat depuis que, simultanément, le pouvoir cultive assidûment l'entente et la coopération avec les régimes socialistes. Facilitée par la simplification accrue de la lutte, l'entreprise de la majorité sera rendue plus difficile par la vigueur retrouvée de l'opposition. Le temps n'est plus où l'on pouvait affirmer que si la gauche ne peut rien faire sans les communistes elle ne peut non plus rien faire avec eux. Un pari est pris qu'il est vain de réduire à l'ambition d'un homme, qui a d'ailleurs autant à y perdre qu'à y gagner. Une dynamique

1. Scission qui aboutit à la fondation du P.C.F.

est créée qui, l'expérience l'a souvent démontré, peut avoir un effet multiplicateur sur l'électorat et le militantisme de la gauche. Et, à cet égard, les socialistes ont pris consciemment le risque, s'ils accèdent au pouvoir avec les communistes et se heurtent à des difficultés graves, notamment d'ordre financier, d'être à la fois soutenus, stimulés et encadrés par des forces populaires, politiques et syndicales dont les communistes sont les maîtres.

Face à des adversaires rassemblés autour d'un programme plus complet et plus positif que celui du Front populaire, qui, lui, était né d'un double refus, celui du fascisme et celui de la déflation, la majorité devra faire preuve d'imagination et d'initiative, d'unité aussi. En est-elle encore capable après quatorze ans d'exercice du pouvoir et à l'approche de consultations qui la paralysent et la divisent, mais dont l'enjeu la dépasse de beaucoup? N'est-ce pas, en effet, toute une conception de la société et de l'économie qui est en cause?

J. F.

29 juin 1972

P43 Les femmes et la députation

Des mécontentes dans tous les partis

Le féminisme militant est pour l'« homme politique » le meilleur des alibis : il est excessif, sexuel, révolutionnaire parfois, ridicule souvent. Au surplus démodé.

Les femmes qui s'expriment ne sont donc pas assez sages pour « faire de la politique ». Ces furies au Parlement, nul n'y saurait songer. Et c'est parce que nul n'y songe que, tous partis confondus, des femmes se retrouvent, étonnées qu'on les ait oubliées; ce ne sont pas des furies, elles ne militent pas au M.L.F., ce sont des femmes déçues. Prendre prétexte des clameurs de quelques-unes pour faire taire les voix de beaucoup n'est en fait, ni juste ni sérieux. C'est simplifier à l'excès, et donc fausser, diminuer, un élément essentiel en démocratie : la représentativité du Parlement. Tout se passe, en effet, comme si la seule représentativité politique, au niveau des partis, suffisait; or, les femmes, qui forment 53 % du corps électoral, ne constituent, à l'Assemblée nationale, que 1,6 % des députés. Il y a là une extrême distorsion entre le « pays réel » et le « pays légal », plus forte encore que dans tous les autres pays industriels comparables à la France.

Le mode de scrutin actuellement en vigueur pour les élections législatives est incontestablement le plus défavorable pour les femmes; si, en 1946, l'Assemblée nationale comptait trente-neuf femmes, ce n'était pas seulement du fait de la Résistance, de l'immédiat après-guerre et du droit de vote qui venait de leur être accordé, c'était aussi grâce à la représentation proportionnelle. Le scrutin uninominal majoritaire allait casser cet élan; de plus l'absence de scrutin de liste ne permit plus à une « tête de liste » connue de « faire passer » des candidates qui l'étaient moins; il faut ajouter qu'au cours d'une campagne électorale ceux qui ont à se faire connaître sont ceux qui devront dépenser le plus d'argent; or il est admis que les candidates ont beaucoup plus de difficultés à en trouver que les candidats.

Enfin, la mauvaise foi se joint aussi au cortège des empêcheurs d'élection : certains affirment ainsi que les femmes ne votent pas pour les femmes, vérité qui semble controversée. Une mère, une épouse, dit-on, ne saurait exercer un « métier » qui peut l'occuper pendant le week-end, voire en séance de nuit, comme si toutes les femmes infirmières ou médecins étaient mauvaises mères ou mauvaises épouses. Pourtant, à entendre certains députés parler de l'éducation des petits enfants, des allocations familiales ou du coût de la vie, comme les prêtres du mariage ou les ministres de la jeunesse, on se prend à croire que la présence, non pas à cinquante pour cent mais la présence signifiante des femmes à l'Assemblée nationale est une nécessité. Encore est-ce apporter une limite plus traditionnelle que sensée à leurs compétences que de les borner aux affaires sociales et de l'éducation. Des chefs d'État, des ministres, des parlementaires (et même des parlementaires françaises), ont prouvé leur capacité générale à gouverner et, dans le cas qui nous occupe, à écouter et à légiférer. Ces dames ne sont pas optimistes; elles se savent loin d'avoir gagné la partie. Encore ne la gagneront-elles que si députés, ministres, sénateurs, elles restent femmes. Pour elles, l'école mixte véhicule autant d'espoirs que la « laïque »[1] pour certains de leurs grands-pères : des espoirs à long terme.

N. C.

18 octobre 1972

1. L'école laïque fut au centre de mémorables batailles, au parlement et dans l'opinion, sous la IIIe République; elle fut pratiquement instaurée dès 1882 par la laïcisation des programmes et l'obligation scolaire, et consacrée en 1905 par la séparation de l'Église et de l'État.

P44 Bonjour monsieur Monnet

A 40 kilomètres de l'avenue Kléber, où, jeudi matin, les neuf chefs d'État et de gouvernement de la nouvelle Europe prennent séance dans l'imposant appareil des grandes conférences internationales, un vieux monsieur alerte, le visage rougi par le froid déjà vif, rentre de sa promenade quotidienne à travers la campagne d'Ile-de-France. Avec un dernier regard pour les doux vallonnements qu'enserre au loin la tache sombre des premiers contreforts de la forêt de Rambouillet, il pousse la porte d'un jardin et pénètre de son pas tranquille dans une grande maison à colombages, gaie et chaude, sa maison.

Robuste et lent, il tape du pied sur le seuil, pose sa canne, enlève le vieux feutre cabossé qu'il soulevait tout à l'heure, dans le chemin du Saint-Sacrement ou en traversant le hameau, pour saluer avec une courtoisie attentive et familière un cultivateur au loin dans son champ ou une vieille femme sur le pas de la porte de sa maisonnette. Otée cette lourde canadienne fourrée devenue ici légendaire, car sa réapparition annonce chaque automne depuis vingt-cinq ans aux villageois l'approche de l'hiver aussi sûrement que le premier givre de l'aube, l'homme des villes n'apparaît pas très différent au fond de l'homme des champs qui, perché sur sa moissonneuse-batteuse, lui rendait à l'instant son salut, en criant très fort pour vaincre le bruit : « Bonjour, monsieur Monnet! ». Carré maintenant dans son fauteuil, les mains tendues vers le feu de bois, Jean Monnet songe-t-il à cette simple feuille de papier partie de son bureau de commissaire général au Plan, rue de Martignac, un jour du printemps 1950, à l'intention du Lorrain Robert Schuman[1], alors ministre des Affaires étrangères? En quinze lignes, il proposait simplement « pour supprimer... l'opposition séculaire » entre la France et l'Allemagne de « placer la totalité de la production franco-allemande de charbon et d'acier sous une autorité supérieure de contrôle dans le cadre d'une organisation qui reste ouverte aux autres pays européens ».

Ces quinze lignes, Robert Schuman en répétait très haut le texte, mot pour mot encore, le 20 juin suivant, dans le salon de l'Horloge du Quai d'Orsay[2], devant les ministres des six pays qui avaient accepté d'étudier la proposition française.

Avec ces trois phrases, une aventure nouvelle commençait, l'aventure de la Communauté européenne. Vingt-deux ans plus tard, après bien des vicissitudes, elle se poursuit dans la grande salle de la conférence « au sommet », avenue Kléber.

« Monsieur Europe » : sans Jean Monnet, sans son obstination à croire d'abord, à faire admettre ensuite, qu'une idée simple finit toujours par l'emporter, dans un monde complexe et troublé, sur toutes les querelles, toutes les abstractions, il n'y aurait sans doute pas d'union européenne.

Quelle vie étonnante, que celle de ce petit-fils et fils de négociants en cognac – c'étaient là les seules étoiles qui brillaient sur son destin, – né lui-même à Cognac il y aura bientôt – le 9 novembre – quatre-vingt-quatre ans! S'il se soucie peu de servir d'alibi aux cancres, il n'a d'autres diplômes que ceux qui lui ont été conférés « honoris causa » par dix universités. S'il n'arbore jamais aucune décoration, ses tiroirs sont remplis des ordres les plus prestigieux qui soient à travers le monde, mais il n'a pas la Légion d'honneur. Et il vérifie un aphorisme bien connu : célèbre dans le monde entier, il n'est que connu dans son propre pays.

Par leur seule présence, jeudi avenue Kléber, neuf chefs d'État et de gouvernement en portaient, qu'ils le veuillent ou non, témoignage : oui, le promeneur de Bazoches, qui avait tôt appris entre les ceps du vignoble charentais que « le temps ne respecte pas ce qu'on fait sans lui », a donné une leçon qui restera, il a réalisé quelque chose. L'Europe, tout simplement.

PIERRE VIANSSON-PONTÉ

22-23 octobre 1972

1. (1886-1963), plusieurs fois président du Conseil et ministre des Affaires étrangères; auteur du Plan de la Communauté européenne du charbon et de l'acier (1952); président du Mouvement européen (1955).

2. Siège du ministère des Affaires étrangères.

P45 Les sondeurs sondés

Personne ne sait encore à quelle date se dérouleront les élections législatives en France, mais tout le monde peut connaître, dès maintenant, leurs résultats. Le 20 novembre, en effet, deux quotidiens et un hebdomadaire offraient à leurs lecteurs, sous le couvert de trois instituts de sondages rivaux, leurs réponses à la question : « Comment voteront les Français? » Le seul ennui est que ces trois réponses ne concordent pas. Qu'on en juge.

D'abord, les abstentions – ou plutôt les indécis, ceux qui n'ont pas encore fait leur choix : selon l'institut et le journal, ils ne sont que 19 % (SOFRES – *Le Figaro*) ou, au contraire, 40 % (Publimétrie – *L'Aurore*). En revanche, même si elles ne savent pas comment elles voteront elles-mêmes, les personnes interrogées ont déjà une idée assez précise des résultats définitifs : seules 16 % d'entre elles pour la SOFRES et 25,6 % pour la Publimétrie n'ont pas été en mesure de donner une répartition des suffrages entre les forces en présence.

On objectera que ces deux sondages-là n'ont pas la prétention de prédire les résultats, mais qu'il s'agit seulement d'« intentions de vote ». Des « intentions » singulièrement fermes cependant pour les « sondés » de la Publimétrie puisque, si 60 % d'entre eux déclarent avoir déjà fait leur choix, 57,2 % affirment que ce choix est définitif et qu'ils n'en changeront pas quoi qu'il advienne. Des « intentions » singulièrement précises aussi pour les « sondés » de la SOFRES puisqu'elles portent non seulement sur la répartition des voix au premier tour mais également, et avec une remarquable précision, sur les « transferts de voix du premier tour au deuxième tour », soit « dans l'hypothèse d'un duel parti communiste – majorité au deuxième tour », soit « dans l'hyphothèse d'un duel parti socialiste-majorité au deuxième tour ». Dans ce dernier cas, prenons note du fait qu'il n'y aura que 4 % d'abstentions parmi les électeurs ayant voté communiste au premier tour et que 11 % pour ceux qui auront voté réformateur. On admire la précision, et on pense à ce candidat à la présidence de la République qui, en 1965, annonçait son intention de réduire, s'il venait à être élu, les impôts de 11 % et qui, comme on lui demandait pourquoi il avait choisi 11 % et non 10 % par exemple, répliquait, péremtoire : « Parce que 10 % cela ne fait pas sérieux. »

Et les réformateurs dans tout cela? N'auraient-ils au second tour de choix qu'entre la gauche et la majorité? Auraient-ils disparu corps et biens comme semble l'impliquer le sondage de la SOFRES? Qu'on se rassure, il n'en est rien. Ici intervient naturellement *L'Express*[1], pour lequel l'IFOP a procédé d'une manière plus ambiguë et prudente. Car il n'est plus question là d'« intentions de vote » mais seulement de « motivations générales de vote ». Il n'en est que plus curieux de constater que ce journal est néanmoins le seul à afficher carrément la couleur, en posant sur sa couverture la fameuse question « Comment voteront les Français » (sans même un point d'interrogation).

Avec *L'Express* on pensait bien être tranquille sur le sort des réformateurs, et on n'est pas déçu : sur cent Français, lit-on, trente-cinq « déclarent se sentir très proches ou assez proches du Mouvement réformateur » contre quarante-huit pour la majorité et trente et un pour l'union de la gauche. Prudente, l'IFOP ajoute la note piquante que voici : « L'IFOP rappelle que les chiffres ci-dessus ne constituent en aucune manière des intentions de vote et ne doivent pas être rapprochés de résultats électoraux passés ». *L'Express* a beau imprimer cela en tout petits caractères, le sens est clair. Il faut entendre : ce sondage ne répond absolument pas à la question « Comment voteront les Français ». Dont acte.

Enfin 35 % pour les réformateurs, 48 % pour la majorité et 31 % pour la gauche, c'est impressionnant. Hélas! la Publimétrie *(L'Aurore)* n'a trouvé que 16,8 % pour le parti de MM. Servan-Schreiber[2] et Lecanuet[3] contre 41,2 % pour la majorité et 42 % pour la gauche. Et la SOFRES *(Le Figaro)* est plus chiche encore : 13 % seulement pour les réformateurs, contre 42 % pour la majorité et 43 % pour la gauche.

Arrêtons-nous là, on s'y perdrait. Le sondeur sondé peut bien prendre toutes les précautions pour ne livrer que du bout des lèvres sa demi-vérité : l'IFOP, la SOFRES et cet institut qui, humour ou météorologie, répond au nom curieux de Publimétrie, jouent dans cette affaire, et de bon cœur, l'arroseur arrosé.

PIERRE VIANSSON-PONTÉ

23-29 novembre 1972

1. Voir P14 note 4.
2. Président du Parti Radical, député, fondateur de l'*Express.*
3. Homme politique (voir tableau 8).

APRÈS AVOIR ÉTÉ RETROUVÉ A SAINT-OUEN

P46 Le cercueil de Philippe Pétain a été replacé dans sa tombe

Le cercueil de Philippe Pétain [1] a été replacé dans sa tombe au cimetière de l'île d'Yeu [2], le 22 février, en début d'après-midi.

A 8 h 30, une escorte de motards l'a reconduit à l'aérodrome de Villacoublay [3] depuis la chapelle du Val-de-Grâce [4] où il avait été déposé : la levée du corps a eu lieu devant une escouade de gendarmes en grande tenue. Le cercueil avait été recouvert d'un drapeau tricolore.

Il a été retrouvé, peu après 0 heure, le 22 février, dans un garage de Saint-Ouen (Seine-Saint-Denis). M. Hubert Massol, principal responsable de l'enlèvement, avait conduit lui-même les policiers à Saint-Ouen quelques heures après son arrestation.

1. Voir P33 note 5.
2. Sur la côte atlantique (Vendée).
3. Commune des Yvelines, arrondissement de Versailles.
4. Hôpital et école militaire, rue Saint-Jacques à Paris.

Le général de Gaulle s'était opposé au transfert au cimetière de Douaumont

Une raison politique. Le général de Gaulle a estimé, malgré le respect qu'il garde à la mémoire du maréchal Pétain, qu'en autorisant le transfert des cendres, il aurait donné l'impression d'approuver la politique passée de l'ancien maréchal.

Une raison d'ordre militaire. Les règlements ne prévoient pas qu'un chef militaire puisse être enterré parmi ses anciens soldats.

Lors des cérémonies qui marquaient le cinquantième anniversaire de la bataille de Verdun [5], au mois de mai 1966, le général de Gaulle, tout en rendant hommage à la « gloire » du maréchal Pétain, avait écarté le transfert de ses cendres à Douaumont [6] en déclarant notamment :

« C'est pourquoi leur sépulture [celle de « nos soldats »] est pour jamais un monument d'union nationale que ne doit troubler rien de ce qui, par la suite, divisa les survivants. Telle est, au demeurant, la règle posée par notre sage et séculaire tradition, qui consacre nos cimetières militaires aux seuls combattants tués sur le terrain. »

5. (Février-décembre 1916), une des plus violentes batailles de la 1re guerre mondiale; les troupes françaises étaient commandées par Pétain.
6. Ossuaire militaire contenant les restes des 300 000 soldats français morts à Verdun.

De dangereux imbéciles

Devant ce qu'on a appelé ici et là « la nouvelle affaire Pétain », on hésite entre l'indifférence, l'ahurissement et l'indignation.

L'indifférence : après tout, que vingt-deux ans après sa mort la sépulture du vieux maréchal ait été violée, son cercueil enlevé et promené à travers la France, puis finalement restitué aux autorités et ramené dans la tombe de l'île d'Yeu [1], c'est certes regrettable, mais ce n'est pas un drame. On serait même tenté de sourire en pensant que la dépouille du vainqueur de Verdun était dissimulée dans une camionnette sous le matériel forain d'une commerçante qui répond au nom de Mme Boche. Et puis les auteurs de cet acte se réclament de la fidélité à la mémoire de l'ancien chef de l'État français [2], ce qui fait de l'épisode, en quelque sorte, une affaire de famille. Enfin, le rôle curieux et à tout le moins équivoque d'un tonitruant avocat et politicien, dès longtemps connu pour n'être pas

1. Sur la côte Atlantique, en Vendée.
2. Voir tableau 17.

sourcilleux sur les moyens de faire parler de lui, achève d'engager à tourner la page sur ce médiocre roman policier en haussant les épaules. Dans le monde et l'époque où nous sommes, il y a bien d'autres sujets d'émotion, et plus graves.

Pourtant, comment ne pas être ahuri de la niaiserie des hommes du « commando » et de leur chef, M. Hubert Massol. Imaginait-il vraiment que le président de la République allait « s'engager par écrit à réhabiliter le maréchal Pétain et à faire transporter sa dépouille dans une crypte des Invalides avant de la transférer à Douaumont », comme il l'a plubliquement déclaré? Ce candidat aux élections, membre de la direction d'un parti politique, pouvait-il croire une seconde que son entreprise contribuerait « à la réconciliation des Français »? Cet ancien d'Algérie n'a pu s'empêcher de recourir au vocabulaire en usage il y a dix ans en se présentant comme « le chef du commando qui a délivré (sic) la dépouille ». Tout cela est tristement révélateur de l'état d'esprit de ces hommes de main, prêts à tous les coups, qui vivent dans un état d'exaltation permanent et dans un brouillard d'illusions, de faux héroïsme et de haine recuite qui leur bouche la vue et leur fait parfois perdre la tête. Le moins étonnant n'est pas que ce « dur »[3] quatre heures après ses rodomontades devant la presse – il jurait que, seul à savoir où se trouvait le cercueil, il ne révélerait sa cachette qu'en échange des engagements exigés –, se soit, sans barguigner, « mis à table »[4]. Qu'après tout cela son guide politique et défenseur vienne le dépeindre comme un personnage « calme, pondéré et apprécié pour son bon sens » laisserait pantois si l'on ne devinait tout un grouillement derrière cette logomachie de l'honneur.

Un état d'esprit qu'on espérait révolu

Alors, faut-il vraiment s'indigner? De tels imbéciles ne prêtent pas à rire : ils sont dangereux. Au fond, l'affaire à laquelle on vient d'assiter, c'était tout simplement une prise d'otage. Bien sûr, que l'otage saisi soit un mort retire tout caractère tragique à la péripétie. A entendre cependant l'auteur de l'enlèvement s'expliquer d'une voix tremblante d'excitation et enflée de vanité, on se dit qu'il aurait pu tout aussi bien se saisir d'un vivant.

Sans vouloir, une fois encore, voir un drame dans ce qui n'est qu'un incident stupide, l'affaire aura mis en lumière certains traits déplorables d'un état d'esprit qu'on espérait révolu. Elle aura révélé qu'une certaine droite extrême, qui se situe traditionnellement en dehors de l'État et de la collectivité nationale, toujours prête à agir contre l'un et l'autre par la force et la violence, n'a nullement disparu, ni renoncé. Elle aura aussi contribué à jeter un certain discrédit, à l'étranger notamment, sur un pays où subsistent ces mœurs de Bas-Empire, et où prolifèrent encore ce type d'aventuriers.

PIERRE VIANSSON-PONTÉ

23 février 1973

3. Qui n'a peur de rien, prêt à tout (Argot).

4. « Se mettre à table » : faire des aveux (Argot).

LA « JUSTICE ELECTORALE »

P47 Le découpage amplifie les effets du scrutin à deux tours

Les élections législatives ont mis plus que jamais en relief les effets du scrutin majoritaire uninominal à deux tours : multiplicité des candidatures au premier, marchandages entre les deux tours, laminage du centre au second. Elles ont également illustré les inégalités et les injustices résultant du découpage des circonscriptions. Alors que les mouvements de population ont été considérables depuis quinze ans, la carte électorale n'a pratiquement pas été modifiée et, si elle ne l'est pas au cours des mois à venir, l'actuel mode de scrutin finira par déconsidérer la démocratie.

Pour prendre les deux extrêmes, trente circonscriptions avaient dimanche plus de 90 000 inscrits, dont douze plus de 100 000. Chacune a élu un député. A l'autre bout vingt-six circonscriptions avaient moins de 40 000 inscrits; elles ont, elles aussi, élu chacune un député.

M. Juquin a été élu député de la troisième circonscription de l'Essonne avec 60 850 voix; il représente 145 769 inscrits. Son collègue, M. Couderc, a été élu député de Mende-Florac avec 9 520 voix et il représente 28 980 inscrits! Il se trouve que M. Juquin est communiste et M. Couderc républicain indépendant. Ce pourrait être l'inverse. Car l'inégalité est d'abord géographique avant d'être sociale ou politique.

Les trente circonscriptions dont la population électorale s'est le plus accrue sont évidemment situées dans les zones de forte urbanisation, même lorsqu'elles ne sont plus industrialisées. Les circonscriptions qui ont plus de 100 000 inscrits sont celles de Longjumeau, Salon, Sarcelles, Pau, La Seyne, Caen, Arpajon, Le Raincy, Melun, Perpignan, Beaucaire et Corbeil. Cinq d'entre elles ont élu un communiste, cinq un socialiste, les deux autres un U.D.R. Sept de dix circonscriptions ayant voté à gauche dimanche avaient élu des députés de la majorité en 1968.

Quant aux vingt-six circonscriptions les moins peuplées, quinze sont à Paris. La capitale est donc tout autant sur-représentée que les départements les plus pauvres. Comme eux, elle se dépeuple rapidement.

En quinze ans, trente des trente et une circonscriptions parisiennes ont vu leur population électorale décroître dans de fortes proportions! La première (1er et 4e arrondissements) est passée de 66 198 inscrits à 41 853, la seconde (2e et 3e arrondissements) de 70 431 à 41 951, la dixième (11e arrondissement) de 69 633 à 49 989, etc. Chacune continue cependant d'élire tranquillement un député. M. Couve de Murville [1] a été élu dans le 8e arrondissement avec 11 448 voix sur 31 650 inscrits, tout comme son collègue de l'U.D.R. à Arpajon-Evry, M. Boscher, avec 44 227 voix sur 108 227 inscrits! Quatre fois moins de voix et trois fois moins d'inscrits, mais un siège et une voix à l'Assemblée nationale.

Ces quelques exemples suffisent à démontrer la nécessité d'une refonte de la carte électorale. Pour ne pas accroître à l'excès le nombre des sièges, il faudra se résoudre à n'en attribuer qu'un aux départements les moins peuplés (et à regrouper des arrondissements à Paris).

Il est vrai que la « représentation du sol » doit venir tempérer la représentation des hommes. Une région pastorale ou montagneuse a une valeur humaine ou même économique qui justifie une application moins brutale du « quotient démographique ». Tout est affaire de proportion, mais le découpage actuel, lui, est affaire de disproportion.

Ce souci exige-t-il qu'il y ait au moins, comme actuellement, deux députés par département? Il convient, affirme-t-on, que les deux grandes tendances de l'esprit public y soient représentées. Séduisant, l'argument est fallacieux; les deux élus de la Lozère sont républicains indépendants et le Territoire de Belfort vient d'élire deux socialistes! Au demeurant, le Territoire et les cinq départements les moins peuplés n'ont qu'un sénateur [*].

La répartition des sièges entre les départements n'est pas la seule donnée de la carte électorale. Encore faut-il qu'à l'intérieur de chacun d'eux le tracé des circonscriptions épouse la géographie humaine et économique. En 1958, on a pris soin, en dehors des métropoles, d'avoir le moins possible de circonscriptions purement urbaines; on a donc très souvent accouplé des quartiers d'une ville découpée en étoile à des cantons ou à des arrondissements ruraux limitrophes, espérant que la sagesse paysanne viendrait tempérer l'ardeur ouvrière. Cette habileté a d'ailleurs été déjouée au début du régime : l'agitation est venue des campagnes et non des villes...

La sur-représentation des zones les moins peuplées et le découpage souvent artificiel des circonscriptions n'ont donc cessé d'amplifier les effets mécaniques du scrutin majoritaire à deux tours.

Sans doute est-il toujours trop tôt ou trop tard pour en parler et y remédier; trop tôt lorsque les élections viennent d'avoir lieu, trop tard lorsqu'elles vont avoir lieu. Il ne faut inquiéter ni les élus dans le premier cas ni les électeurs dans le second. L'an prochain il sera juste temps d'y songer, et puisque le vent est, paraît-il, à une collaboration avec l'opposition, pourquoi ne pas l'associer aux travaux préparatoires, comme en Grande-Bretagne? Et si, après quinze ans, les défauts aggravés de l'actuel mode de scrutin prévalent sur ses avantages, pourquoi ne pas en changer et adopter soit la représentation proportionnelle – dont « La Nation » [2] paraît oublier qu'elle a été instituée en 1945 par le général de Gaulle, – soit un système combinant les avantages du scrutin uninominal et ceux de la représentation proportionnelle, comme en République fédérale?

En ce domaine comme en beaucoup d'autres, ce qui est bon pour la démocratie outre-Manche et outre-Rhin n'est pas nécessairement mauvais pour la France.

J. F.

15 mars 1973

[*] Alpes-de-Haute-Provence, Hautes-Alpes, Ariège, Lot, Lozère.
1. Né en 1907; ministre des Affaires étrangères de 1958 à 1968, président du Conseil de juillet 1968 à juin 1969.
2. Quotidien, organe officiel du parti gaulliste (U.N.R., puis U.D.R. à partir de 1968).

P48 Un drame, un destin

Quel destin extraordinaire que celui de Georges Pompidou! Quelle tragédie!

En 1962, il devient chef du gouvernement sans avoir jamais été ni ministre, ni parlementaire, ni même conseiller municipal. Cette promotion soudaine, cet avènement exceptionnel, il les doit alors à la faveur, à la confiance d'un homme qui en est pourtant avare mais qui aime l'intelligence alliée au caractère, le général de Gaulle.

En 1969, après l'échec du référendum et la démission du général, Georges Pompidou est élu président de la République. La veille, il n'était plus rien, sinon député du Cantal, de Gaulle l'ayant moins d'un an auparavant soudainement remercié au lendemain d'élections que son premier ministre avait pourtant gagnées. Précipité par la défaveur du prince au rang de simple parlementaire, le voici élevé au premier rang par la confiance du pays. Tout paraît alors lui réussir.

En 1972, tout semble se retourner contre lui : le référendum sur l'Europe, le changement de gouvernement et, plus tard, la révision de la Constitution, les initiatives qu'il prend à l'extérieur comme à l'intérieur. Comme s'il ne parvenait pas à épargner au régime le sort qui déjà l'atteint personnellement.

Quel destin étrange, en effet, et souvent dramatique, que celui de la Ve République! Née d'une révolte, ayant survécu à plusieurs autres, militaires, ou étudiantes et populaires, elle a vu son fondateur et son guide dramatiser plus d'une fois l'événement jusqu'à sa chute finale.

Cinq ans après, le second président élu au suffrage universel ne peut, lui non plus, achever son septennat, aussi stoïque dans la maladie que son maître l'avait été dans la défaite. Sa mort laisse en suspens la question de la durée excessive du mandat présidentiel, qu'il avait lui-même soulevée puis délaissée, faute d'une majorité suffisante. Mais, en dépit du caractère de l'homme, la maladie du président a posé et pose le problème du régime.

Pour la deuxième fois, une élection présidentielle aura lieu en tout cas à un moment où l'inquiétude née de l'émotion ne sera pas dissipée. En ne se démettant pas, en allant jusqu'à la limite de ses forces, Georges Pompidou aura ainsi rendu un ultime service à la majorité présidentielle et à la Ve République.

Est-ce la seconde mort du gaullisme? Avant de revenir au pays, la réponse appartient à cette majorité. L'héritage, ou ce qui en reste, doit-il être sauvé? Peut-il l'être? Et par qui?

Ramené à l'essentiel, le gaullisme, c'est une politique intérieure basée sur l'indépendance jalouse de l'exécutif à l'égard du pouvoir législatif et une politique étrangère fondée sur l'indépendance nationale. Pour le reste, c'est l'adaptation aux circonstances, le pragmatisme que le général avait tiré de l'art militaire et érigé en doctrine, mais qu'un président modéré ou même réactionnaire peut aussi bien pratiquer que lui ou que son successeur.

La pierre de touche du gaullisme, ce sera demain comme hier la politique étrangère. Et c'est à la majorité qu'il appartient de décider si le choix de son candidat doit ou non en dépendre.

Pour l'opposition comme pour la majorité le débat politique ne peut s'effacer tout à fait devant la mort, et d'autant moins qu'il ne l'a pas, hélas! attendue. Prête ou non, la gauche est, elle aussi, placée soudainement devant l'échéance. Elle peut profiter de la crise sociale et économique mais elle peut pâtir du désarroi. D'instinct, le peuple appréhende l'incertitude.

Mais, qu'il vienne de la majorité ou de l'opposition, le futur président n'aurat-t-il pas pour premier devoir de restaurer à tous les échelons un certain civisme?

JACQUES FAUVET

4 avril 1974

P49 Naissance d'un homme d'État

A Michel Debré [1], qui lui demandait en avril 1962 de renvoyer les députés devant leurs électeurs, de Gaulle avait répondu en changeant le premier ministre et en gardant l'Assemblée nationale. Aux députés qui, le 5 octobre de la même année, censurent, par 280 voix sur 480, le gouvernement, il réplique par la dissolution de l'Assemblée et garde le premier ministre. Le référendum constitutionnel d'octobre donne une réponse positive bien qu'ambiguë – pour la première fois le camp du « oui », s'il réunit la majorité des suffrages, ne rassemble pas la moitié des inscrits – mais les élections de novembre sont quasi triomphales : la coalition constituée autour de l'U.N.R., qui remporte elle-même deux cent trente-trois sièges, dispose de la majorité absolue, et largement, au Palais-Bourbon [2]. Le premier ministre est derechef confirmé dans ses fonctions. Les six mois où tout s'est joué sont terminés. Pour lui et pour les Français.

Dès lors, ceux qui suivent les affaires publiques vont pouvoir assister en direct et en pleine lumière à une extraordinaire mutation : la naissance d'un homme d'Etat. « On le voit se faire sous nos yeux », dit un jour François Mauriac [3] à la télévision, et c'est bien cela.

L'homme « tout rond », le « radical à l'ancienne mode », l'esthète désinvolte, cache un personnage redoutable, d'une insensibilité massive et dure, qui peut soudain abandonner la bonace pour une sécheresse coupante, une poussée de colère froide, une impassibilité têtue. Le dilettante distrait dissimule un travailleur acharné, capable de passer douze heures sur un dossier, bien qu'il sache aller très vite à l'essentiel. Le collaborateur modèle et presque effacé a pris vite de l'autorité et de l'assurance. Au général, la barre du navire, la puissance et la gloire; à lui, la godille électorale, le flair et l'adresse. Il a choisi d'être plus utile que docile, efficace plus que brillant, plus empirique que doctrinaire.

Il ne peut pas, il ne doit pas, à tout moment, se désintéresser de la succession. Cette succession, elle le hante de toutes les façons. Il lui est naturellement impossible de la préparer au grand jour, il doit même feindre de n'y pas songer. Mais d'un autre côté, second du héros septuagénaire et parfois fatigué, comment pourrait-il l'oublier?

A plusieurs reprises déjà, au soir du Petit-Clamart [4] le 22 août 1962, puis le 17 avril 1964 quand de Gaulle doit subir une intervention chirurgicale à l'hôpital Cochin, le premier ministre vit les longues minutes du compte à rebours. Et aussi, quand le général, au printemps de 1965, fait mine d'hésiter à briguer un second mandat.

A partir de 1965, le premier ministre parle volontiers de la « tâche historique » qu'il assume avec de Gaulle, de cette « œuvre sans précédent de rénovation nationale », de la nécessaire « présence à la tête de l'État d'une autorité forte de la confiance populaire ». C'est un nouveau langage. Un nouveau Pompidou aussi.

Il est maintenant comme investi d'une mission. Ses voyages en province, à l'étranger, la rencontre des hommes qui gouvernent le monde, lui ont conféré la légitimité de l'acclamation populaire et, dans la familiarité du personnage historique, l'investiture de la grandeur. Les années passent, il dure. Il semble échapper aux vicissitudes quotidiennes de la vie politique. On est loin de l'orateur hésitant des premiers débats parlementaires, du collaborateur déférent et appliqué de 1962 ou 1963, qui reconnaissait par exemple avoir commis une faute lors de la grève des mineurs. Les assauts de l'opposition au Parlement, où il fait enfin figure de champion face à François Mitterrand, challenger de l'opposition, les rudes combats préliminaires et même le ballottage de l'élection présidentielle de 1965, les hauts et les bas de la politique européenne, l'affaire Ben Barka [5], le retrait de la France de l'OTAN, la montée et le progrès de la gauche vers l'unité à l'approche des élections de 1967, rien, pas même les échecs, les déconvenues, ne paraît l'atteindre.

Il n'en est plus, comme au début de son gouvernement, à scruter le visage de son auguste vis-à-vis tout au long des conseils de ministres pour devancer sa pensée, percer à jour ses réactions, prendre sur lui-même les erreurs et porter au compte du seul président toutes les réussites. Il ne redoute plus le désaveu, l'algarade, il ne craint pas de critiquer parfois, et même en public. Sûr de lui, il semble ronronner; mais qu'on lui résiste ou discute, il griffe et il fait mal. « Raminagrobis » [6] l'épingle le Froissart [7] – ou le Saint-Simon [8]? – du règne, François Mauriac.

1. Voir E3 note 9.
2. Siège de l'Assemblée nationale.
3. Voir P14 note 2.
4. Localité de la région parisienne où le général de Gaulle échappa à un attentat.
5. Chef de l'opposition marocaine, disparu à Paris dans des circonstances mystérieuses qui ont fait accuser les services secrets du gouvernement français.
6. Allusion à la fable de La Fontaine : *Le chat, la belette et le petit lapin*; Raminagrobis est un gros chat, d'allure débonnaire et inoffensive, et qui finit par dévorer les naïves victimes venues lui demander conseil. Sous des dehors d'onction et de charité, la férocité de Mauriac journaliste est légendaire.
7. Chroniqueur du moyen âge (1333-après 1400).
8. (1675-1755), ses *Mémoires* sont un des chefs-d'œuvre de la littérature française.

Georges Pompidou sent-il qu'il agace, qu'il irrite le soupçonneux et ombrageux vieillard? Sait-il que son successeur est déjà choisi, déjà prévenu d'avoir à se tenir prêt et que seul l'échec personnel de Maurice Couve de Murville[9] aux élections législatives de mars 1967 empêchera ce dernier de s'installer à l'hôtel Matignon [10]?

4 avril 1974

9. Voir P47 note 1.

10. Siège de la Présidence du Conseil.

P50 Valéry Giscard d'Estaing

Du château de Varvasse au palais de l'Élysée

De Gaulle tombe le 27 avril. Georges Pompidou, « limogé » [1] le 10 juillet 1968, est aussitôt candidat à sa succession. M. Valéry Giscard d'Estaing, « centriste libéral et européen », comme le disent ses affiches, lui apporte son soutien... non sans avoir auparavant hésité entre les « trois P » (MM. Poher [2], Pompidou et Pinay [3]). Le candidat de la majorité est élu le 15 juin 1969. Le 22, la composition du gouvernement est publiée, le député du Puy-de-Dôme redevient ministre de l'Économie et des finances. Il sera reconduit à ce poste lors de chacun des changements ou des remaniements décidés par le chef de l'État les 7 juillet 1972, 5 avril 1973 et 1er mars 1974 (avec, cette fois-ci, l'attribution du titre de ministre d'État).

A ce stade, si l'objectif demeure le même et si les principes généraux continuent de prévaloir, la stratégie doit être adaptée. Il ne s'agit plus de harceler le pouvoir puisqu'on y participe, mais il s'agit plus que jamais, pour le parti surtout (l'homme est maintenant suffisamment connu) d'apparaître comme différent de la majorité. A d'autres, et en particulier à M. Michel Poniatowski [4], le travail de sape, de taille et d'estoc que l'U.D.R., principale victime, supporte de plus en plus mal. Jamais le ministre ne désavoue véritablement son lieutenant. C'est bien ce qui fait enrager les gaullistes quand ils entendent parler, en août 1971, de « grande fédération du centre » à l'adresse de M. Lecanuet [5], ou, en mai 1972, de « copains et de coquins » [6], à l'adresse de M. Chaban-Delmas [7] et de ses amis.

M. Giscard d'Estaing, pour sa part, s'offre même, du 10 octobre 1971 au 10 octobre 1972, un an de « silence politique » encadré par deux déclarations aux centristes : « Nous appellerons ceux qui se tiennent aux frontières de la majorité à nous rejoindre dans celle-ci » (10 octobre 1971 à Toulouse devant le congrès de la F.N.R.I.); « Assurée de sa majorité, la France souhaite être gouvernée au centre » (10 octobre 1972 à Charenton). Déjà fleurissent les politesses à l'adresse de M. Lecanuet, « qui devrait pouvoir faire partie de la prochaine majorité », dont on se sent « très proche ».

Les élections législatives de mars 1973 affaiblissent légèrement le groupe giscardien de l'Assemblée nationale, qui subit toutefois un recul sans comparaison avec celui que connaît l'U.D.R. L'outil demeure, prêt à servir. Depuis Noël 1972, on commence à dire que Georges Pompidou est malade. En juin 1973, une première précampagne présidentielle semble se dessiner que le ministre de l'Économie et des finances désavoue.

Le 2 avril 1974, la mort frappe. Le lundi 8 à midi, à Chamalières [8], M. Giscard d'Estaing annonce qu'il est candidat à la succession : « Je m'adresse à vous de cette mairie de la province d'Auvergne pour vous dire que je suis candidat à la présidence de la République (...) Je m'adresse à vous tous, électeurs U.D.R., républicains indépendants, centristes réformateurs. (...) Je m'adresse à vous tous pour créer cette nouvelle majorité présidentielle élargie. »

Ainsi, tout converge, tout se noue : des années d'efforts, de dosages, de pilotage à vue sur la voie étroite qui sépare l'assimilation et l'anonymat politique de la rupture dangereuse. Tout est là : le candidat et l'appel aux forces politiques dont depuis longtemps il se prépare à être le rassembleur. Le représentant du gaullisme sera vite distancé, victime de cette savante et longue progression : s'étant précipité le premier dans la campagne elle-même, il s'était en réalité engagé trop tard dans la course. Le grand dessein de M. Giscard d'Estaing était antérieur au sien.

La campagne sera un succès. Le candidat y rencontre la foule et celle-ci découvre un homme différent : un peu moins distant, un peu moins apprêté. Ce n'est plus l'homme aux attitudes, aux « trucs » minutieusement préparés (l'escapade dans le métro dûment filmée, l'apparition en pull-over devant les photographes, la chansonnette d'accordéon enregistrée comme par hasard, et la douche, torse nu, devant les caméras de télévision après un match de football à Chamalières). C'est un candidat qui a su s'adapter aux nécessités d'une campagne personnelle, un peu plus humain. Il semble même prendre goût à ne plus être un technocrate et un stratège lointain, mais un homme politique presque comme les autres. Celui dont on a dit souvent qu'il lui manque peut-être cette autre dimension que donnent la souffrance, les échecs et l'adversité politique, celui-là, parce que justement tout lui a été, jusqu'à ce jour, plus facile qu'à d'autres, a devant lui désormais, à un âge peu commun, la partie de sa vie à la préparation de laquelle a été consacrée une bonne part des jours qu'il a vécus jusqu'à présent. Du château de Varvasse [9] au palais de l'Élysée.

« Je n'aurais pas souhaité être un président âgé », déclarait-il le 28 avril 1974.

21 mai 1974

1. Privé de ses fonctions, mis à l'écart (sous l'Ancien Régime, être affecté à Limoges passait pour le comble de la disgrâce).
2. Président du Sénat; centriste; adversaire de Pompidou au deuxième tour des élections présidentielles de 1969.
3. Voir E5 note 3.
4. Républicain indépendant, ministre de l'Intérieur depuis l'élection de Giscard d'Estaing à la présidence de la République.
5. Voir P31 note 1.
6. Jeu de mots, allusion – entre autres – aux irrégularités fiscales dont fut accusé Chaban Delmas, alors président du conseil.
7. Maire de Bordeaux, premier ministre de 1969 à 1972.
8. Commune du Puy-de-Dôme, résidence privée et fief électoral de Giscard d'Estaing.
9. Château de famille des Giscard d'Estaing.

La prochaine fois...

Pourquoi se leurrer? La gauche avait cette fois dans la bataille le meilleur représentant qu'elle puisse espérer. Elle a bénéficié des meilleures conditions possibles pour vaincre, des conditions comme elle n'en avait jamais connues. L'entente n'avait jamais été aussi réelle, aussi solide, entre tous ceux qui la composent. Pour la première fois, elle était parvenue à s'unir sur un programme dont on ne peut nier la cohérence et la nouveauté s'il n'était pas sans défauts. Ses adversaires étaient profondément divisés, au moins au départ. Pourtant, elle doit une fois de plus accepter l'amertume et prendre son parti d'attendre encore, d'attendre toujours... la prochaine fois.

Qu'on ne dise pas que, cette fois, elle a frôlé le succès : elle le frôle souvent, mais, voilà, elle ne l'atteint pas, elle ne l'a jamais atteint. Il ne lui reste plus qu'à accuser l'adversaire de n'avoir pas joué le jeu, d'avoir séduit les femmes ou les vieux, les paysans ou les cadres, d'avoir dépensé des milliards. Peut-être serait-il temps de se demander plutôt pourquoi jusqu'à présent il en est allé régulièrement ainsi.

La première explication qui vient à l'esprit est d'une aveuglante simplicité. La gauche, même unie, n'a réussi à rassembler la majorité absolue des suffrages, depuis un demi-siècle, que très exceptionnellement, une fois à coup sûr (1945), deux peut-être (1936 et 1956) – encore est-ce contesté. Alors comment pourrait-elle gagner ce type d'élection qui repose précisément sur l'exigence de la majorité absolue? La désignation du chef de l'État au suffrage universel, décidée par de Gaulle et pour de Gaulle, a justement été conçue pour dresser devant la gauche une barrière si haute que, n'ayant jamais été franchie ou presque dans le passé, elle demeure à peu près infranchissable dans l'avenir.

Il lui reste alors, dira-t-on, à gagner les élections législatives et, tournant la difficulté, à poser par ce moyen le problème de la présidence. Voire. Car le mode de scrutin législatif a été lui aussi calculé avec soin, et il a jusqu'à présent, et depuis seize ans, parfaitement rempli son office. Sur ce champ de bataille-là également, la gauche a parfois frôlé le succès, en 1967 notamment, où il s'en fallut d'un siège, d'un seul, à l'Assemblée. Mais voilà : elle l'a frôlé, et c'est tout. Au surplus, les changements qu'elle préconise sont si radicaux, si amples, qu'elle ne peut guère, comme fait la droite – qui s'assigne pour objectif de conserver et non de transformer –, gouverner, elle, avec un siège ou quelques milliers de voix de majorité. Pour échapper au débauchage parlementaire, voire à la menace de coup d'État légal, il lui faut disposer d'une avance plus forte que l'autre camp, remporter une victoire incontestable. Encore n'est-il pas sûr que cette condition nécessaire soit suffisante.

La gauche doit-elle désespérer? Lui faut-il admettre qu'elle n'a pas été, n'est pas, ne sera jamais réellement majoritaire en France? L'avenir tranchera. Mais peut-être pourrait-elle en attendant faire porter son effort et d'abord sa réflexion sur les éléments susceptibles de débloquer cette situation. Par exemple sur l'aménagement au moins, et l'abolition un jour, de ce système d'élection présidentielle qu'elle n'en finit pas d'approuver et même de vanter sous prétexte qu'il flatte le corps électoral et bien qu'il ait été conçu et mis en œuvre pour l'empêcher de choisir réellement. Ou encore, la gauche pourrait-elle souhaiter et, le cas échéant, voter le raccourcissement du mandat présidentiel qu'elle a si légèrement repoussé : elle y gagnerait au moins deux ans. Et puis, pour les élections législatives, tout mode de scrutin qui incorporerait une dose quelconque, même faible, de représentation proportionnelle ne peut qu'être meilleur que l'actuel système. Et ce ne sont là que quelques idées parmi bien d'autres.

Tout le reste, c'est-à-dire la guérilla parlementaire, le refus obstiné de toute initiative venue de l'adversaire, la guerre sociale, la contestation de principe, peut certes gêner la droite. Mais on n'a pas vu jusqu'à présent que cela suffise à assurer la victoire de la gauche, cette victoire aujourd'hui encore renvoyée à ... la prochaine fois.

P. VIANSSON-PONTÉ

21 mai 1974

L'équilibre des forces au sein de la majorité

P51 La « remontée » de l'U.D.R. préoccupe les républicains indépendants

Depuis le 14 décembre 1974, date à laquelle M. Jacques Chirac s'était imposé avec une remarquable virtuosité à la tête de l'U.D.R., cumulant dès lors les responsabilités de chef de gouvernement et de chef de parti, on est fondé à se demander si le problème essentiel des relations et du rapport des forces entre le président de la République et le premier ministre ne se trouve pas posé en termes nouveaux.

Si l'on ne dispose pas d'éléments suffisants pour répondre dès maintenant à cette question par un oui ou un non catégorique, il est, en revanche, permis de faire un constat : aussi paradoxal que cela puisse paraître, l'U.D.R. si profondément traumatisée par l'élection présidentielle du mois de mai, semble être huit mois plus tard, de toutes les formations politiques celle qui se porte le moins mal et a le moins de « problèmes ».

L'irrésistible ascension du poulain de Georges Pompidou redonne vie et courage à un mouvement dont la volonté de relance est constatée ici et là par plus d'un préfet, mais n'apparaît pas seulement dans les rapports qui parviennent à ce sujet au ministère de l'Intérieur et à l'hôtel Matignon. On en a eu un autre témoignage le 14 janvier avec la réunion des membres du bureau du groupe U.D.R., de l'Assemblée nationale, caractérisée par la détermination des gaullistes de prendre position et de s'affirmer dans leur originalité. Ainsi, par exemple, se risquent-ils à déplaire à l'Elysée en soulignant que l'élection au suffrage universel du Parlement européen n'est, à leurs yeux, qu'une question « annexe ».

Ainsi le chef de l'État est-il prévenu dès maintenant que le plus important des groupes de l'Assemblée nationale (cent soixante-douze membres sur un effectif total de quatre cent quatre-vingt-dix) s'opposera à toute modification, à toute inflexion vers le système proportionnel, de la loi qui régit depuis 1958 l'élection des députés.

Le « *coup de force* » de M. Chirac laissant muets de stupéfaction la plupart des barons, qu'ils soient étouffés par l'indignation, dominés ou résignés, M. Olivier Guichard, ancien ministre de l'Équipement, est le seul d'entre eux qui ose élever la voix pour demander qu'il soit mis fin au plus tôt à la « *confusion des responsabilités* » dont bénéficie le premier ministre-secrétaire général. Ses chances d'obtenir ce qu'il souhaite semblent minces puisque le nouveau dynamisme de l'U.D.R. contredit l'affirmation selon laquelle le mouvement est condamné depuis le 14 décembre « *à ne jamais avoir de position politique propre* ».

M. Guichard n'est pas seul à s'inquiéter et des sentiments tout à fait comparables aux siens agitent le petit monde des républicains indépendants, où l'on est forcé de constater que l'accession de M. Valéry Giscard d'Estaing à la magistrature suprême n'a pas apporté à ses amis politiques les plus proches tout ce qu'ils étaient en droit d'en espérer. En soulignant récemment que les giscardiens devaient être « *le cœur de la majorité présidentielle* », leur secrétaire général M. Chinaud, laissait paraître son émoi devant la remontée de l'U.D.R. en même temps que son acrimonie à l'égard du trop puissant M. Chirac.

La nécessité de faire face a été évoquée le 16 janvier, à l'Elysée, où M. Giscard d'Estaing a reçu à déjeuner cinq ministres et secrétaires d'État et deux dirigeants de la formation qu'il avait créée. Les indiscrétions ont été rares mais on croit savoir que M. Michel Poniatowski, ministre d'État, ministre de l'Intérieur, s'est inquiété d'une certaine tendance de ses amis à s'assoupir et a se démobiliser et de la difficulté de redonner vie et élan, sous une autre forme, aux comités de soutien mis en place pendant la campagne présidentielle. D'autres projets qui n'ont pas été évoqués à l'Elysée sont étudiés ici et là, dont celui qui consisterait à imiter l'exemple donné par M. Chirac en attribuant des responsabilités au sein de la F.N.R.I. à M. Poniatowski ou à M. D'Ornano, tous deux ministres.

S'il est vrai que la querelle entre le P.C. et le P.S. encombre la chronique depuis plus de trois mois, il apparaît clairement que la question du « rééquilibrage » des forces et celle des reclassements éventuels ne concernent pas seulement la gauche. Elles intéressent aussi le centre où M. Durafour, ministre du Travail, s'emploie à constituer un « parti de la gauche réformatrice » sans tenir trop grand compte des « états-majors » jusqu'alors incapables de réaliser un rassemblement comme l'a prouvé l'expérience du Mouvement réformateur. Elles intéressent également, et au premier chef, les deux principales composantes de la majorité présidentielle. Le congrès des républicains indépendants, dons les travaux se dérouleront du 31 janvier au 2 février, pourrait être un congrès de « redéfinition » tout autant que celui du parti socialiste qui siégera exactement au même moment.

R.B.

18 janvier 1975

LE RASSEMBLEMENT DU « MOUVEMENT DES DÉMOCRATES »

P52 M. Jobert [1] invite ses sympathisants à assurer la succession du gaullisme

Mille deux cents délégués ont participé, les 15 et 16 mars à Paris, au premier rassemblement du Mouvement des démocrates, qui, sur le plan de l'organisation et celui de l'assiduité, est sans conteste une réussite pour « ces Marie-Louise [2], ces demi-soldes, ces minables », souvent néophytes de la politique, qui participent à l'entreprise de M. Jobert. L'« esquisse de l'esquisse » tracée le 11 juin 1974 a donc abouti à la création d'un nouveau parti politique. Celui-ci n'est pour le moment basé que sur le « jobertisme » qui lui tient lieu de doctrine et de moteur, l'adhésion enthousiaste exprimée à M. Jobert révélant l'esquisse d'un culte certain de la personnalité.

L'ancien ministre a ainsi pris pour la première fois la mesure collective de ceux qui, depuis six mois, lui apportaient tantôt une attention curieuse, tantôt une adhésion chargée d'espoir et d'intérêt, tantôt une admiration passionnée. Bien que s'étant longuement adressé à ses amis, M. Jobert n'a pas encore voulu dissiper tout le flou dont il entoure toujours ses méthodes, son programme et son ambition. Toutefois, les applaudissements qui l'ont fréquemment interrompu ont révélé quelles cordes sensibles il avait su faire vibrer, bien qu'il se soit employé à atténuer dans son discours de clôture ce qui pouvait sembler trop « nationaliste » ou trop « poujadiste » chez ses amis.

Le nationalisme avait pourtant été exalté par lui en une sorte de surenchère du patriotisme, en un hymne à la nation opposée à l'État, en une dénonciation des hégémonies et du mondialisme que veut, selon M. Jobert, pratiquer M. Giscard d'Estaing.

En donnant pour mission à ses auditeurs d'assurer la succession du gaullisme, M. Jobert s'est pour la première fois situé aussi directement dans cette filiation, assurant qu'avec ses partisans il était dans « le sens de l'histoire », et citant peu le nom de Georges Pompidou.

L'anti-giscardisme thème déjà ancien des brocards de M. Jobert, s'exprime par la moquerie de la « société libérale avancée » et du changement et par sa susceptibilité envers toute atteinte qui pourrait être portée par l'actuel chef de l'État aux institutions et à l'indépendance nationale.

L'exaltation de l'individualisme, M. Jobert l'a faite en invitant ses auditeurs à dresser des cahiers de doléances contre l'administration et les injustices et en les conviant à être « dérangeants ».

Le refus des « petits casiers minables de la politique », c'est-à-dire des partis, bien dans la tradition gaullienne, la dénonciation des « sophistes idéologues », s'accompagnent de l'assurance flatteuse de se rattacher à la « morale » et de la promesse ambitieuse de devenir, grâce à la « ferveur », un exemple et un « levain ».

De leur côté, les délégués, au cours de séances de commissions longues et passionnées, ont donné à ces principes des échos divers. Leur nationalisme peut ainsi atteindre au chauvinisme, voire à la xénophobie, et ils ne tolèrent qu'une Europe des patries dans laquelle les nations ne perdraient pas leur âme, comme disait de Gaulle.

La politique de défense, à l'étude de laquelle plusieurs officiers ont participé, leur a permis de revendiquer la reconnaissance par la nation d'un « métier militaire » et

1. Fondateur du « Mouvement des Démocrates ». Ministre des Affaires étrangères sous la présidence de Pompidou. Auteur de *Mémoires d'avenir* (Grasset, 1974).

2. Nom donné aux conscrits de 1814.

de la notion de « service public de la défense » pour « redorer le blason de l'armée ». L'examen de la situation économique et sociale, s'il a abouti à mettre au point des projets de réforme de la fiscalité, de l'épargne, et à réclamer une plus grande participation, a été aussi l'occasion de déclarations relevant davantage d'un « poujadisme » devenu technocratique et d'un « royérisme » intellectualisé.

Le refus des structures habituelles des partis – correspondant au vœu de M. Jobert – a montré la difficulté, voire l'impossibilité, d'organiser différemment une formation politique. Un débat passionné a opposé les partisans de l'originalité à tout prix et du spontanéisme un peu naïf à ceux qui affirment que l'inévitable compétition électorale ne laisse guère le choix des méthodes si l'on est avide d'action concrète et qui sont prêts à prendre leurs modèles même dans les partis de gauche. M. Jobert a toutefois obtenu qu'aucun échelon ne soit créé entre lui-même et les comités de base. Tous les militants se sont mis d'accord pour prôner la notion de rassemblement et même l'« esprit de croisade ».

Manifestement heureux de se trouver pour la première fois en nombre, exprimant les mêmes insatisfactions, ces « jobertistes » représentent une partie de la classe moyenne aisée qui se recrute dans la fonction enseignante, dans les professions libérales, parmi les dirigeants et les cadres des entreprises. Des jeunes gens en assez grand nombre ont participé aux débats. Si beaucoup de ces militants trouvent là leur premier engagement politique, d'autres, nombreux, ont déjà milité dans le gaullisme depuis le R.P.F., dans le mendésisme [3] ou dans le poujadisme, ont voté pour M. Chaban-Delmas [4] ou pour M. Royer [5] l'année dernière, appartiennent encore à l'U.J.P. [6] et surtout à l'U.D.R. Certains même applaudissaient deux jours plus tôt M. Jacques Chirac à Sainte-Maxime. Quelques-uns ne veulent pas avoir « un pied chez Jobert et un autre chez Chirac », mais beaucoup ne voient pas de contradiction entre ces deux allégeances. Si ce sentiment se perpétuait, l'entreprise de M. Jobert – qui se garde de parler de « majorité » et d'« opposition », préférant les notions de « droite » et de « gauche » – aurait trouvé une place où situer son « ailleurs ». Ce serait celle où se cristalliseraient et se regrouperaient ceux qui, irrités par la majorité actuelle, demeurent cependant allergiques à l'opposition de gauche.

ANDRE PASSERON

18 mars 1975

3. Voir P38 : « Pierre Mendès France ».
4. Premier ministre sous la présidence de Pompidou.
5. Ancien ministre de Pompidou; candidat aux élections présidentielles de 1974 pour la défense de l'ordre moral.
6. Union des Jeunes pour le Progrès : formation de jeunes militants gaullistes.

EN RÉPONSE A L'OFFRE DE M. MITTERRAND

P53 Les communistes acceptent le principe d'une rencontre « au sommet » avec les socialistes

Le bureau politique du parti communiste va examiner la proposition du parti socialiste d'organiser « une rencontre au plus haut niveau entre les signataires du programme commun » pour rechercher « les moyens de l'approfondissement de l'union et des actions communes ». M. Roland Leroy, membre du secrétariat du P.C.F., a indiqué le 5 mai, sur les antennes d'Europe 1, que son parti n'était pas opposé au principe d'une telle rencontre.

« Si des réunions ne se sont pas tenues jusqu'ici, ce n'est pas à cause du P.C.F. », a-t-il déclaré. M. Leroy a ajouté : « Nous allons poursuivre l'application de notre politique, qui est de ménager à la fois l'action indépendante de notre parti et de développer l'action commune pour la victoire du programme commun. »

Cette relance de l'union de la gauche marque, d'ores et déjà, la fin de la phase polémique des relations entre socialistes et communistes, qui a occupé tout l'hiver, au profit d'un type de rapports moins antagonistes, mais plus ouvertement concurrentiels qu'auparavant.

Les participants à la convention nationale du parti socialiste qui s'est réunie les 3 et 4 mai à Paris pour étudier le dossier des rapports P.S.-P.C. ont tous constaté que, après une grande période de tension, le climat était devenu meilleur entre les deux principales formations signataires du programme commun. Tous ont également souhaité que l'union de la gauche reparte du bon pied. Les communistes affirment, de leur côté, qu'ils n'ont jamais renoncé à la stratégie d'alliance avec les socialistes et les radicaux de gauche. La manière dont ils justifient leur comportement envers leurs alliés depuis l'automne dernier laisse penser que la phase de redressement à l'intérieur du parti et d'agressivité à l'extérieur est close.

Le moment paraît donc venu des retrouvailles, d'autant que celles-ci sont souhaitées par d'autres organisations, le Mouvement des radicaux de gauche, par exemple, mais surtout la C.G.T. et la C.F.D.T., gênées dans leur action syndicale par les querelles des « politiques ». Dans une conjoncture sociale difficile pour le pouvoir, l'opposition de gauche a intérêt à se rassembler.

Cependant, ni les socialistes ni les communistes ne peuvent se retrouver comme s'il ne s'était rien passé. L'un et l'autre parti expliquent, chacun à sa manière, les raisons de la crise, en les situant bien au-dessus des préoccupations électorales révélées d'abord par les résultats de l'élection présidentielle puis par ceux des élections législatives partielles de l'automne. Pour les communistes, il s'agissait, dans une situation de crise mondiale du capitalisme, d'élever la qualité de l'union de la gauche et d'empêcher les socialistes de céder comme autrefois à la tentation de collaborer avec la droite. Le parti socialiste est loin, on s'en doute, de partager cette analyse.

M. Mitterrand a fait observer, dans son intervention devant la convention, que les reproches communistes sur le comportement de son parti avaient vite cédé le pas à la critique théorique. Simplement parce que le premier terrain n'était pas solide, l'accusation faite aux socialistes de se préparer à « gérer la crise du capitalisme » relevant – selon lui – du procès d'intention. En revanche, le terrain des divergences doctrinales entre les deux principaux courants de la gauche était plus sûr. Les communistes y sont revenus rapidement et M. Mitterrand les a suivis.

Le premier secrétaire du P.S. a expliqué que lui-même et ses amis n'avaient jamais nié le caractère mondial de la crise que traverse le capitalisme. A la différence des communistes, les socialistes, s'ils ne sous-estiment pas la gravité de la situation créée, ne pensent pas qu'elle est historiquement décisive : la révolution n'est pas, selon eux, derrière la porte. M. Mitterrand pense que, sur ce point, les communistes se trompent, car leur approche du phénomène de la crise est – assure-t-il – plus mythique que scientifique. (Notons au passage la gravité de la critique faite à la démarche marxiste, qui se prétend scientifique, de ne point l'être.)

La divergence d'appréciation reste entière et, au moment où M. Mitterrand exposait son point de vue, M. Marchais[1] assurait devant le congrès du Mouvement de la jeunesse communiste : *Le capitalisme est une vieille société à bout de souffle... Il atteint désormais ses limites historiques. Il faut en finir avec lui.*

L'avenir tranchera, mais pour le présent les socialistes pensent avoir raison et M. Mitterrand ajoute que le passé ne leur donne pas tort non plus, quels qu'aient été leurs errements. Depuis longtemps la social-démocratie n'avait trouvé un défenseur si ardent. Plus qu'un plaidoyer, c'est

1. Réélu en février 1976 secrétaire général du P.C.F.

un discours de réhabilitation qu'à prononcé le premier secrétaire du P.S. Léon Blum [2], a-t-il expliqué, a eu raison, en 1920, de ne pas accepter les conditions d'adhésion à l'Internationale communiste. Les socialistes n'ont pas à se sentir coupables d'avoir été rejetés à droite par la conjoncture historique de la guerre froide. Tous les torts ne sont pas de leur côté et, s'ils doivent se méfier des vieux démons (le retour à la troisième force), ils ne doivent pas oublier que « *le démon du communisme, c'est quand même le stalinisme* ».

Aussi bien, en face du mouvement marxiste-léniniste, qui, selon M. Mitterrand, a montré historiquement plus de cohérence et plus de continuité, le courant socialiste doit raffermir ses bases théoriques, notamment en approfondissant le contenu de l'autogestion. Le P.S., qui n'a jamais sacrifié les libertés aux exigences de la lutte des classes, a pour vocation, selon son premier secrétaire, de continuer à défendre ce qui le distingue en tant que formation politique, en tant qu'apport historique : une conception des rapports entre l'État et le citoyen, entre l'homme et la société. Il refusera de « *laisser succéder à une tyrannie une autre tyrannie* » ou de faire « *le bonheur du peuple malgré lui* ». En conséquence, les socialistes n'ont pas à imiter les communistes. « *Soyons nous-mêmes* », dit M. Mitterrand à ses amis.

En écho, M. Marchais recommande aux jeunes communistes : « *Soyez pleinement vous-mêmes!* » Ces encouragements éclairent le cadre nouveau des relations au sein de la gauche. Chacun des deux principaux partis ne veut rien perdre dans cette alliance, ni en quantité ni en qualité. L'union continue, mais la concurrence est plus serrée. M. Mitterrand a rappelé que la dialectique de la désunion conduirait chaque parti à céder à ses vieux démons. Il n'a pas caché non plus la contradiction de la dialectique de l'union. Celle-ci vient de connaître « *sa crise infantile* ». Il y en aura d'autres, car, en concourant au même but – une société socialiste –, avec des méthodes différentes, les deux partis seront nécessairement conduits à s'affronter encore. L'union de la gauche gagne ainsi en lucidité ce qu'elle perd en enthousiasme. C'est la rançon de la maturité.

ANDRÉ LAURENS

6 mai 1975

2. Voir P 22 : « De mai 36 à mai 68 ».

P54-55 Cinq cents jours entre la réforme et le conservatisme

Selon l'un de ses proches collaborateurs, M. Giscard d'Estaing serait à la fois un « *mondain* », un « *boy-scout* » et un « *politique* ». Le problème, ajoute-t-il, est que ces différents personnages se juxtaposent au lieu de se fondre. Ce qui expliquerait que les visiteurs du chef de l'État retirent de leurs entretiens des impressions souvent contradictoires. Ce qui rendrait compte aussi d'apparentes incohérences ou d'évidentes ambiguïtés dans son comportement. Son idée maîtresse – la fameuse « décrispation » de la vie politique – n'échappe pas à cette confusion puisqu'on ne sait jamais si cette volonté de dialogue relève de la courtoisie mondaine – tant vantée par tous ses interlocuteurs, – du principe de la « bonne action » quotidienne ou de l'habileté politique.

Mondain, M. Giscard d'Estaing l'est resté. Fidèle à ses amis d'antan, il fréquente les même milieux fortunés, avec une particulière prédilection pour le Gotha. Il dîne « en ville » ou parfois à Marly, où le château a été remis en état. Il n'a pas donné suite au projet d'installer sa famille rue de l'Élysée : il continue donc son va-et-vient entre l'appartement familial et le palais présidentiel. Bref, M. Giscard d'Estaing a tenu ferme sur sa résolution de se ménager, comme par le passé, des moments de détente qui lui permettent, assure-t-il, de prendre quelque distance par rapport aux événements. Un tel mode de vie lui apporte-t-il cette « sérénité » qu'il estime indispensable aux grandes décisions ou bien cet isolement que certains, même parmi ses conseillers, ont cru déceler en plusieurs circonstances? Entre le pouvoir de s'abstraire des réalités quotidiennes et la tentation de les ignorer, l'écart n'est pas bien grand...

Boy-scout, M. Giscard d'Estaing l'a toujours été un peu, s'il est vrai qu'il est capable, selon ses proches, d'impulsions généreuses... teintées de quelque ingénuité, ses amis parlent souvent de sa « *sensibilité* ». Le chef de l'État en joue volontiers pour mieux se démarquer des dures exigences de la politique dont il lui faut bien, par ailleurs, tenir compte. On l'a bien vu naguère lorsque avait éclaté la révolte des prisons. Mais en dépit de cette préoccupation tactique toujours présente, M. Giscard d'Estaing n'avait certainement pas tort de dénier à M. Mitterrand, au cours de leur face à face télévisé du 10 mai 1974, « *le monopole du cœur* ». Sentimental dans sa vie privée, selon ses biographes, le président de la République manifeste, dans sa vie publique, à l'égard de certaines situations – celle des immigrés, par exemple, ou celle des personnes âgées –, une émotion réelle.

Ces excellentes dispositions, qui sont à l'origine d'attitudes ou de mesures courageuses, ne vont pas non plus sans quelque naïveté. « *Il est émerveillé par tout ce qu'il découvre* », dit, sans ironie, un de ses ministres. Il aime aussi susciter la reconnaissance. « *Il a toujours eu du mal à dire non* », confirme un de ses proches. Le soin qu'il a personnellement apporté à l'élaboration du plan de développement du Massif Central, dont il a fait « sa chose », la discrétion dont il a voulu que soit entourée sa préparation afin de mieux surprendre ses concitoyens d'Auvergne, ont fait sourire jusqu'à ses propres collaborateurs. Autre exemple : la façon dont il a pris en main l'affaire Claustre témoigne, pour une part, de la même propension à jouer les sauveurs. « *Au fond, Giscard a un problème d'adjectif* », estime un ancien ministre U.D.R., « *comme la France a été gaulliste, il voudrait que tout le monde soit giscardien* ».

Par là se dessine le troisième aspect du personnage. Politique, M. Giscard d'Estaing l'est peut-être trop aux yeux de certains de ses amis, qui lui reprochent de porter une attention excessive aux intérêts des partis. La critique vient surtout des rangs gaullistes, où l'on s'inquiète tout à la fois du « grignotage » entrepris pas le chef de l'État en direction de la gauche et des liens privilégiés qu'il entend conserver avec les républicains indépendants. « Le général de Gaulle avait une tout autre conception de l'unité nationale », note un ancien ministre U.D.R. A un visiteur qui s'étonnait que le président de la République eût reçu personnellement M. Robert Fabre, tâche qui, selon lui, incombait au premier ministre, M. Giscard d'Estaing a expliqué : « *Oui, mais j'ai un premier ministre U.D.R.* ». Réflexion qui semble indiquer que, aux yeux du chef de l'État, M. Chirac ne saurait être l'homme de l'ouverture. Réflexion qui prouve en tout cas que l'ancien président des républicains indépendants est extrêmement sensible au problème du rééquilibrage de la majorité. Il aurait été irrité, dit-on, par la récente proposition de M. Chirac de mettre en place « *une structure de coordination* » des trois partis de la majorité. M. Roger Chinaud, au nom des républicains indépendants, était aussitôt chargé de répliquer : « *Personne n'a reçu mission d'imposer telle ou telle organisation de la majorité libérale* ».

Ainsi, M. Giscard d'Estaing, qui semblait résolu, dans les premiers mois de son septennat, à prendre quelque distance par rapport à sa majorité parlementaire, s'est-il apparemment résigné à entrer dans le jeu des combinaisons électorales.

Ses efforts en direction de la gauche paraissent inspirés du même esprit. Il est hors de doute que le refus opposé par les deux principaux dirigeants de la « minorité » aux invitations du chef de l'État témoigne à ses yeux d'un mauvais fonctionnement du système politique. Mais la façon dont M. Giscard d'Estaing envisage la solution de ce problème procède d'un souci tactique bien plus que d'une vision philosophique : l'objectif est – le président de la République ne s'en cache pas – de diviser la gauche et de préparer un rapprochement avec les socialistes. Il est arrivé à M. Giscard d'Estaing de recourir à des démarches autrement ambitieuses pour ébranler une partie de l'électorat de gauche : la visite surprise aux travailleurs immigrés de Marseille, le 27 février, a fait plus pour l'image du chef de l'État que la poignée de main échangée à cette occasion avec M. Defferre [1]. C'est pourtant la seconde méthode qui semble désormais prévaloir. De même que Georges Pompidou s'était employé à maintenir, aux frontières de la majorité, un centre d'opposition, de même M. Giscard d'Estaing s'efforce de reconstituer, aux marges du centrisme, une gauche réfractaire au programme commun : la « décrispation » ressemble beaucoup à une opération électorale.

Le sens de la durée

Faute d'être soutenue par un « grand dessein » l'action politique de M. Giscard d'Estaing se dégrade ainsi en calcul à court terme. Ses élans réformateurs deviennent velléités. Les différents traits de son caractère s'additionnent ou se contrarient au lieu de se combiner... Le grand dessein du régime giscardien aurait pu être de mettre en œuvre ces « *changements nécessaires de la société française* » qu'évoquait le chef de l'État en présentant le projet de réforme foncière. Mais le bilan n'est pas à la hauteur des ambitions affichées.

Les conseillers du président affirment que l'atmosphère de l'Élysée n'a pas changé et que le vent des réformes continue d'y souffler. L'équipe réduite dont s'est entouré M. Giscard d'Estaing n'a pas été modifiée, si l'on excepte quelques aménagements mineurs (« un « officieux » M. Jean-David Levitte, est venu renforcer le secteur international), des rectifications de frontières ont fait passer l'architecture du domaine de M. de Combret, chargé, entre autres, des affaires culturelles, à celui de M. Richard qui s'occupe de l'équipement). L'expérience, dit-on à l'Élysée, s'est révélée concluante : moins nombreux, plus homogène, le cabinet présidentiel a su éviter de faire écran devant le chef de l'État. Celui-ci, même s'il a cessé de consulter régulièrement M. Jean-Jacques Servan-Schreiber, continue d'encourager la réflexion collective.

Au moment de la décision, toutefois, M. Giscard d'Estaing, de l'avis de ses collaborateurs, a tendance à tergiverser. Le chef de l'État, disent-ils, a « *le sens de la durée* ». Il est de fait qu'il écoute plus volontiers ceux qui lui conseillent la prudence – MM. Pierre Brossolette et

1. Député maire socialiste de Marseille.

Cannac – que ceux qui le poussent à agir – MM. Serisé et Stoleru. Cet attentisme peut avoir des conséquences heureuses. Par exemple, lors du conseil restreint sur la sécurité des Français, le président de la République a été de ceux qui prêchaient la modération, considérant qu'il fallait laisser jouer, à terme, les « mécanismes autorégulateurs » de la société. En revanche, le conseil restreint sur le financement de partis politiques n'a abouti à aucun résultat, et la réflexion sur l'emploi dans une économie à croissance modérée est largement dans l'impasse. De même, il a fallu plus d'un an à MM. Serisé et Stoleru pour convaincre M. Giscard d'Estaing de relancer avec vigueur l'économie, et par les méthodes les plus classiques.

Le président de la République veut *« une France apaisée »*, explique l'un des ses conseillers. Le chef de l'État est ennemi du bruit et de la fureur. Son entourage reconnaît volontiers que si, à la différence du général de Gaulle, il évite les voyages en province, c'est pour une large part parce qu'il craint les manifestations hostiles. Mais peut-on faire de la France « *un chantier de réforme* » – comme M. Giscard d'Estaing l'avait promis le 25 septembre 1974 – sans accepter quelques turbulences?

Le président de la République, dont la sincérité personnelle n'est pas en cause, paraît avoir mesuré les difficultés du réformisme et adapté ses objectifs à ses moyens. Faute de s'être donné les moyens de ses objectifs. Ainsi plusieurs des réformes adoptées au cours des douze premiers mois tardent-elles à entrer en vigueur. Les deux citadelles de la rigidité administrative – les finances et la justice – demeurent intouchées, en dépit de quelques éclats du président de la République. L'intendance ne suit pas.

La logique du conservatisme

Reste la réforme du système économique, sur laquelle M. Giscard d'Estaing sera, en définitive, jugé. Quatre dossiers actuellement à l'étude à l'Élysée – car le chef de l'État aime à sérier les problèmes – doivent conduire à de premières conclusions avant la fin de l'année : la taxation des plus-values, la revalorisation du travail manuel, la réforme de l'entreprise, la politique familiale. Sans ouvrir contre le chef de l'État un procès d'intention, on peut être sceptique sur la portée de ces projets, si l'on en juge par la loi foncière, dont M. Giscard d'Estaing a voulu faire un test significatif, ou par l'attitude du pouvoir à l'égard des syndicats.

Ni dans la concentration de la propriété, ni dans les relations avec les « partenaires sociaux », on n'aperçoit une orientation nouvelle qui marquerait, si peu que ce soit, une rupture avec la logique du conservatisme.

M. Giscard d'Estaing pourrait être un de ces hommes de droite dont l'histoire, fait, en certaines circonstances, les agents d'importants changements de société, dans le cadre même du capitalisme. Il peut aussi se contenter de gérer son capital électoral, quitte à grappiller ici et là, par des actions ponctuelles, un appoint de gauche. Après cinq cents jours, tout bien pesé, il est permis de se demander s'il ne s'est pas engagé dans la deuxième de ces voies.

THOMAS FERENCZI

18 octobre 1975

P56-57 La France a-t-elle encore une politique étrangère?

M. Giscard d'Estaing a des idées (il a fait preuve d'imagination pour mener le dialogue nord-sud), des audaces (il l'a montré avec le Proche-Orient), un style (celui de la décontraction). Mais a-t-il une politique étrangère? Conduit-il à l'extérieur, pour le compte de la France, une action organisée avec des moyens coordonnés, des priorités, une ligne directrice?

Pendant les « cinq cents premiers jours de Giscard », nombre de ses décisions ont été marquées par plus d'improvisation que de cohésion. L'« affaire Claustre » en est la plus pénible illustration, non la seule. Pour engager le dialogue nord-sud, fallait-il promettre d'emblée aux arabes, quitte à revenir en arrière, l'indexation du prix du pétrole (24 octobre 1974)? Quelle contrepartie a-t-on obtenue de l'U.R.S.S. en consacrant publiquement son droit de « veto »* sur la défense européenne (21 mai 1975)? Comment concilier une telle renonciation avec les tentatives de doter l'Europe d'une industrie aéronautique? Était-il sage de courir plusieurs lièvres à la fois en Indochine? Le président a-t-il mesuré tout l'impact qu'aurait sur nos alliés de la deuxième guerre mondiale, l'U.R.S.S. en particulier, sa décision de ne plus célébrer l'anniversaire de la capitulation du Reich? Comment concilier le silence de la France sur les condamnations à mort en Espagne avec une politique étrangère « libérale »?

Quant au voyage de Moscou, son exécution a donné par moments une impression d'amateurisme. Sur le plan strictement diplomatique, la visite a été conforme à ce qu'on pouvait en attendre. La coopération franco-soviétique continue. Les échanges commerciaux se développent. La France n'a rien obtenu de substantiel dans le domaine des libertés, mais elle n'a rien abandonné non plus. En réponse à M. Brejnev*, M. Giscard d'Estaing a affirmé sur la « *cœxistence idéologique* » une doctrine « *différente* » de celle de son hôte. Pourquoi pas? Le général de Gaulle préférait, lui aussi, les situations nettes, notamment face aux Soviétiques, et cela ne lui a pas mal réussi. Sans doute, en acceptant de « *coopérer* » à la non-dissémination nucléaire, le président de la République a-t-il fait une concession, mais il a aussi profité de l'occasion pour mettre fin à une anomalie indéfendable et sortir la France, sans prendre d'engagement international contraignant, du « ghetto » où elle s'était enfermée en matière de désarmement. Mais cette « *valorisation diplomatique de l'arme nucléaire française* » a été quasi clandestine et timidement exploitée, aussi bien vis-à-vis des Soviétiques que de l'opinion française et internationale. C'est ici qu'apparaissent les insuffisances de la « machine » giscardienne. Le président de la République agit seul, en franc-tireur, sans soutien logistique, confiant en sa seule action personnelle et en faisant fi des moyens dont il dispose pour faire comprendre et apprécier sa politique.

Pour que sa visite en U.R.S.S. ne déçoive pas, il eût fallu, dès le départ, en définir la portée, préciser qu'il ne s'agissait nullement de conclure des accords d'application de l'acte final de la Conférence européenne (C.S.C.E.), expliquer que, après Helsinki comme avant, la détente reste une œuvre de longue haleine que la France poursuivra sans répit ni illusions.

Le même défaut d'éclairage est apparu à propos de la controverse sur la « *lutte idéologique* ». Dès lors que les deux parties décidaient de la rendre publique, une explication était nécessaire pour que la « différence » des doctrines ne dégénère pas en une apparente contradiction. Cette explication, le président de la République l'avait d'ailleurs en poche : entre États, la lutte idéologique n'est bénéfique que si elle se traduit par une émulation et non par un affrontement. Cet ingénieux commentaire fit l'objet de confidences au bout de vingt-quatre heures et de la conférence de presse du président de la République à la veille de son départ, trop tard pour ne pas apparaître comme une improvisation hâtive. C'est au moment même où les allocutions du Kremlin étaient prononcées que cette explication aurait dû être donnée.

Enfin, si l'on attache quelque importance à la déclaration commune, ce texte abondant et touffu, dans le style ténébreux que l'on affectionne à Moscou, méritait lui aussi une minutieuse explication de texte. Le passage sur le désarmement, on l'a vu, ne manque pas d'intérêt. Or, cette exégèse, que les journalistes ont faite pour leurs lecteurs, se fait toujours attendre du côté officiel.

Le programme lui-même avait été élaboré avec quelque légèreté. Les visites de la maison de Tolstoï, et surtout du champ de bataille de Borodino [1], n'étaient pas de bonnes idées. Les Soviétiques n'en voulaient pas. La preuve en est que toute allusion à ces pèlerinages historico-littéraires a

* « Il existe un certain nombre de raisons objectives de ne pas l'aborder (le problème de la défense européenne). (...) D'une part, les craintes – et je dirai les craintes explicables – que suscitent pour l'Union soviétique des projets d'organisation de défense européenne (...). » (Déjeuner de presse du 21 mai 1975.)

* Et non le contraire, comme cela a souvent été écrit.

* Abstraction faite des DOMTOM.

1. Le 7 septembre 1812, Napoléon remporta sur les Russes à Borodino, la « bataille de la Moskowa », qui lui permit (le 14 septembre) la prise de Moscou.

été omise du communiqué et rayée du message adressé par M. Giscard d'Estaing à la *Pravda*. En caricaturant quelque peu, on peut se demander quelle réponse feraient les Français à un président allemand qui voudrait se recueillir à Sedan [2]... Dans un autre sens, la gerbe au mausolée de Lénine n'était pas une bonne idée non plus. Les Soviétiques n'ont pas été dupes de la sincérité du geste. En 1966, le général de Gaulle refusa d'aller au monument de la victoire de Tsaritsyne (Stalingrad), où les gardes rouges écrasèrent l'armée blanche en 1918, bien qu'une cérémonie eût été inscrite au programme. Le général de Gaulle ne voulait pas se laisser entraîner sur ce terrain; les Soviétiques ne l'en respectaient pas moins.

L'indisposition de M. Brejnev n'a provoqué aucun incident : le numéro un soviétique avait confié à un diplomate français, dès l'arrivée de M. Giscard d'Estaing, qu'il était souffrant. Mais elle a ajouté à la confusion déjà créée par l'absence totale de contacts entre les officiels soviétiques et la presse française. Au point que le discours de M. Brejnev du 14 octobre ne leur a été communiqué qu'à un seul exemplaire – et encore en anglais! – sous la forme d'une dépêche de l'agence Tass. Quant au nom du porte-parole soviétique, M. Zamiatine, il avait été oublié au communiqué. Il a fallu l'ajouter à la main!

Ainsi une opération diplomatique honorable s'est-elle transformée en un spectacle raté. L'aspect psychologique de l'événement n'a pas été traité avec suffisamment de soin alors que la raison d'être de ces visites officielles est précisément d'associer l'opinion publique à la politique étrangère.

Les sacrifices du Quai

Sans doute les sceptiques se demandent-ils s'il est nécessaire d'avoir une politique étrangère. Mais, pour la France, l'ambition de jouer un rôle dans le monde n'est pas une coquetterie d'un pays en perte de puissance. Sa sécurité et son économie étant intimement liées à la conjoncture internationale, son existence même dépend de sa capacité d'agir, de se faire entendre et respecter à l'extérieur. Ce postulat admis, toute politique étrangère doit d'abord être *une*, former un tout. Elle ne saurait se réduire à quelques récitals plus ou moins réussis ni aux retombées extérieures en ordre dispersé de l'action intérieure du gouvernement. Si les opérations à l'étranger doivent être parfois fractionnées ou donner lieu à des manœuvres tactiques plus ou moins retorses, elles n'en doivent pas moins être animées par une volonté unique, être orientées dans la même direction, concourir à une seule action globale. A cet égard, le budget des affaires étrangères que le gouvernement a présenté le 29 octobre à l'Assemblée nationale ne peut qu'inquiéter. La dégradation du budget de ce ministère est certes ralentie par la force des choses quand approche le point zéro, mais en dépit des efforts de M. Sauvagnargues [3], pour sauver ses crédits, elle persiste. En 1976, la France consacrera 1,05 % de ses dépenses à son action diplomatique contre 1,06 % en 1975. La valorisation des traitements des diplomates étant indexée sur le barème de la fonction publique, et celle des contributions obligatoires aux organisations internationales étant automatiques, les compressions des autres dépenses sont inévitables.

Pour l'essentiel, les affaires culturelles, scientifiques et techniques en feront les frais : 1 000 postes de coopérants techniques (sur 18 000) et 1 000 bourses de haut niveau (sur 9 200) seront supprimés. Économies paradoxales en un temps où les exportations très élaborées et de grande valeur sont intimement liées à la coopération. L'Allemagne fédérale l'a bien compris, qui pratique une politique inverse : elle s'implante d'abord par une assistance technique méthodique et gratuite, puis rafle les marchés. A terme, non seulement l'influence mais l'industrie française paieront cher ces économies.

Un avertissement

Autre « démission », autres sacrifiées : les contributions volontaires aux organisations internationales, dont les crédits augmenteront de 0,53 % – ce qui, en regard de la hausse de 17 % des contributions obligatoires, se traduit par une réduction réelle considérable. Pourtant la place qu'occupe la France dans ces contributions, qui financent les programmes techniques et sociaux de l'ONU, n'est pas brillante : la France est au dixième rang pour le plus important, le Programme des Nations unies pour le développement (PNUD), très loin derrière les pays scandinaves, les Pays-Bas et le Canada; vingt-quatrième pour le programme alimentaire mondial (avec 400 000 dollars sur un programme de 500 millions); dixième encore pour l'aide aux réfugiés palestiniens. Si elle est huitième pour l'aide à l'enfance et seconde pour le programme sur l'environnement, ses autres contributions sont symboliques ou nulles.

Moralement, cette parcimonie est scandaleuse, politi-

2. La défaite française de Sedan (2 septembre 1870) marqua la fin de la guerre franco-allemande de 1870.

3. Ministre des Affaires étrangères du gouvernement Chirac.

quement elle est dangereuse. Elle met en péril la position de la France parmi les cinq « grands », l'ONU disposant du « veto ». Elle réduit son influence sur certains « fronts » comme par exemple à Chypre : elle ne verse pas un sou pour des raisons non politiques mais financières pour les « casques bleus » dont elle approuve cependant la mission dans l'île. Financièrement, cette politique est à courte vue. Le PNU qui emploie mille quatre cents experts français, reverse ces commandes à la France cinq fois ce qu'il en reçoit. Mais cette position privilégiée, due à la place exceptionnelle que la France occupait en Afrique, se détériore chaque année. En raison de la faiblesse de ses contributions, la France perd progressivement ses places aux postes clés et perdra demain les commandes. Il suffirait cependant que la France, qui consacre annuellement 1 milliard de dollars à son aide au « tiers monde »*, en transfère une part infime pour améliorer considérablement sa contribution de 15 millions de dollars aux programmes bénévoles de l'ONU et pour redresser la situation.

Enfin, le gouvernement vient de retirer aux affaires étrangères la politique de vente des livres à l'étranger et de transférer au secrétariat d'État aux affaires culturelles les 12 millions de francs de subvention qui y sont attachés. Pourtant, le Quai d'Orsay n'avait pas démérité et, bien qu'insuffisantes, les ventes de livres à l'étranger étaient en progression constante. Du même coup, quelque usage que fasse de cette subvention le secrétariat d'État à la culture, le livre a cessé d'être un des éléments de la politique de la France à l'étranger. Les ministres pourront, après cela, faire des discours éplorés sur les progrès universels de l'anglais et de l'allemand en Europe.

Tout se passe donc comme si pour des raisons obscures, et en tout cas inexpliquées, le gouvernement avait renoncé à se donner les moyens d'une politique étrangère.

Regrettant que le gouvernement ait présenté, l'an dernier, un « *budget de misère* », M. Couve de Murville avait déclaré à l'Assemblée nationale : « *Il est bien entendu que ceci ne marque qu'une période de crise et que, dès l'an prochain, le tournant sera pris pour donner à notre diplomatie les moyens d'assurer dignement sa mission* ». L'ancien ministre des Affaires étrangères du général de Gaulle n'a pas été quant à lui « bien entendu ». Il ne l'a pas été du tout.

MAURICE DELARUE

29 octobre 1975

P58-59-60 L'Europe à la dérive...

Au « sommet » de Rambouillet, il n'y avait pas de place pour la Communauté européenne. A la prochaine conférence Nord-Sud, la Grande-Bretagne n'accepte toujours pas d'être représentée par la C.E.E. Deux signes les plus récents de la maladie de l'Europe. Dépendant des États-Unis pour sa défense, des Arabes pour son énergie, elle aurait dû depuis belle lurette commencer à chercher les voies de son affranchissement. La C.E.E. semble se complaire, hélas! dans le rôle de cette « organisation régionale » que M. Kissinger lui assignait dans un discours fameux de 1973 et qui avait soulevé, on ne comprend vraiment pas pourquoi à la lumière des faits, l'irritation de ce côté-ci de l'Atlantique.

Troisième du nom, un Conseil européen des chefs d'États et de gouvernements se réunit les 1er et 2 décembre à Rome. Un sursaut ne pourrait s'y manifester que si les Neuf, faisant preuve de courage – une fois n'est pas coutume – avaient envie d'en découdre sérieusement à propos de l'« affaire anglaise ». Sans quoi les résultats seront plus maigres que pour les deux premiers conseils du nom. A Dublin au printemps dernier, on avait, rappelons-le, bouclé le dossier de la renégociation des conditions d'adhésion du Royaume-Uni, et à Bruxelles, en juillet, les conversations avaient permis de faciliter les préparatifs de la conférence préparatoire de Paris, sur les matières premières, l'énergie et le développement.

Cette fois-ci, les « points noirs » à l'horizon ne sont pas seulement des nuages qu'un meilleur vent pourrait dissiper. Ils révèlent des tensions profondes.

Il y a donc d'abord le consternant « cas anglais ». L'exigence de faire « cavalier seul » à la conférence Nord-Sud réaffirmée au sommet de Rambouillet a prouvé après d'autres initiatives plus ou moins « originales » au sein des conseils des « Neuf » que les Anglais avaient une conception tout à fait personnelle de la Communauté. Du même coup, on peut valablement aujourd'hui poser la question : le général de Gaulle n'avait-il pas raison d'empêcher le Royaume-Uni d'entrer dans la Communauté?

La réponse instinctive serait celle-ci : les Anglais prouvent qu'ils sont décidément restés fidèles à leur grande tradition : empêcher que quelque chose de sérieux s'organise entre les nations du continent. Quand on ne peut y parvenir (se rappeler les tentatives de lancement d'une zone de libre-échange contre le Marché commun), il faut entrer dans le nouvel ensemble pour qu'il ne puisse « tourner rond ». Celui qui avait souligné que « la nature, la structure, la conjoncture, qui sont propres à l'Angleterre diffèrent de celles des autres continentaux » pour interdire en 1963 son entrée dans le Marché commun avait donc vu juste.

A la réflexion, cette assurance doit être tempérée par d'autres considérations. Durant les années 1960, la France a joué au sein des communautés européennes un rôle d'« enfant terrible » qui ne se remarquait pas moins que celui de la Grande-Bretagne aujourd'hui. Souvent seule de son avis contre tous, n'hésitant pas au repli sous la tente (qu'on se souvienne de la crise dite de la « chaise vide » de 1965), Paris entendait manifester bien haut, lui aussi, son pouvoir de dire « non ».

N'oublions pas non plus la raideur progressive de nos partenaires précisément devant l'attitude tranchante du général de Gaulle à l'égard de la Grande-Bretagne. La prolongation de ce refus, après la nouvelle demande britannique, aurait bloqué la machine communautaire (ce qui malgré tout n'est pas le cas aujourd'hui). Or, la France tirait quelque profit de la Communauté. Le général de Gaulle l'avait si bien senti qu'il fit une « ouverture » à Londres, lors de son fameux dialogue avec Christopher Soames du 4 février 1969, qui ne put aboutir, on le sait, du fait de la diffusion prématurée de la nouvelle par le Foreign Office.

Surtout, le maintien de la Grande-Bretagne à l'extérieur de la Communauté eût été concevable s'il y avait eu une véritable alternative, un « projet » sérieux d'aller vers ce style d'Europe dont rêvaient les pères fondateurs, vers ces États-Unis d'Europe chers à Jean Monnet[1]. Or, s'il était bien clair que la France de la Ve République n'en voulait à aucun prix, des signes peu à peu convergents indiquaient que les Allemands n'entendaient plus « militer », eux non plus, pour cette Europe-là. Les sarcasmes dont le chancelier Schmidt abreuve la Commission de Bruxelles, et aussi d'ailleurs la manière dont fonctionnent les conseils des ministres, montrent assez que les « pragmatistes » ont fait outre-Rhin des pas de géants. C'est aujourd'hui M. Giscard d'Estaing qui paraît le plus déter-

1. Voir P 44 : « Bonjour Monsieur Monnet ».

miné à sortir l'Europe de l'ornière en la tirant par où la France répugnait assez auparavant à le faire : le timon des institutions.

La faiblesse des gouvernements nationaux

C'est là précisément le deuxième « point noir » de la réunion de Rome. Manifestement, les esprits ne sont pas encore mûrs pour se saisir, à travers les brouillons du rapport Tindemans – chargé on le sait de définir avant le 31 décembre prochain une « conception d'ensemble de l'union européenne » – l'opportunité d'une relance de l'Europe par ce canal.

La légitimité des décisions prises à Bruxelles est fondée sur le consensus des représentants des États membres, et il ne peut en être autrement. La règle de l'unanimité contraint à s'aligner sur le plus petit commun dénominateur et, comme c'est le cas aujourd'hui avec la Grande-Bretagne pour la conférence Nord-Sud, quand l'un des membres ne veut pas jouer le jeu, que peuvent faire les autres? Mais l'insuffisance du centre de décision bruxellois, contrairement à ce qu'on pense souvent, ne s'explique pas *surtout* par la force des gouvernements nationaux, qui entendent ne pas ternir la blanche hermine de leur souveraineté, mais par la faiblesse de ceux-ci.

C'est la thèse intéressante d'un bon connaisseur des affaires européennes, M. Spierenburg. Dans le rapport d'une commission sur « *l'union européenne* » que le gouvernement des Pays-Bas lui avait demandé de présider, il écrivait fort justement : « *...Les gouvernements... ploient littéralement sous le poids des sollicitations auxquelles ils sont soumis dans les démocraties occidentales et ne disposent plus de la marge de négociation indispensable pour aboutir à des décisions au niveau communautaire... Ce n'est pas la force mais précisément la faiblesse des gouvernements nationaux qui fait obstacle à l'unification européenne.* »

Indiscutablement, la réunion régulière du conseil européen des chefs d'État et de gouvernement voulue par M. Giscard d'Estaing est une bonne chose. Ce conseil pourrait être un jour le vrai noyau d'un pouvoir confédéral. Mais deux risques le menacent : le premier est qu'il « s'académise » une fois qu'on aura constaté que certains sujets sont définitivement bloqués; le deuxième, qu'il constitue une instance d'appel systématique, le conseil des ministres des « Neuf » prenant de moins en moins de décisions pour les reporter au plus haut niveau, encombrant ainsi l'ordre du jour des « sommets ».

Si l'efficacité des centres de décision communautaires est encore à démontrer, ce qui est sûr, c'est que le vent démocratique n'a jamais soufflé vraiment à Bruxelles. L'élection au suffrage direct des parlementaires rendra l'Europe plus sensible au cœur des citoyens. C'est là un pas fort attendu...

Dans l'histoire des institutions européennes, la phase qui permettra aux peuples d'élire le même jour leurs représentants à Strasbourg sera, en effet, très importante. Associés au destin de la construction européenne, les citoyens pourraient – enfin – lui donner une âme.

La « base » européenne n'a absolument pas la possibilité de faire entendre sa voix aujourd'hui, sauf... dans la rue, quand les agriculteurs viennent, à Bruxelles, promener leurs vaches jusque sous le nez des ministres, ou que les viticulteurs français arrêtent la circulation dans le Midi. Signe qui ne trompe pas, au reste, sur la réalité du pouvoir communautaire en la matière. Comme c'est à peu près le seul, on comprend que les responsables y regardent à deux fois avant de remettre fondamentalement en cause la politique agricole commune.

Le seul pilier

Ce qui s'est passé aux derniers conseils des ministres de l'Agriculture est tout à fait significatif. On s'attendait au pire après les « coups de sang » bien connus des Allemands à propos de la lourdeur des charges budgétaires dont l'« Europe verte » est la principale bénéficiaire, comme on le sait. Or tout a baigné dans l'huile : personne n'a remis en cause les principes de base sur lesquels repose l'édifice, et le rapport qui a été transmis aux chefs d'État et de gouvernement pour leur rencontre du 1er décembre est un chef-d'œuvre de compromis : le bilan de la politique agricole commune est considéré comme positif; des mesures doivent être prises pour améliorer l'équilibre des marchés. Cette prudence s'explique par deux raisons :

1) L'histoire du Marché commun montre que, décidément, et malgré toutes ses imperfections, la politique agricole commune est le pilier de la construction des Neuf. Des coups trop durs portés à cet endroit risquent de ramener définitivement la C.E.E. à une zone de libre-échange, jusqu'à ce que le sort de l'union douanière lui-même soit, au reste, compromis. Or, si l'Europe va à la dérive dans tout ce qu'elle a essayé d'entreprendre depuis des années (politique des transports, de l'énergie, harmonisation des fiscalités, des politiques économiques et monétaires, etc.), du moins y a-t-il un point d'ancrage que tous voudront absolument préserver, c'est l'existence d'un marché de deux cent cinquante millions de consommateurs.

2) L'agriculture est la richesse de demain. La poussée démographique, la lente réadaptation des pays du tiers-monde aux cultures vivrières, l'impossibilité de grands ensembles comme l'U.R.S.S. de se suffire à eux-mêmes, plaident assez en faveur d'une expansion de ce secteur où l'Europe de l'Ouest est particulièrement bien placée. Ce sentiment freine l'ardeur de ceux qui voudraient, par peur du gaspillage financier, limiter la production européenne aux besoins de ses nations. Ainsi, les Allemands avaient fortement protesté contre un accord d'exportation à long terme de produits agricoles vers l'Égypte. Finalement, ils sont moins hostiles à une politique d'exportations permanentes de denrées alimentaires.

Ce n'est pas dire, évidemment, qu'il faille conserver en l'état une politique agricole commune qui conduit aux montagnes de beurre et de poudre de lait que l'on sait, preuve manifeste de l'hiatus entre système de prix et aide alimentaire.

De même, il n'est pas normal que les États subventionnent les excédents sans aucune restriction. Les Neuf pourront-ils repousser longtemps l'idée d'un « quantième » à des prix garantis au-delà duquel les prix du marché joueraient, ce qui reviendrait à faire payer une partie des surplus par les gros exploitants?

Prise entre les exigences nationales avivées par la crise et les recherches d'une coopération planétaire, l'Europe est toujours à la recherche de son identité. L'esprit souffle où il veut, à Rambouillet ou à Bruxelles, et il faudrait faire preuve d'un inquiétant dogmatisme pour bouder les progrès d'une solidarité internationale, sous le prétexte qu'elle ne se coule pas dans les moules préparés par le traité de Rome.

Cela dit, dans un monde où les idées et les politiques auxquelles on tient ne s'imposent que si la puissance montre le bout de l'oreille, le rassemblement des peuples de la C.E.E. pour un destin commun donnerait un peu plus d'espoir au Vieux Monde que cette constellation diffuse que nous connaissons. Certes, on fait l'Europe avec les nations qu'on a et il n'y a pas d'idée platonicienne à défendre. Du moins pouvait-on espérer une communauté moins aboulique.

PIERRE DROUIN

29 novembre 1975

P61 Le P.C.F. a confirmé son évolution « à l'italienne »

« Un congrès historique », a dit M. Georges Marchais, en clôturant les vingt-deuxièmes assises du P.C.F. qui ont siégé à Saint-Ouen du 4 au 8 février. Historique? Le terme était à l'usage des militants, dont les congrès sont la fête, qui viennent pour s'admirer et s'applaudir, pour s'enorgueillir de la force et de la puissance de leur parti. C'est le lieu privilégié où, à intervalles réguliers, vient se raffermir cet « esprit de parti » que M. Jean Kanapa a exalté à la tribune et qui lui a permis de clore le délicat débat engagé autour des questions de morale. En cela, un congrès communiste relève toujours de cette « grand-messe » si souvent décrite. Il s'apparente effectivement à une célébration.

Sans doute nécessaire à la cohésion du parti, il n'est pas dépourvu de richesse humaine, et les deux mille cinq cents personnes rassemblées samedi au Palais des sports de Saint-Ouen ont – congressistes, invités et journalistes mêlés – vécu un instant intense lorsque des immigrés sont venus saluer les délégués et que leur porte-parole s'est évanoui à la tribune, terrassé par l'émotion.

Mais un congrès communiste, ce n'est plus seulement cette célébration, si ce n'est pas encore un lieu d'élaboration politique. Dans le comportement même des délégués, le changement est visible. Ils sont plus détendus, c'est-à-dire moins studieux, ils sont plus exigeants sur la qualité des débats, ils laissent parfois percer leur lassitude devant certains exposés trop classiquement descriptifs de l'activité communiste dans tel département ou telle entreprise. Ils côtoient volontiers à la buvette les journalistes, les invitent même à leur table lors des repas. Ils parlent de la politique de leur parti, y compris parfois pour relever ce qui, à leurs yeux, constitue des insuffisances. Bref, l'évolution engagée depuis 1964 se poursuit et ne cesse de s'amplifier. Le XXIIe congrès est bien plus une étape qu'un événement historique.

Le P.C.F. confirme son évolution « à l'italienne ». Plus nettement que jamais, il se fait un adepte du polycentrisme et commence à parler haut à son homologue soviétique. Plus nettement que jamais, il présente le passage au socialisme comme un processus continu de démocratisation et non comme une rupture de caractère révolutionnaire. Une autre option est-elle possible? C'est peu probable. Il n'en reste pas moins que M. Georges Marchais a voulu cette stratégie et qu'il a tout fait pour la faire triompher. Pourtant, il y a un peu plus d'un an, en octobre 1974, lors du XXIe congrès, on avait pu se demander si les communistes français n'allaient pas quitter la voie que leur propose obstinément leur secrétaire général. Celui-ci du même coup, avait paru chanceler, les tensions nées au sein du bureau politique compromettant son autorité.

Il ne reste, à l'évidence, plus rien de cette période. Non seulement la « voie démocratique » chère à M. Marchais triomphe, mais qui plus est, l'emprise du secrétaire général sur le parti sort renforcée du renouvellement par le XXIIe congrès, des instances dirigeantes. La promotion la plus spectaculaire est en effet, sans conteste, celle de M. Charles Fiterman. Élu membre suppléant du comité central en 1972, lors du XXe congrès, il réalise la prouesse d'être cette année, d'un seul coup, promu titulaire au comité central, membre du bureau politique, membre du secrétariat. Or M. Fiterman est l'un des plus proches collaborateurs de M. Marchais, dont il fut le secrétaire particulier plusieurs années durant. L'autre nouveau membre du secrétariat, M. Jean Colpin, chargé jusqu'à présent de l'action du parti dans les entreprises est, lui aussi, un adepte de la « voie démocratique ».

En dépit des promotions de MM. Gremetz et Lajoinie, eux aussi membres du comité central depuis 1972 seulement, le renouvellement des dirigeants est moins important que prévu. MM. Fajon et Vieuguet quittent le secrétariat et M. Frischmann abandonne le bureau politique. En revanche, M. Fajon en reste membre et M. Billoux siège toujours au comité central. Rompant avec un plan de doctrine du fait de l'abandon de la « dictature du prolétariat », les responsables du P.C.F. n'ont pas voulu multiplier les risques en paraissant mettre en même temps à la retraite les cadres les plus anciens. D'autant que, politiquement, cette rupture n'était pas nécessaire. Les vétérans acceptent l'« aggiornamento », même si les justifications qu'ils avancent présentent parfois quelques nuances par rapport à celles que proposent les dirigeants d'aujourd'hui.

M. Georges Marchais est donc, au terme du XXIIe congrès, le maître à nouveau incontesté. Il a fait ratifier la politique qu'il voulait. Déjà épaulé, depuis mai 1975, par l'entrée de M. Jean Kanapa au bureau politique, il est désormais entouré de l'équipe de ses vœux. Il sait donc qu'au soir des prochaines élections législatives son destin personnel sera, lui aussi, en jeu. Ou bien le parti communiste accédera au pouvoir ou, au minimum, renforcera son influence au sein d'une gauche au seuil de la majorité absolue, ou bien le parti socialiste affirmera ses progrès au détriment des communistes. Dans ce dernier cas, ceux qui viennent de triompher à Saint-Ouen se verront, sans doute, demander des explications.

THIERRY PFISTER

10 février 1976

Économie

E1 Quelle est l'importance syndicale dans l'évolution des salaires et traitements?

Les études sur les salaires se multiplient depuis quelques années, et c'est fort heureux. La part des rémunérations des salariés dans le revenu national (quelque 59 %), l'importance politique croissante des discussions sur le pouvoir d'achat, l'incidence des salaires sur les tendances (inflationnistes ou non) de l'économie nationale, justifient amplement l'intérêt porté depuis peu à ces recherches.

Le rôle des syndicats

Auteur d'un ouvrage sur le rôle de l'action syndicale ouvrière et d'un remarquable traité sur les rémunérations des fonctionnaires, M. Tiano s'efforce de démontrer et de chiffrer l'effet de l'action syndicale sur le niveau des rémunérations. Il prouve que les professions où les salaires sont les plus élevés sont précisément celles où le syndicalisme est le plus actif. Ce sont aussi celles où les hausses de salaires sont les plus fréquentes ou les plus fortes. Coïncidence? Nullement, car l'auteur élimine successivement les diverses causes qui pourraient expliquer cette situation privilégiée : qualification plus forte qu'ailleurs, suremploi local, situation favorisée des industries considérées...

Les conditions du succès

L'effet de l'action syndicale n'est cependant pas automatique : il dépend des périodes et de la puissance des centrales ouvrières. En période de suremploi les entrepreneurs consentent volontairement les augmentations demandées par le personnel; la hausse est donc générale. De même, si le syndicalisme est très développé dans un pays, les hausses touchent rapidement toutes les catégories. En revanche, l'efficacité du syndicalisme par branche apparaît clairement dans les périodes de sous-emploi (résistance à la baisse des salaires, voire continuation des augmentations) et dans les pays où le syndicalisme demeure limité. De toute façon, il est manifeste qu'on ne peut plus bâtir une théorie du salaire, rendant compte des faits, qui ne fasse à l'action syndicale une place prépondérante parmi les éléments qui déterminent le taux et l'évolution des rémunérations : qualification, pénibilité du travail, productivité, état du marché, possibilités de l'industrie...

Deux sortes de fonctionnaires

Le second ouvrage de M. Tiano étudie l'évolution des traitements des fonctionnaires depuis 1930. Il démontre à la fois la variété des méthodes de pression syndicale – sur les directions d'administrations, le Parlement, le gouvernement, l'opinion publique – et l'efficacité diverse des moyens employés. Ce qui l'amène finalement à distinguer, dans le groupe général des fonctionnaires, deux catégories salariales fondamentalement différentes : celle des fonctionnaires subalternes (fréquemment syndiqués, recourant le cas échéant à la grève) et celle des fonctionnaires supérieurs, dont les augmentations de revenu dépendent plus de leurs relations personnelles, voire de leur « pantouflage »[1] dans une industrie nationale ou privée.

Retenons trois enseignements de cet ouvrage :

1. *L'extraordinaire développement des « indemnités propres »* qui ont transformé la grille indiciaire de 1945 (tous les fonctionnaires étaient intégrés dans une pyramide hiérarchique allant de 1 à 8) en véritable leurre. Rien n'empêchant d'inventer une charge particulière pour accorder une indemnité spéciale à tel groupe de fonctionnaires que l'on veut augmenter sans toucher aux autres traitements, plusieurs milliers d'« indemnités propres » ont vu le jour en quelques années : pour le rendement, pour les heures supplémentaires, pour les services rendus à d'autres qu'à l'État, pour des déplacements, des responsabilités particulières, pour risque, pour frais de représentation, pour usure de chaussures, veille de nuit, initiative, intempéries, etc. Ces indemnités, qui varient de 3 à 96 % du traitement, et d'un service à l'autre, modifient sensiblement la hiérarchie des traitements effectifs et divisent, évidemment, le mouvement syndical.

Le niveau de vie des fonctionnaires n'a pas changé depuis 1938

2. *L'éventail hiérarchique s'est resserré :* il a diminué du tiers en quarante-cinq ans (1 à 12,68 en mai dernier).

1. Comportement d'une personne qui mène une vie professionnelle sans ambitions, sans idéal et sans histoire, toujours d'accord avec ses supérieurs.

3. *Le pouvoir d'achat des fonctionnaires* est dans l'ensemble actuellement voisin de celui de 1938. Les périodes où les traitements ont augmenté plus vite que les prix (à la libération et de 1951 à 1956) ont en effet à peine compensé le retard pris à la veille de la guerre et pendant l'inflation d'après-guerre. Actuellement, tous les fonctionnaires (à l'exception de quelques petits groupes sauvés par de très fortes indemnités propres) ont un niveau de vie inférieur à celui de 1936.

GILBERT MATHIEU

7-8 septembre 1958

E2 Le dépôt dans une caisse d'épargne

A la question posée récemment par des enquêteurs de l'I.N.S.E.E. (Institut national de la statistique et des études économiques) : « Que conseilleriez-vous à un ami qui aurait 2 000 NF à placer? », 46 % des personnes interrogées ont répondu : « Le dépôt dans une caisse d'épargne. »

Cette faveur dont jouissent les caisses d'épargne s'explique fort aisément. Pour le plus grand nombre de Français, « placer de l'argent » signifie garnir un « livret » générateur d'intérêts et symbole de sécurité.

Bien qu'une tradition aussi vieille que la Saint-Charlemagne [1] ait associé intimement les distributions de prix scolaires et les fêtes du premier âge avec l'ouverture en grande pompe d'un livret de caisse d'épargne, celui-ci est loin d'être le privilège de l'enfance, et les chiffres prouveraient d'ailleurs que l'on n'abandonne pas son livret en renonçant aux culottes courtes.

Trois Français sur cinq possèdent un livret

Aujourd'hui, c'est en effet la « population active » – dont l'âge oscille entre vingt et un et soixante ans – qui constitue la clientèle de base des caisses d'épargne (plus de 60 % des comptes). Les jeunes épargnants sont certes nombreux, mais ils ne représentent cependant que 22 % de l'effectif global des déposants. Le nombre total des titulaires d'un livret de caisse d'épargne – vingt-six millions, soit trois Français sur cinq – excède en outre de très loin celui des jeunes classes en dépit des progrès de la natalité.

Sur ces vingt-six millions d'épargnants plus de la moitié (quatorze millions, selon les dernières statistiques) possèdent des dépôts dans les caisses d'épargne et de prévoyance, dont les cinq cent quatre-vingt-une caisses centrales – la plus importante étant la caisse d'épargne de Paris – sont autonomes et fonctionnent avec la garantie de l'État (au même titre que la caisse d'épargne postale, qui dépend des P. et T.). Au 1er janvier 1961, les dépôts dans ces caisses d'épargne privées, plus de cinq mille guichets, étaient de 1 740 milliards d'anciens francs, et le dépôt moyen par livret, qui s'élevait à 43 808 francs il y a six ans, avait presque triplé, puisqu'il atteint 119 462 francs aujourd'hui.

Les hommes plus nombreux que les femmes

S'il est au demeurant assez malaisé de brosser un « portrait-robot » du client des caisses d'épargne et de prévoyance, on peut tout au moins indiquer que les hommes y sont plus nombreux que les femmes. Un rapide classement par profession, effectué à la suite d'une enquête locale, permet de situer sommairement les épargnants, parmi lesquels les classes moyennes dominent : 23,39 % de fonctionnaires et d'employés, 31,60 % d'ouvriers de l'industrie. Les chefs d'industrie (3,74 %) et les professions libérales (2,1 %) ont moins recours aux caisses d'épargne.

Paradoxalement, alors que souvent on prête aux Parisiens une réputation de légèreté et d'insouciance, ceux-ci arrivent en tête de classement pour les dépôts moyens avec 1 678 NF, au deuxième rang après les habitants des Alpes-Maritimes, pour lesquels le dépôt moyen par livret atteint 1 879 NF.

Cent cinquante ans d'expérience

Fortes d'une expérience de cent cinquante ans, les caisses d'épargne et de prévoyance sont restées fidèles à leurs trois grands objectifs : favoriser la formation de l'épargne, en assurer la conservation en toute sécurité et en faire une réalité quotidienne.

Assurer à chacun les services d'un organisme destiné à lui faciliter la constitution de réserves en toute sécurité, rappeler que lorsqu'il y a dépense il peut y avoir économie, donner au plus grand nombre la possibilité d'acquérir des biens ou de gagner des libertés, tels sont les principes des caisses d'épargne et de prévoyance. Ils justifient la progression des dépôts des dernières années.

1. La Saint-Charlemagne était autrefois solennellement célébrée (28 janvier) dans les lycées et les collèges.

PREMIER BILAN DE LA CRISE SOCIALE

E3 Un test d'adaptation

Le journaliste peut heureusement manier plus aisément que le statisticien les hypothèses, les conditionnels et les points de suspension. Tentons un exercice prévisionnel en pointillé [1].

Sous l'effet de la douche, ce sont évidemment les conséquences dévastatrices de cette mutation brusque qui apparaissent les premières. « La nature ne fait pas de saut », et quand l'économie est contrainte, elle, d'en faire, le résultat n'est généralement pas très brillant.

Les risques d'une forte hausse du coût de la vie apparaissent au premier plan des préoccupations du jour. Sans doute n'est-il guère plus facile de mesurer aujourd'hui l'impact des augmentations de rémunérations consenties que d'apprécier la réduction de la production industrielle. Mais les expériences passées ne sont pas très encourageantes. Certains se réconfortent en citant l'exemple de la Hollande, qui a absorbé une hausse de salaires de 18 % en 1963 sans trop de « casse ». Mais elle partait de beaucoup plus bas que nous. L'« inflation des coûts » sera normalement plus importante que l'« inflation de la demande », car l'appareil productif français ne travaillait pas à plein rendement avant la crise. De même, les contraintes de la concurrence et les progrès de la productivité devraient conduire l'industrie française en général à « encaisser » [2] mieux qu'auparavant les surcroîts de charges sur certains postes de son prix de revient. Mais l'inflation est pour une bonne part gonflée, on le sait, par des réactions psychologiques. De quelle ampleur seront celles-ci? Tout dépend de la détermination du gouvernement et de ses premiers actes.

Plus inquiétant encore est le chapitre de l'emploi. Il n'est peut-être pas conforme aux canevas d'école que le chômage s'accroisse sur un fond de décor inflationniste, mais c'est pourtant la triste perspective qui nous est offerte. Quatre phénomènes concomitants vont en effet se dérouler dans les semaines à venir :

1) De nombreuses petites et moyennes entreprises vont devoir fermer leurs portes faute de pouvoir supporter la forte hausse des bas salaires qui a été accordée lors des entretiens de Grenelle [3]. Sans doute, ce processus était-il déjà bien avancé et le nombre des vrais « smigards » [4] se réduisait-il de plus en plus, mais le coup d'accélération donné causera des traumatismes sociaux plus graves dans certaines régions de province à « mono-industrie »;

2) L'exode rural sera encouragé un peu plus du fait de la hausse du S.M.A.G., qui conduira certains exploitants agricoles à réduire leur main-d'œuvre salariée;

3) La vague des jeunes arrivant sur le marché du travail est toujours aussi importante, correspondant aux fortes années de natalité d'après-guerre;

4) Le coût plus élevé de la main-d'œuvre poussera les entreprises à de nouveaux efforts de productivité, bénéfique sur le plan de la compétition internationale mais non sur celui de l'emploi.

Enfin, nous entrons dans une nouvelle ère de revendications, celle des chefs d'entreprises, qui, par leurs intermédiaires habituels, se retournent vers l'État pour demander de l'aide, craignant que les investissements ne soient laminés avec les marges bénéficiaires entre la hausse des salaires et l'aggravation de la concurrence le 1er juillet prochain, à l'heure où les dernières barrières tomberont entre les Six et où le tarif extérieur commun définitif sera mis en place.

Il reste des atouts

Le pire n'est pas toujours sûr, et il convient de considérer les éléments qui pourraient atténuer les dommages causés à l'économie française par la crise sociale de quatre semaines que nous venons d'affronter.

Les mesures prises par la rue de Rivoli [5] pour parer au plus pressé et éviter des chapelets de faillites (délais de paiements pour certains impôts, prêts spéciaux pour les P.M.E.) n'auront évidemment que des effets limités. C'est sur une vigoureuse expansion seulement que l'on peut compter maintenant pour sortir le char de l'économie française de son ornière. Elle semble promise par cette brusque alimentation de la demande intérieure qui proviendra notamment de l'amélioration des bas salaires, des allocations familiales et des pensions aux personnes âgées. Il faut ajouter également que la conjoncture internationale n'est pas mauvaise en ce moment en Europe, que notre principal client, l'Allemagne, est de nouveau dans une phase d'expansion et que du même coup nos possibilités de vente s'élargissent. A condition, bien sûr, que nos prix ne s'envolent pas...

Toute la stratégie du gouvernement consistera donc à « accompagner » la reprise en réduisant du mieux qu'il pourra les nouveaux germes inflationnistes introduits dans l'organisme économique. Il n'est pas dépourvu

1. « Pointillé » : trait fait de points, esquisse; autrement dit : « esquissons un exercice... ».
2. « Encaisser » (terme de boxe) : supporter, absorber, amortir les coups, les effets d'un coup.
3. Voir P22 « De mai 36 à mai 68 ».
4. Travailleurs percevant le S.M.I.G. (voir Table des sigles).
5. Siège du ministère des Finances.

d'atouts dans cette lutte. Avant de démarrage de la crise, les stocks de l'industrie française étaient importants. Ils permettront d'amortir le premier choc. Surtout deux sortes de réserves sont particulièrement précieuses aujourd'hui :

1) Les réserves de change, qui étaient de 5 720 millions de dollars le 31 mai dernier et qui permettront de « voir venir » [6] pendant de longs mois, c'est-à-dire de supporter les déficits du commerce extérieur qui seront causés par le surplus d'importations nécessaires pour répondre très vite à la demande nouvelle;

2) Les réserves d'hommes, permettant de moduler beaucoup plus facilement la production que dans les périodes de plein emploi, voire de sur-emploi que nous avons connues.

Il est difficile de dire si la dévaluation du franc pourra ou non être évitée au bout de la route nouvelle ouverte par la crise de mai. Il est sûr que jeter le manche après la cognée [7] aujourd'hui serait grave. Car il ne suffit pas, pour « effacer l'ardoise » [8], de décider une dévaluation. Il faut la réussir. L'expérience prouve qu'elle n'a des chances de faire repartir un pays du bon pied que si elle intervient à un moment où les affaires s'essoufflent. La conjoncture n'est pas telle. C'est l'inflation qui guette.

Nous avons encore le nez sur l'événement et ce n'est pas une position très confortable pour bien juger. Les performances de 1968 ne seront pas celles qu'escomptait M. Michel Debré [9], et on peut le déplorer. L'économie française devra faire la preuve de sa souplesse d'adaptation. Jamais un test pareil ne lui avait été proposé. Tout a un prix. S'il faut payer d'un accroc, même large, au Ve Plan une amélioration des rapports sociaux, une meilleure intégration des travailleurs dans l'entreprise par une diffusion plus large des responsabilités et une nouvelle raison de vivre de la jeunesse, sera-ce trop cher?

PIERRE DROUIN

18 juin 1968

6. Avoir du temps devant soi, ne pas être pressé par les circonstances.
8. Tout abandonner par découragement.
8. Effacer la dette, éliminer le passif (quand un client a un compte ouvert chez un commerçant, celui-ci marque au jour le jour les sommes qui lui sont dues sur une « ardoise »).

9. Né en 1912, homme politique, plusieurs fois ministre du général de Gaulle; premier ministre de 1959 à 1962, ministre des Finances (1966-68), des Affaires étrangères (1968-69).

E4 De 1950 à 1969, l'achat des terres agricoles est resté l'une des meilleures formes de placement

L'épargnant qui a acheté des terres agricoles en 1950 a fait un aussi bon placement que s'il avait acquis des actions et une bien meilleure affaire en tout cas que s'il avait pris des obligations ou de l'or. De 1950 à 1969, le prix des terres, en francs constants, a été multiplié par 2,6. C'est en Champagne (multiplication des terres cultivées) et dans la région parisienne (urbanisation) qu'il a le plus progressé. Un hectare coûte maintenant trois fois et demi plus cher dans l'Essonne que dans le Limousin, et les terres labourables valent plus que les prairies, pour la première fois depuis fort longtemps.

Telles sont les principales conclusions de l'enquête publiée par les services de statistiques du ministère de l'Agriculture.

En 1950, le prix moyen d'un hectare était de 1 100 F; il s'est élevé, en 1969, à 7 500 F, soit une progression de 580 % en francs courants et de 160 % en francs constants, ce qui donne un taux d'augmentation annuel – en francs constants – de 5,1 %.

La hausse s'est faite par paliers. Plus préoccupante apparaît, en revanche, l'évolution des prix dans les zones de montagne : ils ont diminué en valeur constante dans plusieurs parties des Hautes-Alpes, des Hautes-Pyrénées, des Cévennes, du Vercors, du Vivarais, du Beaufortin et des Vosges. Signe supplémentaire que ces montagnes abandonnées par les paysans risquent de devenir dans quelques années des déserts.

Actuellement, d'ailleurs, la France peut déjà être divisée en quatre grandes zones aux contours bien tranchés. L'hectare vaut plus de 10 000 F dans cinq régions : le Bassin parisien, qui arrive en tête avec 14 000 F; la Haute et Basse-Normandie; le Nord et la Picardie. Entre 8 500 F et 6 500 F, on trouve sept régions : Provence-Côte d'Azur, Champagne, Centre, Alsace, Pays de Loire, Rhône-Alpes et Bretagne. Viennent ensuite l'Aquitaine, la Lorraine, le Poitou-Charentes, la Franche-Comté, la Bourgogne et l'Auvergne, avec des prix allant de 5 000 F à 6 000 F. Trois régions forment le groupe de queue : Midi-Pyrénées, le Languedoc et le Limousin, enfin, où l'hectare ne vaut que 4 000 F.

Prime aux terres labourables

Ce classement souligne une fois encore l'extrême diversité de l'agriculture française et la situation particulière des zones de grande plaine. L'étude contient d'ailleurs un autre indice révélateur des avantages dont a joui en particulier la culture céréalière et betteravière dans les deux dernières décennies : la valeur des terres labourables a rattrapé, puis dépassé celle des prairies, preuve qu'il est devenu plus avantageux d'être propriétaire d'un champ de blé que d'une pâture. L'entrée en vigueur du Marché commun, parce qu'elle a encore accru les avantages de la grande culture, a été de pair avec une hausse soutenue du prix des terres labourables.

Cependant, les épargnants ont-ils bien fait lorsqu'ils ont placé de l'argent dans des terres? La personne qui, en 1950, avait acheté une terre pour 100 F s'est retrouvée en 1968 en possession d'un capital représentant un pouvoir d'achat de 280 F. Si elle avait acquis des obligations, elle aurait 180 F, et de l'or, seulement 57 F. En revanche, à première vue, l'achat d'actions lui aurait rapporté davantage : 430 F.

Mais cette analyse se doit d'être corrigée : dans le calcul sur les valeur mobilières, on a considéré que le capital initial et *les intérêts* étaient réinvestis chaque année, tandis qu'on n'a pas tenu compte du fermage d'environ 2 % laissé par la location de la terre et des différences de régimes fiscaux. Compte tenu de ces deux éléments, le placement en terres agricoles paraît avoir été, *grosso modo,* aussi avantageux que l'acquisition de valeurs mobilières.

PIERRE-MARIE DOUTRELANT

17 août 1971

E5 L'emprunt d'État sera-t-il déflationniste?

L'imagerie d'Épinal [1] *veut que les choses soient claires en ce domaine : l'État, lorsque la monnaie est trop abondante, invite les particuliers et les entreprises à lui prêter une partie de leurs disponibilités; il éponge d'autant les liquidités et, s'il a bien calculé le montant à prélever, jugule ainsi la pression inflationniste d'origine monétaire. N'est-ce pas d'ailleurs ainsi qu'ont fait successivement le gouvernement provisoire* [2] *en 1944, M. Pinay* [3] *en 1952 et 1958, M. Ramadier* [4] *en 1956?...*

Le malheur, pour ce genre d'explication, est que les faits ont eux-mêmes démontré son insuffisance. L'inflation a continué après 1944 comme au second semestre de 1958 et si elle a faibli après 1952 et – temporairement – à l'automne 1956, c'est pour des raisons qui ne tenaient pas, loin de là, aux seuls emprunts d'État. Au moment où le gouvernement s'apprête à lancer une nouvelle grande émission publique (5 milliards à un taux voisin de 6,50 %); il convient de s'interroger sur les conditions de réussite d'une telle opération.

Dans quel cas un emprunt d'État a-t-il réellement un rôle anti-inflationniste? La réponse peut être cherchée dans les précédents.

Il ne faut d'abord pas attacher une importance exagérée au montant de l'emprunt. Car celui-ci peut très bien correspondre, pour une large part, à une opération trompe-l'œil : en 1952, par exemple, la majorité de l'« emprunt Pinay » (233 milliards de francs de l'époque sur 430 milliards) a consisté en un simple changement d'étiquette de rente d'État détenue par le public et les banques : les privilèges fiscaux et l'indexation sur l'or accordés par M. Pinay ont conduit les « épargnants » à transformer en nouvelle rente 3 1/2 % les anciennes rentes d'État moins avantageuses qu'ils possédaient. La masse monétaire n'en a pas diminué d'un sou et le trésor public y a plutôt perdu, qui a dû faire face par la suite à des concessions plus coûteuses pour lui.

Le même phénomène s'étant reproduit, à moins grande échelle, en 1956 (31 milliards de rente échangés sur un total de 325 milliards d'emprunt à l'époque), le gouvernement en a tiré des conséquences cinq ans plus tard. Lors de l'emprunt d'État de mai 1963 (1 milliard de francs nouveaux empruntés à 4,25 %), la souscription sous forme de titres de rente a été interdite. On ignore actuellement si ce sera également le cas pour la prochaine émission en janvier.

Mais le fait qu'il doive être indexé sur l'unité de compte européenne crée un lien entre cette émission nouvelle et les deux emprunts Pinay, lien qui donne à penser qu'une certaine conversion du 3 1/2 1952-1958 en emprunt 1973 n'est pas impossible.

Cela pourrait être utile, moralement parlant, en fournissant l'occasion de mettre fin aux privilèges fiscaux tout à fait exorbitants de la rente Pinay, qui ont d'ailleurs soulevé, il y a un an, de graves discussions au Parlement. Mais, sur le plan de la lutte anti-inflationniste, l'opération serait de nul effet.

L'émission d'un emprunt d'État peut donner lieu à un second type de transfert de fonds, sans effet non plus contre l'inflation. Si le public puise sur ses dépôts durables d'épargne (en banque ou dans les caisses d'épargne) pour profiter de ce que l'État lui offre un intérêt supérieur à celui des banquiers – ou des caisses – l'affaire est blanche en ce qui concerne la masse monétaire. Là aussi, les précédents incitent à la circonspection; en 1956, par exemple, on a vu les dépôts d'épargne, dans les caisses et dans les banques, stagner en septembre et octobre (période de l'emprunt), alors qu'ils avaient augmenté à la même époque de l'année précédente, de 35 milliards de francs.

Finalement, on le voit, il n'est guère possible d'apprécier l'effet anti-inflationniste d'un emprunt indépendamment de son contexte. Les caractéristiques de l'émission jouent en l'affaire un rôle non négligeable : mais aussi le genre de politique du crédit, de politique fiscale et de politique monétaire qui sont suivies simultanément.

Il en est en effet des plans économiques comme des fusées : plus on les complique, plus les risques de panne se multiplient.

GILBERT MATHIEU

11 décembre 1972

1. La petite ville d'Épinal dans les Vosges, est célèbre (surtout depuis le XVIIIe siècle) pour sa production d'images populaires aux couleurs vives. Par extension, une « image d'Épinal » désigne un préjugé, une idée toute faite, une image simpliste de la réalité.
2. Du 10.9.1944 au 27.1.1946 le gouvernement provisoire était présidé par le général de Gaulle.
3. Homme politique né en 1891; président du conseil en 1952; ministre des Finances de 1958 à 1960.
4. Ministre des Finances du 14.2.1956 au 13.6.1957.

E6 Les revers de l'avion supersonique franco-anglais

L'affaire Concorde [1] rappelle, par certains aspects, l'affaire Caravelle [2] : pour être plus exact, elle prend une tournure qui autorise à se demander si les industriels français et les services officiels qui les contrôlent ont tiré ou non les leçons du précédent Caravelle.

A l'époque, la construction aéronautique française avait fait figure de pionnier en offrant un moyen-courrier à réaction, avec ses deux moteurs à l'arrière, sans équivalent à l'étranger. L'exploit technique n'était pas passé inaperçu, même si le marché américain, déjà, avait répondu avec avarice : vingt Caravelle vendues aux État-Unis sur un total qui a atteint deux cent quatre-vingts appareils. Il eût fallu, à l'époque, poursuivre très vite cet avantage et préparer progressivement de nouvelles versions pour conserver des clients dont les besoins évoluaient.

Pour ne l'avoir pas fait, l'industrie française a laissé passer sa chance. L'opération Caravelle a été « blanche », c'est-à-dire qu'elle a frôlé l'équilibre financier sans tout à fait y arriver. Ce sont les Américains qui ont offert cette super-Caravelle – ou cette hyper-Caravelle, comme on voudra l'appeler, – et qui l'ont baptisée Douglas DC-9 par exemple, puis Bœing-727 (mille deux cents exemplaires commandés) et, bien après, la série des moyen-courriers de grande capacité aujourd'hui en service. Certes, la construction d'un Airbus [3] européen ou celle d'un avion Mercure [4], moins ambitieux, a commencé, avec une large participation de la France, mais les deux programmes ont un retard considérable sur leurs concurrents américains. Une bonne partie des marchés, entre-temps, a été « écrémée » [5] par les industriels d'outre-Atlantique, et la France, pour n'avoir pas mieux poussé les avantages que la construction de Caravelle lui avait conférés au début, a du mal à écouler sa nouvelle production.

Avec Concorde, les industriels français ont fait aussi œuvre de pionniers, et même les compagnies qui renoncent au supersonique le reconnaissent. Mais, comme pour Caravelle, ils sont partis trop tôt et ils ont vu un peu juste ou, tout au moins, leurs moyens techniques et financiers limités les ont contraints à concevoir un appareil qui pèche par l'insuffisance de ses performances et – sans que ce soit paradoxal – par le coût excessif de son exploitation. Bref, le produit mis sur le marché ne correspond pas vraiment aux besoins. Et ceux qui se dédisent espèrent sans doute qu'il sera toujours temps de rattraper l'appareil... au vol, une fois les preuves apportées que Concorde n'est ni raté ni dispendieux.

Et si, entre-temps ou peu après, apparaît un Concorde amélioré, voire un Super-Concorde, ce sera autant de gagné pour la compagnie aérienne qui aura refusé la première version. Et, comme dans le cas de Super-Caravelle, ce sont les États-Unis qui ont le plus de chances de concevoir un jour un supersonique dit de deuxième génération, qui viendra à son heure, tandis que la France et la Grande-Bretagne hésiteront, sans doute faute d'argent, à se lancer dans une telle entreprise. Pour avoir été des pionniers avec un matériel qui aura vite atteint ses limites, les deux pays s'inclineront devant plus fort et plus patient qu'eux. Dans l'immédiat, ce sont les chaînes de fabrication du Concorde qui seront le plus touchées, avec inévitablement les activités de sous-traitance qui s'y attachent, mais, à plus long terme et si l'aviation supersonique reste le beau rêve qu'elle est encore, ce sera l'ensemble de l'industrie aéronautique française qui ira à la dérive : un capital fantastique de matière grise et de compétences. Cent mille vies d'hommes qui n'ont pas été consultés le jour où il a été décidé de leur sort et qui, aujourd'hui, ont le droit d'être inquiets.

Mais la construction aéronautique française n'est pas menacée seulement en raison de sa rivalité constante avec une industrie américaine qui sait doser ses efforts technologiques et être agressive sur un plan commercial. La crise provient aussi du fait que des retards se sont accumulés au fil des années dans l'exécution de chacun des trois programmes majeurs en cours : Concorde, Airbus et Mercure. Au point que ces trois avions vont arriver sur le marché à peu près à la même date, à partir de 1974, à la grande inquiétude des compagnies aériennes, qui ne peuvent en supporter davantage. Les déficits sont plus fréquents que les profits. Le trafic aérien n'augmente pas autant qu'on le prévoyait. La guerre des tarifs épuise les compagnies. C'est le moment où les constructeurs font assaut de séduction et offrent une gamme excessive de matériels à des clients qui souhaiteraient faire une pause. L'apparition de Concorde, dans ces conditions, est considérée comme une erreur de stratégie industrielle.

L'industrie aéronautique française s'est jetée dans la bataille commerciale, pour éviter de trop asseoir sa prospérité sur des marchés militaires de plus en plus aléatones.

1. Long-courrier supersonique de construction franco-britannique, mis en chantier à partir de 1962 (premier vol expérimental : 1969); pouvant transporter environ 130 passagers, il met moins de 3 h 30 pour effectuer le vol Paris-New York.
2. Moyen-courrier français à deux turboréacteurs; premier vol : 1959.
3. Moyen-courrier de construction franco-allemande, entré en service en 1970.
4. Moyen-courrier français (Dassault) mis en service en 1973.
5. « Ecrémer » : prendre le meilleur (la « crème »), épuiser.

Néanmoins, ces marchés militaires ont fait vivre et prospérer l'industrie aéronautique, et il n'est pas douteux qu'ils continuent – quoi qu'en disent les syndicats – d'assurer pour quelques années encore la majeure partie de ses ressources. Il est non moins évident que cette activité est condamnée à décliner. D'autant qu'en multipliant les embargos et en retardant, comme elle le fait, sa décision de donner un successeur à un Mirage [6] qui arrive à bout de souffle face à une concurrence accrue et renouvelée, la France ne peut pas éternellement conserver une clientèle militaire, tant sollicitée par d'autres fournisseurs.

Le résultat, c'est qu'aujourd'hui l'industrie aéronautique ne dispose pas de débouchés aussi sûrs qu'autrefois. Le marché militaire perd progressivement de son importance alors même que la clientèle civile se fait encore espérer. Les deux ou trois années qui viennent seront cruciales et l'inquiétude qui saisit les travailleurs de l'aéronautique justifiée. Ces années de transition marquent le tournant civil d'un secteur économique, particulièrement fragile, qui n'a pas encore réussi à trouver son point d'équilibre. Un cap difficile doit être franchi. Ce n'est pas une simple formule, mais une constatation réelle : l'industrie aéronautique en France et, d'abord, les plus grosses sociétés sont à la croisée des chemins. Il n'est jamais agréable – encore moins prudent – de stationner trop longtemps dans un carrefour. Telle est pourtant la situation des entreprises françaises qui pourront peut-être renouer avec la réussite et connaître, après 1975, les succès que leur dynamisme leur a permis d'obtenir dans le passé.

JACQUES ISNARD

5 février 1973

6. Voir P 41 note 2.

E7-8 Le commerce extérieur de la France

La France a connu en 1972 un taux de croissance du P.N.B. de 5,6 %, l'un des plus élevés d'Europe cependant que le commerce extérieur se développait à un rythme particulièrement rapide et que la hausse des prix intérieure se maintenait à un niveau (+ 6,9 %) comparable à celui de ses principaux partenaires. Les exportations F.O.B., facilitées par la compétitivité des prix et la reprise de l'économie internationale, ont atteint 133,5 milliards de francs, soit une progression en valeur de 15,7 % (contre 14,9 % en 1971).

Les importations F.O.B. (127,5 % milliards de francs) se sont accrues de 16,1 % en valeur (+ 14,1 % en volume), sous la double influence du haut niveau de la consommation et du plein emploi des capacités dans plusieurs secteurs de la production. L'excédent de la balance commerciale a ainsi été porté de 4 392 millions de francs en 1971 à 5 578 millions de francs cette année. Le taux de couverture (10,5 %) est resté inchangé.

Mesuré en volume, le développement des ventes a atteint 14,2 % (contre 8,3 % en 1971), la hausse des prix à l'exportation étant restée limitée cette année. Les objectifs du Ve Plan ont ainsi été dépassés et contrairement à l'évolution observée dans de nombreux pays, l'expansion des exportations a exercé un effet décisif sur la croissance économique. Cette tendance, qui se poursuit depuis 1969, s'est traduite par un progrès des exportations de 70 % en quatre ans, comparé à un développement de la production de 25 % environ. La part des ventes dans le produit intérieur brut s'est élevée à 15,3 % cette année, contre 14,6 % en 1971 et 12,4 % en 1969.

Simultanément, l'implantation des entreprises françaises à l'étranger, très limitée au cours de la dernière décennie, s'est sensiblement renforcée. Les investissements directs à l'étranger autorisés, qui se sont élevés à 3,5 milliards de francs en 1971, ont continué à progresser en 1972 atteignant ainsi un niveau double de celui de 1968. Ils représentent environ 3 % du volume des exportations (contre 2 % en 1970), soit une proportion supérieure à celle de l'Allemagne fédérale (2 %) et du Japon (1,9 %), mais encore très inférieure à celle du Royaume-Uni (6,3 %) et des États-Unis (9,4 %).

Les investissements directs se dirigent pour 48 % vers l'Europe (dont 30 % vers les pays de la C.E.E.), et 10 % environ vers les États-Unis. Dans le reste du monde, 60 à 80 % des montants investis intéressent l'industrie pétrolière qui constitue encore plus de 45 % du total.

Structure par produits

Les livraisons de produits agricoles et de biens de consommation ont, cette année encore, connu la croissance la plus rapide.

Les premières, en hausse de 20,8 %, représentent 18,5 % des ventes globales (contre 17,7 % en 1971). Elles laissent un excédent de 5 173 millions de francs, qui correspond à un taux de couverture de 127 % contre 119 % en 1971.

Les progrès, dus en partie seulement à des hausses de prix, concernent tous les produits, sauf les laits et dérivés. L'augmentation des achats de viandes et volailles (+ 25,9 %), liée à la baisse de la production bovine, est plus que compensée par celle des ventes (+ 32,7 %) réduisant ainsi le déficit traditionnel de ce poste (taux de couverture de 65 % contre 61 %). Ainsi, le développement des ventes françaises de produits agricoles a-t-il été, au cours de ces dernières années, supérieur de 50 % en volume à celui du commerce mondial dans ce secteur. Cette évolution résulte principalement de la politique agricole commune qui a fortement accru nos livraisons à l'Europe des Six. Celle-ci absorbe désormais près des deux tiers de ces exportations.

L'importance des produits manufacturés finis dans les ventes (51 %) n'a pas varié en 1972. Les biens de consommation en constituent désormais plus de la moitié (26,4 % du total).

L'industrie automobile a consolidé cette année les succès précédemment obtenus sur les marchés extérieurs. La France, qui exporte 55 % de sa production, vient au troisième rang des exportateurs mondiaux après l'Allemagne fédérale et le Canada. Sur le marché intérieur, le taux de pénétration des marques étrangères reste pratiquement inchangé (20,7 %) cependant que la balance commerciale demeure fortement positive (taux de couverture 196 %).

Dans l'industrie des textiles et du cuir, les importations (+ 30,3 %) progressent plus vite que les exportations (+ 19,3 %) abaissant ainsi le taux de couverture de 146 % à 142 %.

Les échanges de biens d'équipement, en revanche, se sont sensiblement contractés. Les ventes dont le rythme de croissance (+ 11,7 %) est inférieur à la moyenne ne représentent plus que 24,5 % de l'ensemble (contre 25,3 % précédemment), en même temps que le taux de couverture tombe de 101 à 97 %. Cette évolution, qui correspond en partie à la stagnation de la demande mondiale d'investissements, contraste toutefois avec celle qu'ont enregistrée certains grands pays industriels. Alors que la part des produits mécaniques et électriques (automobiles exclues) dans les exportations globales s'est réduite en France (24,5 %), elle s'est maintenue au Royaume-Uni (34,8 %) et a même progressé au Japon (de 35,1 % à 36,5 %) et en Allemagne fédérale (de 36,4 % à 37,3 %). Dans le secteur des demi-produits, l'excédent de la balance commerciale a diminué (taux de couverture 109 % contre 114 %). La détérioration a été marquée pour les produits sidérurgiques malgré la reprise des ventes (+ 6,2 % contre – 0,7 %). La balance commerciale de l'industrie chimique s'est en revanche légèrement améliorée.

Répartition par zones géographiques

Sur le plan géographique, la concentration du commerce extérieur s'est encore accrue cette année. Les exportations se dirigent à concurrence de 49,5 % vers l'Europe des Six. Ce taux passe à 56 % (contre 54,7 % en 1971) pour les ventes vers la Communauté élargie.

L'essor des livraisons à l'Italie (+ 21,6 %), à l'U.E.B.L. (+ 18,3 %) et au Royaume-Uni (+ 38,5 %) explique cette évolution. Vers l'Allemagne fédérale, en effet, la croissance des exportations s'est légèrement ralentie (+ 14,3 %).

Avec les six pays de la C.E.E. les ventes, en hausse de 16,4 %, couvrent les achats (+ 15,9 %) à hauteur de 96 % (contre 95 % précédemment), cependant que, pour la première fois cette année, un excédent (taux de couverture de 102 %) apparaît dans le commerce avec le Royaume-Uni.

Celui-ci, qui absorbe 5,5 % des ventes françaises, devient, en 1972, le quatrième client de la France, derrière l'Allemagne fédérale (21,1 %), l'Italie (11,5 %) et l'U.E.B.L. (11,4 %).

D'une manière générale, nos ventes aux principaux pays développés ont progressé en 1972 plus rapidement que l'ensemble de leurs importations. Ce développement a été favorisé, en particulier, par le renforcement de nos réseaux commerciaux au cours des dernières années. Les parts de la France se sont ainsi accrues sur la plupart des marchés, sauf aux États-Unis et en Espagne.

Vers les autres pays européens, qui représentent 12,7 % des exportations, l'avance est générale, notamment vers la Suisse (+ 23,6 %), la Suède (+ 29,9 %), l'Autriche (+ 25,3 %), la Grèce (+ 25 %) et l'Espagne (17,3 %).

Sur les marchés industriels hors d'Europe (8,8 % des exportations), les progrès sont plus limités, sauf au Japon (+ 34,8 %). Les ventes augmentent de 8,8 % au Canada, de 14,6 % aux États-Unis. Vis-à-vis de ce dernier pays (5,4 % du total), la balance commerciale reste déficitaire (64 %), malgré une nette amélioration. La présence de la France demeure également insuffisante en Australie (+ 11,4 %), en Israël (+ 9 %) et en Afrique du Sud (– 7,4 %).

Les relations commerciales avec les pays socialistes (4,3 % des ventes globales) ont continué à se développer cette année, en particulier avec l'U.R.S.S. (+ 21,1 %), la République démocratique allemande (+ 32,9 %) et la Pologne (+ 64 %). Les livraisons augmentent à un rythme modéré vers la Yougoslavie (+ 13,1 %) et la Roumanie (+ 10,5 %), tandis qu'elles régressent vers la Tchécoslovaquie (– 7,7 %). La République populaire de Chine reste un partenaire de faible importance (0,2 % du total).

La zone franc et l'Afrique du Nord ne comptent plus que pour 9 % du commerce global, du fait de la baisse des échanges avec l'Algérie. Le taux de couverture fléchit de 151 à 137 %.

Avec les autres pays en voie de développement, qui constituent des marchés très étroits (9,2 % des ventes), les progrès sont très inégaux. Ceux-ci sont particulièrement vifs vers le Brésil (+ 25,8 %), notre premier client en Amérique latine, l'Inde (+ 48,5 %), l'Iran (+ 21,8 %), l'Irak (+ 43,5 %) et l'Arabie Saoudite (+ 25,7 %). Les ventes régressent en revanche à destination du Venezuela (– 3,9 %), du Mexique (– 21,3 %) et du Zaïre (– 11,5 %).

Le cadre des échanges

Le développement de la Communauté économique européenne et l'évolution de la « zone franc » ont modifié, cette année encore, le cadre de nos échanges. Le 22 janvier 1972, était signé le traité de Bruxelles, par lequel la Grande-Bretagne, le Danemark, la République d'Irlande et la Norvège marquaient leur volonté d'adhérer à la Communauté économique européenne. Après un référendum, la Norvège devait ultérieurement renoncer à cet accord. Les 19 et 20 octobre, se tenait à Paris la première conférence au sommet de la Communauté élargie qui réunissait les chefs d'État ou de gouvernement des neuf États membres ou adhérents.

L'entrée dans la Communauté de trois nouveaux États ne peut manquer d'accentuer le caractère multilatéral de nos relations avec les pays étrangers. En 1972, déjà, la Communauté a mis en place des mécanismes et des procédures intérimaires, qui ont permis d'associer les trois futurs adhérents à son activité et de préparer leur intégration.

A la conférence de Paris, dont les travaux peuvent être groupés en trois chapitres principaux : les relations extérieures de la Communauté et ses responsabilités dans le monde, le renforcement des institutions, la politique économique et monétaire, les États partisans ont particulièrement réaffirmé leur volonté de réaliser l'union économique et monétaire. Le processus déjà engagé devra être achevé, au plus tard, le 31 décembre 1980; le passage à la deuxième étape, prévu pour le 1er janvier 1974, sera préparé au cours de l'année 1973.

Les relations encore bilatérales que nous entretenons avec les pays de l'Est ont donné lieu à la signature de protocoles pour l'application des accords à long terme conclus antérieurement. Des conventions de cette sorte, valables pour 1973, ont été signées avec la Bulgarie, la Hongrie, la Pologne, la République démocratique d'Allemagne, la Roumanie, la Tchécoslovaquie et l'U.R.S.S.

Des engagements bilatéraux ont également été pris avec des États qui n'ont avec la Communauté que des accords de portée encore limitée, tels que : Argentine, Autriche, Espagne, Iran, Islande, Israël, Japon, Mexique, Norvège, Portugal, Suède, Suisse, Turquie, Yougoslavie.

Par ailleurs, les relations privilégiées qui nous lient aux pays francophones d'Afrique et à Madagascar ont été partiellement réexaminées.

A la demande des États d'Afrique centrale (Tchad, Cameroun, Gabon, République centrafricaine, Congo), une convention signée à Brazzaville a modifié les bases de la coopération monétaire et prévu la mise en place d'une nouvelle banque d'émission, la Banque des États de l'Afrique centrale, dont le caractère multinational et africain est affirmé.

D'autres États : Madagascar, le Dahomey, le Niger, le Togo et la Mauritanie ont demandé, sous des formes diverses, la révision des accords de coopération.

3 mars 1973

Voici, à titre de comparaison, les résultats de 1975 :

La France a importé 10 % de moins en 1975

IMPORTATIONS (C.A.F.) — PAR PRODUIT — EXPORTATIONS (F.O.B.)

Importations : variation	1975	1974	PAR PRODUIT	1975	1974	Exportations : variation
+ 9,6 %	13,6 %	11,1 %	PRODUITS AGRICOLES ET ALIMENTAIRES	16,2 %	18 %	– 7,8 %
– 7,8 %	22,7 %	22,1 %	ÉNERGIE	2,6 %	2,6 %	+ 0,9 %
– 29,3 %	4,7 %	5,9 %	MATIÈRES PREMIÈRES ET PRODUITS BRUTS	2,6 %	3,6 %	– 26,2 %
– 18 %	32 %	35,1 %	DEMI-PRODUITS	38,4 %	42 %	– 6,6 %
– 9,7 %	15,9 %	15,8 %	BIENS D'ÉQUIPEMENT	24 %	18,6 %	+ 31,9 %
– 10,6 %	9 %	9,1 %	BIENS DE CONSOMMATION	16,1 %	14,9 %	+ 10,4 %

TOTAL : – 10,2 % — TOTAL : + 2,2 %

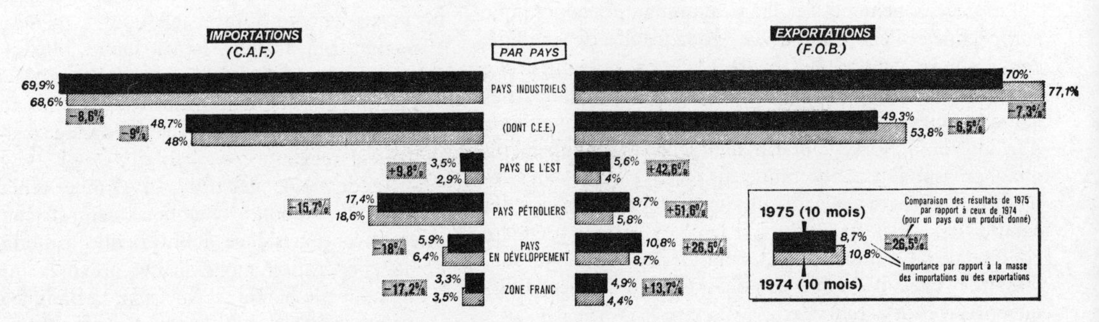

Structure du commerce extérieur français en % du total.

DANS LE DOMAINE DE L'ÉLARGISSEMENT DES TACHES

E9 Renault va plus loin que Fiat

Pour la première fois, une grande firme industrielle accepte de lever le voile du secret sur des expériences sur lesquelles il est encore difficile, par définition, de conclure. Les grèves qu'à plusieurs reprises des ouvriers de la Régie [1] ont déclenchées depuis 1969 sur les conditions de travail, et l'insistance avec laquelle certaines entreprises italiennes, hollandaises et suédoises parlent de leurs propres réformes, ne sont pas étrangères aux efforts que la direction accomplit dans ce domaine depuis deux ans et à la publicité qu'elle entend aujourd'hui leur donner.

Bien que certains essais d'amélioration du travail remontent parfois à 1951, c'est effectivement après 1969, c'est-à-dire après la grève du Mans [2] que la régie Renault « a commencé à s'intéresser plus méthodiquement » à cette question. Et c'est depuis 1972 que les spécialistes de ces problèmes, tels que M. Lucas et M. Tarrière, ont vu leur rôle et leur pouvoir s'accroître au sein de l'équipe dirigeante. Toujours en 1972, un groupe d'étude et de coordination s'est constitué entre des services trop souvent antagonistes ou ignorants l'un de l'autre : celui des méthodes et celui du personnel.

L'amélioration de la sécurité et du milieu environnant dans les ateliers, la suppression de certains postes pénibles, la lutte contre la parcellisation, la répétitivité et la monotonie du travail, consituent les trois principaux objectifs de cette nouvelle politique.

La sécurité n'est certes pas un objectif très nouveau, mais, comme l'ont précisé avec insistance les spécialistes de la Régie, elle demeure l'une des préoccupations prioritaires et essentielles. Des efforts importants ont été accomplis pour renouveler l'air dans les nouveaux bâtiments (trois fois par heure au minimum), pour multiplier les fenêtres dans les nouvelles usines, pour remplacer le fameux « sous-marin » où travaillent dans des conditions très difficiles les pistoleurs par des cabines de peinture vitrées et aérées, comme cela existe à Sandouville [3]. Des investissements supplémentaires de 30 % au coût d'installation de certaines presses ont permis de réduire quelque peu le bruit, et dans certains ateliers les endroits où existaient en 1962 des risques graves de surdité ont été aménagés et ne comportent plus de risques aussi importants.

Mais, dans certains cas, il s'avère quasi impossible d'améliorer les postes de travail les plus pénibles. La mécanisation est alors la seule solution.

Depuis peu, des systèmes automatiques dits d'électrophorèse et des robots ont été introduits à Sandouville et à Flins [4] pour remplacer les pistoleurs et les ponceurs : désormais la coque de voiture s'avance tout seule dans un tunnel, plonge dans des cuves de peinture, remonte, coulisse à nouveau dans d'autres tunnels où des bras automatiques pulvérisent de la peinture. Sur vingt et une cabines d'application des apprêts et des laques existant à la Régie, onze seront équipées de machines automatiques à la fin de 1973, les autres devant l'être progressivement d'ici à 1975. Mais l'automation « ne résout pas tous les problèmes », bien que celle-ci soit encore très réduite en raison du prix de ces installations : « Ce n'est pas la technologie qui est en retard – déclare M. Lucas – ce sont les capitaux qui ne sont pas suffisants. »

L'élargissement des tâches est alors la grande voie qui doit permettre d'accroître l'autonomie de l'O.S. et de rendre son travail moins monotone. L'une des expériences les plus intéressantes que mène actuellement la Régie est certainement celle du Mans. A l'atelier de montage des trains avant, trois cents ouvriers travaillent sur onze chaînes. Sur la ligne d'assemblage classique, l'O.S. accomplit deux ou trois opérations et les répète sans cesse toutes les trente secondes.

En 1969, ces robots à visage humain se sont révoltés et ont décidé de tourner en changeant de poste toutes les heures. Aujourd'hui, les deux tiers du personnel adoptent cette méthode. Mais de nouvelles expériences ont depuis été tentées. Sur une première chaîne, en 1972, celle des trains de R 5, sur une deuxième en juillet 1972, celle des R 15 et R 17, puis une troisième en mars 1973, celle des R 12 [5]. Au total, quatre-vingt-huit personnes appliquent de nouvelles méthodes : la chaîne est maintenue, mais les salariés qui y sont affectés suivent le tapis d'un bout à l'autre et montent entièrement les trains avant. Ils effectuent soixante-neuf à quatre-vingt-dix opérations, y compris certaines retouches, en quinze minutes.

Cet élargissement des tâches permet à l'ouvrier de quitter la chaîne quand il le veut pour prendre du repos, puisque son travail n'est plus lié au camarade qui le précède ou le suit.

Un nouveau pas sera d'ailleurs franchi, à Douai, dans la plus récente usine de la Régie d'ici à 1975 et intéressera plusieurs centaines d'ouvriers : la grande chaîne de mon-

1. « Régie » : entreprise entièrement ou partiellement nationalisée.
2. Le Mans, chef-lieu de la Sarthe, siège d'une importante usine Renault.
3. Commune de la Seine-Maritime, siège d'une usine Renault.
4. Commune des Yvelines, siège d'une usine Renault.
5. Les plus récents modèles de la gamme des automobiles Renault.

tage sera remplacée par quatre petites chaînes, avec des stocks-tampons, comme cela existe chez Fiat, à Cassino, avec la possibilité de les relier en cas d'échec. Mais, alors que le cycle opératoire est passé de une à quatre minutes chez Fiat, l'élargissement des tâches sera plus important chez Renault, puisque le cycle montera de trois à six minutes, et la direction envisage même d'aller plus loin en confiant aux ouvriers des opérations dont la durée pourrait atteindre dix puis dix-huit minutes.

A Choisy, à l'atelier des moteurs « échange standard »[6], des études encore plus audacieuses sont menées pour casser la chaîne traditionnelle : il s'agira d'établir dans un bâtiment neuf, pour quatre cents personnes, un système de travail en îlots de quatre à six ouvriers, chaque groupe étant alimenté en pièces par des rails indépendants.

Ce cycle opératoire pourra alors être étendu d'une minute actuellement à six minutes et même à trente minutes.

Tous ces essais, qui s'ajoutent à des réformes du même type à l'atelier d'emboutissage du Mans (deux cent cinquante personnes), ne concernent actuellement que trois cent cinquante personnes environ. Mais le tournant est pris : « L'évolution des psychologies nous a obligés à changer de braquet »[7] indique M. Beullac. La direction s'est en effet engagée sur une nouvelle voie qui tend à stopper la parcellisation. Mais la route qui reste à parcourir est encore très longue.

JEAN-PIERRE DUMONT

10 juillet 1973

6. Remplacement intégral d'un moteur usagé par un moteur neuf. Avantageux pour le client (pas de réparations, moteur garanti, prix raisonnable) et pour la firme automobile (récupération et réutilisation des divers éléments du moteur usagé).

7. « Braquet » (terme de cyclisme) : mécanisme permettant de modifier la distance parcourue par une bicyclette pendant un tour complet du pédalier; par extension, « changer de braquet » : changer de vitesse, de rythme.

LA BOITE A IDÉES DU COMMISSARIAT

E10 Vingt-trois ambassadeurs sans argent cherchent à vendre la France à l'étranger

En 1974, son tourisme coûtera à la France quelque 22 millions de francs : le montant du budget du Commissariat général au tourisme, 2 milliards 200 millions de nos anciens francs, c'est encore – en dépit des apparences – bien peu si l'on sait la tâche multiple qui incombe à cet organisme très officiel dont le public, pourtant, ignore encore bien souvent les véritables attributions.

En l'instituant, le décret du 19 juin 1959 en définissait ainsi le rôle : « Promouvoir, orienter et coordonner les activités de tous ordres concourant à l'expansion du tourisme français ». Politique générale qui peut se diviser en trois « chapitres » : si promouvoir notre patrimoine touristique à l'étranger reste son but premier, le commissariat doit aussi jouer un rôle prépondérant en matière de financement et de prévision des équipements (orientation et répartition des prêts et subventions, utilisation des fonds alloués au tourisme social, etc.), et, enfin, exercer une fonction de réglementation, où prédominent le classement des moyens d'hébergement et l'octroi de licences aux agences et bureaux de voyages.

Pour assurer par-delà les océans et les montagnes la promotion de nos châteaux, de nos plages, de nos cathédrales et de nos champs de neige, mais celle aussi de nos bonnes bouteilles, de nos sauces et de nos fromages, celle enfin d'une certaine inimitable « douceur de vivre », le commissariat dispose actuellement de vingt-trois bureaux ou agences installés à demeure dans les quatorze pays jugés les plus « importants », et de correspondants – agents d'Air France pour la plupart – dans vingt-six autres.

La magie de l'affiche

De tous les moyens, l'édition, sous toutes ses formes actuelles, reste, et de loin, la plus efficace. « L'affiche – rappelait M. Malherbe, chef des services de la promotion – est encore l'une des meilleures façons de faire rêver à la France... » Mais qui dit affiches dit bien entendu encarts, dépliants, brochures, cartes et, plus encore, campagnes publicitaires dans la presse locale.

Ainsi lors des trois années 1969, 1970 et 1972, le commissariat avait décidé de concentrer ses efforts publicitaires sur huit objectifs : États-Unis, Canada, Grande-Bretagne, Allemagne fédérale, Scandinavie, Belgique,

Italie et Espagne, pays qui avaient totalisé en 1967 64 % de notre clientèle étrangère. Bien lui en avait pris, semble-t-il, puisque, en 1972, de 64 %, la proportion de touristes en provenance de ces pays en 1967 passait à 73 %.

C'est dire l'importance du matériel de propagande, la nécessité d'en toujours parfaire la présentation et le contenu, et aussi d'en multiplier le nombre. A ce propos, M. Dannaud insiste sur les espoirs que ses services attendent de la récente mise en place des conseils de régions.

En effet, si l'État finance la totalité des dépliants et brochures de caractère national, c'est-à-dire ceux qui vantent la France « en bloc », les conseils pourront dans un très proche avenir affecter au secteur tourisme des sommes enfin « sérieuses », et procurer à leurs lointains démarcheurs ce dont ils ne sauraient se passer.

La politique des « most »

M. Dannaud a indiqué que le commissariat s'efforcerait de rechercher de nouveaux « associés ». Outre Air France, nombre de professionnels devraient à leur tour se laisser convaincre et... libeller quelques chèques.

Autre option, faire en sorte d'intéresser le touriste étranger à une nouvelle catégorie de destinations : France, nos campagnes, nos bourgs, nos provinces, et en toutes saisons, plutôt que de continuer, comme on l'a fait quasi aveuglément pendant des années, à leur parler de ce que les Anglo-Saxons appellent les « most » traditionnels, qui s'appellent dans l'Hexagone Paris et la Côte d'Azur.

Aménager en ménageant

Pour l'heure, le commissariat va s'efforcer de faire face aux nouvelles difficultés nées de la crise pétrolière. Et, tout en rajustant sa stratégie commerciale dans ce sens, à « aménager en le ménageant » notre patrimoine touristique.

J.-M. DURAND-SOUFFLAND

12 janvier 1974

E11-12 La régionalisation

Par un bien curieux hasard du calendrier, se télescopent en ce début d'année 1974 trois événements qui intéressent l'aménagement du territoire et la régionalisation.

Il y a quelques mois à peine, la Délégation à l'aménagement du territoire et à l'action régionale (DATAR) célébrait son dixième anniversaire. Cet organisme avait été créé en 1963 par M. Georges Pompidou, alors premier ministre, et son premier délégué avait été M. Olivier Guichard. M. Pompidou est aujourd'hui président de la République, et M. Guichard, qui est plus écouté que d'autres à l'Élysée, est ministre de l'Aménagement du territoire, de l'Équipement, du Logement et du Tourisme. Dans ce domaine au moins la volonté politique d'une action constante est claire et se passe de commentaires. 1974 c'est aussi « l'an I » de la réforme régionale dont la bible est désormais, après l'infructueux essai du général de Gaulle, en 1969 [1], la loi du 5 juillet 1972 [2]. Réforme timide, prudente, reconnaît-on dans tous les milieux, y compris dans les milieux gouvernementaux. Mais après des siècles de centralisme jacobin [3] que la Ve République n'a pas contribué à desserrer, il ne fallait pas tout bousculer. Créer des régions, leur reconnaître des pouvoirs non négligeables en matière d'équipement et de planification économique, y faire siéger des assemblées, leur permettre de disposer d'un budget propre, même si le préfet concentre entre ses mains l'essentiel du pouvoir d'initiative et de contrôle, c'est tout de même une « petite révolution institutionelle ».

Enfin, à Bruxelles, les Neuf cherchent à mettre l'Europe des régions sur les rails. Mais les choses ne vont pas toutes seules. A la fin du mois de décembre dernier, les huit partenaires de la France et la Commission de Bruxelles se sont séparés sur un constat d'échec et le Fonds de développement régional européen – sorte de banque communautaire destinée à aider l'équipement et l'industrialisation des régions pauvres de l'Europe – n'a pu être créé. La Grande-Bretagne, l'Italie et l'Irlande veulent un budget régional avec des ressources importantes. L'Allemagne, qui recevra peu d'argent car elle a peu de zones déshéritées, hésite à engager ses finances trop loin dans ce qu'elle appelle, après sa contribution à l'Europe agricole, un nouveau « tonneau des Danaïdes ». La France, le Benelux et les Danois ont une position d'observateurs.

Qu'elle s'appelle aménagement du territoire, régionalisation, Europe des régions, la démarche vise le même but : aboutir à un meilleur équilibre géographique des

1. Les « non » l'emportèrent au référendum du 27 avril 1969, qui portait sur la réforme du Sénat et la régionalisation; à la suite de cet échec le général de Gaulle donna sa démission de la Présidence de la République et se retira de la vie politique.

2. Loi définissant la réforme régionale.

3. Sous la Révolution, les Jacobins, siégeant à Paris et favorables à la centralisation, s'opposaient aux Girondins partisans d'un fédéralisme provincial.

richesses, tenter d'atténuer les zones de sous-développement, de chômage, d'économie rurale dominante, mieux distribuer les pouvoirs de décision concentrés à Paris pour ce qui est non seulement du pouvoir politique, mais aussi administratif, financier, culturel, scientifique, universitaire même.

Mais, en dépit de cette apparente unité de recherches et d'action, des contradictions ne peuvent manquer d'être relevées. Ainsi, répètent ses responsables, l'aménagement du territoire qui implique des choix, des priorités et donc des sacrifices et des contraintes, ne peut être qu'une politique nationale. C'est à l'État et non aux régions qu'il appartient de définir et surtout de conduire la politique de réanimation des régions touchées par l'exode rural, l'aménagement de la montagne, la décentralisation des administrations ou des organismes de recherche. De même, pour Paris, une instance supranationale ne saurait avoir le droit de décider s'il vaut mieux construire une raffinerie de pétrole à Brest plutôt qu'à Lyon. Ce qu'on refuse à ses propres régions, on ne peut en effet – sans risques – le permettre à une Europe qui est, cahin-caha [4], à la recherche d'une difficile identité et d'une difficile homogénéité.

La régionalisation, la redistribution des responsabilités et des pouvoirs sont des idées à la mode. Mais, en vérité, est-ce que ceux qui parlent de décentralisation et de déconcentration des institutions politiques et des mécanismes économiques, souhaitent un changement profond?

FRANÇOIS GROSRICHARD

Le Monde – Dossiers et documents – février 1974

Une situation propre à la France
Deux impératifs : l'aménagement du territoire...

Pourquoi aménager?

M. Jérôme Monod, délégué à l'aménagement du territoire et à l'action régionale, s'explique : « L'aménagement du territoire a pour but, d'une part, de réduire et si possible de supprimer un certain nombre de déséquilibres générateurs de difficultés sociales, de charges financières et d'inconvénients économiques et techniques, d'autre part, de préserver, dans les limites permises par l'évolution générale, une certaine diversité de genres de vie répondant aux vœux des habitants de ce pays ».

Un pays déséquilibré

Le statisticien confirme les impressions du voyageur : la France comparée à ses voisins, l'Espagne exceptée, est un pays sous-peuplé. Quatre-vingt-quatorze habitants au kilomètre carré, cela la place loin derrière la Grande-Bretagne (228), le Benelux (342), l'Allemagne de l'Ouest (240) ou l'Italie (175). La France est aussi le pays européen où la population est le plus mal répartie. Un Français sur six vit dans la capitale, et l'agglomération parisienne compte environ neuf fois plus d'habitants que les trois plus grandes villes de province : Lyon, Marseille ou Lille. Un tel écart, que l'on ne constate nulle part ailleurs en Europe, même en Grande-Bretagne, s'explique davantage par l'histoire que par la géographie. Des siècles de décisions et d'habitudes ont abouti à concentrer en un seul point du territoire beaucoup d'hommes et la plupart de ceux qui gouvernent, administrent ou pensent. Mais la France est aussi, avec l'Italie, celui des Neuf qui a conservé l'agriculture la plus nombreuse et la mieux préservée. Paris et le désert français, certes, mais un désert qui ne serait qu'une suite d'oasis. [...]

Comment aménager?

Un objectif : la décentralisation et la conversion industrielle; une clef : la modulation géographique des aides de toutes sortes que l'État peut accorder aux industriels, faibles si elles vont chez les nantis, fortes si elles s'intéressent aux plus démunis. [...] Il est bien de penser d'abord à décentraliser les usines; il n'est pas inutile de songer à décentraliser les bureaux. Les emplois du « tertiaire » valent ceux du « secondaire », surtout s'ils ne sont pas créés dans un désert. On veut aider la province à prendre elle-même l'initiative d'exploiter ses valeurs propres. On l'incitait à développer « ses » capitales : les « métropoles d'équilibre ». On lui demande aujourd'hui de s'intéresser au sort des « villes moyennes ». On refuse d'accepter l'exode rural s'il ne s'accompagne d'une politique de « rénovation rurale » : une agriculture moins nombreuse, c'est entendu, mais qui ait les mêmes chances que l'industrie; une campagne moins peuplée, il le faut, mais qui ait des attraits comparables à ceux de « la ville ».

Les maîtres d'œuvre

D'abord, la Délégation à l'aménagement du territoire et à l'action régionale (DATAR), administration légère d'état-major relevant du premier ministre par l'intermédiaire d'un ministre délégué. Ensuite une dotation spécialement affectée : le Fonds d'intervention pour l'aménagement du territoire (FIAT). La DATAR est peu nombreuse; le FIAT dispose de peu de crédits. Mais plus que les moyens, ce qui importe ici c'est l'intention. La DATAR, du fait des liens privilégiés qu'elle a avec le premier ministre, peut suggérer (imposer?) des actions coor-

4. Tant bien que mal, au jour le jour.

données et de longue portée qui ne sont pas dans les préoccupations normales des différents ministères habitués à fixer leurs objectifs « en termes sectoriels et non géographiques ». [...]

Elle peut, disent ses responsables, « donner le coup de pouce de l'anticipation » et favoriser le lancement d'opérations importantes ou significatives : l'aménagement de la côte Languedoc-Roussillon (578 millions de francs dépensés en dix ans), la définition des parcs naturels, la construction de l'Aérotrain [5]... Un organisme comme le SESAME (Système d'études pour un schéma d'aménagement), déjà sollicité par les instances européennes, lui permet au-delà d'esquisser ce qui pourrait être une futurologie de l'aménagement du territoire.

Le mérite principal du système français est d'avoir mis en lumière l'importance, pour des actions aussi complexes que le rétablissement des équilibres régionaux, des mesures d'entraînement et d'incitation mises au point par la DATAR. Celle-ci a donné la formule d'une politique des coups d'épingle qui, si elle est appuyée sur une réflexion prospective, peut aider à laminer les susceptibilités, atténuer les oppositions, faciliter les conversions et l'établissement de nouvelles solidarités.

... et la régionalisation

Les progrès en France de la régionalisation, en Europe de l'intégration, risquent, il est vrai, d'obliger la DATAR à se remettre en cause. A partir du moment où le plan sera vraiment régionalisé, où seront créés dans chaque région des organismes responsables, l'existence d'un organisme national responsable de la régionalisation se justifiera-t-elle encore? N'y a-t-il pas une sorte de contradiction interne dans la formule que lançait récemment M. Guichard : « En France, la régionalisation est nationale »? Et d'un autre côté, le souci d'aménager le territoire européen ne va-t-il pas conduire à favoriser des solidarités nouvelles ne coïncidant pas forcément avec celles que tend à instaurer la politique d'aménagement du territoire national? Et quel sera dans ce cas le sort des régions françaises les moins bien placées pour jouer le jeu européen? Deux grandes questions qui pourraient être des motifs d'inquiétude si elles n'étaient déjà des sujets de réflexion.

JACQUES-FRANÇOIS SIMON

22 février 1973

5. Invention de l'ingénieur Jean Bertin; train suspendu glissant sur une voie en béton grâce à un système de coussins d'air verticaux et horizontaux; vitesse expérimentale supérieure à 400 km/h.

0,5 % des ressources de l'État

Le montant maximum de ressources fiscales dont pourront disposer les régions en 1974 est obtenu en multipliant le nombre d'habitants par quinze. La loi du 5 juillet 1972 précise en effet : « Le total des ressources fiscales que chaque établissement public peut recevoir est limité à 25 F par habitant dénombré dans la circonscription au dernier recensement général. Cette limite est fixée à 15 F pour le premier exercice. »

La région dispose en effet en propre des ressources suivantes :

– elle bénéficie au lieu et place de l'État du produit de la taxe sur les permis de conduire délivrés dans sa circonscription;

– elle peut instituer : une taxe additionnelle exigible sur les certificats d'immatriculation de véhicules à moteur délivrés dans la circonscription; une taxe additionnelle à la taxe de publicité foncière ou au droit d'enregistrement portant sur les mutations d'immeubles et de droits immobiliers; une taxe régionale additionnelle à la taxe foncière sur les propriétés bâties, à la taxe foncière sur les propriétés non bâties, à la taxe d'habitation et à la taxe professionnelle.

Selon une première estimation, les impôts régionaux représenteraient après 1974 environ 0,5 % du budget de l'État, 7 à 8 % des impôts perçus dans les régions, Paris compris; 10 à 12 % des impôts communaux; 20 à 24 % des impôts départementaux.

Les recettes fiscales par habitant varient beaucoup suivant les régions. La loi du 5 juillet 1972 a fixé un plafond des ressources par habitant uniforme pour toutes les régions, quelle que soit leur « richesse ». On peut évidemment craindre que, sauf intervention de l'État, cette péréquation n'aggrave les inégalités entre régions riches et régions pauvres.

L'événement – 10 octobre 1973

E13 E.D.F. à l'heure nucléaire
20 milliards de F d'investissements en cinq ans

L'Électricité de France a annoncé le lancement du plus important programme de construction de centrales nucléaires décidé jusqu'ici en une seule fois par un producteur d'électricité. Ce programme devrait en effet appeler un investissement d'une vingtaine de milliards de francs et se traduire, à partir de 1979, par l'entrée en service d'une centrale nucléaire tous les deux mois.

La hausse du prix des produits pétroliers a donné aux partisans français de la construction de centrales nucléaires une chance, inespérée peut-être, mais qu'ils n'ont pas laissé passer.

Jusqu'en 1973, l'idée prévalait à Électricité de France qu'il convenait d'aménager une évolution progressive en faveur de centrales nucléaires. Depuis, la décision a été arrêtée de ne plus procéder, sauf nécessité absolue, à la mise en place de nouvelles installations brûlant du fuel. Le maximum que l'on pouvait envisager aurait été de deux tranches et on ne s'y serait résolu qu'au cas où la demande d'électricité se serait faite pressante : il ne faut que trois ou quatre ans pour construire une tranche de 700 mégawatts de puissance installée au fuel, alors que les délais d'entrée en service d'une centrale nucléaire de 900 mégawatts sont sensiblement plus longs.

La hausse du prix du fuel a, d'autre part, amené à envisager le déclassement d'une partie des centrales déjà en service. Alors qu'Électricité de France avait consommé en 1973 14 millions de tonnes de fuel, elle n'envisage plus d'en utiliser en 1980 que 5 millions de tonnes. Ce qui appelle le remplacement d'une puissance installée de 6 000 mégawatts, environ le sixième de la puissance totale installée en France. En contrepartie, le programme de constructions de centrales nucléaires ne pouvait que s'accélérer. C'est chose faite avec l'accord conclu entre Électricité de France et le groupe Creusot-Loire-Framatome puisqu'il porte sur seize tranches (douze commandes fermes, quatre options) à réaliser à partir de 1974 et dont l'entrée en service devrait s'effectuer à partir de 1979 au rythme, prévoit-on actuellement, de six tranches par an.

Trois questions

Où seront construites ces centrales nucléaires?

Prévoyante, Électricité de France a entrepris de longue date une étude des sites possibles et, en plus de ceux déjà partiellement utilisés, comme Saint-Laurent-des-Eaux et Bugey, ou ouverts, tel Fessenheim, quatre emplacements ont été définitivement retenus : Dampierre (sur la vallée de la Loire), Graveline (sur la côte de la mer du Nord), Paluel (sur la côte de la Manche) et Ambès (à l'embouchure de la Gironde). Vient s'y ajouter le site de Tricastin, où seront construites quatre tranches destinées préférentiellement à l'alimentation en énergie électrique de l'usine d'enrichissement d'Eurodif [1]. C'est également quatre réacteurs qui pourront être installés sur tous les autres sites retenus, à l'exception toutefois du site de Graveline, où l'on prévoit d'installer dix tranches nucléaires.

Ultérieurement, d'autres sites seront sélectionnés.

L'industrie sera-t-elle à même de faire face à une semblable accélération des commandes?

Le groupe Creusot-Loire-Framatome va maintenant devoir accroître de façon substantielle la capacité de production de ses ateliers du Creusot et de Chalon. Mais surtout, l'industriel aura à former toutes les équipes nécessaires au montage des installations, à leur démarrage et à leur maintenance : une entreprise de longue haleine dont le succès conditionnera celui de toute l'opération.

Comment Électricité de France dégagera-t-elle les moyens financiers nécessaires à une opération de cette ampleur?

On évalue actuellement le prix d'une centrale nucléaire à eau pressurisée de quelque 900 mégawatts de puissance installée à 1,2 milliard de francs.

Un programme de seize tranches de ce modèle appelle donc un investissement proche de 20 milliards de francs, à engager sur cinq ans, soit le triple de celui nécessaire pour la construction de l'usine d'enrichissement d'Eurodif. C'est essentiellement par autofinancement et en recourant à l'emprunt qu'Électricité de France envisage actuellement de dégager progressivement les moyens nécessaires, un recours à des prêts du F.D.E.S. et à des dotations en capital ne devant intervenir qu'en cas de difficulté.

Un tel programme constitue aussi – et c'est peut-être la question principale – un pari.

On ne saurait donc se le dissimuler : en optant si résolument pour un programme nucléaire de cette ampleur, Électricité de France a pris un risque, certes, en l'estimant raisonnable et non sans s'entourer de précautions. Mais c'est un risque... à sa taille.

NICOLAS VICHNEY

5 mars 1974

1. Eurodif : centrale européenne d'enrichissement de l'uranium.

L'AÉROPORT DES ANNÉES 80 : CHARLES-DE-GAULLE

E14 Une machine à voyages

De loin, au milieu d'une grande plaine sans rien d'autre qu'elle-même, la nouvelle aérogare Charles-de-Gaulle se signale d'abord par sa tour de contrôle, la plus haute du monde, élégant champignon de béton qui déploie très largement son ombelle dans l'espace. Approche à vrai dire « héroïque », presque anachronique, à côté d'une aérogare conçue, elle, comme une « machine » architecturale tournée vers son objet premier : fonctionner. Elle est proportionnée d'un côté à l'échelle de l'automobile, de l'autre à celle de l'avion.

A Roissy [1], on a, plus que nulle part ailleurs, accentué le caractère aujourd'hui irréversible d'une aérogare, qui est d'être un « échangeur » de circulation. Celui-ci est rond, fermé sur l'extérieur, ouvert vers le dedans; et on ne peut l'aborder que monté sur quatre roues. Pas de façade d'entrée « monumentale » pour les grands jours, mais de simples accès au virage d'une rampe qui entoure le bâtiment et grimpe jusqu'au sommet des onze étages.

Roissy est l'aérogare « intégrée », avec tout son équipement à l'intérieur, logée dans un gâteau de béton, un beignet de 200 mètres de diamètre, avec un trou au milieu. C'est une « machine à prendre l'avion », de même que Le Corbusier [2] parlait de « machine à habiter » pour ses Cités radieuses, conçues comme un organisme adapté à sa fonction.

Une aérogare circulaire, irriguée par un réseau routier; tout autour, sept « satellites » disposés en étoile, au bord desquels accostent les avions et auxquels on accède par des tapis roulants souterrains. Mécanisation à outrance : avec Roissy, l'architecture aéroportuaire « concentrée » entre dans l'âge classique et consacre les premières recherches faites pour les aéroports de Houston, de Boston et de Tampa. Roissy s'en inspire à sa manière et pousse plus loin la formule. C'est un grand « ensemble de circulation », point d'échanges entre la voiture et l'avion..., à condition que le passager accepte de pratiquer un peu la marche à pied.

Passerelles pour un simulacre

Roissy, univers fermé sur le dehors, se place à l'opposé d'Orly [3], avec ses grands murs transparents qui ouvrent sur le spectacle des avions au sol et même en vol. C'est le dernier mot dans l'architecture des aéroports. Mais, à peine terminé, on sait déjà qu'il est dépassé : Roissy est le dernier des grands mastodontes aéroportuaires. Monuments d'efficacité? On pense déjà que les aérogares les plus efficaces ne seront pas, dans un avenir proche, des aérogares ultra-concentrées et complexes comme Roissy, mais, au contraire, des bâtiments simples et distendus, greffés sur un réseau de circulation complexe.

Avec les nouvelles dimensions des grands équipements publics, nous entrons dans l'ère des grandes machines architecturales, qu'il s'agisse d'un aéroport comme Charles-de-Gaulle, d'un « musée-cité culturelle » comme Beaubourg [4], ou d'un vaisseau de béton comme le nouveau Parc des Princes [5]. Trois réalisations majeures qui témoignent d'un nouveau style architectural ayant l'ambition d'être en avance sur son temps. Mais le temps ne court-il pas plus vite que le béton?

JACQUES MICHEL

1. Commune du Val-d'Oise, au nord-est de Paris, où a été construit l'aéroport Charles-de-Gaulle.
2. Architecte et urbaniste français d'origine suisse (1887-1965); principales réalisations : la « Cité Radieuse » de Marseille, unité d'habitation pour 1 600 habitants, le plan de Chandigarh (1950), la chapelle de Ronchamp (1950-53) et le couvent de Sainte-Marie-de-la-Tourette.
3. Au sud de Paris, le plus grand aéroport français jusqu'à la construction de celui de Roissy-en-France.
4. Sur l'emplacement des anciennes Halles de Paris; projet patronné par le président Pompidou.
5. Stade parisien (52 000 places) qui a remplacé en 1972 l'ancien « Parc des Princes ».

Concorde ou la part du rêve

Quitter Paris à 7 heures du matin, prendre le café à Dakar, arriver à Rio pour déjeuner, retrouver Dakar avant la fin de l'après-midi, atterrir à Paris à 22 heures très exactement : seul Concorde [1] pouvait permettre cet exploit. Se déplacer pendant des heures à plus de Mach 2, deux fois la vitesse du son, pousser des pointes à 2 150 km à l'heure, monter pour cela à 19 000 mètres d'altitude; et s'insérer pourtant dans les contraintes imposées aux avions de ligne, décoller et atterrir à son tour après le Fokker [2] Paris-La Rochelle de Air Inter [3] ou un Viscount [4] Rio-Brasilia de Varig, tenir scrupuleusement son horaire, aucun autre appareil que Concorde n'en était capable.

Deux fois plus vite que le son, deux fois plus loin dans le même temps que le plus rapide, le plus moderne des jets, près de 20 000 kilomètres, la moitié de la Terre, en douze heures de vol. Raconté ainsi, cela a l'air tout simple. Bon, c'est l'avion le plus beau, le plus brillant, le plus prompt, on le sait, tout le monde le sait, on l'a assez dit. Un merveilleux jouet, tout clinquant de l'alchimie du futur, un jouet pour après-demain, pour l'an 2000, mais un jouet de grand luxe : si cher que personne ne peut l'acheter. Si cher qu'il faudra peut-être renoncer à le construire, en tout cas à l'exploiter dans des conditions normales.

Voici les experts avec leurs dossiers, les comptables avec leurs bilans, les bureaucrates avec leurs règlements. Impossible, n'est-ce pas? Impossible et ridicule! Songez donc : selon les premières évaluations, établies en 1962, on devait dépenser en frais détudes 1,8 milliard de francs; dix ans plus tard, en 1973, l'addition s'élevait déjà à 14 milliards. Il y a trois ans à peine, en 1971, le prix auquel il faudrait vendre cette merveilleuse machine – à condition d'en produire au moins trente – était calculé de façon définitive; si définitive qu'aujourd'hui ce prix a tout simplement doublé.

De toute façon, un avion trop lourd qui, de ce fait, ne peut guère dépasser trois heures et demie à quatre heures de vol sans faire escale pour charger les quelque 80 tonnes de carburant qu'il emporte, consommant 20 tonnes à l'heure, une folie à l'aube de la crise du pétrole. Cent, cent dix passagers seulement au tarif de la première classe au moins – et encore, cela ne suffira pas : absurde, tandis que l'on s'efforce au contraire, à l'ère du tourisme de masse, de multiplier les fauteuils, 400, 450 voyageurs d'un seul coup.

D'ailleurs, c'est bien simple, personne n'en veut. Américains, Allemands, Canadiens, Japonais, Belges, tous ont dit non tour à tour. Alors, pourquoi s'obstiner, pourquoi nier l'évidence : Concorde est une erreur, il faut savoir reconnaître que l'on s'est trompé, arrêter les frais. Les Anglais, plus réalistes, ne s'apprêtent-ils pas à le faire?

Voilà le réquisitoire, sévère et partial. Rien n'y manque. Que répondre?

La réponse, la vraie réponse, elle est là-haut, en plein ciel, dans cet extraordinaire ciel de très haute altitude, tantôt d'un bleu intense, tantôt, pourrait-on dire – si les mots ne semblaient pas s'annuler, – d'un noir lumineux, ce ciel que seuls quelques pilotes d'essai et les cosmonautes avaient vu et qui sera offert désormais à Mr Jones, Frau Schmidt et M. Durand.

Ce qu'il y a de remarquable, quand on vole à bord de Concorde, c'est qu'il n'y a rien de remarquable.

Un oiseau de grande race, dont la puissance et la grâce coupent le souffle, avec les noms de ses deux parrains drôlement associés, Air France côté gauche, British Airways côté droit. Mais un avion comme les autres, aussi stable et sûr que les autres, un peu plus agréablement décoré mais pas plus confortable que beaucoup. La même atmosphère ouatée, climatisée, sécurisante, avec sa musique de fond, les hôtesses et les stewards qui semblent considérer que vous avez jeûné pendant trois jours avant de monter à bord, le commandant – celui-là se nomme André Turcat – qui vient poliment saluer ses passagers et leur demander si tout va bien pour eux. Parce que, pour lui, tout va toujours bien, très très bien : il pilote le meilleur avion de la meilleure compagnie sur la meilleure ligne.

Oui, ce qui est surprenant, bouleversant, dans Concorde, c'est l'idée qu'on s'en fait. Évidemment, cette idée prend appui sur des réalités aussi solides que la tour Eiffel aperçue à 7 heures du matin et le « pain de sucre » de Rio-de-Janeiro survolé à 13 heures, heure de Paris. Un ministre de l'Équipement qui avait le sens de l'humour, M. Pisani [5], soutenait il y a quelques années que, bientôt, tout transport durerait une heure et demie; il faudrait ce temps-là, disait-il, et à peu près le même temps, pour aller en voiture de son domicile à son lieu de travail ou de Paris à Tokyo, indifféremment. Eh bien, nous y sommes, ou presque.

Et si les embouteillages allongent de plus en plus le délai nécessaire au premier parcours, le second tend cha-

1. Voir E6 note 1.
2. Avion néerlandais à turbopropulseur, court-courrier, pouvant transporter une cinquantaine de passagers.
3. Société mixte (à forte participation d'Air France), constituée en 1954, exploitant des lignes régulières sur le territoire français depuis 1960.
4. Court-courrier de fabrication anglaise; VARIG : compagnie aérienne brésilienne.
5. M. Pisani fut également ministre de l'Agriculture de 1961 à 1966.

que jour davantage à se rapprocher du temps de trajet uniforme calculé par le ministre facétieux.

Alors, les dossiers, les chiffres, les règlements? Il y a du vrai dans ce qu'ils disent, et du vrai aussi dans les répliques des défenseurs de Concorde. A eux de plaider leur cause, et ils le font bien. Des arguments, ils en ont. Argument financier et social : arrêter Concorde coûterait aussi cher que de poursuivre la construction des treize appareils en voie d'assemblage à Toulouse et risquerait, au surplus, de mettre huit mille salariés en chômage en France, vingt mille, dit-on, à Bristol. Argument économique : les Américains, après avoir dépensé pour rien – puisqu'ils ont, pour l'instant, abandonné la course au supersonique – les deux tiers de ce qu'a coûté à ce jour Concorde, barrent partout où ils le peuvent, et c'est logique, c'est de bonne guerre économique, la route à l'avion franco-anglais. Argument politique : des dépenses de prestige, on en fera toujours et on en fait chaque jour, l'esentiel est de choisir celles qui sont à la fois utiles et réellement prestigieuses, et c'est le cas de celle-là. Argument psychologique, enfin : dès la mise en service, les voyageurs se bousculeront malgré le prix des places et les compagnies se précipiteront malgré le prix de l'avion.

Pourquoi? Parce que Concorde existe et vole, c'est un fait. Parce que Concorde, c'est le plus bel avion du monde. Parce que Concorde, c'est un bon produit industriel – qu'il faut encore améliorer, certes – qui incorpore dans sa fabrication une matière première qui n'a pas de prix : la part du rêve.

PIERRE VIANSSON-PONTE

9-10 juin 1974

La main de l'étranger

Le premier coup de pioche dans les labours de la plaine de France a été donné au mois d'octobre 1966. A la construction de l'aéroport Charles-de-Gaulle, de cinq cents à deux mille cinq cents personnes ont travaillé en permanence selon l'état d'avancement du chantier. Une toute récente enquête de la gendarmerie révèle la nationalité de ces bâtisseurs : 1 522 Français, 742 Portugais, 640 Algériens, 128 Marocains, 65 Espagnols, 65 Tunisiens, 60 Italiens, 57 Yougoslaves, 11 Polonais, 10 Africains, 6 Turcs et 3 Allemands.

Le bilan des accidents de chantier s'établit à 14 morts. Si l'on compare ce chiffre au nombre d'heures de labeur (23 millions au total pour la première tranche de l'aéroport), le taux de sécurité apparaît nettement supérieur à la moyenne nationale dans le secteur du bâtiment et des travaux publics : 1 mort pour 1 million d'heures.

Pour réaliser la première tranche de ce nouvel aéroport, six cents marchés ont été passés avec quatre cent soixante-deux entreprises. Il a fallu bâtir trois cents ouvrages principaux et pour ce faire, utiliser environ 1,2 million de tonnes de béton. A elle seule, la construction de l'aérogare n° 1 a exigé l'emploi de 180 000 mètres cube de béton – soit la consommation de 80 kilomètres d'autoroutes – et de 16 000 tonnes d'acier (6 900 tonnes d'acier ont suffi à élever la tour Eiffel...).

8 mars 1974

E15 Charmes et déraison de l'inflation

Il est, à l'évidence, plus facile de changer la loi que les mécanismes économiques. Autant le chef de l'État a marqué des points en énumérant les réformes législatives qu'il avait fait opérer ou entreprendre depuis trois mois, autant son propos sur la nécessité d'éliminer l'inflation et le déficit commercial fleurait la répétition, donc, en quelque sorte l'échec.

Quand M. Giscard d'Estaing a été élu président de la République, les prix français dépassaient de 12 % le niveau de l'année précédente; les voici à près de 15 % maintenant. Le déficit commercial atteignait environ 1,4 milliard par mois; il est de 1,7 à présent. Les demandes d'emploi s'élevaient à quatre cent vingt-cinq mille; elles ont un peu progressé depuis et vont encore augmenter à l'automne...

On aurait tort d'ailleurs de limiter les comparaisons à trois mois, puisque c'est le 5 décembre que M. Giscard d'Estaing a lancé lui-même la première phase du plan de lutte contre l'inflation et qu'il a complété son dispositif le 20 mars avant de le faire amplifier par M. Fourcade [1] le 12 juin.

Depuis décembre, les prix ont augmenté de 9 % et les salaires – dont le Président de la République avait clairement indiqué qu'il souhaitait « geler » le pouvoir d'achat – ont progressé de plus de 13 %. Quant au déficit commercial qu'il s'agissait de réduire, on l'évalue maintenant à plus de 25 milliards pour cette année (ventes d'armes non comprises).

Les responsabilités de l'État

Tout cela est « déraisonnable » a déclaré le 27 août le chef de l'État. A qui s'en prendre?

Il y a longtemps que les économistes ont mis en évidence les quatre avantages que l'État retire de l'inflation : les transferts insidieux de revenus qu'opère la dépréciation monétaire au profit des groupes les plus forts dispensent l'État d'entreprendre une politique volontaire des revenus, aux complications sociales inévitables; l'inflation, en dégageant des plus-values de T.V.A. considérables, permet, d'autre part, aux pouvoirs publics de financer des équipements supplémentaires sans demander le vote d'impôt au Parlement; pareillement, en laminant l'épargne elle produit le même effet qu'un prélèvement fiscal sans contraindre l'État à taxer les épargnants; enfin, en perturbant les trésoreries des entreprises, l'inflation élimine – dès que le crédit se resserre – les entreprises trop endettées et facilite du même coup la concentration de l'appareil industriel. Sous nos yeux, le « charme inflationniste » est une fois de plus en train d'opérer.

Serait-ce parce que les gouvernants n'ont pas complètement renoncé à l'utiliser qu'ils se montrent aussi modérés dans leur médecine? Il n'est pas prudent, en tout cas, de se contenter tranquillement de poursuivre une politique dont les faits montrent depuis neuf mois l'insuffisance, pour ne pas dire l'inefficacité. Persévérer dans l'erreur serait bien... « déraisonnable ».

Le propos du chef de l'État appelle enfin trois remarques :

1) Alors qu'il énumérait la plupart des groupes professionnels, pour leur témoigner sa sollicitude, M. Giscard d'Estaing n'a pas cité les commerçants. Serait-il las de voir beaucoup d'entre eux ne songer qu'à leur intérêt corporatif et profiter de l'inflation pour arrondir leurs marges sans témoigner dans les faits aucune reconnaissance envers les pouvoirs publics qui les ont cependant dotés, par la loi Royer, d'avantages substantiels?

Le président de la République n'a, il est vrai, pas dit non plus un mot de l'opération « frein sur les prix » que M. Fourcade lance lundi prochain. Ne croirait-il pas plus que l'opinion aux vertus de cette campagne psychologique, qui fera suite aux opérations du même genre : « Suivez le bœuf », « les Cent mille points de vente », « Acheter bien pour acheter plus » [2]?...

2) La réforme de la Sécurité sociale annoncée risque de se traduire dans les faits par un nouveau transfert de charge au profit des travailleurs indépendants, mais au détriment des salariés; ce transfert s'ajouterait à ceux, de

1. Ministre des Finances du premier gouvernement (Chirac) constitué sous la présidence de Giscard d'Estaing.
2. Slogans de campagnes publicitaires de baisse des prix lancées par les gouvernements antérieurs. « Suivez le bœuf » : slogan de la campagne de baisse du prix de la viande de bœuf, affiché à la devanture de toutes les boucheries pour attirer le client. « Les cent mille points de vente » : négoces divers, magasins d'alimentation, boutiques, où l'on pratiquait une baisse sur les prix indiqués.

nature fiscale, que le Conseil des impôts soulignait récemment.

Autant il est souhaitable que la solidarité nationale s'exerce au secours des catégories défavorisées de la nation, autant il est dangereux de la voir fonctionner à sens unique.

3) Précisément, M. Giscard d'Estaing annonce pour mars un nouveau projet de réforme des impôts. De quoi s'agira-t-il en dehors de la taxation – comme revenu – des plus-values fiscales, annoncée dès juin, à l'instar de ce qui se fait dans nombre de pays étrangers? S'il s'agit de s'en prendre à un bon nombre des privilèges fiscaux dont le code des impôts fourmille, l'affaire est d'importance. S'il n'est, au contraire, question que de faire payer les fraudeurs, on ne saurait parler de réforme, mais simplement d'application de la loi; la fiscalité française, inchangée, demeurerait aussi injuste qu'auparavant, les fraudeurs vivant simplement moins tranquilles.

GILBERT MATHIEU

29 août 1974

E16-17 L'expansion se poursuit dans des conditions de plus en plus dangereuses

C'est dans un climat d'inquiétude diffuse, mais profonde, que va s'opérer la « rentrée » pour les chefs d'entreprises, les banquiers, les hauts fonctionnaires et, d'une façon plus générale, pour tous ceux qui, à un poste ou à un autre, détiennent une part de responsabilité dans la gestion de l'économie française. Pourtant, de graves troubles sociaux ne sont pas en vue. Bien au contraire : à tort ou à raison, on a l'impression que les salariés ne sont pas disposés à se mobiliser sur des mots d'ordre offensifs, comme, du reste, semble l'attester la modération des propos tenus par les leaders de la C.G.T. et de la C.F.D.T. lors de leur dernière rencontre. Pourtant, rien ne laisse présager, du moins pour l'immédiat, un retournement de la conjoncture. Certes, les statistiques du mois de juillet font apparaître une augmentation sensible des demandeurs d'emploi, mais, dans les conditions où fonctionne actuellement la machine économique, ces chiffres traduisent plutôt le passage d'un état de surchauffe à un rythme d'activité plus normal. Ce qui caractérise encore le « marché du travail », comme on dit (malheureusement), c'est la pénurie de travailleurs qualifiés.

Depuis le lancement du plan de redressement du 12 juin, il ne se passe pas de semaine qu'un représentant attitré des P.M.E. ne dénonce la grave menace qui pèse ou qui pèserait sur des milliers d'entreprises françaises « étranglées » par l'encadrement du crédit. En réalité, l'échéance de juillet, pourtant alourdie par la perspective de paiement de l'impôt supplémentaire (de 18 %) sur les bénéfices des sociétés, s'est, dans l'ensemble, bien passée et [...] il ne semble pas qu'une crise de faillites en chaîne soit – encore une fois sur la base des données actuellement connues – en vue. Alors?

Et bien, les industriels, les commerçants, les financiers, n'ont pas tort, malgré le maintien probable pour les mois à venir du plein emploi et d'un volume satisfaisant d'affaires, d'être mal dans leur peau. Pourquoi? Parce que si le moteur économique continue à « tourner », ils sont en général bien placés pour savoir qu'il est « poussé » par des moyens de plus en plus artificiels. Il ronfle, mais le bruit familier qu'il laisse encore entendre recouvre de plus en plus mal des ratés dus à l'état défectueux de certaines pièces, au grippage de certains mécanismes, dont il n'est pas sûr qu'on puisse à la longue se passer – sans changement plus ou moins radical de la société capitaliste telle qu'elle existe. Prenons d'abord l'exemple du crédit, puisque c'est de lui – et pour cause – dont il est le plus question aujourd'hui.

Les emprunts à l'extérieur ne sont pas « encadrés » et sont officiellement encouragés par les pouvoirs publics, qui y voient un moyen facile et presque invisible de financer sans douleur le déficit de notre balance des paiements rendu, paraît-il, inévitable par le renchérissement des produits pétroliers. Il ne se passe pas de jour qu'une entreprise, publique ou non, ne lance ainsi une émission (crédit à taux ajustable tous les six mois) sur le marché de l'euro-dollar. Il y a quelques semaines c'était la R.A.T.P. et les filiales d'Unilever, demain ce sera d'autres entreprises. Le fait nouveau, depuis deux ou trois mois, c'est que les grandes sociétés ne sont plus seules dans ce cas. Indirectement, par l'intermédiaire des banques, un grand nombre d'entreprises moyennes – celles qui peuvent justifier d'un courant d'affaires régulier avec l'étranger – sont emprunteuses de devises. De par la réglementation en vigueur, ces emprunts doivent être contractés pour une période d'un an minimum. Et il est impossible de se garantir contre le risque de change, la couverture à terme étant interdite pour les opérations financières. Est-il sain que, fût-ce pour des sommes marginales (mais la différence entre la prospérité et le marasme est une question de marge), le financement de l'appareil productif français dépende d'un marché international des capitaux dont les risques d'effondrement complet ne paraissent plus, même aux optimistes impénitents, impossibles?

Mais, revenons sur le terrain plus connu des entreprises et voyons comment l'inflation, ce monstre insaisissable, se manifeste de la façon la plus perceptible dans le bilan de la plupart d'entre elles. Alors que nous sommes dans une période d'encadrement du crédit, on pourrait penser que les entreprises se désendettent, *volens nolens,* vis-à-vis des banques. Mais il n'en est rien. Autant qu'on peut se faire une idée générale de l'évolution de la structure financière des sociétés françaises, on s'aperçoit que celle-ci se dégrade rapidement depuis au moins l'automne 1973, en ce sens que l'endettement à court terme s'est beaucoup accru par rapport à l'endettement à long terme et par rapport aux fonds propres. Comment redresser cette situation inconfortable, alors qu'avec la baisse de la Bourse il est devenu presque impossible de recueillir de l'argent « frais » par des émissions d'actions nouvelles et que le marché obligatoire s'est pratiquement écroulé? Là encore, le mal n'est pas toujours perçu dans toute son ampleur parce que, dans la France contemporaine, les circuits financiers sont à ce point « manipulés » par la puissance publique que la part des investissements financés classiquement par des appels directs et francs à l'épargne est elle aussi « marginale ». Mais, dans les pays à structure capitaliste plus « avancée », ce phénomène inquiète à juste titre les économistes.

C'est ainsi qu'aux États-Unis on commence à se préoccuper sérieusement de la détérioration de la « liquidité », qui se mesure par différents « ratio » qui reviennent tous à comparer les actifs immédiatement mobilisables (dont le compte en banque est la plus parfaite expression) par les entreprises au montant de leurs exigibilités à court terme. Il fut un temps où l'on considérait qu'une société bien gérée devait disposer de sommes liquides (cash) et de titres à court terme négociables (bons du Trésor, bons de caisse, etc.) d'un montant égal à celui de ses dettes à court terme. Aujourd'hui, selon *Business-Week,* la proportion moyenne ne dépasse pas un cinquième.

C'est ici qu'une confusion ne doit pas être commise. Il est incontestable qu'une gestion moderne vise à réduire au minimum le capital inactif que représente le disponible, et les progrès accomplis dans ce sens sont, dans les circonstances que nous traversons, particulièrement utiles. C'est ainsi qu'en France, depuis deux ou trois ans, les grands groupes industriels ont progressivement mis en pool la trésorerie de leurs différentes filiales, ce qui permet de subvenir aux besoins de l'une avec les disponibilités momentanées de l'autre. Cela est peut-être une des raisons qui explique pourquoi les banques, obéissant aux directives de la Rue de Rivoli, ont pu faire peser davantage sur les grandes entreprises que sur les P.M.E. le poids de l'encadrement, sans trop grand dommage pour les premières. Mais, si la rationalité économique exige d'économiser au maximum sur le fonds de roulement (ce qu'on obtient, notamment, en accélérant les « rentrées » et en faisant coïncider les sorties avec ces dernières), cette même rationalité conduit, ou devrait conduire, à se méfier des facilités offertes par le crédit apparemment indéfini. En dernière analyse, la formidable hausse des taux d'intérêt dans le monde a pour cause la course frénétique des entreprises (et des petites et moyennes banques) après l'argent. Ainsi s'explique le paradoxe apparent que celui-ci apparaisse de plus en plus « rare » au fur et à mesure que la masse monétaire, qui est en réalité la masse des passifs bancaires, se gonfle.

Tout ceci a cessé d'être hypothétique. Le pays où l'expansion du crédit a été le plus rapide depuis quelques années, la Grande-Bretagne, connaît actuellement une vague de faillites, dont la plus récente et la plus spectaculaire est celle de la Court Line, agence de voyages qui représente environ le tiers des affaires faites dans ce domaine outre-Manche. En Allemagne, c'est dans le secteur des banques, dont beaucoup se sont lancées à corps perdu dans la spéculation sur devises, que se produisent les mises en liquidation. On redécouvre avec une étonnante stupeur le vieux schéma du château de cartes que d'aucuns s'imaginaient, sans expliquer pourquoi, caduc.

Lié à l'évolution du système monétaire international

En France, même le patronat qui, naguère encore, se faisait – en paroles – le champion d'un libéralisme « pur et dur », reconnaît aujourd'hui que la surveillance exercée par l'administration ou la Banque de France a jusqu'à un certain point préservé entreprises et banques de notre pays d'un certain nombre d'excès. Mais il n'est pas dans le pouvoir de l'administration de modifier les conditions « objectives » dans lesquelles travaillent les banques, et ces conditions sont extrêmement dangereuses puisqu'elles les obligent à emprunter à court terme et à un taux exorbitant des sommes qu'elles immobilisent ensuite dans les prêts à long terme (le danger n'est que partiellement atténué par le fait que le taux de prêt est rajustable tous les six mois). Quant à l'industrie française, qui vend à l'étranger désormais environ 40 % de sa production, elle ne serait pas à l'abri de très graves difficultés si le marché mondial devait tout à coup se contracter. Or c'est là où le sort des entreprises, et à leur suite de millions de salariés, se trouve directement lié à l'évolution de ce qu'on appelle abstraitement le « système monétaire international », et qui se réduit aujourd'hui au fonctionnement du marché des capitaux flottants, à travers lesquels sont financés les déficits.

Dans les pays aussi différents que l'Allemagne, l'Italie ou la Grande-Bretagne, les entreprises prospères sont encore plus qu'en France (où la demande intérieure reste forte) celles qui travaillent pour l'exportation. Or, dans le monde tel qu'il est, la libre circulation des biens et des services ne pourra sans doute être maintenue qu'aussi longtemps que les pays déficitaires trouveront sur le marché de l'eurodollar les capitaux nécessaires pour faire face au déséquilibre de leur balance des paiements (10 milliards de dollars cette année pour la seule Grande-Bretagne!). Mais ce marché lui-même résistera-t-il longtemps à la course effrénée à la « liquidité »? Globalement, l'expansion se poursuit dans le monde capitaliste, mais ses bases financières sont de plus en plus fragiles. C'est cette vulnérabilité qui s'exprime dans le malaise croissant des milieux d'affaires et dans la « psychologie des foules ».

PAUL FABRA

3 septembre 1974

JOURNAUX EN PÉRIL

E18-19 Anatomie de la presse quotidienne

Les grands quotidiens ont quelques points communs avec les dinosaures et les mastodontes. Serait-ce parce qu'ils sont condamnés, comme ces animaux préhistoriques, à disparaître faute d'aliments? Non. La crise mondiale du papier est plus une crise de coût et de main-d'œuvre qu'une crise de production et les grandes forêts du Nord se reconstituent au rythme de leur exploitation. Si le journal apparaît comme un produit *lourd,* c'est parce qu'il n'est plus capable de rivaliser avec l'impalpable électron. Les conditions de sa fabrication, celles de sa diffusion, retirent à la presse le pouvoir d'informer instantanément. Il lui faut donc explorer deux voies qui sont – pour l'instant – interdites au monde de l'audiovisuel, soit l'information diversifiée et approfondie (*le Monde* consacre chaque jour en moyenne vingt-huit colonnes aux nouvelles de l'étranger), soit la micro-information, par exemple ces chroniques *locales* qui sont la principale raison d'être de la presse régionale.

Dans tous les pays développés, le nombre des journaux diminue et le nombre de lecteurs reste stable, quel que soit l'accroissement de la population.

Entre 1939 et 1949, la presse quotidienne de Paris, après l'éphémère foisonnement qui a suivi la libération, a donc perdu la moitié de ses titres, mais de 1949 à 1969, les décès et les naissances se sont presque équilibrés. En province, la chute est continue et régulière. Tous les dix ans, un quart des titres disparaissent, en général par fusions et absorptions. Si le tirage global n'a pas varié en trente ans, pendant la même période la population française est passée de quarante-deux à cinquante millions, et le pouvoir d'achat comme le niveau de culture se sont élevés. D'autre part, les statistiques globales sont souvent trompeuses.

Le nombre des quotidiens nationaux reste stable, mais la situation des petits titres se dégrade. En province, le développement de grands groupes de presse s'intensifie.

	Nombre de quotidiens				
	Presse nationale	Presse régionale ou locale	Total	Tirage moyen journalier (en milliers)	Part de la presse nationale
1939..	31	175	206	12 000	50 %
1949..	16	139	155	11 209	33 %
1959..	13	103	116	10 911	36 %
1969..	13	81	94	12 168	38 %

Les titres peuvent demeurer distincts, mais les services administratifs, techniques, voire rédactionnels, deviennent progressivement communs à plusieurs journaux. Y a-t-il pluralisme là où chaque jour varient uniquement la manchette et les nouvelles locales?

Ces 12 millions d'exemplaires quotidiens proposés aux 30 millions de Français en âge de lire, il faut les diffuser rapidement et régulièrement. Les difficultés sont nombreuses et mal résolues par le progrès technique. Qu'il s'agisse des envois par la poste qui se heurtent aux difficultés que l'on connaît ou de l'éclatement en une multitude de points de vente par les messageries, la vente de la presse est tributaire d'une main-d'œuvre toujours plus rare et plus chère. Les deux organisations nationales de messageries, les Nouvelles Messageries de la presse parisienne (N.M.P.P.) et Transport-Presse (blanc bonnet et bonnet blanc), sont dirigées contractuellement par la Librairie Hachette, même si la presse y possède la majorité du capital et des sièges aux conseils.

La qualité technique de la distribution en France est probablement inégalée, et l'acheminement des quotidiens et des périodiques vers plusieurs dizaines de milliers de points de vente s'effectue sans accrocs majeurs. Mais ce système n'est pas sans inconvénients. Le premier, particulièrement sensible à une époque où l'on fait la chasse à toutes les formes de gaspillage, c'est le nombre et le coût des invendus. Un tiers des exemplaires proposés aux lecteurs dans les différents points de vente en France ne trouvent pas d'acquéreur, un tiers de la production globale de papier est donc consommé en vain. Ce pourcentage est une moyenne. Les titres de grande diffusion sont mieux réglés. A titre d'exemple, *le Monde* «bouillonnera »[1] en 1974 à 21 % environ.

La diffusion par messageries est également – c'est le second inconvénient – coûteuse. Entre ce qui est payé par les dépositaires et ce qui est réglé aux éditeurs, la marge est actuellement d'environ 12 % du prix fort *. Sans doute faut-il, avec ces 12 %, payer les transports, comme le personnel affecté aux tâches matérielles et comptables de la distribution, mais il faut aussi rémunérer la Librairie Hachette, acquitter le loyer des locaux dont elle est propriétaire et qu'elle met à la disposition des messageries. Le mode de calcul et le montant de cette redevance sont actuellement discutés entre les éditeurs et Hachette. Il serait indécent de faire coexister des journaux trop exsangues et des messageries trop prospères.

Chaque journal a pour ambition de connaître avec précision le nombre d'exemplaires vendus, le nombre des lecteurs et leurs caractéristiques socio-économiques. Voilà qui est utile aux administrations et aux rédactions des journaux, mais aussi – ne devrait-on pas dire surtout? – aux annonceurs et aux publicitaires. Les deux organismes qui étudient l'achat et la lecture rassemblent donc en leur sein les représentants de la presse, ceux des annonceurs et des agences de publicité. Le premier d'entre eux – le plus ancien – c'est l'Office de justification de la diffusion (O.J.D.) qui procède, en principe chaque année, au contrôle du tirage et de la diffusion. A titre d'exemple, le graphique ci-dessus indique l'évolution en dix ans du tirage O.J.D. des quatre principaux quotidiens nationaux.

Le Centre d'études des supports de publicité (C.E.S.P.) analyse, lui, par la méthode des sondages, le nombre de lecteurs, et l'on se reportera au deuxième graphique pour trouver l'évaluation de l'audience globale des quatre mêmes journaux entre 1958 et 1974.

L'importance de l'O.J.D. et du C.E.S.P. est considérable puisque leurs résultats conditionnent en grande partie la faveur ou la défaveur des annonceurs. Grande est la tentation d'en fausser les résultats en multipliant les services gratuits ou les distributions de complaisance. On a ainsi pu dénombrer 100 000 exemplaires quotidiens du *Parisien libéré* et 60 000 du *Figaro*. Lorsque, pour la première fois en 1971 et depuis à plusieurs reprises, *le Monde* a cru devoir soulever ce problème en bravant les règles factices d'une certaine confraternité, ce n'est point, comme on l'a parfois compris ou même écrit, en raison de l'aigreur ressentie envers d'autres titres « plus lus ou plus appréciés », pour relever une formule qu'un rédacteur en chef du *Figaro* doit aujourd'hui regretter.

Il fallait, dès cette époque, signaler avec vigueur que loin de préparer le lecteur à payer tôt ou tard le journal à son prix, ces pratiques le déshabituaient de l'acheter et jetaient le discrédit sur toute la presse quotidienne et non sur leurs seuls auteurs. Que dire, actuellement, du gaspillage!

Il faut en effet que les lecteurs s'habituent à payer leur journal à son prix. Les quotidiens de grande information ont, en un an, franchi successivement trois étapes, en passant de 70 à 80 centimes (novembre 1973), de 80 à 90 centimes (mai 1974) et de 90 centimes à 1 franc (août 1974); 40 %, c'est une augmentation considérable mais on sait que pendant la même période le papier, qui entrait

1. *Bouillon :* ensemble des exemplaires invendus d'une publication.
* La remise totale est, pour les quotidiens, de 39 %. Il s'y ajoute des frais spéciaux de distribution. Lorsqu'il était encore à 1 F, *le Monde* encaissait environ 33 centimes par numéro fourni.

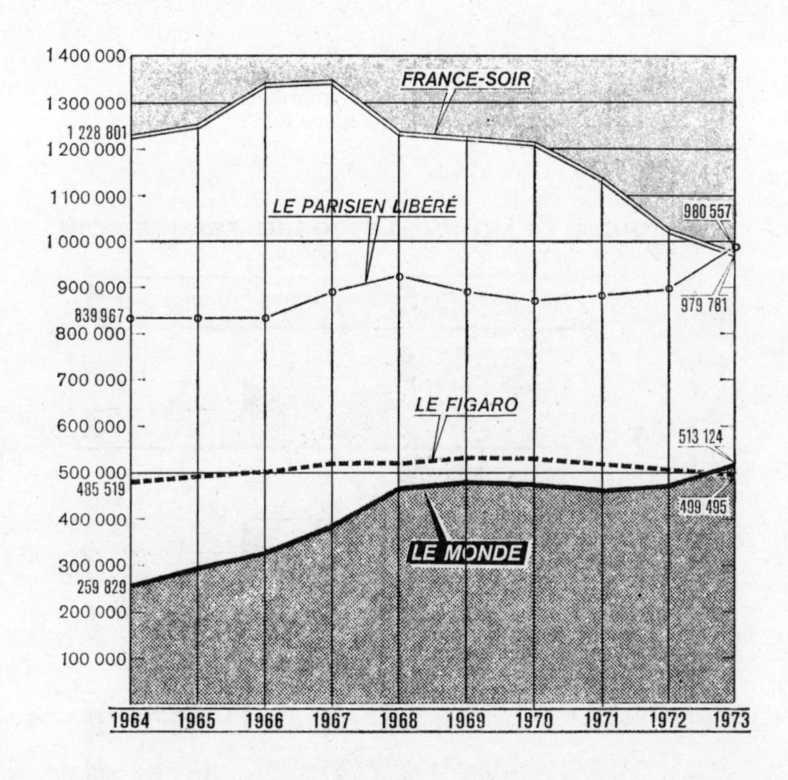

AUDIENCE GLOBALE

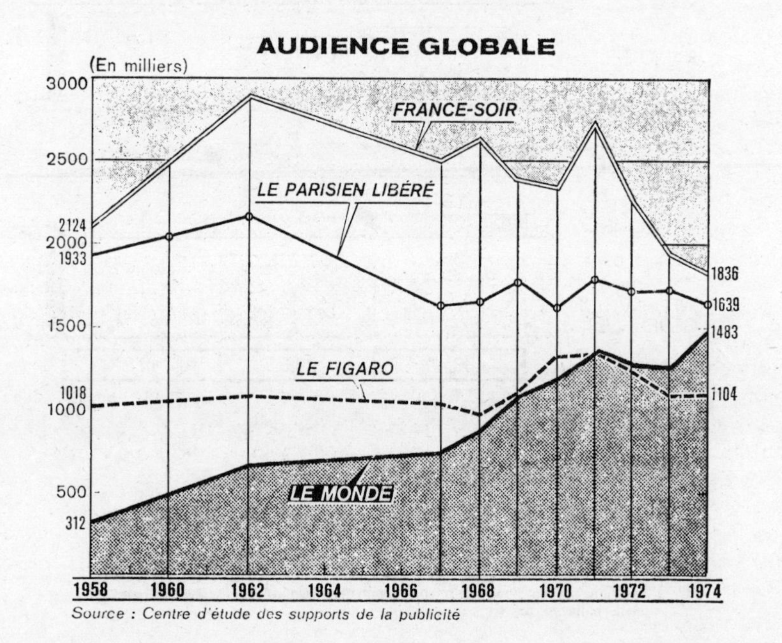

Source : Centre d'étude des supports de la publicité

Structure rédactionnelle de trois journaux

Place occupée par les grandes rubriques pendant une semaine-type par rapport à la surface totale [1]

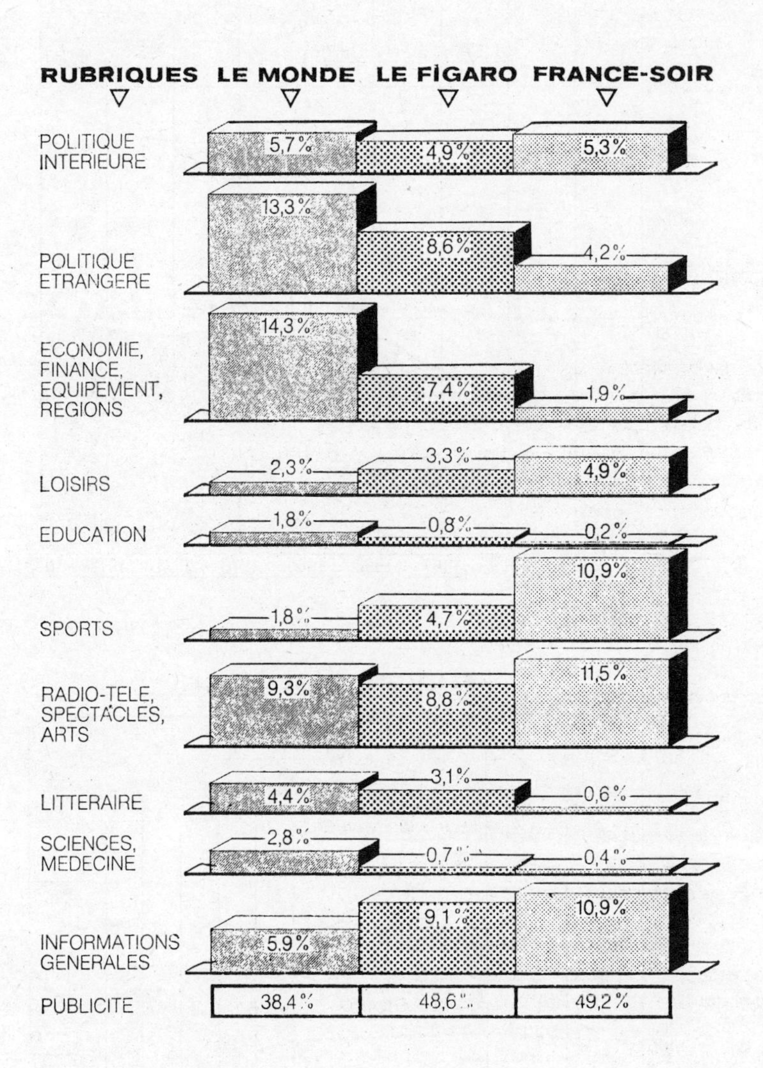

1. Du 25 au 30 juin 1974; cette semaine n'a pas été marquée par un événement particulièrement important qui aurait déséquilibré la répartition moyenne des rubriques et peut donc être retenue comme représentative de la structure rédactionnelle moyenne des trois titres.

pour un quart dans le prix des journaux, a vu son prix s'accroître de 70 %.

Ce sont les conditions économiques exceptionnelles d'aujourd'hui qui contraignent la presse à se rapprocher d'une vérité des prix dont elle s'était éloignée en raison du poids de la publicité. Certes cela ne va pas sans faire de problèmes puisqu'un accroissement excessif du prix de vente est peu conforme à l'idéal démocratique, celui d'une diffusion à bon marché qui permette d'atteindre le plus grand nombre de lecteurs. Mais le pluralisme y trouve peut-être son compte, à court ou à moyen terme. Lorsque les grands quotidiens augmentent leur prix de vente, ils sont moins en mesure de pratiquer, consciemment ou non, une politique de dumping à l'égard des titres peu favorisés par la publicité. A 50 centimes en 1972, diffuser un quotidien à 100 000 exemplaires, c'était l'impossible gageure; à 1,20 F ou à 1,50 F, malgré l'augmentation des charges et du papier, le pari peut être envisagé. Est-ce pour cette raison qu'après un été endeuillé par la disparition de *Combat*, on parle beaucoup, à Paris, de plusieurs projets de quotidiens?

JACQUES SAUVAGEOT

8 novembre 1975

E20-21 Maîtriser la crise

Il faut s'habituer à payer plus cher la matière première et les services. Le papier, même s'il est produit en quantités suffisantes, est composé d'eau, de bois et d'énergie. L'eau est gratuite, ou presque, le bois, c'est du temps – il faut que les arbres repoussent – et de la main-d'œuvre; l'énergie coûte, on le sait assez, plus cher. A cet accroissement du prix de revient correspond dès maintenant et plus encore dans l'avenir probable une diminution des recettes de publicité, liée à ce que l'on appelle pudiquement le refroidissement de l'économie. Voilà de quoi faire réfléchir les éditeurs, les journalistes, les ouvriers, en exceptant peut-être les distributeurs qui semblent à l'abri de la crise tant que leur rémunération reste fixée en pourcentage du prix fort.

A la hausse des prix de revient correspondra fatalement l'accroissement du prix de vente (pendant que les quotidiens progressaient de 70 centimes à 1 F, les hebdomadaires de grande information passaient d'environ 3 F à 5 F) et la réduction du nombre de pages, dès lors que la publicité stagne ou diminue. C'est le paradoxe de la presse que de devoir vendre plus cher un produit moins copieux.

Les journaux qui feront face à cette situation nouvelle sont ceux qui auront accepté de jouer avec leurs lecteurs et leurs collaborateurs au jeu de la vérité. Comment faire admettre à une rédaction, même pléthorique, des sacrifices qui toucheraient les jeunes journalistes, alors que l'état-major, parfois fictif, est rémunéré au-delà de toute décence?

De son côté, la Fédération française des travailleurs du livre est prête, structurellement, à répondre à une demande accrue de la production. Mais elle est mal préparée à faire supporter à ses adhérents les conséquences de la récession, et il sera probablement difficile d'imposer les mêmes sacrifices aux propriétaires des journaux, à ceux qui les rédigent et à ceux qui les fabriquent.

Si la presse est le quatrième pouvoir, on se fait quelque illusion sur l'étendue de sa puissance. Aucune profession n'est aussi faible, aussi désarmée, aussi mal représentée, aussi peu capable de défendre ses intérêts. Les hommes y sont-ils plus incompétents, plus incapables, plus mauvais qu'ailleurs? Non pas. Mais aux conflits d'intérêts qui sont le lot de toutes les industries, de tous les commerces, se superposent des luttes idéologiques qui n'admettent ni trêves ni compromis. Le pluralisme est sur toutes les lèvres, mais chacun se persuade facilement qu'il détient la vérité. Comment faire admettre à *l'Aurore* que *l'Humanité* doit prospérer? Comment convaincre *Libération* que *le Parisien libéré* doit exister? En théorie, certes, mais concrètement il en va tout autrement.

Peut-être faut-il aller jusqu'à écrire : si la presse est désorganisée, tant pis ou tant mieux. Là où cette profession est organisée, il y a un Ordre de la presse et la liberté n'est plus. Entre les marques de lessive, entre les différents réfrigérateurs, il y a des nuances de prix, de qualité, rien qui soit fondamental, et les consommateurs et les écologistes s'unissent pour souhaiter la suppression de concurrences parfois artificielles. Il en va tout autrement pour les journaux. Les produits ont la même apparence, utilisent le même papier, les mêmes caractères typographiques, pratiquent les mêmes prix. Seul diffère, fondamentalement, le contenu. La presse est idéologique, même lorsqu'elle n'a pas d'idées, politique, même lorsqu'elle se veut apolitique. Le contenu diffère aussi en quantité et, pour le constater, il suffit de se reporter au graphique qui, pour une semaine du mois de juin, évalue le contenu rédactionnel de trois grands quotidiens parisiens : *France-Soir, le Monde,* et *le Figaro.*

Unis par une communauté apparente d'intérêts économiques, les éditeurs sont profondément divisés. Il en va de même des journalistes : pendant que certains déploraient la mort de *Paris-Jour,* d'autres s'en félicitaient au nom de la lutte contre « la pollution de l'intelligence ».

Il n'y a pas de solution type au problème du pluralisme. Si, selon la règle actuelle, la puissance appartient à l'argent, la presse reflète le plus souvent ou parfois représente davantage les intérêts de ce qu'il est convenu d'appeler les possédants, et les catégories les plus déshéritées de la nation resteront sous-informées comme elles sont politiquement sous-représentées. Si les journaux étaient destinés à appartenir aux seuls journalistes, on risquerait d'aller vers trop d'uniformité dans l'information. Si la presse est dirigée par ses lecteurs, elle perd son pouvoir d'informer ou d'éduquer car il n'est pas évident que les goûts du plus grand nombre correspondent à l'intérêt général. On ne fait pas de bonne télévision, de bonne radio, de bons journaux à coups de sondages d'écoute et de sondages d'opinion.

Ce que peut souhaiter le lecteur, le citoyen, c'est que le jeu des lois économiques soit suffisamment contrarié pour que la diversité des opinions trouve à s'exprimer et que le pouvoir soit assez équilibré dans l'entreprise pour en garantir l'indépendance.

La presse et l'État

Les rapports de la presse avec l'État sont faits de défiance réciproque. Mais faut-il le regretter? Lorsqu'il était ministre des Finances, M. Giscard d'Estaing a défini, non sans raison, la presse comme un anti-pouvoir. Mais il a omis d'indiquer comment le pouvoir pourrait s'accommoder de son contraire. Qu'il s'agisse de la reprise en main d'Europe n° 1, de l'éviction du directeur général de la Librairie Hachette, des « petites phrases » qui nous préviennent qu'il ne saurait y avoir de Watergate en France, tout conduit à penser que le gouvernement actuel, comme ses prédécesseurs, supporte mal la contradiction. Ceux qui agissent ou qui ont l'illusion d'agir admettent mal la critique. Ils s'indigneraient si on leur prêtait le désir de voir la presse « aux ordres », mais ils ne peuvent admettre les conséquences et, pourquoi pas, les excès qui découlent d'une liberté fondamentale. Quand, en novembre 1973, les quotidiens furent contraints d'augmenter leur prix de vente, ils durent subir une longue algarade du premier ministre – c'était M. Pierre Messmer – et les foudres du ministre des Finances – c'était M. Valéry Giscard d'Estaing. L'un et l'autre concevaient mal que les franchises économiques soient une des conditions essentielles de la liberté d'informer.

L'aide de l'État à la presse est un beau sujet d'étude, un thème idéal pour les banquets. Les éditeurs supplient, les ministres promettent, les uns et les autres de perpétuer l'ordre établi, c'est-à-dire de favoriser les puissants. Quant à ceux qui essayent de se faire une autre idée de la presse, ils se laissent vite enfermer dans cette alternative : soit refuser toute aide de l'État au nom de la liberté, en soupçonnant non sans quelque raison qu'aucune aide n'est désintéressée, soit réclamer des pouvoirs publics une aide mieux répartie, qui favorise le pluralisme, tout en sachant qu'il n'y a pas de critère objectif et qu'il est malaisé de codifier l'arbitraire. Dans ce domaine, comme dans les autres, la presse vit sous le régime de la navigation à vue. Elle accepte tacitement la hausse des tarifs postaux sans en mesurer les conséquences dramatiques sur sa diffusion et sur l'exportation. Elle refuse toute discrimination entre les titres de peur d'être contrainte à une discipline professionnelle plus rigoureuse.

Chaque année le Parlement renâcle : des fonds publics sont engagés, mais ils ne suffisent pas à garantir la liberté et la diversité de l'information. L'exonération de la T.V.A., une des franchises essentielles de la presse, est présentée – c'est un comble – comme un obstacle économique et fiscal. La solution existe cependant, comme les Anglais l'ont démontré, quitte à faire hausser les épaules technocratiques : elle s'appelle le taux zéro.

Voilà qu'on nous promet, pour couper court aux critiques, une « table ronde » qui redéfinira les modalités de l'aide de l'État à la presse. Il serait facile d'ironiser en rappelant qu'une commission a longuement siégé en 1972, sous la présidence de Jean Serisé, actuel chargé de mission auprès du président de la République, et on n'aperçoit pas les éléments nouveaux qui permettraient en 1975 de faire progresser cette étude. Mais pourquoi repousser le dialogue? Il faudrait donner à cette « table ronde » une composition plus large et de plus vastes objectifs. Il faudrait rassembler non seulement les éditeurs, les pouvoirs publics ou les parlementaires, mais aussi les imprimeurs, les représentants des journalistes, des cadres, des employés, des ouvriers, essayer, sans illusion utopiste, de définir un statut de l'information écrite ou parlée. N'y croyons pas trop.

JACQUES SAUVAGEOT

9 novembre 1975

E22-23 Vivre avec la crise

Après l'aide publique à l'automobile, le gouvernement s'apprête à annoncer des mesures de soutien dans d'autres branches, bâtiment et informatique notamment. « Face à la compétition internationale plus difficile, il est indispensable de "muscler" l'économie française », a déclaré, mercredi 4 décembre, le président de la République au conseil des ministres. « Ceci devra être fait dans d'autres secteurs [que l'automobile] chaque fois que nous devrons améliorer notre position compétitive pour défendre l'activité de l'emploi. » Il n'est cependant pas si facile de concilier une croissance modérée et le maintien de l'emploi, comme l'explique ci-dessous Pierre Drouin.

Ajustements culturels

Nous n'avons pas manqué d'oracles venant de tous les bords. Les marxistes promettent depuis belle lurette la « *crise générale du capitalisme* », M. Jacques Rueff, la « *crise monétaire* », le Club de Rome la crise des ressources alimentant la croissance, etc. Et pourtant, quand les prix grimpent à la vitesse que l'on sait, quand l'expansion s'essouffle, quand le chômage gonfle, c'est la surprise. Est-ce parce que cette fameuse « crise » est arrivée par où on ne l'attendait pas précisément, ou en tout cas pas si vite : celle du pétrole? Sur ce point particulier, il est vrai que les prophètes avaient été discrets.

Mais ce qui étonne surtout, semble-t-il – et les Français plus que d'autres, – c'est que la vigoureuse ligne de vie des économies occidentales, qui subissait certes de temps en temps des petits fléchissements conjoncturels, apparaisse aujourd'hui comme beaucoup plus pâle. Ainsi, la croissance – et la croissance forte pour ce qui nous concerne – n'était pas inscrite à perpétuité dans le destin des pays industriels?

La génération de l'après-guerre n'a pas connu d'autre paysage que celui de l'expansion à un bon rythme. De là à penser qu'elle répondait à une sorte de « loi naturelle » ou, à tout le moins, que les experts avaient trouvé le secret de la sortie des cycles, il n'y avait qu'un pas. D'autant plus aisé à franchir qu'on s'accommodait fort bien de ces heureuses dispositions de l'économie. Qu'il faille déchanter aujourd'hui ne paraît pas étrange à ceux qui se rappelaient les rythmes de l'avant-guerre.

Dans les cinquante années qui s'écoulèrent entre l'exposition universelle de 1889 et le début de la seconde guerre mondiale, le volume de la production a doublé, alors qu'en vingt ans, entre 1946 et 1966, la production a été multipliée par trois. Au cours du siècle allant de 1830 à 1930, le taux de croissance annuel du produit national français par habitant avait été de 1,1 %; le taux allemand de 1,4 % et l'américain de 1,4 % [1].

L'économiste marxiste Ernest Mandel [2] note que la récession en cours marque la fin du long *boom* d'après la deuxième guerre mondiale, ou, « pour parler plus précisément », la fin de la longue période de croissance accélérée qui a dominé l'économie capitaliste internationale de 1948 à 1968 (et l'économie des États-Unis de 1940 à 1968). Pour lui, à chaque « *onde longue expansive* » de vingt-cinq ans environ, où une nouvelle technologie est introduite massivement, succède une « *onde longue à croissance ralentie* », dans laquelle on se contente de perfectionner et de généraliser les récentes découvertes. Ainsi s'entrecroisent les ondes hautes (1847-1873; 1893-1913; 1940 (1948)-1968) et basses (1873-1893; 1913-1940).

M. Giscard d'Estaing parle, lui, de « *crise durable* », sans se hasarder, on le comprend, à d'autres pronostics. Ce n'est pas cultiver le masochisme que de rassembler les signes qui donnent raison à ces analyses. Puisque l'accent est mis – ô combien! – aujourd'hui sur le cas de l'énergie, voici où conduirait, selon Michel Grenon [3], l'hypothèse de la continuation des taux de croissance actuels : si l'on construisait dans le monde un réacteur nucléaire de 1 000 MWe (puissance un peu supérieure à celle du réacteur en construction à Fessenheim) *chaque jour* pendant vingt-cinq ans, au bout de cette période, en l'an 2000, *plus de la moitié* encore de notre énergie devrait provenir des combustibles fossiles (ou d'autres ressources non encore domestiquées à l'échelle industrielle, telles l'énergie solaire, l'énergie géothermique ou la fusion thermonucléaire).

Qui peut assurer que de telles performances pourront être réalisées? Même si la chance technologique nous favorisait pour les énergies de substitution, où trouver l'énorme masse de crédits nécessaire pour satisfaire cette boulimie énergétique? Du côté des Arabes? Mais pourquoi financeraient-ils notre hyperconsommation?

La réalité est toute différente : nous allons vers une « redistribution de la croissance ». L'expansion sera plus faible pour les pays industrialisés, plus forte pour les autres, ce qui est conforme après tout à la justice. Comme le sou-

1. Tous ces chiffres sont tirés de l'ouvrage de MM. Carre, Dubois et Malinvaud : *la Croissance française* (Éditions du Seuil, 1972).
2. Lire son article dans *le Monde diplomatique* de novembre 1974.
3. Dernier numéro de la revue *Contrepoint* et auteur du livre *Ce monde affamé d'énergie* (Éditions Laffont, 1973.)

lignait Lionel Stoléru dans son dernier ouvrage [4], la crise du pétrole est, à moyen terme, profondément déflationniste pour les pays riches : par exemple, ce que prélèvent les pays arabes a exactement le même effet en France cette année que si l'État triplait l'impôt sur le revenu et en stérilisait le produit. « *La période des dix prochaines années sera caractérisée par le fait que le prix des produits industriels baissera par rapport au prix des ressources naturelles, quelle que soit la monnaie utilisée pour la transaction.* » C'est donc une illusion de croire qu'on pourra se rattraper en augmentant le prix des exportations. Il faudra adopter un train de vie plus modeste.

Si les ajustements intellectuels (l'expansion n'est pas une chose définitivement acquise) ne sont pas commodes, le changement des habitudes de consommation le sera-t-il davantage? Tout dépend de la manière dont évoluera l'éventail des revenus. Il est bien évident que si des inégalités restent aussi fortes qu'aujourd'hui, toute adaptation est impossible et toute incitation à reconsidérer le carnet d'achats des consommateurs, une véritable agression sociale.

Le poids le plus lourd

Dans ce domaine, vivre avec la crise, c'est d'abord en faire supporter le poids le plus lourd par les plus aisés. Réformer la fiscalité, certes, mais à l'heure où les choses pressent, est-il besoin de rechercher les formules sophistiquées du type de celles qui étaient chères à M. Giscard d'Estaing, du temps où il était ministre de l'Économie et des finances? Par exemple, un impôt de solidarité assis sur les patrimoines importants permettrait de marquer la volonté d'un gouvernement de ne pas prêcher la modération seulement à ceux qui touchent des traitements et des salaires, d'accumuler un « trésor de crise » qui pourrait servir à financer des équipements collectifs particulièrement menacés en période de haute inflation.

C'est seulement si une action énergique était menée en ce sens – on voit mal se dessiner les forces qui l'appuieraient dans l'actuelle majorité, – avec son pouvoir émotionnel et son caractère exemplaire, qu'un coup de frein à certaines consommations pourrait être envisagé. A partir du moment où il est clair que le haut du pavé n'est plus aussi facile à tenir en temps de crise, que les comportements des classes aisées se modifient et que la publicité doit largement en tenir compte, c'est tout un climat qui bascule et qui permet de donner une tout autre allure à la consommation. Psychologiquement traumatisante? On ne voit pas pourquoi.

Après tout, la fringale de biens qui se renouvellent est une disposition d'esprit récente et qui est moins naturelle que celle qui consiste à prolonger la vie d'objets qui ont fait leur preuve. Certaines annonces concernant les marques d'automobiles depuis la crise de l'énergie montrent que la publicité pourrait fort bien inciter à modifier les mentalités.

En tout cas, il est maintenant prouvé que l'indice de satisfaction des citoyens d'un pays n'a que peu de rapports avec celui de la croissance. La dernière enquête par sondages dans la C.E.E. [5] a révélé que, parmi les « quatre grands » du Marché commun, c'est la Grande-Bretagne qui révèle le degré de satisfaction le plus élevé du groupe, alors que le P.N.B. britannique par tête d'habitant est beaucoup plus bas que celui de l'Allemagne fédérale et de la France. En outre, les Français sont moins disposés que les Anglais à admettre qu'ils vivent mieux aujourd'hui, alors que la France est le pays d'Europe qui a le taux de croissance le plus élevé.

Le « redéploiement » des pouvoirs

Les habitudes industrielles devront, elles aussi, être modifiées pour que l'on puisse « vivre avec la crise » ou plus exactement avec une expansion ralentie, sans trop de dommages. On ne pouvait mieux tomber pour parler de la réforme de l'entreprise. Car c'est évidemment en des temps où les objectifs à moyen et à long terme de la cellule de production sont en pleine mutation qu'il convient de modifier celle-ci, et notamment la structure du pouvoir, qui devra se fonder de plus en plus sur l'adhésion de tous ceux qui concourent au développement de l'entreprise. Quand des décisions graves sont à prendre – il y en aura au cours des mois, sinon des années à venir, – ce qui compte, c'est autant le « peuple réel » qui vit dans l'entreprise que le « peuple légal » des actionnaires.

Ce qu'on a coutume d'appeler « l'adaptation du système productif » ou le « redéploiement de l'industrie » ne doit donc pas s'entendre seulement comme une nouvelle diversification sectorielle, avec ralentissement de certaines branches et fort développement de certaines autres. Le déploiement des hommes, leur épanouissement par leur accession aux responsabilités face à de nouveaux défis, est au moins aussi important. Paradoxalement la crise devrait aider à cet ajustement qui est, lui aussi, d'ordre culturel entendu au sens large, puisqu'il se réfère à un autre type de société que celui que nous connaissons.

Reste le plus dur à avaler lorsqu'on doit vivre à un rythme de production moins soutenu : le chômage. Faut-il renoncer au « plein emploi », la plus belle conquête peut-être de l'après-guerre?

PIERRE DROUIN

6 décembre 1974

4. *Vaincre la pauvreté dans les pays riches* (Flammarion, 1974.)

5. *Europa* (*le Monde* du 5 novembre 1974). Dossier « Les Européens sont-ils heureux? »

E24 Les difficultés de reclassement des chômeurs en France

L'accroissement particulièrement rapide, ces derniers mois, du nombre de personnes à la recherche d'un emploi (690 000 fin novembre selon les statistiques officielles) et la diminution concomitante des offres d'embauche faites par les entreprises placent les services publics de l'Agence nationale pour l'emploi (ANPE) dans une situation difficile. Les efforts d'implantation, d'équipement et de recrutement de personnel faits ces dernières années par l'Agence ne suffisent pas à faire face à cette brutale détérioration de l'emploi. Dans nombre de centres, les quelque six mille deux cents employés de l'ANPE doivent se contenter de gérer tant bien que mal l'inquiétude. Encore faut-il tenir compte que plus de trois cent mille personnes (des femmes et des jeunes surtout), qui constituent ce que les statisticiens appellent « la population disponible marginale à la recherche d'un emploi », ne s'inscrivent pas dans les services de l'ANPE.

Différents projets et expériences sont actuellement à l'étude pour faciliter le rapprochement des demandes et des offres d'emplois (recours à l'informatique), améliorer le répertoire des métiers et des emplois afin de le rendre plus opérationnel, multiplier le système d'affichage des offres dans toutes les agences.

L'inquiétude du personnel demeure cependant grande, car la montée du chômage se traduit par un surcroît de travail dans les bureaux locaux de l'Agence. Récemment, les organisations C.G.T. et C.F.D.T. de l'Agence nationale pour l'emploi (ANPE) ont appelé les agents des services de placement et des centres administratifs de Paris à organiser une grève reconductible et à participer aux manifestations proposées par les deux syndicats. Il y a quelques jours (« le Monde » du 25 décembre), ces militants de toutes tendances ont occupé les bureaux départementaux de la région parisienne, de l'Eure et de la Seine-Maritime pour demander « la contractualisation immédiate de tous les vacataires et l'arrêt de tout recrutement pour cette catégorie de personnel ». Ils réclamaient en même temps des effectifs suffisants et un salaire minimum de 1 700 F et une nouvelle politique d'implantation des locaux.

Autre aspect des problèmes de l'emploi : la situation dramatique dans laquelle se trouvent quelque dix mille travailleurs immigrés introduits au printemps et au cours de l'été comme travailleurs saisonniers, en particulier dans le Vaucluse et l'Hérault, et qui se trouvent aujourd'hui en situation irrégulière, leurs contrats à temps ayant été rompus prématurément ou n'ayant pas été prorogés. Notre correspondant à Montpellier nous signale que deux cent cinquante de ces travailleurs, en majorité d'origine maghrébine, se sont rendus en délégation à la préfecture de région, au service de la main-d'œuvre, et à l'Agence nationale pour l'emploi, qui, paradoxe, leur a dit : « Nous pouvons vous donner du travail, mais il vous faut une carte de travail et une carte de séjour. » Ils ne possèdent, bien entendu, ni l'une ni l'autre et ne peuvent sortir de ce cercle vicieux. Un gala de soutien a été organisé pour eux avec la participation de groupes musicaux arabes, du Front des travailleurs immigrés et de la fanfare de Prades.

Guy Porte, qui décrit ci-dessous la situation des « sans-papiers » du Vaucluse, précise que le secrétariat d'État aux travailleurs immigrés a exclu toute nouvelle régularisation générale et n'a pratiquement laissé d'autre choix aux intéressés que le rapatriement dans leur pays d'origine (quelques transferts vers des départements demandeurs de main-d'œuvre immigrée, tels l'Ardèche ou l'Allier, seront toutefois autorisés). Il est pourtant bien improbable que l'on parvienne à renvoyer rapidement chez eux dix mille travailleurs immigrés, qui constituent un réservoir commode de main-d'œuvre disponible.

Le système des contrats saisonniers sera toutefois sensiblement modifié, comme le souhaitent d'ailleurs les organisations syndicales agricoles.

Enquête. 3 janvier 1975

AGENCE DE L'EMPLOI :

E25-26 Gérer l'inquiétude...

Noisy-le-Sec, dans la Seine-Saint-Denis : tôt le matin, les chômeurs font la file au pointage, dans une école maternelle désaffectée, 5, rue de l'Union. Morne et silencieux cortège. Un travailleur immigré, respectueux, se décoiffe en entrant. A ses côtés, un autochtone en veste de cuir, cigarette éteinte au bec, gardera sa casquette jusqu'au bout de la demi-heure d'attente, avant de recevoir son dû. Sept francs par jour pour ceux qui bénéficient de l'aide publique : « *C'est pas la joie, mais c'est toujours ça* », murmure l'homme en casquette.

Tous sont ici des chômeurs reconnus. Les autres sans travail – ou ceux qui recherchent « *quelque chose de mieux* » – doivent se rendre à l'antenne locale de l'Agence nationale pour l'emploi. Elle est installée 7, rue Jean-Jaurès, dans une petite maison à demi en ruine, d'un seul étage, au pied des H.L.M. gigantesques. Les employés de cet ancien bureau de main-d'œuvre l'appellent l' « agence-taudis ».

Le public est reçu dans une annexe située à l'arrière du bâtiment, rue Saint-Denis. Une sorte de garage exigu, à peine chauffé, tout en béton. Quatre rangées de chaises, trois bureaux, deux cartes de la région. « *Aéroport Charles-de-Gaulle, moyens d'accès* », et quelques affiches : « *Pour le choix d'un métier, faites carrière aux P. et T., quinze mille emplois par an* »... Coup d'œil désabusé du jeunot qui rentre du service militaire, de l'étudiant bardé de diplômes qui n'a rien trouvé dans sa spécialité, de la dactylo bilingue qui fuit un travail temporaire ou de l'O.S. renvoyé depuis deux semaines lors d'un licenciement collectif.

Ils seront cent dans une heure, trois cents dans la journée. Des jeunes surtout, mais aussi des femmes et, plus souvent qu'on ne l'imagine, des cadres, qui se repèrent mutuellement à certains signes : le col strict, une certaine façon de s'asseoir en croisant les genoux, et parlent à mots couverts de « turn-over », recyclage et compression. S'ils sont là, c'est qu'ils ont tout essayé : et les voici franchissant, comme les autres, la porte vitrée qui mène à cette dernière bouée de sauvetage : le « *dossier d'admission* » du demandeur d'emploi.

Trois semaines de démarches

Interrogatoire public, questions indiscrètes auxquelles il faut bien répondre : « *Et vous, c'est pourquoi?* » – « J'ai été licencié... » – « *Depuis quand?* » – « Depuis un mois... » – « *Et c'est maintenant que vous venez? Mais après vingt-huit jours, vous perdez vos indemnités! Vous risquez de ne plus bénéficier de vos droits sociaux!* »

Comment s'en sortir? Il faut quinze jours au moins pour constituer un dossier professionnel, trois semaines au total pour l'admission éventuelle au chômage. Bureaucratie, paperasserie, demarches en tous genres – aggravées, récemment, par la grève des postiers – le personnel est souriant mais débordé, surmené, harcelé de coups de téléphone. Il lui reste peu de temps pour accomplir ce qui devrait être sa mission première : trouver du travail à ceux qui en manquent. Son rôle se borne pratiquement à recenser les demandes d'emploi. « *Priorité à l'inscription* » : ce sont les directives du centre régional de l'agence pour la zone Paris-Normandie.

Il s'agit, en somme d'entériner la pénurie. Dans la Seine-Saint-Denis, on enregistrait, fin octobre, selon les dernières statistiques officielles, dix-sept mille cent quarante-cinq demandes pour trois mille cinq cent six offres d'emploi. Depuis lors, l'écart s'est encore creusé, les difficultés du personnel n'ont fait que croître. Cette situation n'est pas propre à l' « agence-taudis » de Noisy-le-Sec.

Douze offres d'emploi dans le tertiaire

Rue Simonet, Paris-13ᵉ : une des sept agences locales interprofessionnelles de la capitale, gérant à elle seule trois arrondissements populeux, le 5ᵉ, le 13ᵉ et le 14ᵉ. Ici tout n'est qu'harmonie, calme et propreté. Moquette, décor garance, fauteuils avenants, hôtesses, accueil « personnalisé ». Chaque nouveau venu est dirigé, par étapes successives, vers le box adéquat où l'attendent, selon les cas, la rédactrice qui va établir son premier dossier, le prospecteur-placier, ou celui chargé des inscriptions aux cours de formation pour adultes, ou encore le conseiller professionnel.

La même structure pratiquement, se retrouve dans la section des jeunes – il en existe une, désormais, dans chaque grande agence – où l'on tente de remédier au découragement qui, devant la multiplicité des démarches, s'empare facilement de cette classe d'âge particulière de demandeurs d'emploi. On leur procure un dépliant : « *Vous allez avoir seize ans... Sachez que vos parents peuvent souscrire un contrat d'apprentissage vous permettant d'acquérir une formation d'ouvrier qualifié en deux ans.* » Du travail dans deux ans? Certains jeunes gens repartent éberlués. « *La plupart du temps,* dit une déléguée C.F.D.T., *ils ne reviennent pas, et la section des jeunes reste déserte.* » Ils iront grossir le flot des chômeurs ou celui des gagne-petit, des salariés dépourvus de qualification professionnelle.

Au fond du hall, une troisième section, la « *mise à disposition des offres* », dotée également d'un prospecteur-placier, a pour objet de répertorier sur un vaste panneau d'affichage les propositions d'embauche émanant des employeurs : « *Conditionneuse sachant lire et écrire, 400 F par semaine* »; « *Vendeur qualifié chaussures, 1 300 à 1 500 F par mois* », « *Retoucheuse vêtements, caserne de Vincennes, 8,15 F l'heure* ». Pour les trois arrondissements, cette semaine, on dénombre douze offres d'emploi dans le tertiaire. « *Ici aussi,* conclut notre interlocutrice, *le personnel est submergé, les prospecteurs ne savent où donner de la tête, la foule des demandeurs augmente tous les jours. Et, rien que dans le 13ᵉ et le 14ᵉ arrondissement, une quarantaine d'entreprises envisagent des licenciements collectifs pour le premier trimestre 1975.* »

Selon le personnel de l'Agence, le chômage frappe surtout quatre catégories de personnes. En premier lieu des jeunes : 60 % des demandes nouvelles en septembre, mais dont beaucoup, on l'a dit, restent sans suite. Des femmes : plus de 55 %, contre 37 % en 1968, et plus de 62 % d'entre elles ont moins de vingt-cinq ans. Des immigrés aussi : on remarque une recrudescence des annonces racistes – «*non-Européens s'abstenir* » – que l'agence préfère camoufler dans ses fiches pour éviter que, si l'on applique la loi, des travailleurs immigrés ne traversent chaque jour Paris d'un bout à l'autre, pour se rendre chez un employeur qui les écarterait sous quelque prétexte. Des cadres : dans l'agence spécialisée qui leur est réservée, 12, rue Blanche, à Paris (9ᵉ), et dont la compétence ne s'étend qu'à la capitale *intra muros,* le total des demandes d'emploi non satisfaites est, à ce jour, de huit mille cinq cents, soit 67 % de plus que l'an dernier à la même époque. En revanche, le nombre des conseillers professionnels n'a pas changé : il reste fixé à dix-huit depuis plus d'un an.

Face à cette montée du chômage, les moyens sont-ils à la mesure des besoins? L'année 1974 a été marquée par un effort d'amélioration des services de l'Agence nationale et par une diversification des méthodes. A grand renfort de propagande – et d'argent – un projet d'aide informatique aux demandeurs et aux employeurs (AIDE) a été mis en branle, outre la création d'un corps de contrôle chargé d'informer la direction sur le fonctionnement concret des unités locales. Cet effort qualitatif ne risque-t-il pas d'être mis en question par les difficultés de la conjoncture, alors que les structures d'accueil et de protection des chômeurs sont encore insuffisantes? En novembre dernier, l'Agence n'a effectué que 38 000 placements au lieu de 52 400 en octobre 1974 et 60 600 en novembre 1973.

C'est d'abord, et avant tout, un problème de personnel. Le programme « finalisé » de l'Agence nationale, dont l'échéance fut fixée à 1974, prévoyait un effectif de 6 600 personnes pour l'ensemble de la France, selon le critère « *un employé pour huit cents chômeurs* » fixé dès 1972-1973 en fonction d'une conjoncture moyenne antérieure. Le budget de 1974, qui prévoyait la création de 400 emplois dans l'Agence laissait un déficit de 407 postes par rapport à ce programme finalisé. Actuellement, l'effectif réel de l'Agence se situe aux entours de 6 100 salariés. Le budget pour 1975 prévoit la création de 100 emplois (mesures nouvelles de 4 millions de F), et l'on parle de 307 emplois statutaires supplémentaires. Il en faudrait au moins 1 000 de plus, selon les syndicats, si l'on veut faire face à l'afflux des demandes d'emploi nées d'une conjoncture économique plus difficile.

C'est d'autant plus inquiétant que l'écart n'a cessé de grandir ces dernières années entre le nombre des demandeurs inscrits et celui des dossiers transmis pour décision d'aide publique : 1 266 804 demandeurs de la catégorie 1 (salariés sans emploi à la recherche d'un travail durable et à plein temps) en 1971, 425 175 dossiers transmis; 1 million 467 827 demandeurs en 1972, 495 640 dossiers; 1 615 880 demandeurs en 1973, 504 559 dossiers (chiffres cités par la C.G.T.). Un tel écart n'a jamais été atteint au temps des sinistres bureaux de main-d'œuvre.

De lourdes carences

Le personnel de l'Agence s'interroge sur les missions qui lui sont dévolues. Garantir les droits des chômeurs par le dépôt des dossiers? Informer sur ces droits? Orienter vers un emploi? La réforme intervenue en 1974 a laissé subsister de lourdes carences, quand elle n'en a pas créé de nouvelles. « *On a multiplié le nombre des démarches à faire et leurs lieux géographiques,* nous dit un militant C.G.T. *Le traitement des dossiers d'aide publique a lieu dans les centres administratifs, parfois très éloignés des agences locales. Le travail des conseillers professionnels, notamment, s'en trouve singulièrement compliqué.* » Le sort des chômeurs aussi, qui doivent s'inscrire dans tel bureau, aller au pointage dans tel autre, ou percevoir leurs allocations dans un troisième.

Des carences? Elles apparaissent surtout dans la formation du personnel de l'Agence, même si les conseillers professionnels disposent d'un demi-jour par semaine pour la formation continue. Combien d'employés de l'Agence connaissent-ils, même d'une manière élémentaire, non le droit du travail, mais la situation véritable du marché du travail dans leur région, la conjoncture, les possibilités offertes aux usagers? Combien sont-ils à savoir qu'il est possible, au titre du Fonds national de l'emploi, d'obtenir un bon de transport pour le chômeur qui recherche une embauche? Il est vrai qu'aujourd'hui, pour se procurer ce bon – délivré jadis automatiquement par les bureaux de main-d'œuvre –, l'infortuné chômeur est ballotté de l'agence locale à la section départementale de l'A.N.P.E., quand ce n'est pas à la mairie ou à la préfecture pour d'autres documents!

« *Nous avons,* conclut le cégétiste, *de moins en moins de temps pour la prospection des offres et l'amélioration du conseil professionnel. Le fonctionnement de l'agence s'en trouve affecté.* »

En octobre dernier, un député U.D.R., M. Simon-Lorière, rapporteur de la commission des affaires culturelles, familiales et sociales sur le projet de loi de finances pour 1975, avait lancé le même cri d'alarme : « *Les actions de formation du personnel nouvellement recruté et de formation continue des agents en place,* déclarait ce député de la majorité, *risquent d'être condamnées par la nécessité de faire face aux besoins les plus urgents. Il serait fâcheux que, faute de moyens adaptés, l'agence tende à redevenir un simple bureau d'inscription au chômage.* »

JEAN BENOIT

3 janvier 1975

E27-28 Peau neuve pour l'entreprise

La crise sonne l'heure de vérité. Ce que l'on subodorait depuis des années, cette volonté de l'État d'imprimer non seulement un mouvement mais sa marque sur l'industrie française, éclate au grand jour. Le général de Gaulle n'hésitait pas à employer dans un sens favorable le mot de dirigisme. Georges Pompidou faisait sienne – ô combien – la règle de l'*« impératif industriel »*, en vertu de laquelle les pouvoirs publics doivent intervenir sans complexe, lorsqu'il le faut, dans le jeu de la production, voire occuper des créneaux délaissés par le « privé » pour une raison ou pour une autre. M. Giscard d'Estaing, libéral, laisse faire... une politique de contrainte sévère sur les petites et moyennes entreprises.

Le resserrement du crédit est l'arme classique contre l'inflation, et comme le gouvernement n'a ni le temps ni les moyens politiques d'en chercher d'autres, il l'utilise à fond. Une autre raison explique l'intérêt de cette technique. Tout en refroidissant la hausse des prix, elle élève la barre qui sépare les forts des faibles. Les affaires qui tiennent le coup sans l'aide du banquier, si généreusement dispensée aux temps de l'expansion à tout va, méritent de vivre. Pendant les six derniers mois, on faisait quasi délibérément une croix sur les autres, sauf si vraiment elles se trouvaient victimes de circonstances exceptionnelles et, par exemple, freinées à mort dans un premier élan prometteur.

Depuis le 1er janvier, la vis a été légèrement desserrée en faveur des P.M.E. présentant de bons dossiers, mais l'oxygène sera insufflé par la Caisse nationale des marchés de l'État, c'est-à-dire soigneusement filtré en haut lieu.

Ce droit de vie ou de mort sur les entreprises, dont l'État dispose aujourd'hui en maniant une série d'instruments (crédit, budget, impôt, nouveau comité de restructuration industrielle et bientôt taxe conjoncturelle), faisait dire récemment à M. Philippe Daublain, présient du Centre français du patronat chrétien * que « *le pouvoir pourra ramener l'entreprise au rôle d'exécutant de la politique économique générale* ». Nombre d'établissements se trouveront de même à la merci des groupes plus puissants pouvant racheter à bas prix les unités de production en difficulté.

La crise accélère la marche vers la concentration déjà manifeste à l'autre bout de l'échelle, du côté des grandes firmes que l'État, cette fois, se garde bien de condamner, essentiellement pour ne pas avoir un fort îlot de chômeurs sur les bras : le détonateur n'est pas le chiffre de la population totale sans emploi en France, mais sa densité.

L'intervention massive de l'État pour faire passer Citroën sous la coupe de Peugeot et Berliet sous celle de Saviem-Renault a été le signe le plus éclatant de cette politique qui consiste à profiter des difficultés du moment pour forger un meilleur outil de production. L'État a préféré la formule des prêts remboursables pour lancer l'opération plutôt que la prise de participation dans un ensemble industriel. Pourquoi ne va-t-il pas jusqu'au bout de sa logique?

Ainsi, contrairement à ce que l'on pourrait penser, l'ouverture des frontières, l'internationalisation de l'économie française ne conduisent pas à l'affaiblissement du rôle de l'État dans le secteur industriel. C'est tout le contraire qui se produit *, mais on assiste à une transformation du système d'intervention, ou plus exactement d'interaction. Les rapports privilégiés sont beaucoup moins ceux qui existaient dans le passé entre l'administration de tutelle et tel syndicat professionnel. L'interlocuteur valable pour l'État est aujourd'hui la grande entreprise, la négociation portant sur les modalités de réalisation d'une opération spécifique plutôt que sur la définition d'une réglementation générale. L'État devient un *« acteur industriel à part entière »*.

A première vue, on devrait se frotter les mains. La puissance et la gloire des entreprises ne sont-elles pas renforcées par l'« activisme » des pouvoirs publics? Voire. Un autre discours, qui est de mieux en mieux perçu

* Revue *Dirigeant*, nº 56, nov.-déc. 1974.

* Lire l'article de E. Friedbert dans le livre de Michel Crozier et autres auteurs : *Où va l'administration française?* (les Editions d'organisation).

aujourd'hui, tient dans les grandes lignes suivantes : l'État n'a pas à condamner les uns et à manier les autres mais à faciliter les adaptations; il doit moduler ses interventions pour réorienter la croissance dans des voies nouvelles; la « grande organisation » n'est pas forcément la meilleure : si l'on ne peut éviter dans certains secteurs la concentration financière, du moins qu'elle ne soit favorisée par l'État que si, parallèlement, les unités de production sont conçues à l'échelle humaine et suffisamment « décentralisées ». L'État mène encore la guerre industrielle de « papa » au lieu de déclencher des actions mieux accordées aux nouvelles finalités de la croissance.

Comment gérer en milieu perturbé?

Du fait de la crise, l'entreprise se trouve en face d'une autre vérité, de « sa » vérité. Bien des problèmes de gestion masqués en période d'expansion continue sautent aujourd'hui au visage des dirigeants. Les événements peuvent constituer un catalyseur de changement et des experts, cherchant à remonter le moral des dirigeants, leur donnent des recettes de « dégraissage » pour naviguer en milieu perturbé; ils leur prédisent qu'ils se porteront beaucoup mieux après avoir appris à répondre au nouveau défi.

Il faut bien être conscient de ce que signifie la lutte contre les gaspillages. On pense d'abord aux produits, à l'énergie, aux dépenses de prestige, aux frais de mission, etc. Mais il existe aussi un gaspillage des hommes, et notamment au niveau de l'encadrement. Dans de nombreuses affaires, les « cols blancs » sont plus nombreux pour accomplir les mêmes tâches qu'en Allemagne, par exemple. Or, à l'heure où le chômage sévit au degré que l'on sait, les limites d'une action contre cette forme de gaspillage sont vite atteintes, si l'on ne veut pas tomber dans un type de gestion particulièrement cynique.

C'est précisément à la lumière des conséquences de la crise qu'on peut apprécier à leur juste valeur des propositions comme celles que fera sans doute le comité Sudreau sur la prévention systématique des difficultés des entreprises *. Qu'un dispositif d'alerte soit mis en place au niveau du comité d'entreprise, qu'il soit possible désormais à ce dernier de contester la gestion d'une affaire en cas d'échec de celle-ci, voilà qui permettra dans certains cas d'éviter d'aller jusqu'au drame de licenciements collectifs, voire de la faillite.

Peut-être, tout de même, faudra-t-il, pour échapper à ces extrémités et redresser la barre, sacrifier un certain nombre de postes. Les membres du comité d'entreprise se trouveront alors devant une situation cornélienne. L'affronter est préférable au silence soigneusement préservé par les directions et à l'éclatement soudain des vérités désagréables.

Dans bien d'autres directions la réforme de l'entreprise est particulièrement de saison. La crise ébranle, on s'en rend compte, un certain nombre de tabous. Le rapport Schvartz sur les industries pétrolières ou *le Guide des médicaments les plus courants* ont bravé des « puissances » auxquelles seul osait pratiquement s'attaquer le parti communiste. Il est particulièrement réconfortant qu'un tribunal ait explicitement reconnu le droit à l'information des consommateurs dans l'affaire des produits pharmaceutiques. En période de croissance ralentie, les entreprises devront plus encore que dans les temps de forte expansion avoir le souci de l'intérêt général. Il est intolérable qu'à l'heure où l'on demande des sacrifices au pays, des firmes continuent de lancer à tout va des produits dont la nouveauté se réduit au conditionnement. Prendre plus au sérieux le client, mais aussi s'intéresser davantage au fonctionnement de services collectifs, ce sont là les thèmes de réflexion pour l'entreprise de demain.

Il serait dangereux, d'autre part, de croire que les salariés, parce qu'ils n'ont jamais autant craint pour leur emploi, regarderaient d'un peu moins près aujourd'hui les conditions de leur travail. Il est des évolutions irréversibles. Les mouvements dans les banques, par exemple, où sont employés beaucoup de jeunes, ont montré – comme plus tard les auxiliaires des P. et T. – que certaines tâches fastidieuses et de surcroît mal payées ne pouvaient plus être supportées, quelles que soient les circonstances économiques. Dans la mesure où heureusement chômage ne signifie plus aujourd'hui misère physiologique comme en 1932, le parti de refuser certains travaux est tout de même plus facile à prendre.

L'entreprise est contrainte de faire peau neuve enfin sur les chapitres des « pouvoirs » – le plus délicat. Ce ne sont plus des « formules » : participation, association capital-travail, etc., qui peuvent par temps de bourrasque comme celui que nous connaissons tenir lieu de philosophie pour le nouvel âge industriel. Quand des décisions aussi importantes que celles de changements de cap, de réductions d'horaire, voire de suppression d'emplois doivent être prises, c'est non seulement ceux qui sont sur le pont qui doivent être interrogés mais aussi les soutiers.

De plus en plus de dirigeants le comprennent. Il est significatif que dans les réponses à l'enquête lancée par le C.N.P.F. sur la réforme de l'entreprise, de 36,9 à 50,4 % des patrons (les taux varient suivant la taille des entreprises) aient répondu *oui* à la question : *Estimez-*

* A partir des propositions de la commission spécialisée dans les entreprises en difficulté, que préside M. Jean Martineau, président du tribunal de commerce de Paris. Voir *le Monde* du 13 décembre 1974.

vous que des représentants du personnel devraient participer à certaines décisions importantes mettant en cause l'avenir de l'entreprise?

Une chance est donnée au comité Sudreau et à tous ceux qui se préoccupent aujourd'hui de réformes de l'entreprise : les temps sont propices à l'éclosion des idées neuves, à la sortie des sentiers battus, des rives de la banalité. Toute une phraséologie creuse qui a embarrassé jusqu'ici la question va tomber d'elle-même. Les *« pépins de la réalité »,* comme dirait Prévert, devraient donner des fruits moins secs...

PIERRE DROUIN

10 janvier 1975

LE MONDE PAYSAN ENCORE DIVISÉ

E29-30 Scission chez les éleveurs

A moins de trois semaines du congrès de la Fédération nationale des syndicats d'exploitants agricoles (F.N.S.E.A.), des éleveurs du Centre et de l'Ouest ont annoncé, le 24 février à Clermont-Ferrand, qu'ils créaient une association autonome de la Fédération des exploitants.

Lorsque, à l'issue d'une réunion importante, les dirigeants des quatre principales organisations paysannes apparaissent sur le perron du palais de l'Élysée ou de l'hôtel Matignon, micros et caméras se braquent immanquablement vers la silhouette trapue du président de la Fédération nationale des syndicats d'exploitants agricoles (F.N.S.E.A.). Le sourire légèrement crispé, le menton presque sur la poitrine, M. Michel Debatisse dit, en peu de mots, à quelle aune le gouvernement a pris la mesure de la situation des paysans. Puis, les trois autres dirigeants commentent, à leur tour, les résultats des discussions.

Ce scénario a connu un accroc en novembre dernier. Les campagnes étaient alors en effervescence depuis une dizaine de mois; la conférence annuelle « professionnels-administration » avait traîné en longueur; les mesures accordées par M. Chirac s'avéraient finalement trop minces pour améliorer sensiblement la situation des cultivateurs et des éleveurs.

Les présidents, tous amers, ont fait leurs commentaires, mais l'O.R.T.F. a donné un écho plus large aux propos du président des compagnies consulaires. M. Debatisse s'est ému et a rappelé que, en de telles circonstances, le président de la Fédération des exploitants devait avoir la prééminence.

L'incident est révélateur de la conception du syndicalisme paysan des dirigeants de la F.N.S.E.A. : la nébuleuse des organisations agricoles doit « tourner autour » de la Fédération des exploitants. Le « centralisme » de la paysannerie – d'aucuns disent le corporatisme – est cependant une réalité assez récente. La IIIe République avait vu rivaliser les gentlemen campagnards de la Société des agriculteurs de France, qui prenaient leurs quartiers d'hiver rue d'Athènes, et les laïcs, que Gambetta avait installés boulevard Saint-Germain, à la Société d'encouragement de l'agriculture : « rive droite » contre « rive gauche ».

Le mythe de l'unité paysanne...

En réaction contre cette politisation, des associations spécialisées se sont créées, devenues puissantes pour les producteurs de blé et de betterave. Une conscience de classe s'est développée progressivement, au contact des notables célébrant la grandeur du travail paysan.

A la veille de la guerre de 1939, les « chemises vertes » d'Henri Dorgères s'emploient vigoureusement à faire progresser l'idée de l'ordre professionnel.

Le régime de Vichy l'expérimente. La corporation paysanne, balayée à la libération, a été la première organisation unitaire du monde paysan. Les socialistes et les radicaux s'en inspirent en 1945 pour créer la Confédération générale de l'agriculture (C.G.A.), organe unique de coordination et de représentation de l'agriculture, englobant tout à la fois les syndicats, les coopératives, la mutualité, le crédit, les salariés de l'agriculture, des techniciens aux ouvriers. La C.G.A. dépérira toutefois jusqu'en 1953, avec l'échec des socialistes à contrôler un milieu où ils sont mal introduits.

La Fédération nationale des syndicats d'exploitants agricoles, créée en 1946, recueille l'héritage de l'unité mais en s'ouvrant exclusivement aux exploitants. *« Le syndicalisme doit assurer l'union, car devant les égoïsmes des appétits déchaînés dans le monde moderne, devant la concentration, des intérêts facilités par le monde technique, devant l'entière dépendance des économies nationales, rendue plus étroite par l'accélération des échanges, les producteurs isolés sont menacés dans leur liberté et dans leur vie »,* lit-on dans le rapport moral du congrès de la F.N.S.E.A., en 1956.

Si, depuis, les thèmes du syndicalisme ont peu évolué, la Fédération des exploitants n'en reste pas moins « crispée » sur le problème de l'unité du monde rural, mythe de plus en plus contesté en pratique de l'intérieur et de l'extérieur.

... de plus en plus contesté

De l'intérieur d'abord : les associations spécialisées ont été intégrées à la Fédération nationale. Elle « *doivent agir dans (son) cadre... et lui en référer pour toutes les questions mettant en cause l'intérêt général agricole* ». Or, si les éleveurs et les producteurs de fruits ou de lait – très dispersés sur le territoire et moins préparés intellectuellement – n'ont pas su s'organiser solidement, en revanche, dès le lendemain de la première guerre mondiale, les céréaliers et les planteurs de betteraves ont mis en place des organisations fortes pour négocier leurs problèmes avec le gouvernement, tout en se servant de leurs moyens financiers pour se faire appuyer.

L'emprise des gros exploitants sur la F.N.S.E.A. s'est allégée avec l'arrivée à la présidence de M. Debatisse. Mais elle n'en reste pas moins réelle : l'augmentation du prix des céréales a été plus forte que celle des productions animales bien qu'elle mette en difficulté les éleveurs de porcs et de volailles.

A partir de 1954, les Jeunes Agriculteurs, qui ont été formés essentiellement par la Jeunesse agricole catholique (J.A.C.) et qui sont regroupés dans le Cercle – devenu Centre – des jeunes (C.N.J.A.) s'élèvent contre ce « détournement » du syndicalisme au profit des « gros ».

L'unité paysanne est également attaquée de l'extérieur. La politique agricole « productiviste » de la Libération, qui aboutit, en 1953, à une crise de surproduction, entraîne des manifestations souvent violentes organisées par le Comité de Guéret, dans le Centre, et le Comité d'action viticole dans le Midi. Un moment dépassée par la base, la F.N.S.E.A. arrive de justesse à récupérer le mouvement; la création d'un comité général d'action – ébauche d'un syndicat des petits et moyens exploitants – échoue, faute de l'accord des communistes. Ce sont pourtant ces derniers, en 1959, qui donnent ses cadres au Mouvement de défense des exploitants familiaux : parti des départements du sud de la Loire, le MODEF franchit rapidement cette frontière en convainquant une bonne partie du monde rural que la politique agricole de la Ve République réserve les meilleures terres aux riches exploitants, concentre les productions et accumule les profits dans les mains des « agrariens », au détriment de l'exploitant familial.

La F.N.S.E.A. a, en outre, une rivale à droite : la Fédération française de l'agriculture, fondée en 1969 par des notables du Centre et de l'Ouest.

A ces deux ensembles, d'inspiration fort opposée, mais qui ont une teinte fortement corporatiste, s'ajoute désormais une opposition de gauche : celle des paysans-travailleurs. Leurs idées ont été rassemblées dans un contre-rapport présenté au congrès du C.N.J.A. de Blois, en 1971. Selon ce texte, le problème agricole doit être étudié dans la logique du développement du capitalisme. Le paysan apparaît comme un travailleur qui vend son travail au travers de sa marchandise, dans une situation analogue à celle du salarié travaillant en usine. Ce constat exclut la collaboration avec les exploitants capitalistes. Le mouvement qui, jusqu'à ces derniers mois, reposait sur des cellules de base autonomes, s'est doté, en octobre dernier, d'un collectif national.

Simultanément est apparue une organisation de nature radicalement différente : celle de l'agriculture d'entreprise. Elle est née du projet formulé par une poignée d'hommes qui, après la Libération, pensaient qu'il fallait intégrer l'agriculture dans l'ensemble de l'économie et définir un statut d'entreprise pour leurs exploitations. Sans revendiquer aucune représentativité, le CENAG s'est engagé sur cette voie et certains de ses éléments se sont retrouvés, en 1973, dans le Groupe des grandes exploitations (G.E.A.), syndicat des paysans – P.D.G., qui est surtout préoccupé de régler les problèmes fiscaux et fonciers des exploitations les plus modernes.

Jusqu'à présent, la Fédération des exploitants et les Jeunes Agriculteurs ont obtenu l'assurance des pouvoirs publics que le monopole de la représentativité leur serait conservé ; combien de temps cela sera-t-il encore possible? Lors des dernières élections aux chambres d'agriculture le MODEF a obtenu, selon les chiffres fournis par la F.N.S.E.A., 19,80 % des suffrages et la F.F.A. 4,68 %. Un quart de la paysannerie donc donne ses suffrages à des « dissidents ».

ALAIN GIRAUDO

25 février 1975

LE « COMPORTEMENT SOCIAL » DES ENTREPRISES UNE ENQUÊTE DE « L'EXPANSION » AUPRÈS DE GRANDES FIRMES

E31 Les inégalités de salaires restent très fortes malgré les efforts récents en faveur des basses rémunérations

La grande enquête sur le comportement social des firmes françaises, que l'Institut national de la statistique jugeait depuis des années impossible à mener, est parfaitement réalisable. La preuve : la revue l'Expansion *l'a entreprise et en publie les premiers résultats dans son numéro d'avril, sous forme d'un document baptisé « L'examen social ». Faute de moyens, la revue a limité son investigation aux cinquante plus grandes sociétés françaises, mais ce qu'elle a réussi auprès d'un échantillon représentant quelque deux millions de salariés pourrait assurément être tenté avec de sérieuses chances de succès par l'INSEE auprès de toutes les grandes entreprises.*

Les quelque quarante questions qu'a posées *l'Expansion* aux « majors » français concernent les écarts de salaires dans l'entreprise, aussi bien que les conditions de travail ou de logement, la promotion, l'emploi des femmes, la vie syndicale, l'effort d'information entrepris par la société... Rien d'extraordinaire on le voit. Mais l'original a consisté à poser la question aussi bien au syndicat le plus représentatif dans l'entreprise qu'à la direction. Lorsque l'un des deux ne répondait pas, les informations fournies par l'autre lui étaient soumises; ce qui suffisait presque toujours à mettre fin au mutisme. Si les réponses des deux parties divergeaient, elles étaient discutées contradictoirement jusqu'à ce que se dégageât un point de vue à peu près commun. Au total, l'enquête a pu être menée à bien dans 95 % des cas, signe, selon la revue, d'une *« évolution notable et positive des mentalités »* dans le patronat, où l'on commence à juger normal « que *l'opinion publique demande des comptes à l'entreprise, non seulement sur ses résultats financiers mais aussi sur son efficacité sociale* ».

Faute de pouvoir résumer complètement ici les vingt-cinq pages que *l'Expansion* consacre aux résultats de son enquête, citons les sept points, qui à notre avis, présentent le plus d'intérêt.

1) *La hiérarchie des salaires,* pour la première fois mise à nu de façon aussi crue, est beaucoup plus ouverte que ne le croit l'opinion. La rémunération moyenne des dix salariés les mieux payés est quarante fois plus forte que le salaire minimum ches Dassault-Bréguet, vingt-sept fois à la SNIAS et chez B.S.N., vingt-cinq fois chez Roussel-Uclaf, vingt-quatre fois à la B.N.P., vingt-trois fois à L'Oréal, vingt et une fois à l'Air Liquide.

Dans les deux tiers des cas connus, le rapport est supérieur à quinze. Encore faut-il noter qu'un tiers des directions d'entreprise ont refusé de répondre à cette question, la plus indiscrète de l'enquête; ce qui donne à penser que l'écart est, dans ces firmes, particulièrement élevé. Même si les bas salaires tendent, depuis quelques années, à augmenter un peu plus vite que les fortes rémunérations (à peu près de 3 % par an en moyenne, selon l'enquête), il faudrait, au rythme constaté, une génération pour aboutir à une hiérarchie des salaires de 1 à 10, et près de deux générations pour en venir à un éventail allant de 1 à 7...

2) Une partie des différences constatées s'explique par la *« grande disparité des bas salaires »*. L'O.S. gagne souvent moitié plus dans l'informatique ou le pétrole que dans le textile ou la distribution. Au CIC, l'ouvrier professionnel touche le double de ce qu'il gagne aux Nouvelles Galeries.

3) Alors que le rapport Sudreau préconise une consultation assez large des salariés sur *leurs conditions effectives de travail* et la possibilité pour tous de s'exprimer, l'enquête montre que ce n'est actuellement le cas que dans une grande entreprise sur six ou sept. Nombre de sociétés consentent, certes, un effort de formation largement supérieur à ce que la loi impose; mais, bien souvent, c'est en vue de répondre aux besoins propres à l'entreprise, et non pas pour permettre aux salariés d'acquérir une culture générale (la Banque de France faisant très heureusement exception).

4) La *discrimination professionnelle dont sont victimes les femmes* est frappante. La place qu'elles occupent parmi les cadres est quarante fois moins importante que leur proportion dans le total du personnel à la Télémécanique, onze fois moins forte chez Schlumberger, neuf fois à la Thomson et à la Radiotechnique, huit fois chez Michelin... Penarroya, Roussel-Uclaf, Hachette font exception avec un écart du simple au double.

La palme de la politique sociale au secteur public

5) Le nombre des *accidents du travail,* qui avait eu tendance à baisser jusqu'en 1969, augmente de nouveau. Il fait perdre à l'économie française sept fois plus de journées utiles que les grèves, les houillères, le bâtiment et la métallurgie étant les plus touchés.

6) La proportion des *départs volontaires* en cours d'année et *l'absentéisme,* qui constituent d'assez bons indices de la mauvaise *« qualité de la vie »* dans l'entreprise, sont les plus importants dans le textile (Agache-Willot, la Lainière de Roubaix), certaines firmes automobiles (Chausson, Citroën), des assurances (A.G.P.) et certains grands magasins (comme les Nouvelles Galeries).

7) Enfin, si l'on cherche à dresser un bilan d'ensemble – avec tout ce qu'a d'arbitraire un pareil classement –, il apparaît que les entreprises publiques ont, généralement, une bien meilleure politique sociale que les entreprises privées. Les deux tiers d'entre elles figurent dans le premier quart du palmarès, alors que la moitié des firmes privées sont groupées dans les derniers 40 %.

Vigilance plus grande des syndicats dans les entreprises nationales? Désir des directions publiques de pratiquer une politique sociale exemplaire? Ou tout simplement moindre contrainte du marché, puisque plusieurs de ces entreprises nationales jouissent d'un monopole ou, en tout cas, échappent aux pires exigences de la concurrence?

Il y a probablement un peu de tout cela. On y verrait plus clair, au demeurant, si la comparaison portait sur un échantillon moins limité. Ce qui est une raison de plus de souhaiter que les statisticiens officiels prennent désormais en charge une prospection qui compléterait aussi bien le rapport Sudreau sur la réforme de l'entreprise que le récent rapport Méraud sur la lutte contre les inégalités.

G. M.

4 avril 1975

E32-33 Une vieille outre?

Quelle chiquenaude donner à l'économie française pour le VIIe plan? C'est à peu près à cette question que doit répondre le gouvernement après avoir pris connaissance de quatre rapports introductifs (*le Monde* des 25, 26 et 28 mars) et du document de synthèse élaboré par M. Ripert, commissaire général du Plan *(le Monde* du 17 avril). Si le conseil des ministres suivait la pente la plus généralement proposée, c'est une croissance relativement forte (5,2 %) qui serait préconisée. La commission Malinvaud, plus spécialement chargée de donner son avis sur la question, n'a pas hésité à trancher en ce sens, faute de quoi, estime-t-elle, il y aurait aggravation du chômage. Le groupe de M. Méraud a estimé qu'avec une expansion lente la réduction des inégalités serait plus difficile. M. Ripert leur donne raison.

Chômage, inégalités... Des mots forts, des mots qui font peur et qui déclenchent des réflexes classiques de « fuite en avant ». Est-ce encore le bon réflexe? Au reste, convient-il encore d'agir au niveau du réflexe, ou plus exactement selon les schémas de pensée qui ont prévalu jusqu'ici?

Le VIIe Plan ne peut être une vieille outre dans laquelle on coule un vin nouveau. Le fameux « changement » invoqué par le président de la République autant que souhaité par les partis d'opposition doit maintenant conduire à regarder la croissance d'un œil neuf. Et d'abord, ne convient-il pas de se demander *ce que l'on veut faire* avant de fixer un taux, à la décimale près?

Au lieu de s'hypnotiser sur un chiffre, et de se donner bonne conscience avec le choix d'une croissance forte, n'est-il pas temps d'admettre que le taux de croissance ne doit être qu'une *résultante* et qu'à la limite, on pourrait fort bien concevoir un Plan qui ne dise rien de ce taux, même si pour leurs « modèles » les experts ont besoin d'en choisir un comme hypothèse de travail.

Dans ce monument de science qu'est le livre qu'a signé M. Malinvaud avec J.-J. Carré et P. Dubois sur la *Croissance française**, après plus de six cents pages portant sur la recherche des causes de la forte expansion française, les auteurs disent timidement, en conclusion, qu'il serait peut-être temps de répondre à la question « la croissance, pour quoi faire? ». Depuis, cette interrogation est devenue banale, mais elle semble pourtant n'avoir pas encore de traduction opératoire.

Si l'on en juge précisément par le rapport Malinvaud, on fait comme si la croissance forte était encore parée de toutes les vertus, et donc qu'à condition d'y parvenir, « le reste sera donné par surcroît ». Et si « le reste » était précisément le plus important? Peut-être serait-il peu sage de préconiser une croissance faible pour l'obtenir, mais ce qui est sûr c'est qu'à force de s'hypnotiser sur les moyens – ou si l'on veut sur les « moyennes », – c'est-à-dire sur le taux de croissance, on finit par perdre de vue l'essentiel, à savoir : comment donner plus de satisfaction aux Français. Ou aussi bien : comment vivre dans une croissance modérée – ce que l'on ne sait plus faire, sauf pendant de courtes périodes.

Même si le « prélèvement » opéré par les producteurs de pétrole est finalement moins douloureux que prévu du fait de l'allure de l'inflation mondiale et du sang-froid des pays de l'OPEP, au bout du compte, on ne peut nier son caractère déflationniste. Les « transferts » de richesses – tout à fait justifiés – auront pour conséquence de forcer plus la cadence de la production dans les pays en voie de développement que dans les pays riches. Et les retombées pour nos exportations ne seront pas telles qu'elles puissent compenser le manque à gagner car les prix des produits industriels devraient normalement baisser par rapport à celui des ressources naturelles.

D'autres facteurs pèsent désormais sur la croissance et risquent de la ralentir : la demande potentielle de marchandises, d'objets, est beaucoup moins considérable qu'il y a quelques années. Nous ne croyons certes pas à une saturation des besoins, mais ceux qui s'expriment davantage aujourd'hui « entraînent » moins la production (équipements collectifs, services, plus généralement « qualité de la vie »). L'environnement international – qui joue de plus en plus sur les croissances nationales – risque d'être perturbé jusqu'à ce qu'on retrouve un « ordre monétaire » digne de ce nom. Et qui pourrait dire qu'on le voit poindre à l'horizon?

Enfin l'effort de travail des Français, qui, aux yeux des meilleurs experts, expliquait pour une bonne part la croissance des années précédentes, pourrait être moins tendu précisément parce que les nouveaux besoins qui apparaissent requièrent plus de temps dans et hors du travail pour s'épanouir.

* Éditons du Seuil, 1972.

Quel plein emploi

Se préparer à une vitesse de croisière économique plus modérée que jadis n'est donc pas vain, dans la conjoncture présente. Il n'est pas moins utile de se rendre compte que dans les circonstances actuelles une croissance forte ne garantit pas forcément le plein emploi et encore moins le meilleur emploi.

D'abord, il ne faut jamais oublier que si – comme on peut s'y attendre hélas! – une forte expansion était accompagnée d'une forte inflation, au bout il y aurait un chômage plus rude que celui que l'on connaît aujourd'hui, soit qu'un coup de barre déflationniste brutal soit donné, soit que la détérioration profonde des mécanismes économiques conduise naturellement au même résultat.

La parenthèse fermée sur cette vision catastrophique, notons qu'une croissance forte doit s'appuyer de nos jours sur un redéploiement de l'industrie vers les besoins en technologie des pays en voie de développement. Ce qui veut dire qu'il faudra « pousser » chez nous les secteurs qui occupent relativement moins de main-d'œuvre, et laisser de plus en plus les branches du textile, du cuir, etc., à fort pourcentage d'employés aux nations du tiers-monde. Si l'on croit à la division internationale du travail, le résultat sera celui-là. Et si l'on refuse d'aller dans cette voie, c'est le marché intérieur qui sera insuffisant pour faire tourner notre machine productrice à plein.

Autre aspect des rapports croissance-plein emploi. Très justement, le rapport Malinvaud met l'accent sur les nécessités d'un financement sain de l'investissement qui serait obtenu en étudiant tous les moyens propres à encourager l'épargne des ménages. Des revenus, de ce fait, seraient normalement soustraits à la consommation, ce qui n'est pas de nature à relancer la production, et donc la multiplication de nouveaux postes de travail.

Il faut aller plus loin dans le raisonnement. Quelle sorte de plein emploi veut-on vraiment préserver en prêchant avant tout autre examen pour une croissance élevée? Si celle-ci ne peut-être obtenue qu'avec le même lot de travaux aliénants, destructeurs de l'homme, si le Minotaure économique a toujours besoin de sa ration d'ouvriers recrus de fatigue, usés avant l'âge, pour grossir le flux d'objets de consommation, quel progrès accomplit-on vraiment? L'échange d'une bonne partie du travail contre le prix du temps de transport dans des villes mal conçues n'est-il pas absurde?

Inversement, des « travaux » qui ne font pas monter d'un iota le taux de croissance (responsabilités dans une association, un syndicat, soins des enfants à la maison, études désintéressées, etc.), ne sont-ils pas plus utiles à la société que bien d'autres?* Profiter de ce passage d'un Plan à l'autre pour regarder d'un peu plus près ce que recouvre la notion devenue mythique de plein emploi est sûrement une démarche qui devrait précéder celle de savoir où l'on s'installe sur l'échelle de la croissance.

Croissance et inégalités

Les relations entre la croissance et les inégalités sociales devraient être également examinées de beaucoup plus près avec tous les instruments (non seulement mathématiques) dont peuvent disposer les sciences humaines. Il est tout de même singulier que deux hommes dont le choix de société ne sont sans doute pas très éloignés, et dont l'équipement intellectuel est de fort bonne qualité, professent des vues radicalement opposées sur le sujet.

Pour M. Méraud, nous l'avons vu, la réponse est claire : avec une expansion lente, la réduction des inégalités est plus difficile qu'avec une croissance forte. Pour M. Stoleru*, au contraire, *« la meilleure manière pour rendre les écarts de revenus acceptables est sans doute de modérer la croissance pour rester en deçà du maximum possible et en deçà des performances du passé «* récent *».* Et de donner des exemples : l'exode rural est un cas très typique de *pauvreté relative* créée par une croissance rapide. De même, l'écart des conditions de vie entre les grands ensembles de banlieue et le périmètre urbain se creuse d'autant plus que la croissance accélère la concentration urbaine. L'écart de rémunération entre ceux dont le savoir n'a pas changé depuis l'école et ceux qui sont au courant des nouveautés s'élargit si l'invention technique est rapide, etc.

Le seul moyen de réconcilier MM. Méraud et Stoleru est sans doute de dire qu'une vraie politique de justice sociale s'attaquant aux racines mêmes des inégalités, et surtout à leurs mécanismes de reproduction, s'accommoderait aussi bien d'une croissance modérée que d'une croissance forte. Encore une fois, l'important n'est pas le niveau d'expansion de l'appareil de production mais le degré de l'épanouissement des hommes dans la société.

PIERRE DROUIN

23 avril 1975

* Cf. *la Parole et l'Outil,* de Jacques Attali. (PUF, 1975).
* *Vaincre la pauvreté dans les pays riches,* (Flammarion, 1974).

LA LUTTE CONTRE LES INÉGALITÉS

E34-35 Écoper ou changer de bateau?

Les temps sont proches où M. Giscard d'Estaing va devoir s'attaquer au « noyau dur » de sa politique. Si le « changement » n'est pas qu'un trompe-l'œil, si la recherche d'une plus large plate-forme d'action est sérieuse (ne parlons pas d'un consensus, chimère en France, sauf en temps de guerre), c'est la lutte contre les injustices économiques et sociales qui devrait marquer la deuxième année du septennat.

Quelque chose a commencé de bouger : préparatifs de la taxation des plus-values, projet de réforme foncière, diffusion du rapport Méraud sur les inégalités. Il ne s'agit plus cette fois d'amusettes mais bien d'extirper certaines verrues d'une société encore gorgée de spéculation et de privilèges.

Dans cette entreprise, l'opposition viendra surtout de la majorité, qui avait tendance à penser que les fruits ne passeraient pas la promesse des fleurs... électorales. Mais M. Giscard d'Estaing aura une alliée dans la crise économique. Les trop grandes différences de statut social sont particulièrement insupportables lorsque la croissance est ralentie.

Cela dit, il ne faut pas se faire d'illusion : chaque fois que le gouvernement montera d'un degré dans la lutte contre les inégalités, il mobilisera contre lui – et même parfois à gauche – des forces de plus en plus puissantes.

On peut distinguer à l'heure actuelle quatre niveaux d'opérations, ayant pour but de remettre un ordre moins injuste dans la vie économique et sociale.

La plus connue, la plus classique des méthodes est celle des « transferts ». Qu'il s'agisse de l'impôt ou de la Sécurité sociale, on prend aux uns pour redonner aux autres. A première vue, cette simple méthode de redistribution paraissait devoir donner toute satisfaction, mais à y regarder de plus près, comme on l'a fait depuis quelques années, le désenchantement est grand. La première vaste étude sur le sujet a été publiée, par le Centre de recherches et de documentation sur la consommation (CREDOC), fin 1973. Ses auteurs étaient en mesure d'affirmer qu'on ne pouvait repérer avec certitude qu'une seule redistribution positive : celle qui profitait aux ménages d'inactifs.

« *Pour les autres catégories socio-professionnelles... il est loin d'être évident,* pouvait-on lire, *qu'il y ait eu redistribution dans un sens ou dans l'autre... Bien que les processus de redistribution monétaire mettent en jeu près du tiers du revenu national par les prélèvements collectifs et près du quart par les réaffectations, les modifications apportées à la distribution des revenus ne sont pas considérables, loin de là.* »

Les raisons sont multiples : importance de l'impôt sur la consommation, évasion fiscale, exonérations, abattements, place des cotisations sociales dans le mécanisme d'ensemble (44 % des prélèvements) qui n'obéissent pas à la règle de la progressivité fiscale, etc.

En outre, on le sait, ceux qui ont le niveau de vie le plus élevé profitent mieux que les autres de la Sécurité sociale ou des équipements collectifs, ce qui contredit encore l'effet de redistribution attendu.

Sur les revenus primaires

Depuis 1968, les gouvernements essaient d'agir davantage sur les revenus primaires. La première phase a consisté à augmenter systématiquement le SMIC et les bas salaires plus vite que les autres. Mais selon une récente étude de l'INSEE * au 1er juillet 1974, un salarié sur trois gagnait encore moins de 1 500 F net par mois.

On entre dans un processus plus délicat aujourd'hui, qui conduit à peser sur les hautes rémunérations. Déjà, dans la fonction publique, des initiatives ont été prises en ce sens et, dans son fameux rapport, M. Méraud suggère que des recommandations soient faites aux partenaires sociaux, allant notamment dans deux directions :

1) Assurer simplement le maintien du pouvoir d'achat des salariés situés au voisinage d'un « plafond » à fixer, qui pourrait être par exemple, à l'heure actuelle, d'environ 150 000 francs par an;

2) Envisager, à l'horizon 1980, que la moyenne des dix rémunérations les plus élevées ne soit pas plus de *n* fois supérieure à la moyenne des 10 % de salariés les moins payés. Ajoutons que, pour calculer ce coefficient, il faudrait tenir compte de la progressivité de l'impôt qui réduit en fait l'éventail.

* Économie et statistique, décembre 1974.

Parmi les pays industrialisés, la France est encore, on le sait, l'un de ceux où les écarts de rémunérations sont le plus marqués. Le public les sous-estime au reste fortement, si l'on en croit l'enquête effectuée pour le CERC par la SOFRES en 1972. L'opinion générale est que le P.D.G. gagne dix fois plus que le manœuvre alors que le rapport de ces revenus est souvent compris, en fait, entre vingt et vingt-cinq.

Sans doute, dans de nombreuses entreprises déjà, l'augmentation des salaires les plus hauts a maintenant été freinée, mais une action vigoureuse et générale ne peut être envisagée – et M. Méraud l'a fortement souligné – que si elle englobe les revenus des non-salariés. C'est précisément là que le bât blesse et qu'il blesse depuis une douzaine d'années, depuis le moment où M. Pierre Massé a courageusement essayé de mettre sur pied une politique des revenus. L'échec de sa tentative n'a pas servi de leçon. Les syndicats, que l'on voulait convaincre, n'ont jamais obtenu que des efforts constants et sérieux soient faits pour aboutir à une meilleure connaissance des revenus non salariaux.

Une lumière crue vient tout de même d'être projetée sur une partie du sujet par le CERC [2]. Elle n'est pas de nature à faire changer d'avis les salariés. Les minutieuses recherches des experts tendent à confirmer que les entrepreneurs individuels ont, en moyenne, des revenus plus de deux fois supérieurs à ceux qu'ils déclarent au fisc.

Tant que l'on n'aura pas remédié à cette fraude, les belles dissertations sur la nécessaire réduction de l'éventail des salaires, pierre de touche de la justice sociale, ne pourront que sonner le creux.

« L'enrichissement sans cause »

Après les transferts et l'action sur les revenus primaires, un troisième type d'intervention est envisagé plus nettement aujourd'hui; il affecte en gros « l'enrichissement sans cause ». Qu'il s'agisse du projet de loi foncière limitant la spéculation sur les terrains ou de la taxation des plus-values, nous touchons là un domaine encore plus sensible.

Avant même de s'informer sérieusement sur le contenu des propositions ou des études en cours, une large partie du public a pris fait et cause contre ce type d'interventions. Pourquoi? Tout simplement parce qu'on a agité devant lui le chiffon rouge de l'atteinte au droit de propriété, parce qu'on a parlé de restrictions aux libertés de placement du capital, de nouvelles entreprises du Minotaure fiscal traquant le petit pécule de pièces d'or achetées il y a dix ans, etc.

Comment s'étonner que, dans un récent sondage, 59 % des Français se soient déclarés hostiles à la taxation des plus-values? Une fois de plus, des groupes de pression placés aux bons endroits de la « majorité silencieuse » ont mobilisé les « petits » pour protéger des intérêts qui n'ont rien à voir avec la sauvegarde d'un lopin de terre et l'assurance de n'être pas lésé en le revendant.

Une énorme tâche d'information attend le gouvernement s'il ne veut pas voir mobilisés contre certaines de ses initiatives non seulement les forces les plus réactionnaires du pays, mais ces « petits possédants » qui sont, chacun le sait, légion en France.

M. Fourcade a commencé ce travail de déminage lors de l'émission télévisée du 28 avril. Il a utilement précisé que la taxation ne toucherait pas les petites plus-values, ni celles qui n'ont pas été « réalisées », et qu'elle frapperait seulement les plus-values « réelles », c'est-à-dire que l'État tiendrait compte de la hausse des prix. Munis de ces précisions, assurés qu'ils resteront protégés contre l'inflation s'ils ont eu de la chance dans leurs placements, la proportion des Français hostiles à l'impôt sur les plus-values aurait-elle été aussi forte? Sûrement pas.

Il faudra insister davantage aussi dans la présentation des projets sur le fait qu'il y a encore plus grave que les fortes inégalités « classiques », c'est leur caractère cumulatif (« l'argent appelle l'argent ») et l'existence de mécanismes de reproduction qui aboutissent aux vraies ségrégations sociales. Il est parfaitement illusoire en effet de penser que tout le monde est logé à la même enseigne devant les plus-values et qu'un peu comme au tiercé la chance peut sourire aussi bien au pauvre qu'au riche. En fait, il faut évidemment déjà disposer d'un capital pour s'enrichir sur les plus-values, et la spéculation immobilière par exemple est rarement à la portée du petit épargnant.

La transmission des patrimoines est le plus sûr mécanisme de reproduction des inégalités, mais secouer trop fort l'héritage dans notre société est encore sacrilège, alors que pourtant la solidarité entre générations est bien distendue. Le gouvernement serait tout de même bien inspiré de reprendre à son compte les deux suggestions du rapport Méraud : tenir compte des ressources en capital et revenu des héritiers pour la liquidation des droits de succession; récupérer les aides publiques qui ont contribué à la constitution du capital transmis par voie de succession (capital immobilier notamment).

Les professions « fermées »

La liste des combats à mener pour une plus grande justice ne pourra jamais être exhaustive, tant la société secrète de nouvelles formes d'inégalités, mais il est un quatrième niveau, un peu trop oublié, sans doute parce qu'il fait depuis trop longtemps partie du paysage. Nous voulons parler des professions « fermées ». Il y a quinze ans, un rapport, qui parut alors aussi courageux que celui de M. Méraud aujourd'hui, fut élaboré par un comité constitué par le gouvernement pour *« proposer des réformes de nature à mettre fin aux situations de fait ou de droit qui constituent d'une manière injustifiée un obstacle à l'expansion de l'économie. »* Le rapport Rueff-Armand n'avait donc pas pour premier but de dénoncer les inégalités sociales, mais il soulignait des anomalies – grosses de profits pour ceux qui en bénéficient – qui subsistent sans qu'on en discerne mieux la raison qu'en 1960, bien au contraire.

Des intérêts corporatifs sont indûment protégés, ainsi que des formes d'activités surannées, des « charges » d'un autre âge, des règles génératrices, elles aussi, d'enrichissement sans cause, des rentes créées par la limitation du droit d'accès à la profession. Citons, parmi d'autres exemples d'archaïsme, les statuts des notaires, des conservateurs des hypothèques, des trésoriers-payeurs généraux, des commissaires-priseurs, des agents de change, des pharmaciens.

N'est-il pas temps de regarder à nouveau d'un peu plus près ces zones de privilèges?

Sur l'échelle des inégalités, l'action politique pose des problèmes difficiles presque à chaque barreau. Ce qui n'est pas étonnant puisque la société dans laquelle nous vivons s'est développée jusqu'ici sur le terreau des injustices, la logique du capitalisme voulant que le modèle de consommation de tous s'aligne sur celui de la classe la plus favorisée, objectif évidemment impossible à atteindre et qui engendre les frustrations que l'on sait.

Tant que l'on ne remettra pas plus sérieusement en cause le système, la lutte harassante contre les inégalités consistera à écoper dans un bateau qui fait eau. Opération indispensable certes, mais réparer ou changer le bateau est tout de même plus sûr.

PIERRE DROUIN

16 mai 1975

LA TARE DU CHOMAGE

E36-37 Un mal « volontaire »

De toutes les faiblesses de notre société, le « mal d'emploi » est sans doute la moins bien supportée. Ce ne sont pas seulement les exclus de la vie économique qui se plaignent; c'est l'ensemble de la société qui a honte d'elle et dénonce, sans relâche, cette tare.

Du moment qu'il s'agit d'un mal social non d'une calamité naturelle, nous sommes entièrement responsables; si nous ne réussissons pas, c'est que nous nous trompons sur les moyens ou que nous refusons les vrais remèdes.

Si étonnant que cela puisse paraître, ce grand mal n'a jamais été vraiment étudié à fond, en abandonnant dogmes et préjugés; les quelques rares hommes qui ont plongé dans le vif n'ont pas pu s'exprimer ou ont hésité devant l'ampleur des changements à proposer.

Depuis un an, contremesures et contreremèdes se sont accumulés. Ils visent tous à combattre les symptômes du mal et non à attaquer sa racine. Nous nous attachons surtout aux entreprises malades, aux traînards, ce qui, socialement, se comprend, mais ce sont les autres qui constituent la clef de la situation. En mars dernier, dix-sept entreprises sur cent se déclaraient incapables de produire davantage, dont six pour manque de personnel.

Si elles produisaient davantage, elles donneraient du travail en amont et en aval. Sans que convienne le terme « goulot », employé pendant la pénurie, le mécanisme est le même, soigneusement ignoré ou caché.

Donner des primes à l'embauche des jeunes fait partie de l'arsenal des parades que la politique se doit d'employer, en attendant le traitement spécifique. Seulement, de plus en plus, il apparait bien qu'on n'en a pas et que le gouvernement est désemparé.

Non seulement il semble partager les illusions de l'opinion que nous allons rappeler, mais il entend partout maintenir l'ordre préexistant, alors que le quadruplement du prix du pétrole et autres novations dictent, au contraire, une adaptation.

Les illusions traditionnelles de l'opinion sur l'emploi prennent toutes appui sur de « solides » apparences : le chômage serait un phénomène nouveau de l'époque industrielle; le nombre d'emplois, dans le pays, serait limité, comme les kilomètres carrés de l'Hexagone. Le chômage résulterait donc d'un excédent d'hommes; la productivité réduirait le nombre des emplois.

Ce globalisme, joint à une arithmétique simpliste, conduit, avec sûreté, à avoir de moins en moins d'emplois.

Ce ne sont pourtant pas les expériences qui ont manqué, apportant autant de démentis aux théories des experts et aux jugements de l'opinion. Faut-il rappeler qu'en faisant l'inverse de prescriptions des maîtres de Harvard et de Columbia, l'Allemagne fédérale a accru de sept millions le nombre de ses emplois, tout en recevant, contrairement à l'opinion accréditée, moins d'aide des États-Unis, que la France et l'Angleterre? Les autres fortes augmentations de population active occupée, Autriche, Pays-Bas, Suisse, Japon, ont-elles été oubliées? Mais l'expérience se brise sur le roc du préjugé.

Le sens malthusien

Partant de bases erronées, les mesures sont fatalement prises à contretemps et vont toutes dans le sens malthusien : abaisser l'âge de la retraite, retarder l'entrée des jeunes dans la population active, etc. Toute subvention de l'improductivité, tout frein à la production de richesses, alourdit les charges de l'économie, amenuise les rentabilités et supprime invisiblement des emplois.

Un retraité, cela vaut mieux, dit-on, qu'un chômeur; l'opinion juge largement ainsi, par la vertu des mots et l'hypnose de la statistique; mais un homme retiré prématurément de la vie sociale, c'est, en somme, un chômeur à vie, un exclu, dont le sort matériel est parfois inférieur à celui du chômeur secouru. Seulement, en ce domaine, la férocité qui est en nous joue dans toute sa force. Nous violons délibérément la Déclaration des droits de l'homme, qui reconnaît pleinement le droit au travail. « Le droit au travail est un droit fondamental », dit expressément le manifeste du parti communiste français, publié le 15 mai dernier. Le licenciement honni devient une mesure bénie quand il s'habille d'une fausse parure de bienfaisance.

Du reste, le renvoi d'un vieux donne-t-il une place à un jeune? Nouvelle manifestation de ce globalisme arithmétique qui envahit tout, y compris la comptabilité nationale et les calculs affligeants du Plan en matière d'emploi. Le plein emploi des hommes est essentiellement *une question de structure, car les hommes travaillent* les uns pour les autres. Au lieu de faire des additions d'effectifs, il faudrait faire des différences. L'erreur est ici encore de 180 degrés.

Imaginons un marchand de gants, disant à son client que le gant lui va parfaitement, parce que son volume en centimètres cubes est égal ou supérieur à celui de la main. Nous en sommes à peu près là.

Cette erreur traditionnelle du calcul global, nous sommes depuis quelques mois en train de la dépasser dramatiquement, *en subventionnant l'improductivité.* Deux passages du rapport de la commission de la croissance et de l'emploi (rapport que M. Claude Gruson a eu le courage de ne pas ratifier) inclinent nettement dans ce sens, tant la tentation est grande de croire à la création d'emplois par ce moyen. Si subtile est l'apparence que l'erreur n'apparaît bien qu'en poussant le raisonnement à l'absurde : en remplaçant les chauffeurs de camion par des conducteurs de brouette l'emploi serait multiplié par deux mille cinq cents. Mais, en dépit des expériences, la sirène de l'improductivité, si éloquente *localement* et visiblement, finit par l'emporter.

Remontons maintenant un peu le cours du temps, pour dénoncer une autre erreur de signe, sur la politique économique.

Le quadruplement du prix du pétrole, mesure en avant-garde dans l'évolution du monde, commandait une adaptation de notre économie. Tout a été fait, au contraire, pour conserver l'ordre ancien. La répercussion sur les divers tarifs d'énergie a été un défi au bon sens et au souci de l'avenir, la consommation la plus onéreuse, la routière, ayant été largement favorisée. En outre, les mesures d'économie de chauffage, déjà insuffisantes, n'ont pas été appliquées, etc.

Dès lors, les économies d'énergie ayant été très inférieures aux nécessités, le souci d'équilibrer la balance commerciale a conduit *à pratiquer une sévère déflation, au-delà des nécessités, et à démolir l'économie entière pour en sauver un morceau.* Finalement, l'industrie automobile elle-même, que le gouvernement entendait protéger, voit le nombre de ses ventes diminuer, en même temps que les revenus disponibles des ménages. Seule a été maintenue la circulation, *la consommation de carburant étant paradoxalement et tragiquement le seul indice en augmentation sur l'an dernier!* Conserver, au lieu d'adapter, une fois encore l'erreur est de 180 degrés.

Ingénuité, absence de réflexion, conservatisme, souci du seul immédiat et du visible, il n'est pas étonnant que la politique aboutisse à la montée de la courbe maudite.

Les conseils de l'opposition ne sont pas plus efficaces, mais cela se comprend : puisque l'opposition veut détruire le capitalisme, elle n'a aucun intérêt à donner les moyens de le renflouer [...].

ALFRED SAUVY

11 juillet 1975

Les plus touchés en France

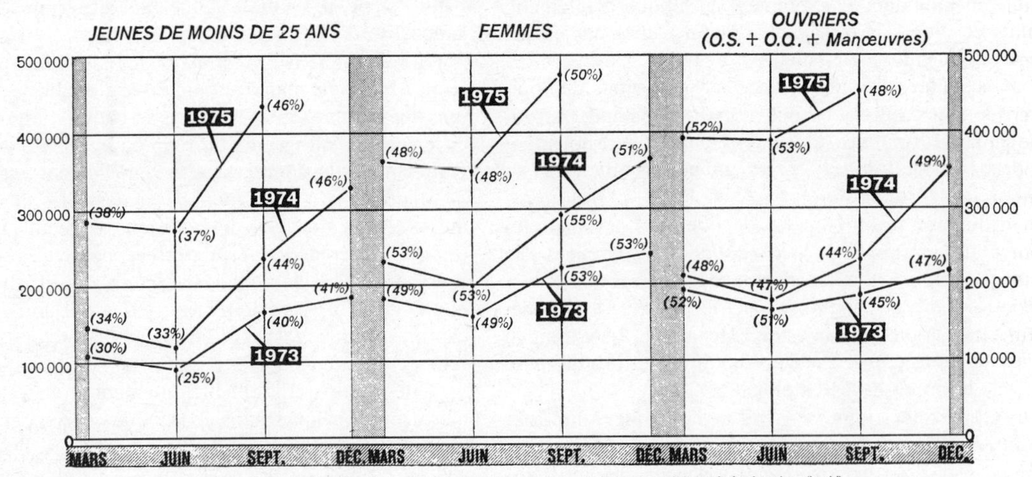

Nombre de demandeurs d'emploi en fin de mois (Entre parenthèses, part de la catégorie dans la population totale des demandeurs d'emploi)

LA TARE DU CHOMAGE

E38-39 Les moyens d'en sortir

Employer tous les hommes est affaire de structure, d'ajustement et non de nombre. Le maintien d'un ajustement continu peut être assuré soit par contrainte, soit par souplesse. Nous laissons ici de côté la solution par contrainte générale (planification), mais elle peut devenir un mal inévitable si nous ne savons pas faire marcher notre système.

Pour assurer l'ajustement, l'instrument maître sera « la matrice de l'emploi ». En donnant le nombre d'heures de travail des diverses professions nécessaires, *directement et indirectement,* à une production finale déterminée, elle permettra de calculer *la population active demandée* (toujours par professions), nécessaire à la satisfaction des demandes privées et publiques.

Si l'équilibre entre les multiples demandes et les multiples offres (de travail) était pleinement réalisé, le plein emploi serait presque automatique, au besoin avec un léger soutien de la demande. En fait, bien conduit, le calcul révélera une distorsion béante : l'excès croissant de non-manuels. Le rétablissement, œuvre de longue haleine, conduira à réformer tout l'enseignement, au-delà même du plan Langevin-Vallon, jamais appliqué (une sévère révolution), à resserrer l'éventail des rémunérations, au profit des parias de la société que sont les manuels, en revalorisant ces métiers également en termes de dignité, en mécanisant ce qui peut l'être, etc.

Il y a d'autres distorsions; pour les atténuer, il faut agir sur les entreprises qui déclarent ne pouvoir physiquement produire davantage (17 % en mars). Voyez l'agent de la circulation; il ne lui servirait à rien de stimuler les voitures embouteillées; c'est à celles qui ont de l'espace devant elles qu'il commande d'accélérer. La stimulation vitale des entreprises en plein emploi doit être encouragée, même par des procédés apparemment coûteux (double équipe, personnel moins adpaté, équipement de moindre qualité, etc.); l'effet multiplicateur est bien plus élevé qu'on ne le croit.

D'ores et déjà, la pleine liberté ne peut éviter quelques atteintes. Le chômeur doit accepter certains travaux d'utilité sociale, pendant qu'il est secouru, puis supporter, éventuellement, quelque « déclassement ». Une pression en ce sens favorisera déjà les réformes de longue haleine.

La distorsion n'existant pas seulement selon les professions, mais selon les individus, une attention spéciale doit être portée à ceux qui sont éjectés hors de la société : rééducation, légère pression sur eux, emplois faciles réservés aux cas spécifiques (comme cela fut, naguère, pour les mutilés de guerre); au besoin, une indemnité permanente de 10 ou 15 %, pour compenser une légère incapacité, sera bien moins onéreuse et plus digne qu'une allocation d'inactivité de 50 ou 60 %. *La paresse n'est pas le fait des individus, mais de la société qui recule devant l'effort.* Il restera les inévitables fluctuations, les « courants d'air mondiaux », les innovations techniques, les changements de goûts, les accidents divers. L'adaptation continue exigera une souplesse, en opposition aux actuelles rigidités qui visent avant tout à conserver l'ordre ancien. Au lieu de nous crisper sur des situations dépassées, il faut, besoin vital, nous adapter.

Un contresens fondamental

Le souci d'adaptation nous mène au secteur capital des échanges extérieurs. Le contresens fondamental de 1974 doit être réparé. Le carburant doit être porté au moins au prix qu'il avait il y a dix-huit ans, c'est-à-dire, en termes réels, à 2,70 le litre environ. Qui osera dire que revaloriser l'essence, selon le même coefficient que le ticket de métro, donnerait un chiffre supérieur à 4 francs?

Le prix doit être établi de façon à assurer une certaine réduction de consommation, donc un gain en devises et un gain en francs. *A priori,* le chiffre de 3 francs donnerait un tel résultat, après un flottement de six mois. *Les deux gains permettraient de faire redémarrer toute l'économie, sacrifiée aujourd'hui à un seul secteur :*

– *Les gains en devises* permettront la fameuse relance générale, en compensant l'accroissement des importations de matières premières;

– *Les gains en francs* serviront à valoriser, de façon systématique, nos produits exportés bruts ou demi-finis. En poussant l'ouvrage de ces produits, nous pouvons gagner assez rapidement plus de cinq cent mille emplois « directs », et, en un peu plus de temps, un million et demi à deux millions d'emplois.

L'exemple type est la machine-outil : nous en produisons quatre fois moins que l'Allemagne et nous en achetons plus que nous n'en vendons, performance ruineuse pour un pays industriel. Il y a bien d'autres exemples. *Mieux vaut dépenser 200 F à une œuvre productive, donc multiplicatrice d'emplois, que 100 à payer stérilement l'improductivité, créatrice de chômages ultérieurs.*

A l'économie d'énergie sur le carburant, *hors de laquelle il n'y a aucun salut,* doit s'ajouter celles qui sont possibles sur le chauffage domestique (la lâcheté du gouvernement a été insigne), sur le papier (un décret, voire un arrêté, pourrait déjà faire beaucoup), etc. Frapper fort et bien attire moins d'impopularité et de résistance que des velléités à peine gênantes.

Pour les travailleurs étrangers, reconnaissons la sagesse des économies socialistes et suspendons toute nouvelle immigration de travail. *De même que la bourgeoisie a bien dû se passer de domestiques, de même les Français doivent assurer leurs propres services.* Les mesures suggérées ici sont-elles de pure théorie? Que le lecteur me permette de rappeler que les mesures prises (à mon initiative) sur ces bases, en apparence paradoxales, en novembre 1938 ont provoqué une critique générale de la droite à la gauche, *un pronostic unanimement défavorable, même chez les experts et le progrès le plus brillant qu'ait jamais connu l'économie française.* La guerre et l'amour-propre ont effacé tout cela.

Il reste le plus délicat et de combien! Étant foncièrement injuste, le capitalisme ne fonctionne bien qu'au prix d'injustices qu'il faudra compenser. Toutes les grandes reprises, tous les grands progrès, y compris en pays socialistes, ont été assis sur des salaires faibles. Pour éviter cette dure loi et cette facilité, il faut non seulement une large souplesse (c'est elle qui avantage finalement les salaires et non la rigidité, on le croit), mais *des nationalisations assez étendues.* Elles auront tout au moins le mérite de faire la lumière et de permettre de maîtriser l'économie. Plus généralement, tant qu'il faudra des profits supplémentaires pour assurer les investissements créateurs, l'injustice sera au cœur même de nos progrès. L'amendement Vallon avait sans doute lui-même besoin d'être amendé, mais il touchait le fond du problème. Sans compter absolument sur la collaboration de syndicats (c'est le domaine propre... de la concurrence), il faut marcher résolument en ce sens.

Il restera certes bien des difficultés, des choix douloureux entre justice et efficacité, entre liberté et plein emploi. Pour avoir proscrit les licenciements, l'entreprise yougoslave a été saisie de la peur d'embaucher, d'où 300 000 chômeurs (900 000 à notre échelle) et plus de 400 000 jeunes partis à l'étranger. Concilier la liberté et la machine publique exige un sang-froid exceptionnel et surtout une pleine ouverture, en pleine lumière, à la place des homélies d'espérance, du reste de plus en plus pâles.

Jamais révision plus déchirante n'a été proposée que cette mutation. Je me permets, du fond de mon grand âge et d'une expérience certaine, de faire appel aux forces conservatrices crispées sur leur machine et aux forces motrices, non moins prisonnières de leur idéal et des pressions qu'elles subissent, non certes pour qu'elles s'entendent, la divergence étant source de vie, mais pour qu'elles plongent dans le réel, chacune de leur côté, pour saisir la matière vivante, de façon *intelligente.*

Intelligente, qu'est-ce à dire? Après ses longues recherches sur les vertébrés supérieurs, le professeur Kohler est parvenu à définir l'intelligence de l'animal : *Il est intelligent, à partir du moment où il sait faire un détour.* En matière d'économie, l'homme est trop buté sur ses intérêts pour être un animal intelligent.

Mais il peut le devenir.

ALFRED SAUVY

12 juillet 1975

E40-41 La peau de chagrin des investissements

En France comme aux États-Unis, la conjoncture continue à faire l'objet de discussions et d'interprétations, étant entendu qu'on s'accorde généralement pour affirmer que *« cela va mieux »*. Le gouvernement, pour sa part, est plus catégorique. De même que la France était entrée plus tard que les autres pays industriels dans la crise mondiale, elle devrait, selon M. Chirac, en sortir avant les autres *« grâce à la politique économique sage que nous avons menée »* (déclaration faite par le premier ministre le 26 octobre).

Il est cependant au moins un domaine où les prévisions optimistes des pouvoirs publics semblent avoir peu de chances de se réaliser : celui des investissements. Le plan de soutien lancé au début du mois de septembre leur consacre pourtant presque la moitié des crédits qu'il comporte et les experts officiels estiment qu'ils devraient progresser de 8 % en 1976. Si au lieu de les écouter, on prête l'oreille aux dirigeants des grandes entreprises, on est plutôt tenté de penser que, au mieux, les dépenses d'investissements resteront stationnaires en 1976 et que la probabilité pour qu'elles diminuent est assez grande, même si, dans certains secteurs importants, tels la métallurgie et la construction mécanique, les chefs d'entreprise paraissent bien décidés à *« faire l'impasse »*, comme ils disent, sur les difficultés présentes et à préparer l'avenir à moyen terme.

Pour deux raisons au moins, la relative bonne tenue des investissements en 1975 risque de donner le change. La première est que les entreprises, malgré la tentation qu'elles en avaient parfois, n'ont ni annulé ni même retardé l'exécution de nombreux programmes d'équipement mis en route en 1972, en 1973 et au début de 1974, période au cours de laquelle ils étaient particulièrement ambitieux, influencés par un « boom » inflationniste des affaires d'une ampleur sans précédent tant en France que dans les autres pays. Nul doute que cette politique de continuité fut au moins en partie le fruit des pressions exercées après l'automne par le gouvernement et l'administration pour qui il n'était pas question que la récession puisse être autre chose qu'un accident de courte durée.

Le deuxième facteur qui a joué est précisément l'ensemble des mesures qu'au deuxième trimestre le gouvernement a prises pour encourager les entreprises à investir.

Il s'agissait, on s'en souvient, d'une détaxe de 10 % sur les commandes de biens d'équipement (amortissable en moins de huit ans selon le mode dégressif) et de l'octroi de prêts à long terme à taux privilégié, par l'intermédiaire du Crédit national, des sociétés de développement régional, de la Caisse centrale de crédit hôtelier et de la Caisse nationale des marchés de l'État, cette dernière agissant pour le compte du groupement interprofessionnel de la petite et moyenne entreprise.

Ces procédures ont incontestablement connu du succès. C'est un fait qu'elles ont été assez largement utilisées, mais est-ce une raison pour crier victoire? Ce n'est pas faire la fine bouche que de remarquer que l'effet d'incitation n'a peut-être pas été aussi décisif que les pouvoirs publics se plaisent à le dire. Pour bénéficier des avantages qui leur étaient offerts, les industriels n'ont-ils pas hâté le lancement de certains programmes et la décision de certains achats? Ce qui se traduit dans les statistiques de cette année par le signe plus, risque de se retrouver l'année prochaine sous la forme d'un signe moins.

On peut d'autant plus redouter une contraction des programmes d'investissement en 1976 qu'un grand nombre d'entreprises vont aborder la nouvelle année avec des profits en baisse quand ils ne seront pas purement et simplement négatifs. Dans plusieurs secteurs importants de notre économie, les résultats, sauf exception, ne couvriront même pas les amortissements. C'est spécialement le cas de la sidérurgie. Le contrecoup sur la politique d'équipement ne s'est pas fait attendre. C'est M. Jacques Ferry lui-même, président de la chambre syndicale, qui a annoncé à la fin du mois d'octobre que, en raison de la crise actuelle, la SOLMER reculerait d'au moins deux ans l'exécution de la deuxième tranche de l'usine de Fos.

Mais les aciéries ne sont pas les seules à connaître une situation financière aussi délicate. Dans la chimie, la papeterie, dans la plupart des sociétés textiles, les choses ne vont guère mieux et même assez souvent au moins aussi mal. Ce sont là, notons-le, des secteurs dont l'activité avait été en général particulièrement gonflée par la vague d'inflation des années 1972 et 1973. La réaction a été tout aussi brutale. Pour la plupart des fabrications, quatre, cinq ou six grandes entreprises occupent la plus grande partie du terrain sur le marché européen. La concurrence américaine, japonaise ou celle des pays du tiers monde aidant, elles se livrent à une véritable guerre des prix à un moment où leurs coûts de production continuent d'augmenter. Les baisses, par rapport à leur niveau maximal atteint au printemps de 1974, sont, pour certains produits intermédiaires, fabriqués par ces industries, souvent de 10 % à 25 et parfois 40 ou 50 %. *« Si 1976 devait être une année aussi noire que 1975, les banques nationalisées,* nous dit un des dirigeants de l'une d'entre elles, *devraient procéder à une révision déchirante de la politique de soutien systématique qu'elles mènent en faveur de telle ou telle grande entreprise. »* Si l'on ne vivait pas dans un pays aussi respectueux du secret de Polichinelle quand il se rapporte aux affaires, on écrirait depuis longtemps dans la presse que Rhône-Poulenc aurait du mal à faire face à ses obligations sans les concours bancaires qui continuent de lui être accordés. S'étonnera-t-on dans ces conditions que cette dernière société envisage de réduire de 30 % en volume ses investissements en 1976, ne conservant que ceux qui lui permettront d'économiser de la main-d'œuvre, et surtout n'engageant aucun nouveau programme d'expansion? Dans d'autres entreprises au nom aussi prestigieux, il arrive que les programmes d'investissement envisagés pour l'année prochaine soient actuellement 30 % environ inférieurs en francs courants à ceux de 1975.

Déjà en 1975, les entreprises françaises ont dû, à cause de l'amenuisement de leurs résultats financiers, se résigner à financer une part très réduite de leurs dépenses d'équipement. D'après les premiers sondages effectués en cours d'année par le Crédit national, bon poste d'observation, la proportion d'autofinancement serait tombée (*le Monde* du 4 octobre) d'environ 66 % à quelque 33 %, ce qui implique, étant donné la grande diversité des situations dans les entreprises, que pour certaines d'entre elles le pourcentage est voisin de zéro. Alors que la récession a réappris les dangers d'un endettement excessif, il est probable que beaucoup d'industriels préféreront réduire leurs programmes d'équipement plutôt que d'alourdir encore des charges financières dont le poids n'a cessé de croître depuis quelques années.

Pour qu'il en soit autrement, il faudrait qu'une franche reprise apparaisse clairement, ouvrant la perpective d'une rapide amélioration des marges bénéficiaires. Mais ni en France ni dans les autres pays européens, sans parler du cas toujours douteux des États-Unis, l'activité ne repart vigoureusement. La très forte baisse de la productivité occasionnée dans les grandes entreprises par le maintien d'effectifs trop importants par rapport aux besoins de la production doit continuer à peser sur la rentabilité. Mais, notons-le, la situation pourrait rapidement changer quand la conjoncture permettra au personnel de travailler à plein, car les entreprises ont fait, dans l'absolu, de grands progrès de productivité. En attendant, les taux de salaires auront, selon les branches, augmenté en 1975 de 14 à 17 %; mais dans ces pourcentages se trouve incluse l'incidence de la réduction du temps de travail avec compensation partielle par relèvement du taux. Si bien que, selon une rapide étude (sans prétention scientifique) faite par le Groupe des industries métallurgiques de la région parisienne, le pouvoir d'achat des travailleurs aurait pour la première fois en 1975 légèrement diminué.

La hausse des salaires n'est plus suffisante, compte tenu de la diminution de l'activité, pour élever le niveau de vie; mais elle est trop forte pour ne pas entamer la capacité bénéficiaire des entreprises. Cette situation n'est pas particulière à notre pays. En France, pourtant, et dans d'autres nations, les pouvoirs publics comptent sur une reprise de l'investissement alors que le rendement du capital reste faible. On a vu d'autres incohérences dans la politique économique des États.

Le taux d'utilisation de l'appareil de production a globalement diminué de quelque 15 %. N'est-ce pas là un autre facteur propre à décourager l'investissement? Il faut dans ce domaine se méfier plus encore que dans d'autres des statistiques globales, car, dans la vie réelle, il n'existe que des situations particulières, celles où se trouve chacune des entreprises. Or, et c'est là une de ses caractéristiques, la crise est très diversement ressentie selon les secteurs d'activité et, à l'intérieur de chaque secteur, selon les firmes.

Pour simplifier, on dira qu'il existe actuellement toute une série d'industries dont la situation contraste avec celle des secteurs dont nous avons déjà parlé. Il s'agit en gros des entreprises dont l'activité est liée aux commandes publiques : industrie électrique, téléphone, construction nucléaire. Elles tournent généralement sinon à plein tout au moins à un niveau proche de leur capacité maximale. Non seulement elles ne réduisent pas leurs investissements mais elles prévoient souvent de les accroître.

Aux deux extrêmes se trouvent, d'une part, les industries plongées dans la compétition internationale, chimie, sidérurgie, qui sont le plus touchées par la récession et qui cherchent, quand elles le peuvent, le salut dans des accords dits de coopération internationale (entendez : dans la cartellisation), d'autre part, des industries plus protégées, travaillant surtout pour le secteur nationalisé. Entre les deux, on pourrait classer le secteur du bâtiment et des travaux publics et aussi l'industrie agricole, dont plusieurs branches connaissent une certaine prospérité et engagent d'importants investissements, comme les sucreries, par exemple.

De ce tableau rapide, on pourrait être enclin à conclure qu'un effort supplémentaire de la part de l'État pourrait avoir un plus grand effet d'entraînement. Mais théoriquement aussi bien que pratiquement, les choses se présentent d'une façon plus compliquée. Supposons que le gouvernement accroisse encore certains crédits d'équipement. Ce faisant, il améliorerait sans doute la situation des entreprises recevant les commandes correspondantes, mais l'augmentation des crédits, en favorisant des secteurs dont les capacités de production sont déjà suffisamment employées, ne manquerait pas d'accélérer une inflation qui aurait pour conséquence d'aggraver un peu plus les difficultés auxquelles doivent faire face les autres secteurs d'activité.

D'ores et déjà on peut penser que le gouvernement, devant l'extension quasi certaine du chômage, sera amené à prendre dans les prochains mois de nouvelles mesures destinées, dans son esprit, à favoriser l'investissement, telles, par exemple, qu'un abaissement des taux d'intérêts réclamé par les milieux industriels.

PAUL FABRA

6 novembre 1975

E42-43 Le paysan français

Comment peut-on être paysan? C'est la question qu'économistes, sociologues et même agriculteurs se sont posée au début des années 50. La réponse était implicitement contenue dans la question : impossible car l'industrialisation des techniques de production devait faire apparaître *« une France sans paysans »*. En contrepoint, les politiciens chantaient l'*« ordre éternel des champs »*.

Pourtant, en 1975, il reste encore 2 millions de personnes, c'est-à-dire 10 % de la population active de la France, qui se consacrent aux travaux des champs ou à l'élevage sur quelque 1,2 million d'exploitations. Les paysans *« n'ont pas disparu comme les anciens de 1914-1918 »*, selon une boutade du général de Gaulle, mais *« l'agriculture de papa »* s'est profondément transformée, tout en conservant un particularisme économique et social :

1) La population active agricole est âgée : près de la moitié des chefs d'exploitation ont plus de cinquante-cinq ans et deux cent mille d'entre eux ont plus de soixante-cinq ans;

2) Les *« travailleurs de la terre »* – exploitants, aides familiaux, ou salariés – ont généralemement reçu une formation insuffisante : 97,7 % de paysans n'ont pas dépassé le niveau de l'école primaire, 2,1 % celui du secondaire, 0,2 % ont suivi des études supérieures. Il est vrai que ces lacunes ont tendance à être comblées par un intense effort de formation professionnelle;

3) Les exploitations restent dans l'ensemble de taille médiocre (20 % ont moins de 5 hectares, 38 % ont entre 5 et 20 hectares, 40 % entre 20 et 100 hectares, 2 % ont plus de 100 hectares) et sont généralement morcellées en un grand nombre de parcelles – ce qui rend difficile l'usage des moyens mécaniques, – en dépit des quelque 10 millions d'hectares remembrés;

4) La géographie agricole est très diversifiée. En schématisant on note, d'une part que les plus grosses exploitations sont situées dans le Nord et dans le Bassin parisien et se consacrent principalement aux céréales et aux betteraves, et d'autre part, que les plus petites fermes sont localisées notamment dans le Sud-Ouest, le Centre et les régions de montagne et se consacrent surtout à l'élevage.

Il apparaît donc difficile de présenter l'agriculture comme un ensemble homogène. En fait trois grands types de portraits peuvent être tracés :

– *Les paysans pauvres :* de 15 à 20 % des salariés et des exploitants qui disposent de 5 % des terres cultivées. Les investissements sont quasi inexistants, le niveau de création faible, l'âge des exploitants est le plus souvent supérieur à cinquante ans. Lorsqu'ils se retireront, l'I.V.D. (l'indemnité viagère de départ, sorte de retraite) leur permettra de « mourir pauvres »;

– *L'agriculteur moyen.* L'exploitation est de taille convenable, le niveau de vie moyen, mais le nombre de célibataires est important. La préoccupation dominante de ces exploitants est l'agrandissement de leur superficie quelque peu au détriment de la modernisation de leur équipement. D'autres s'endettent lourdement pour arriver à la « rentabilité ». Le train du développement économique en laissera bon nombre sur le quai;

– *L'exploitant industrialisé.* On évalue leur nombre à 35 % des cultivateurs et ils contrôlent la moitié de la surface agricole. Leur niveau de vie est largement satisfaisant. Il investissent beaucoup.

Ces disparités à l'intérieur du monde paysan ont été *« consolidées »* par les politiques agricoles pratiquées depuis le début des années 60, tant au niveau national qu'européen. La politique des structures au travers des sociétés d'aménagement foncier (SAFER), l'organisation économique au niveau des coopératives des groupements de producteurs et de l'intervention sur les marchés, enfin, la politique de l'élevage par les mécanismes de prêts et la nationalisation des productions, ont été mis en œuvre afin que l'agriculture devienne une activité économique commes les autres. Quitte à prévoir des formules de transition et des aides spéciales de caractère social. Autrement dit, une partie des agriculteurs a été sciemment sacrifiée par avance à la croissance et l'autre mise à l'observation. Or en dépit de ces clivages économiques, le monde paysan, qui est resté fidèle à une construction corporatiste, a combattu dans l'ensemble cette évolution. Toutefois, les organisations syndicales en sont arrivées à s'affronter sur les moyens d'organiser cette lutte contre l'intégration. Tels sont, à gros trait, les caractères essentiels de la paysannerie française que nous abordons plus en détail ci-dessous.

ALAIN GIRAUDO

Dossiers et documents, novembre 1975

Société

DU 12 AU 14 OCTOBRE

S1 Le Rassemblement protestant de Strasbourg

Il est normal qu'une communauté religieuse largement minoritaire et dispersée sur le territoire national éprouve le besoin de concentrations fréquentes. Ce besoin, le protestantisme français le ressent avec intensité. En dehors des assemblées synodales et consistoriales qui se réunissent avec régularité, les protestants français se rencontrent dans de nombreux congrès et conférences d'une extrême variété et dont certains témoignent d'une haute tenue intellectuelle. On a dit, non sans humour, que le protestant français n'existe qu'en mouvement. Mais le Rassemblement qui s'ouvrira à Strabourg le 12 octobre, dans les halls de la Foire européenne, a une signification particulière. Les participants viendront non seulement des Églises luthérienne et réformée d'Alsace et de Moselle, mais de l'Église luthérienne du pays de Montbéliard et de la quinzième circonscription de l'Église réformée de France, circonscription qui s'étend de Troyes à Saint-Dié et de Longwy à Lons-le-Saunier. Ce brassage est d'autant plus intéressant que les vicissitudes politiques ont, dans le passé, quelque peu isolé le protestantisme alsacien et mosellan.

Le thème de la manifestation révèle bien les intentions des organisateurs. Il est constitué par cette question que Dieu adresse sans cesse à l'homme, après l'avoir d'abord adressée à Caïn : « Où est ton frère? » Question urgente dans une civilisation comme la nôtre où les structures collectives et le style technique de l'existence risquent à chaque instant de compromettre et la singularité des personnes et la possibilité des relations interpersonnelles.

Quatre grandes commissions (responsabilité familiale, responsabilité sociale, responsabilité civique, responsabilité ecclésiale) ont préparé méthodiquement cette réflexion, ont réuni une documentation imposante, ont publié de nombreux cahiers, qui abordent la question du prochain sous les angles les plus variés. Aucun problème n'a été passé sous silence, qu'il s'agisse de l'éthique sexuelle, de la structure des entreprises, de la défense des libertés communales et provinciales, de l'Algérie et des pays de transformation sociale rapide ou de la redécouverte de la communauté paroissiale.

Fait important, et qui à lui seul justifiait l'entreprise : ces travaux ont été suivis par des hommes auxquels le langage traditionnel de l'Église était devenu indifférent ou incompréhensible. Et c'est bien à une promotion de laïcs que visaient les initiateurs du Rassemblement. Le protestantisme, en effet, connaît lui aussi, sous une forme assez subtile, la tentation du cléricalisme. Beaucoup de laïcs sont devenus des aides du pasteur ou même des « petits pasteurs », mais tout ceci au seul profit de la vie intérieure de la paroisse. L'Église protestante, par le ministère de ses pasteurs et de ses laïcs, connaît le danger (encore accru en France par son caractère minoritaire) de s'enfermer elle-même dans une sorte de ghetto, de devenir cléricale en ce sens qu'elle se replie sur elle-même. L'Église doit affirmer qu'elle ne vit pas pour elle-même (sans quoi elle deviendrait immédiatement une puissance cléricale), mais pour ce qu'un piétisme latent et insidieux continue à appeler le « monde ». Quels que puissent être les résultats du Rassemblement de Strasbourg, sa réalisation met en lumière une volonté de présence de l'Église, une redécouverte du ministère « laïc » de l'Église elle-même. Ce signe s'ajoute à bien d'autres dont le protestantisme n'a point et ne prétend point avoir le monopole.

ROGER MEHL

10 octobre 1956

LE CINÉMA

S2 B.B. (bis)

Il n'était pas question, cette semaine, d'avoir ses yeux dans ses poches : Brigitte Bardot, par deux fois, sollicitait nos suffrages. Heureux critique, penseront les braves gens, dont le métier est de répondre à de telles invitations. Heureux mortel pour qui c'est un devoir de contempler B.B. succédant à B.B. Nous n'étions certes pas mécontent!

Nous sommes davantage ennuyé aujourd'hui qu'il nous faut rédiger cette chronique. Voilà bien les inconvénients de la profession : on éprouve de la sympathie pour une ravissante personne, on aimerait la couvrir de fleurs, et puis, parce qu'on écrit dans un journal, on se trouve contraint de jouer les grognons, les Alceste[1]. S'en tirer avec quelques galanteries n'est pas une solution. Brigitte Bardot doit être lasse de s'entendre toujours complimenter pour ses attraits naturels. C'est de son propre talent beaucoup plus que de celui du bon Dieu qu'elle voudrait certainement qu'on lui parle. En m'associant une fois encore à tous les fâcheux qui ne savent que chanter la gentillesse de son visage et la perfection de son corps, j'ai conscience de mon impertinence et de ma sévérité. Mais le moyen de faire autrement? Après *Une sacrée gamine* nous avions espéré voir naître sinon une actrice émérite, du moins une de ces charmantes comédiennes à qui l'écran ne demande qu'un peu de malice et de savoir-faire. Il faut bien reconnaître que cette comédienne-là est restée dans les limbes. Nous ne l'avons découverte ni dans *La mariée est trop belle* ni dans *Et Dieu créa la femme.* Paraîtra-t-elle un jour? Nous voulons le croire. Mais il faudra pour cela que Brigitte Bardot renonce pendant un certain temps à tout emploi dramatique (ou frôlant le drame) et que dans la comédie, elle acquière cette vivacité de jeu sans laquelle les personnages les plus délurés s'alanguissent et s'étiolent. Vienne cet heureux jour et, sans la perdre de vue du coin de l'œil, nous ferons semblant d'oublier que B.B. est si jolie! Passons aux films maintenant. *La mariée est trop belle* a été réalisé par Pierre Gaspard-Huit, qui nous donna, voilà quelques mois, un *Paris-Canaille* où il y avait de la gaieté et de la fantaisie. Le metteur en scène semble avoir perdu quelques-uns de ses secrets. Inspirée d'un roman d'Odette Joyeux, l'histoire de *La mariée est trop belle* nous raconte les mésaventures d'une petite *cover-girl* qui voudrait bien qu'on prenne son cœur au sérieux. Comme elle est un peu godiche[2] et qu'elle manque d'expérience, elle ne parviendra qu'avec peine à convaincre son amoureux. Ce marivaudage[3] fleur bleue[4] aurait gagné à être traité sur un rythme plus rapide. Il renferme cependant des séquences amusantes, comme celle où l'héroïne essaie vainement de se dévergonder. La première image du film est également très drôle, mais pour obtenir cet effet comique les auteurs ont dû adopter une construction tarabiscotée qui ne me paraît guère convenir au style de la comédie. Félicitons Louis Jourdan et Micheline Presle de leur performance. Ils sont l'un et l'autre excellents. On aimerait les revoir plus souvent.

Et Dieu créa la femme est un ouvrage plus ambitieux que le précédent. Roger Vadim, qui en a écrit le scénario et assuré la réalisation, a voulu nous dit-il dépeindre la psychose dans laquelle se trouve plongée la jeunesse d'après-guerre. Avouerai-je qu'en voyant le film je n'ai pas retrouvé grand'chose des intentions de l'auteur? Pourquoi cette fille amoureuse d'un beau gars symboliserait-elle mieux qu'une autre les enfants de notre demi-siècle? Est-ce parce qu'elle couche avec son beau-frère? Parce qu'elle danse le mambo? Parce qu'elle est indolente et paresseuse? Parce qu'elle est nue sous son corsage? Ce n'est vraiment pas suffisant. Il y avait d'autres problèmes à envisager que Vadim, volontairement ou non, a passés sous silence. Je ne doute pas qu'il nous prouve un jour son talent. Il l'a d'ailleurs déjà prouvé comme dialoguiste et scénariste. C'est néanmoins pour des raisons assez étrangères à ce talent que son coup d'essai sera une réussite commerciale. N'en parlons donc pas davantage.

JEAN DE BARONCELLI

5 décembre 1956

1. Héros du *Misanthrope* (1666) de Molière.
2. Sotte, naïve (familier).
3. Badinage amoureux, par allusion à la psychologie et au langage précieux des comédies de Marivaux (1688-1763).
4. Gentil, sans prétention, naïf, niais.

S3 M. Le Corbusier montre aux étudiants d'aujourd'hui ce que sera le monde de demain

Une conférence de Le Corbusier dans le grand amphithéâtre de la Sorbonne, le fait en soi est insolite. « Corbu », malgré l'audience qu'il a toujours auprès des jeunes, se prodigue peu et les lieux officiels ne sont guère de son goût. Tout au plus les accepte-t-il en raison de leur importance géographique : Quartier latin, chef-lieu Sorbonne, Paris, « ville à avoir seule une âme répandue à travers le monde ».

Toujours est-il que jeudi soir Le Corbusier a fait salle comble, et que l'affluence qui, du Dupont Latin[1] jusqu'aux marches de la Sorbonne, occupait maints agents et encombrait la rue des Écoles a prouvé que la jeunesse était avide de l'entendre.

C'est à elle seule qu'il a voulu s'adresser, comme étant seule capable dorénavant de porter son message et de le réaliser.

Le monde de demain, la civilisation machiniste, ses programmes d'équipement, c'était là les thèmes choisis.

Le Corbusier conférencier est un phénomène extraordinaire : nulle éloquence, comme nul apprêt. Il a quelque chose à dire et il le dit, ou plutôt non, il le dessine. Il parle avec ses craies devant un grand tableau tendu de papier blanc; un problème pour lui, c'est un croquis, une solution c'en est un autre, et les feuilles du grand tableau se détachent les unes après les autres, noircies de lignes émouvantes entre lesquelles les espaces verts, les cités linéaires, le soleil, la vie de l'homme, font des taches de couleur rouge, jaune et bleu.

Les problèmes du monde de demain? C'est l'établissement de l'homme sur la terre, selon les trois modes d'occupation du sol : l'agriculture, c'est le village; l'échange, c'est la ville au carrefour des deux routes; l'industrie, c'est la grande cité linéaire bâtie ou plutôt à bâtir le long des trois voies d'eau, de terre et de fer, qui suivent les pentes naturelles de l'écoulement des eaux vers la mer, des routes au fond des vallées, des voies ferrées qui doublent les routes. Et la carte du monde surgit de la feuille blanche : une main pour la Grèce, une botte pour l'Italie, la théière France...

Le Soleil et l'homme

La solution est là à tous nos étouffements : bâtir le troisième établissement humain, l'industriel, auquel nous n'avons jamais fait sa place et qui s'est glissé sournoisement dans nos villes, les a dénaturées, gonflées jusqu'à l'éclatement, rendues « tentaculaires ». Dans ce travail, comme guides, deux objectifs : le soleil, l'homme, l'un à utiliser, l'autre à servir. Le soleil, c'est la courbe du jour. L'homme, c'est un rythme de vingt-quatre heures, un œil qui se situe à 1 m 60 du sol, une alternance de temps de sommeil et de temps de travail.

Et autour de lui, il y a la nature dont on ne peut le priver, les arbres, les prés, la terre même. Alors quatre ou cinq impératifs, pas plus : le pilotis, le mur de verre, le toit-jardin, l'échelle humaine, le silence. Et la maison s'élève en plein ciel, libérant le sol de ses assises, créant à son faîte une surnature, son toit semé de plantes. Gain : 108 % de sol récupéré. Toute l'architecture de Le Corbusier est là.

Mais il a peur de dire des choses trop simples, trop évidentes, et, délaissant soudain la craie et le croquis pour la projection en noir et en couleurs, il montre son œuvre, celle qu'il a construite et celle qu'il a rêvée : palais grandioses dont l'exécution lui a été ravie, S.D.N., O.N.U., Palais des Soviets, plans de villes où l'homme circule et respire : Berlin, Alger, et qui n'ont pris corps qu'à Chandigarh[2], où chaque immeuble se double de son reflet dans l'eau.

Deux heures durant trois mille étudiants ont été suspendus à ses lèvres, riant de ses saillies, applaudissant ses réalisations, criant « Plus fort, plus fort ». Il a successivement, avec le meilleur désir d'échanges et de contacts avec sa salle, essayé tous les micros. L'acoustique reste mauvaise. Alors, il s'écrie : « Voilà une salle faite pour rassembler un public et pour y prononcer des discours. On ne peut ni entrer ni entendre. A vous de juger. » Le Corbusier tient sa vengeance.

JACQUELINE PIATIER

6 février 1960

1. Bar du Quartier latin, place de la Sorbonne.

2. Voir E 14 note 2.

LA CRÉATION D'UNIVERSITÉS AUTONOMES ET PLURIDISCIPLINAIRES

S4-5 Un saut dans l'inconnu

La création d'universités autonomes, pluridisciplinaires et cogérées est maintenant en route. Cette immense entreprise a pris un difficile départ. La première esquisse des nouvelles structures universitaires pour l'ensemble de la France, qui vient d'être publiée (« le Monde » du 9 janvier), ressemble en effet plus à une caricature, où sont aggravés des défauts du système ancien, qu'à une préfiguration de cette organisation vraiment nouvelle et dynamique annoncée par la loi d'orientation de l'enseignement supérieur. Certes, cette esquisse est provisoire et on ne cesse de le répéter au cabinet du ministre, en ajoutant qu'il s'agit essentiellement de sortes de circonscriptions électorales. Mais que ce premier essai soit si peu novateur est fort inquiétant.

Contrairement au modèle allemand, imité à la même époque en Grande-Bretagne puis aux États-Unis, les universités françaises, sans aucune autorité sur les facultés qui les composaient, furent des constructions purement artificielles. Ne disposant pas de budget propre – Paris accordait le sien à chaque faculté – elles n'existent que sous la forme d'un conseil qui réunit les doyens des différentes facultés situées dans la même circonscription administrative : l'académie*.

Ce conseil de l'université, organe sans pouvoirs et sans activités, est présidé par le représentant du pouvoir central : le recteur de l'académie. On n'utilisait en fait la pompe de ce conseil que pour traduire devant lui les étudiants passibles de sanctions disciplinaires.

L'absence d'expérimentation préalable

Ni la IVe ni la Ve avant la crise de mai n'ont osé remettre en cause cette organisation traditionnelle. Pour l'enseignement secondaire, la Ve a finalement eu le courage, après combien d'hésitations, d'imposer de nouvelles structures – notamment l'institution d'établissements distincts pour le premier cycle (classes de sixième à troisième incluse) – malgré les très vives oppositions de la plupart des organisations représentant les enseignants et les parents. Mais les gouvernements et ministres successifs purent, dans ce domaine, s'appuyer sur un courant novateur, minoritaire certes, mais actif, qui avait élaboré de nombreux projets, dont le fameux plan Langevin-Wallon de 1947. Un tel courant ne se manifesta guère dans l'enseignement supérieur avant le colloque de Caen [1] de 1966. Celui-ci, rassemblant presque uniquement des professeurs et des doyens des facultés des sciences, demanda unanimement la suppression du système des facultés et son remplacement par des universités pluridisciplinaires et autonomes. Mais ses propositions n'étaient guère élaborées et elles furent très vivement contestées par la grande majorité des professeurs des autres disciplines. Dans un manifeste, la fédération des syndicats autonomes de l'enseignement supérieur, notamment indignée de la proposition de supprimer les chaires, dénonça les « notables auto-investis de Caen » (*Le Monde* du 21 décembre 1966).

Face à ce conservatisme du monde universitaire, les ministres et gouvernements ne purent ou ne voulurent pas innover. C'est pourquoi – et cela complique singulièrement la situation actuelle – la formidable expansion de l'enseignement supérieur dans les années 60 s'est réalisée dans les cadres anciens. Au lieu de profiter de la création d'universités nouvelles pour tenter de mettre à l'essai de nouvelles formules, comme l'ont fait les Allemands à Bochum ou à Constance, les Anglais à Brighton ou les Américains dans les nouveaux campus des États de Californie ou de New York, les universités d'Orléans, de Reims, de Poitiers, de Nice ou de Limoges, etc., furent strictement calquées sur les autres et eurent droit comme elles à la batterie de facultés traditionnelles (sciences, lettres, droit, etc.), regroupant partout les mêmes clivages.

En voulant créer de véritables universités, M.Edgar Faure [2] ne pouvait donc s'appuyer sur aucune expérimentation préalable, même à une échelle limitée. C'est pourquoi la loi d'orientation de l'enseignement supérieur représente une sorte de saut dans l'inconnu. Pour réaliser cette rénovation des structures universitaires, elle affirme que l'établissement clé, celui qui disposera en tout cas de la personnalité morale et de l'autonomie financière, est l'université. Au lieu d'être ce regroupement factice de toutes les facultés implantées dans la même circonscription administrative, l'université, dirigée par un président, sera un établissement à l'échelle humaine. C'est ainsi qu'il y aurait une dizaine d'universités dans la région parisienne. « Elle sont pluridisciplinaires – affirme la loi – et doivent

1. Colloque universitaire convoqué en vue d'une réforme de l'enseignement.
2. (Né en 1908), président du Conseil en 1955-56, ministre des Finances en 1952 et 1958, de l'Agriculture en 1966; ministre de l'Éducation Nationale en 1968, il amorça au lendemain de la révolte de mai la mise en place d'une radicale réforme de l'enseignement.

associer autant que possible les arts et les lettres aux sciences et aux techniques. Elles peuvent cependant avoir une vocation dominante. »

Ces nouvelles universités, ajoute le texte, « groupent organiquement des unités d'enseignement et de recherche ». Mais la loi se contente de lancer ce nouveau concept sans préciser, dans aucun de ses articles, ce que seront ces nouveaux organismes intitulés U.E.R. Il s'agit notamment de savoir en quoi ces « unités » se distingueront des facultés et plus encore des départements ou des sections – les deux termes sont employés – qui regroupent dans de nombreuses facultés les enseignants d'une même discipline.

Si une telle imprécision devait faciliter les ralliements et l'absence d'opposition au texte du ministre à l'Assemblée nationale et au Sénat, elle allait immédiatement susciter une floraison d'interprétations. Au cours des semaines, les moins novatrices se sont faites de plus en plus nombreuses.

B. GIROD DE L'AIN

4 février 1969

* C'est Napoléon qui la créa en divisant l'Université impériale en autant d'académies qu'il y avait de cours d'appel (29). Ce nombre, après avoir encore augmenté, fut réduit à seize en 1854 et ne fut pas modifié (si l'on ne tient pas compte de la création de l'académie d'Alger en 1875) jusqu'en 1962. Il y en a maintenant vingt-trois à la suite de la création des académies d'Amiens, de Limoges, de Nantes, de Nice, d'Orléans-Tours, de Reims, de Rouen.

S6 Du lycée de Napoléon à l'enseignement de masse

Créés par Napoléon, les lycées avaient, à leur origine, une mission essentiellement politique et sociale : ils devaient assurer la formation morale et intellectuelle des futurs cadres du régime naissant. Le lycée prenait en charge l'individu pour le façonner dans le respect des lois et des grandes valeurs classiques, pour faire de lui un futur chef et un sujet fidèle. L'organisation de la vie scolaire et la pédagogie étaient orientées en fonction de cet objectif : internat à discipline de type militaire, exercices reposant sur la répétition et la mémoire, primauté du discours latin permettant l'accès aux modèles romains de civisme et de moralité. L'éducation était caractérisée par l'abstraction et la contrainte : le lycée avait repris la vieille idée des jésuites qu'il s'agit de tuer en l'enfant ce que la nature garde de sauvage, pour le conformer au moule de l'idéal humaniste classique.

Vers les années 1870-1880, sous la poussée du positivisme et du développement universitaire, de nouvelles idées se font jour : l'enseignement doit devenir plus scientifique : sciences naturelles, géographie, langues vivantes. Les professeurs de lycée commencent à être formés dans les facultés, qui prennent à cette époque seulement leur véritable essor. Le cours magistral fait son apparition (jusqu'alors le travail scolaire se limitait essentiellement à des exercices de répétition dans des permanences). Une étude de Mme Isambert sur les discours de distribution de prix fait apparaître à cette époque la définition d'objectifs nouveaux pour l'école : elle doit remplir une fonction scientifique et technique, se rapprocher de la vie et des besoins de l'économie.

L'adoption de la gratuité de l'enseignement secondaire, en 1930, devait être le point de départ d'une troisième étape, marquée par deux phénomènes, dont les conséquences ne se feront sentir que lentement : la démocratisation de l'enseignement et l'apparition d'idées pédagogiques nouvelles sous l'influence des progrès de la psychologie de l'enfant. Le recrutement de l'enseignement secondaire s'élargit : il n'est plus réservé à une élite bourgeoise, mais à une proportion très large d'enfants, et bientôt à toute une classe d'âge; d'autre part, on admet que l'éducation n'a pas pour seul objectif de transmettre à l'enfant des connaissances fixées une fois pour toutes, mais d'assurer le développement individuel de chacun, de faciliter son épanouissement et son adaptation.

Toutefois, ces trois objectifs successifs de l'enseignement secondaire – politique et social, scientifique et technique, pédagogique et psychologique – ne se sont pas substitués l'un à l'autre au fil de l'histoire. La force de résistance et de conservation de l'institution scolaire rend impossibles les mutations brusques, même en cas de changement de régime politique. Ainsi ces différentes missions de l'enseignement se sont-elles superposées et ont-elles continué de coexister au sein de l'école.

C'est ainsi que la visée scientifique qui, théoriquement, transcendait toute considération d'ordre social (l'enseignement et les concours étaient les mêmes pour tous sans distinction d'origine) a permis en fait de masquer le rôle de sélection sociale que l'école continuait de jouer. L'enseignement secondaire n'était en effet assimilable que par les enfants dont le milieu socio-culturel était suffisamment élevé et qui étaient ainsi soutenus intellectuellement et psychologiquement par leur famille. Cette réalité pouvait être niée tant que demeuraient deux filières parallèles : celle des lycées, pour les jeunes bourgeois (ou, pensait-on, pour les plus doués) et celle du primaire supérieur, pour les fils d'ouvriers et de paysans. La réforme de l'enseignement, commencée en 1952 en amorçant leur fusion en une filière unique, a permis à la contradiction d'éclater : on s'aperçoit que l'égalité ne consiste pas à traiter en égaux ceux qui ne le sont pas. Pour avoir trop tardé, ou trop longtemps cru à la magie du verbe des circulaires, on a laissé mûrir des contradictions qui ne pouvaient aboutir qu'à une explosion : alors que la mission nouvelle de l'école est d'accueillir tous les enfants et de permettre à chacun d'eux de développer ses propres aptitudes pour s'orienter et s'adapter au monde extérieur, l'enseignement secondaire est replié sur lui-même, sourd à la vie, et distribue de façon égalitaire un savoir abstrait et aristocratique.

Cette inadaptation entre l'enseignement et la population à laquelle il s'adresse apparaissait clairement dans une curieuse étude de M. Testanière sur le chahut [1]. Finis les chahuts-fêtes d'autrefois, symboles d'une connivence tacite avec le vieux « bahut » [2], destinés à figurer dans la future geste du parfait lycéen. On a affaire maintenant à une agitation vague, un malaise diffus qui exprime confusément le désarroi des enfants pris entre deux systèmes : celui du milieu familial et celui du lycée.

L'organisation de la vie scolaire est tout entière conçue autour des classes, c'est-à-dire, d'un enseignement magistral également distribué à tous. Cette formule est égalitaire mais peu démocratique puisqu'elle consiste à traiter de façon identique des individus profondément dissemblables de par leur milieu familial et de par leurs aptitudes personnelles. La tâche essentielle de l'insitution scolaire à l'époque de l'enseignement de masse devra donc être de compenser le plus possible les inégalités socio-culturelles. Pour cela elle devra assumer les fonctions naturellement remplies par le milieu familial bourgeois : l'aptitude à l'expression, l'enrichissement de l'environnement culturel, le lien entre la culture et la vie. De plus en plus, l'à-côté de l'enseignement – le « péri » ou le « para » scolaire – deviendra fondamental dans la mesure où il aidera à constituer l'humus indispensable dans lequel la connaissance pourra prendre racine.

L'ensemble de ces dispositions sera onéreux. Il serait toutefois intéressant d'en comparer le montant avec celui des échecs scolaires et des redoublements de classe, calcul qui n'a jamais été fait, l'éducation nationale ignorant l'estimation de la rentabilité.

FRÉDÉRIC GAUSSEN

14 mars 1969

1. Tapage plus ou moins organisé, accompagné de plaisanteries, par lequel les élèves troublent une classe et contestent la discipline scolaire.

2. Lycée, établissement scolaire (argot scolaire).

LETTRE D'AUBERVILLIERS

S7 Au pays des prolétaires

Comme les autres agglomérations de la « banlieue rouge », Aubervilliers est un pays de prolétaires. Les ouvriers, hommes et femmes, comptent pour 56,9 % de la population (la moyenne nationale est d'environ 30 %). On note qu'il y a 18,60 % d'ouvriers qualifiés, 18,50 % d'ouvriers spécialisés et 16,9 % de manœuvres. Les employés représentent 20,1 % de la population totale (dont 16,3 % sont des employés de bureau). Les patrons de l'industrie et du commerce sont 5,8 %, les membres des professions libérales et les cadres supérieurs 2,3 %, les cadres moyens 8,5 %. Aubervilliers compte 164 gens de maison, 80 artistes, 20 salariés agricoles, 16 mineurs et 8 marins-pêcheurs. La plaine Saint-Denis est devenue le fief du parti communiste, mais cela ne s'est pas fait du jour au lendemain. Travailleurs sans grande qualification, les premiers prolétaires ont mis du temps à s'organiser, à developper, comme disent les responsables communistes, leur « conscience politique ». Cependant, c'est ici que Léon Jouhaux, ancien secrétaire général de la C.G.T., a fait ses premiers pas dans la contestation, comme animateur d'un groupe anarchiste. La chronique dit que le mouvement anarchiste a reçu l'adhésion du curé de Notre-Dame-des-Vertus.

Avant la première guerre mondiale, un jeune avocat, conseiller juridique des syndicats ouvriers, était membre de la section socialiste locale. Pierre Laval [1] deviendra maire d'Aubervilliers en 1923 et le restera jusqu'en 1944. Il sera aussi député socialiste de la Seine de 1914 à 1919, puis, mais comme élu indépendant, de 1924 à 1927. La vocation « socialiste » d'Aubervilliers a conc connu des hauts et des bas. En 1935, elle s'affirme : M. Charles Tillon (communiste) est élu conseiller général et, l'année suivante, député du Front populaire. Après la Libération, il prend la mairie et assume ses mandats jusqu'en 1952, année de sa disgrâce au sein du P.C.F. Depuis 1958, le député de la circonscription d'Aubervilliers-Stains-La Courneuve est M. Waldeck Rochet, secrétaire général du P.C.F. (élu dès le premier tour à partir de 1952). Le maire est actuellement M. André Karman, communiste et enfant d'« Auber » [2]. On a l'impression qu'il a toujours été « Aubervillierien » et communiste.

Ses soucis majeurs sont le logement et l'emploi. Pour le logement, on sait de quoi il retourne. Il faut à la fois remplacer les anciens taudis et réduire les nouveaux qui se créent avec la venue de la main-d'œuvre étrangère. Pour 60 616 habitants de nationalité française, il y a 13 504 étrangers. La moitié d'entre eux est pratiquement intégrée, et les enfants de ces familles d'Espagnols, d'Italiens et d'Algériens ont l'accent d'« Auber ». Cela, c'était l'ancienne émigration (parmi laquelle figure une dizaine de réfugiés politiques russes!). La nouvelle émigration vient surtout du Portugal (3 386 personnes) et d'Afrique noire. Les Portugais commencent à appeler leurs familles auprès d'eux, ce qui rend évidemment plus aigu le problème du logement. « On a relogé tous ceux qui étaient dans les caves », dit M. Karman. Comment faire plus que ce qui a été réalisé ici sans une aide accrue de l'État?

Aubervilliers n'est plus le village d'autrefois, groupé autour de la vieille église, mais ce n'est pas davantage une cité-dortoir. Une certaine vie communale s'y maintient, bien que, de plus en plus, les natifs du lieu soient moins nombreux que les travailleurs émigrés au bal du 14 juillet. Dans les ensembles d'H.L.M. les enfants font la liaison entre les familles : on connaît ses voisins d'escalier avec lesquels on parle, avant les congés payés, des colonies de vacances pour les petits, des bons terrains de camping pour les adultes. « Au retour des vacances, tout le monde est fauché » [3], observe quelqu'un qui les connaît bien. Cela crée une certaine solidarité dans les grands ensembles.

Trente pour cent des 74 000 habitants ont moins de dix-neuf ans, et il y a 35 000 non-actifs. Sur les 27 000 emplois qu'offre la commune, 16 000 sont tenus par des « Aubervillieriens ». Ceux qui s'expatrient chaque jour se répartissent dans les entreprises de la banlieue ou, c'est surtout vrai pour les jeunes femmes, vont travailler dans les magasins et bureaux de Paris. Ces jeunes femmes sont les instruments sinon du progrès, du moins de l'évolution des mœurs, en rapportant chaque soir à leur foyer ce qu'elles ont vu et appris dans la capitale, qu'il s'agisse de la mode, de l'électroménager ou des spectacles. Et le samedi soir ou le dimanche après-midi, les enfants d'« Auber » vont sur les grands boulevards où sont les grands cinémas et les belles vitrines.

ANDRÉ LAURENS

9 décembre 1970

1. Pierre Laval sera aussi président du Conseil en 1935-36; chef du gouvernement de Vichy en 1942, il sera condamné à mort et fusillé en 1945.

2. Abréviation populaire de « Aubervilliers ».

3. Sans argent (argot).

S8 San-Antonio : un policier très populaire

Scénariste, auteur dramatique, grand prix du théâtre radiophonique (1947), Frédéric Dard est surtout connu en tant qu'auteur de romans policiers.

Les romans qu'il signe de son propre nom dans la collection « Spécial-Police » (Fleuve noir) sont tirés à 180 000 exemplaires. Certains dépassent largement ce chiffre (*Le Monte-Charge* : 400 000 exemplaires; *les salauds vont en enfer* : 380 000; *L'Homme de l'avenue* : 380 000; ces trois romans ont été portés à l'écran). Mais c'est sous le pseudonyme du commissaire San-Antonio que Frédéric Dard est célèbre.

La carrière littéraire de San-Antonio a commencé en 1950. Il a publié depuis plus de soixante-dix titres dans la collection « Spécial-Police ». Actuellement, le premier tirage de ses romans est de 600 000 exemplaires. Les rééditions, huit chaque année en moyenne, sont tirées à 150 000 exemplaires.

Les chiffres indiquent que San-Antonio est le policier, sinon l'auteur, le plus populaire de France. Cette popularité, aussi grande chez les ouvriers que chez les étudiants, a attiré l'attention du Centre de sociologie des faits littéraires de Bordeaux, qui lui a consacré des travaux. Il semble que l'immense succès de San-Antonio tienne surtout à l'originalité de son personnage et à l'originalité de son écriture. « Je suis un virtuose de la langue – dit-il – toutes les dames vous le confirmeront. »

On ne raconte pas San-Antonio.

Nous lui avons donc laissé le soin de se présenter lui-même, au cours d'une interview imaginaire.

V. A.

Quand j'ai un message à expédier, je n'écris pas un livre je vais à la poste

– *Contrairement à bon nombre d'agents secrets, on a l'impression, San-Antonio, que vous n'êtes pas un surhomme. Vous mesurez 1 m 72, ce qui, pour un surhomme, est peu. Vous n'êtes pas doué pour les langues.*

– L'anglais que je suis capable de parler tiendrait sur la marge d'un timbre de quittance.

– *Vous habitez Saint-Cloud avec Félicie, votre mère, ce qui n'est pas le cas de tous les agents secrets. Pourquoi êtes-vous aussi attaché à Félicie?*

– Félicie, elle a entretenu un miracle : empêcher que je ne sois plus un petit garçon! Grâce à elle, il y a un bout d'enfance qui continue en moi, qui me garde heureux et tendre...

– *Comment peut-on être heureux quand on n'est plus un enfant?*

– Tout aimer, voilà le secret. Être amoureux du grain de café qu'on moud le matin, de l'oiseau qui s'oublie[1] sur votre chapeau, du facteur qui vous apporte votre feuille d'impôt, du proviseur qui vous balance[2] du lycée, de l'adjudant qui vous fait ramper dans la boue! Aimer! Aimer! Le voilà le secret. Qu'on se le dise! Et puis s'aimer soi-même, surtout si l'on est son genre.

– *Ce sont des paroles surprenantes dans la bouche d'un dur[3]!*

– Si je force un peu sur le lyrisme, prévenez-moi et faites monter de la bière.

– *S'il est entendu que vous n'êtes pas un surhomme, il faut reconnaître que vous n'êtes pas un homme ordinaire non plus : vous êtes très fort; très habile, très courageux. Vous menez toujours à bonne fin les missions périlleuses que le « Vieux », votre supérieur hiérarchique, vous confie. L'auteur que vous êtes, il est vrai, ne prend pas toujours au sérieux les aventures de son personnage principal : il interrompt souvent l'action pour livrer au lecteur des réflexions qui n'ont rien à voir avec le récit et qui, parfois, constituent des charges contre le roman d'espionnage!*

– Dans les bouquins[4] d'espionnage, on cultive l'infantilisme. Lorsque deux messieurs doivent se filer[5] rendez-vous, au lieu de se téléphoner, comme on fait en pareil cas, ils louent deux barques au bois de Boulogne. L'un a mis son message dans une boîte plombée peinte en rouge et la largue au mitan du lac[6], tandis que le second, nanti d'un appareillage de plongée, pique une tête pour aller le récupérer. Et sur le message, on a écrit (en code) : « Trouvez-vous demain à 14 heures à la terrasse du Fouquet's. »

– *Dans tous vos livres, il y a cependant une intrigue policière : vous ne la prenez pas au sérieux, mais vous la racontez quand même jusqu'au bout.*

– Les plus grands auteurs se laissent aller à la facilité.

– *En fait de grands auteurs, on aimerait connaître vos goûts.*

– Ils sont une tripotée[7] de gloires d'avant-guerre à avoir disparu. Sauf Céline[8] qui monte, qui monte, et qui n'en finira pas de grimper, parce que, lui, il a fait mieux que d'écrire des livres : il a inventé le cri littéraire. Les

1. Qui fait ses besoins. (Fam)
2. « Balancer » : renvoyer, mettre à la porte. (Argot)
3. Voir P 46 note 3.
4. Livre. (Fam.)
5. Se donner. (Argot)
6. « Mitan » : milieu. (Argot)
7. Grande quantité. (Fam.)
8. (1894-1961), romancier français dont la langue est pétrie d'argot (*Voyage au bout de la nuit, Mort à crédit*).

autres? Giraudoux[9], Gide[10] et déjà Cocteau[11], et bientôt Mauriac[12], et presque Claudel[13], du passé, dépassés, aux archives!

– *Pour revenir à vous, on dirait que dans chacun de vos romans il y a un livre écrit par un homme de lettres et un autre livre écrit par un homme d'action. Cela explique peut-être que vous soyez apprécié par des lecteurs de milieux très différents.*

– Les bons petits Français moyens, ils aiment quand il y a de la casse[14]. Vous les voyez rappliquer[15] *presto,* sans s'inquiéter du lait sur le feu, l'œil grand ouvert, la narine palpitante.

– *Comment expliquez-vous votre succès auprès des autres?*

– C'est grâce à San-A que la jeunesse oublie cette époque bizarre où l'on interdit les films de Vadim aux gars de dix-huit ans, mais où on leur permet d'aller au casse-pipe[16]. C'est grâce à San-A, toujours, que les secrétaires oublient l'ulcère à l'estomac de leur patron. San-A for ever! Même les intellectuels homologués le lisent, je suis renseigné.

– *Ils pensent peut-être que vos livres contiennent un message...*

– Moi, quand j'ai un message à expédier, je n'écris pas un livre : je vais à la poste!

– *Il n'empêche que vous fustigez souvent la bêtise humaine, qui s'exprime notamment par la guerre.*

– Le danger des hommes vient des hommes. Ils n'ont qu'eux à redouter, ou presque...

– *Il vous arrive de traiter vos lecteurs d'idiots, de beau ramassis de cancres*[17]. *Vous les menacez même de leur lancer votre machine à écrire à travers la figure!*

– Il y a des matins qui déchantent et où on a envie de se débarrasser de l'humanité entière, et aussi de soi-même.

VASSILIS ALEXAKIS

18 décembre 1970

9. Voir P 12 note 4.
10. (1869-1951), prix Nobel en 1947 (*Les Nourritures terrestres, L'Immoraliste, les Caves du Vatican, les Faux-Monnayeurs, Journal*).
11. (1889-1963) auteur de romans (*Les Enfants terribles*), de pièces de théâtre (*Les Parents terribles*), de poèmes et de films (*Le Sang d'un poète, Orphée*).
12. Voir P 14 note 2.
13. (1868-1965), poète et dramaturge catholique (*Le Soulier de satin, L'annonce faite à Marie, l'Otage*).
14. De la bagarre, des coups. (Argot)
15. Arriver (Argot).
16. A la guerre (Argot).
17. Élève paresseux et peu doué.

UN DANGER CROISSANT

S9-10 La drogue en France

La France a compris soudain en 1969 que l'invasion de la drogue, après avoir atteint successivement tous les pays libres industrialisés, l'atteignait à son tour. En deux ans, et de façon insidieuse, notre pays était devenu « consommateur de stupéfiants », selon l'expression même de la loi sur les toxicomanies votée en décembre dernier par le Parlement.

Un « Midi vénéneux »

Les silences officiels, et les consignes de silence spontanément respectées par ceux qui connaissent la vérité (médecins ou enseignants) ont pu faire croire que les efforts accrus de la police, le « caractère foncièrement sain de la jeunesse française », et on ne sait quel miracle inhérent au système scolaire ou au passé historique avaient permis d'écarter une menace dont chacun est d'ailleurs sincèrement convaincu qu'elle ne peut atteindre que son voisin. Il parait nécessaire, à la veille des grandes migrations vers un « Midi vénéneux », de dire la vérité– une vérité qui, par définition, et comme l'a souligné, aux États-Unis, le président Nixon, ne peut être appréciée que par des indices, « image infime, mais visible, de l'iceberg sous-jacent ».

– La police déclare que ses prises ont été, durant les cinq premiers mois de 1971 et par rapport à la même période de 1970, décuplées pour le L.S.D. et la marijuana, multipliées par vingt pour l'héroïne, et que le nombre de personnes interpellées à doublé.

– Une enquête de l'IFOP menée à la demande du cabinet du premier ministre en avril dernier, indique que 13 % des jeunes de quinze à dix-neuf ans « fumeraient de la marijuana si on le leur proposait » (8 % en octobre 1969), que 3 % utiliseraient de l'héroïne et 10 % « probablement pas ».

– Les rapports et les indications recueillies au ministère de la santé, et qui émanent des sources les plus diverses (éducation nationale, hôpitaux, médecine, préfectures, travailleurs sociaux, etc.), montrent que le phénomène de la drogue, qui était au départ essentiellement limité aux régions parisienne et marseillaise, s'étend à présent à toute la France. Des établissements d'enseignement situés (par exemple) à Apt, Annemasse, la Roche-sur-Yon, sont atteints; des foyers de jeunes travailleurs le sont aussi. A Paris, plusieurs lycées sont contaminés, et en banlieue quatre autres sont atteints.

On a pu contempler dans l'un d'eux des professeurs poursuivant imperturbablement leurs cours devant un auditoire où certains adolescents étaient assommés par la drogue.

– Le trafic de l'héroïne, de la marijuana et du LSD (qui a fait, il y a trois mois, une réapparition fracassante en France) est permanent dans plusieurs quartiers parisiens. On peut s'en procurer avec la plus grande facilité, en des lieux, ou en des rues que connaissent tous les médecins et qui ont débordé le « cœur du quartier Latin » pour atteindre à présent les 8ᵉ, 13ᵉ, 14ᵉ, et 15ᵉ arrondissements, et toute la banlieue.

Le prix de l'héroïne, qui a envahi massivement la France depuis huit mois, est passé de 50 F à 4 F le paquet. Ce dumping[1] est vraisemblablement dû à une offensive menée par les trafiquants pour étendre le réseau de leur marche en France.

A Marseille, elle est distribuée gratuitement au seuil de certaines écoles à des enfants de douze à treize ans : au bout de quelques jours, on le sait, l'intoxiqué ne peut plus se passer de sa drogue et devient alors, pour le trafiquant, la victime (ou le revendeur) rêvée. Pour la première fois, les services spécialisés de Marseille abritent des petites droguées prostituées de moins de quatorze ans. Le procureur de la République de Marseille a, sur son bureau, un tract distribué aux élèves de toutes les classes du premier cycle de l'un des plus vénérables lycées de la ville, conseillant et vantant l'usage de la drogue.

Dans certains hôpitaux, l'héroïne circule parmi les malades, fournie par des infirmiers complaisants ou intéressés.

Quelques incidents inquiétants survenus dans des colonies de vacances incitent à appeler leurs responsables à une surveillance rigoureuse des moniteurs et des enfants.

La situation de Toulon, d'Avignon, d'Aix-en-Provence, n'est pas meilleure que celle de Marseille, de Paris ou de sa banlieue. Dans toutes ces villes (pour ne citer qu'elles), les drogues sont disponibles dans des établissements connus de tous et que, trop souvent, la police refuse de fermer afin de pouvoir « remonter les filières ». Parce que, aussi, les petits trafiquants fournissent le gros des « indicateurs ».

1. Abaissement systématique des prix pour vaincre la concurrence.

Un trafic de fourmi

Outre les fabrications massives d'héroïne dans les laboratoires du Midi, la France est l'objet depuis un an d'un trafic dit « de fourmi » qui ne cesse de s'accroître et dont les vacances risquent d'aggraver encore l'importance.

Amsterdam est devenu la capitale de ce trafic, et le train qui y conduit a pu être baptisé « train vénéneux » au même titre que la « route vénéneuse » qu'est devenue la R.N. 7. En raison de ce trafic, que les douanes s'efforcent en vain d'endiguer, les cas observés dans les dispensaires et services hospitaliers revêtent à présent le visage inquiétant des poly-intoxications, et les hallucinogènes réapparaissent en masse, venus de Hollande, alors qu'ils étaient jusqu'en 1970 peu utilisés chez nous.

Les risques de ce « trafic-fourmi » semblent ressortir de la répartition géographique établie grâce aux rapports des services de police, des préfectures, des postes de douane et d'Interpol. Elle montre que les trois départements français où ont pu être recensés le plus grand nombre de jeunes toxicomanes sont, outre ceux de la région parisienne, les Bouches-du-Rhône, le Nord et le Bas-Rhin (frontières luxembourgeoise et allemande). Viennent immédiatement après les Alpes-Maritimes, les Basses-Pyrénées et la Seine-Maritime. Dans la région parisienne, les Hauts-de-Seine, le Val-de-Marne et les Yvelines sont les plus atteints.

Les premiers résultats d'une enquête entreprise à la demande du ministre de la santé montrent que 76 % des toxicomanes ont moins de vingt-quatre ans (dont 10 % de quatorze à dix-sept ans) et 90 % moins de vingt-neuf ans; 19 % sont des étudiants ou des lycéens et 17 % des jeunes ouvriers ou manœuvres. Sur les cent trente jeunes étudiés, quatre-vingt-dix-huit consommaient régulièrement plusieurs drogues, dont quarante-huit plus de quatre drogues simultanées (toujours cannabis ou haschisch, associés à l'héroïne, l'opium, les amphétamines, la morphine ou les hallucinogènes). Il n'est pas sans intérêt de noter – d'après ces tout premiers résultats d'une enquête qui devrait s'étendre sur deux années :

– Que les professions paternelles de ces jeunes drogués couvrent toutes les couches de la société, du salarié agricole à l'officier, en passant par l'ouvrier, l'artisan, l'universitaire, les membres des professions libérales et même les policiers.

– Que 74 % des cas étudiés par les enquêteurs leur ont été signalés non par la justice mais par d'autres intermédiaires (services sociaux, médicaux, hospitaliers, etc.). Ce dernier chiffre donne une idée des impressions erronées que pourrait avoir le public ou le gouvernement s'il lui fallait baser son évaluation du problème de la drogue sur les seules statistiques officielles.

DR ESCOFFIER LAMBIOTTE

2 juillet 1971

S11 Une année de théâtre

A peu près le contraire de ce qu'on aurait pu prédire. Selon un mécanisme propre à décourager tout esprit d'adaptation, ce sont les établissements les plus attachés au passé qui ont le mieux résisté à la vague de changement et les théâtres soucieux de modernité qui ont le plus souffert.

En tête des grandes victimes de l'*aggiornamento* en cours : à part la création des *Prodiges,* qui confirmait le lyrisme rare de Jean Vauthier[1] et la personnalité ardente de Judith Magre[2], le Palais de Chaillot[3] n'a inscrit à son répertoire que des œuvres presque unanimement contestées.

Besoin d'un patron

Attitude suicidaire? On songe plutôt à une absence de pensée directrice. En six années, Georges Wilson[4] ne s'est pas vraiment imposé à la tête de Chaillot. Aucune personnalité ne se reconnaît dans les orientations prises au petit bonheur. Le grand navire parait dériver sans pilote, à la cape. Et l'interprétation laborieuse des *Prodiges* à montré que, dans le même temps, les soucis administratifs avaient embrouillé le naturel du comédien...

Pas de théâtre vivant sans patron. Cette vérité vieille comme Molière et dont la réussite d'Ariane Mnouchkine[5] atteste la permanence, l'Odéon[6] en a donné la preuve : l'absence de direction y était au moins avouée, mais c'était une pitié de voir une des plus belles salles traditionnelles du monde accueillir en vrac des troupes de passage sans les conseiller ni leur fournir le moindre fonds d'abonnés.

Plus les établissements publics ont accepté leur condition d'héritiers et de conservateurs de musée face aux contestations radicales et aux lassitudes ambiantes, plus ils se sont montrés convaincants. C'est particulièrement le cas de la Comédie-Française[7] à laquelle, avec Georges Guette pour l'organisation du public, Pierre Dux[8] a donné, dès la première saison de son règne, une impulsion partout remarquée.

Les autres scènes subventionnées de la capitale ont été également plus heureuses avec leurs reprises que dans la nouveauté. C'était le cas au théâtre de la Ville[9] ou le *Rentre pas trop tard hein* de Billetdoux[10] a laissé une sensation d'obscurité volontaire, alors que *la Guerre de Troie n'aura pas lieu* de Giraudoux[11] y reparaissait dans toute sa lumière.

Même contraste au Théâtre de l'Est parisien[12] : *l'Ane de l'hospice* restera comme une lourde entreprise inutile comparable aux erreurs du T.N.P., tandis que *L'Opéra de quat' sous* confirmait la troupe dans sa grande vocation populaire, et plus encore *Les Ennemis* de Gorki, modèle de reconstitution intelligente et techniquement accomplie.

B. POIROT-DELPECH

25-26 juillet 1971

1. Auteur dramatique (Né en 1910), (*Capitaine Bada, Les Prodiges, Le Rêveur*).
2. Actrice.
3. Siège du T.N.P. (Théâtre National Populaire) à Paris.
4. Acteur et successeur de Jean Vilar à la direction du T.N.P.
5. Animatrice du « Théâtre du Soleil », théâtre d'avant-garde : *1789; 1793; L'Age d'Or.*
6. Théâtre parisien subventionné.
7. Théâtre national (actuellement place du Palais Royal à Paris) fondé en 1680 par Louis XIV, et consacré au répertoire classique.
8. Acteur et metteur en scène, administrateur de la Comédie-Française.
9. Ex-théâtre Sarah Bernhardt à Paris.
10. Metteur en scène et auteur dramatique (Né en 1927) : *Tchin-Tchin, Va donc chez Törpe, Il faut passer par les nuages.*
11. Voir P 12 note 4.
12. Théâtre subventionné.

S12 La crèche, antichambre de la maternelle?

Les parents qui mettent leurs enfants à la crèche sont un peu dans l'état d'esprit de ceux qui, il y a quelques années, « découvraient » les écoles maternelles : vaguement honteux d'avoir « abandonné » leurs bambins à des mains étrangères, intimidés par les éducateurs, ils se montrent – du moins pour l'instant – peu enclins à participer à la vie de l'établissement, comme le font d'autres parents d'élèves. Pour leur enlever ces complexes, il est important de leur faire prendre conscience du rôle important que la crèche peut jouer dans la préparation de l'enfant à sa future vie sociale et scolaire.

Telles sont quelques-unes des conclusions d'une « table ronde » organisée par le Groupe d'étude pour la défense et la rénovation permanente de l'école maternelle, créé en 1969 par des enseignants, des chercheurs et des représentants d'associations familiales et locales.

Souligner le rôle éducatif des crèches est d'autant plus important, ont expliqué les membres du groupe, qu'on assiste depuis plusieurs mois à une offensive concertée des pouvoirs publics pour déconsidérer ce mode de garde des enfants et le remplacer par des équipements moins onéreux, mais aussi sans doute moins efficaces.

Mme Irène Lézine, maître de recherche au Centre national de la recherche scientifique, a souligné le rôle d'appoint éducatif que les crèches peuvent jouer auprès des familles. Notamment auprès de mères souvent très jeunes et mal logées. Cette fonction peut être particulièrement bénéfique pour l'acquisition du langage et de la communication en général. Mme Lézine souhaite que les jeux se développent dans les établissements, justement les « jeux de langages » (marionnettes, ombres chinoises, lanterne magique) et que se fasse l'éveil à la sensibilité musicale. Il est également important d'ouvrir aux enfants des villes une « fenêtre » sur le monde extérieur : toutes les crèches devraient avoir un jardin, par exemple. Mais une directrice de crèche a expliqué comment il lui avait été interdit d'emmener les enfants au Jardin des Plantes de Paris « parce que les assurances ne prévoient pas des sorties de ce genre ». On a aussi regretté que le personnel des crèches reçoive encore une formation essentiellement médicale et peu psychologique, et souligné la situation *« catastrophique »* des crèches d'hôpitaux.

Le Groupe d'étude a exprimé son intention de se constituer en « groupe de pression » pour l'amélioration des crèches comme pour les maternelles. Il a préconisé la constitution de groupes de liaison crèches-écoles maternelles-écoles primaires, avec la participation des éducateurs et des parents.

N. B

31 juillet 1971

S13 Courts-circuits dans la transmission de la foi aux enfants

Les enfants s'ennuient moins au catéchisme qu'à la messe. Cette conclusion d'une récente enquête de l'IFOP pourrait satisfaire les responsables français de l'enseignement religieux qui ont dépensé des trésors d'ingéniosité depuis quelques années pour renouveler des méthodes pédagogiques désuètes.

En fait, un sentiment d'échec tend à se généraliser chez ceux des éducateurs qui, précisément, étaient allés le plus loin dans la recherche de nouveaux moyens. Nous avons tout essayé, disent-ils, le discours religieux ne « passe » pas. Certains en sont arrivés à se demander s'il fallait encore catéchiser les enfants.

Deux groupes d'étudiants de l'institut supérieur de pastorale catéchétique de Paris ont travaillé pendant toute une année sur ces problèmes de communication. Leur recherche, dirigée par l'abbé Paul Pilet, a donné lieu à deux mémoires. Le premier, intitulé *Courts-circuits en catéchèse,* refuse l'explication selon laquelle l'échec de la transmission de la foi serait dû simplement à des méthodes pédagogiques erronées. Mais surtout il conteste l'importance donnée au milieu socio-professionnel dans la catéchèse. Le fossé qui sépare jeunes et adultes est aujourd'hui beaucoup plus large que celui qui sépare les jeunes de différents milieux sociaux, affirment les étudiants de l'I.S.P.C. Cela peut paraître banal à un profane. Mais ce genre de conclusions soulève des tempêtes dans l'Église de France, qui, depuis la naissance de l'Action catholique autour des années 30, a spécialisé toutes ses activités en fonction des « milieux de vie », assimilés aux milieux socio-professionnels.

Dialogue à une voix

« De ces enfants-là, je voudrais faire, si possible, des croyants à dix-sept ans. Vous voyez? » Les enquêteurs ont surtout vu, à travers cette affirmation anodine d'un vicaire, toute une conception de la relation éducative. Dans les interviews de prêtres, religieuses, catéchistes, laïcs et parents, un triple paradoxe est, en effet, apparu.

– *Le projet éducatif est axé sur le passé* alors qu'il devrait logiquement être tourné vers l'avenir de l'enfant.

– *L'enfant n'est pas un interlocuteur,* mais le lieu de projection des désirs régressifs de l'adulte.

– *L'adulte affronte une crise d'identité.* Il s'interroge sur les valeurs – chrétiennes en l'occurrence – qu'il défend, mais continue de jouer son rôle comme avant.

En sortir

Cette triple cause de courts-circuits dans la « transmission » de la foi amène les auteurs de l'enquête à proposer quelques solutions parmi d'autres.

S'efforcer de connaître le jeune « réel ». S'accepter soi-même comme personne en recherche, susceptible de changer et capable d'admettre que l'assimilation et l'intériorisation du message chrétien ne sont pas faites une fois pour toutes. Renoncer à faire des jeunes de fidèles répétiteurs du passé en leur présentant, par exemple, les saints comme des personnes qui ont su aborder avec nouveauté les problèmes de leur temps, plutôt que comme des modèles à imiter à tout prix. Accepter de changer de langage. Développer une catéchèse de l'espérance, qui ferait réfléchir les jeunes sur des expression comme « Dieu vient », les encouragerait à participer au développement du monde et les amènerait à considérer le futur comme une conquête. Approfondir la relation entre Jésus et son Père pour mieux comprendre la relation entre l'homme et ce Dieu « tout autre », « suffisamment absent et suffisamment présent ». Et en faire un modèle de relation éducative permettant à la paternité de « s'achever en fraternité ».

ROBERT SOLÉ
4 août 1971

UNE ENQUÊTE DE « POPULATION »

S14 Depuis vingt ans, la conception du mariage a évolué en France d'une façon souvent ambiguë

L'attitude des nouvelles générations à l'égard du mariage a, en France comme dans tous les pays développés, notablement évolué au cours des vingt dernières années. Mais les contradictions qu'on peut relever dans les déclarations des couples reflètent les tensions qui subsistent encore entre les valeurs nouvelles et les stéréotypes traditionnels. Deux thèmes essentiels de changement apparaissent dans l'enquête que vient de publier la revue *Population :* la transformation des relations dans la famille et l'évolution du statut de la femme.

Quelque deux mille cinq cents hommes et femmes ont été interrogés pour cette enquête. Ils sont répartis en trois groupes : ceux qui se sont mariés avant 1951, entre 1951 et 1960, et après 1960. Les réponses des ménages les plus anciens doivent être parfois interprétées avec prudence, leurs auteurs ayant visiblement tenté de rester « dans le vent ». De même, certaines réponses de jeunes couples témoignent d'un souci, pas toujours sincère ni lucide, de se conformer aux stéréotypes nouveaux.

Le devoir de « réparer » moins strict

Les jeunes couples sont nettement plus favorables que les anciens aux relations sexuelles entre fiancés. (Les pourcentages sont à peu près les mêmes pour les hommes et pour les femmes).

De même, la « liberté sexuelle » des jeunes filles est considérée plus favorablement par les nouvelles générations, les jeunes filles y étant plus favorables que les garçons.

La nécessité de « réparer » quand une jeune fille se trouve enceinte est moins évidente qu'il y a vingt ans. L'auteur de l'enquête hésite sur le point de savoir si cette évolution traduit la « revendication d'une égale responsabilité » ou le « refus d'un mariage de résignation ».

L'hétérogamie – le mariage hors du groupe socio-culturel de la famille – est mieux accepté par les jeunes couples qui estiment que la différence du niveau d'instruction « n'a pas d'importance ». Ils sont à peu près du même avis pour la différence de niveau de vie, et à peine plus réservés pour la différence de religion. Mais, en réalité, l'enquête a prouvé que plus le niveau socio-culturel des jeunes gens interrogés est élevé, plus leur tendance à l'homogamie est marquée...

L'attitude à l'égard du divorce est un peu plus souple parmi les jeunes qui le considèrent comme « normal si les conjoints ne s'entendent pas » et souhaitent que sa législation soit assouplie. Un fait nouveau : les femmes sont aujourd'hui moins satisfaites que les hommes de cette législation; elles sont à la fois plus nombreuses qu'eux à souhaiter son assouplissement ou son durcissement.

D'autres points de vue nouveaux apparaissent dans l'enquête : surtout d'une solidarité plus étroite entre les conjoints, qui envisagent notamment moins qu'autrefois de prendre leurs loisirs séparément; légère diminution du « nombre d'enfants idéal » par famille; diminution de l'intervalle souhaité entre le mariage et la première naissance; augmentation du nombre de femmes qui continuent à travailler après la naissance de leurs enfants; diminution du nombre de couples qui prennent « habituellement » leur repas de midi ensemble; émancipation financière plus accentuée à l'égard des parents, dont on attend cependant qu'ils participent aux investissements importants.

De toutes ces observations, il faut encore retenir que l'opinion des jeunes sur le divorce, l'emploi féminin, la liberté sexuelle et l'éducation des enfants est plus conservatrice en province qu'à Paris et reste, particulièrement dans le nord-ouest de la France, assez étroitement liée à la pratique religieuse.

Dans l'ensemble, il semble qu'on trouve dans toute la France la coexistence de types de mariage et de vie familiale très contrastés qui reflètent une évolution sociale et culturelle assez chaotique mais réelle.

NICOLE BERNHEIM
21 août 1971

APRÈS LE DRAME DE CLAIRVAUX[1]

S15 La loi du talion?

Si c'était la rigueur du châtiment qui prévenait le crime, ce ne serait d'ailleurs pas à la peine de mort qu'il faudrait recourir. La perspective pour le meurtrier de se retrouver après condamnation, sa vie durant, dans une prison où il aurait tué, soumis à l'autorité de gardiens dont il aurait abattu le compagnon, ne serait-elle pas plus effrayante que la certitude de perdre en un instant une vie vouée à une telle condition?

Mais la question ainsi posée n'appelle pas de réponse. L'effroi qu'inspire le châtiment, la peur de la mort ne peuvent interdire de tels crimes. L'exemple de Clairvaux le prouve dramatiquement. Buffet et Bontemps ont commis leurs forfaits, sachant bien qu'ils risquaient, plus qu'en aucune autre cironstance, d'y laisser leurs têtes. L'existence de la peine de mort est donc inopérante à titre préventif dans ce cas extrême comme dans tous les autres. C'est ailleurs que dans le débat sur le maintien ou la suppression de la peine capitale que se situent les vraies questions que la tragédie de Clairvaux nous pose en lettres de sang.

Pourquoi en sont-ils arrivés là? Nous savons maintenant qu'un des otages était mort avant l'assaut, et que l'autre fut tué, dans un paroxysme meurtrier, alors que tout était joué, comme si précisément ces hommes perdus voulaient se perdre irrémédiablement. L'inutilité évidente de ces crimes les rend plus odieux encore, mais aussi plus révélateurs. Les meurtriers n'éprouvaient à l'encontre de leurs victimes aucune inimitié, aucune haine personnelle, aucun de ces sentiments qui donnent au crime, sinon une justification, du moins une sorte d'explication passionnelle. Ces crimes furieux apparaissent gratuits et presque commis de sang-froid. Leur caractère insensé est aussi évident que leur horreur même.

Seraient-ce donc des monstres, des bêtes dangereuses qu'il faudrait abattre? Et si précisément c'était vrai, qu'il s'agisse en effet de monstres, de bêtes dangereuses, faudrait-il pour autant les abattre? L'essentiel est là. Et c'est à sa réponse que l'on juge une société. Il est aisé de dire : ils n'ont pas eu de pitié, alors nous n'aurons pas de pitié pour eux. Si ce sont des monstres, pourquoi en attendre des sentiments humains? Ce n'est pas de pitié dont il s'agit. Ces hommes, tels qu'il se sont révélés, sont une forme du malheur. On ne se protège pas du malheur en mettant à mort ceux qui en sont les instruments. Et si notre époque hurle encore à la mort, contre de tels hommes, alors au-dessus des siècles est renoué le fil des temps où le dément, le monstre, était traité comme le criminel, et le fou mis hors de la cité, parce qu'il faisait horreur et peur.

Et si ces hommes sont des monstres, alors au nom de quelle justice, faite pour les hommes et non pour les monstres, nous arrogerions-nous le droit de pratiquer cette euthanasie judiciaire que l'on réclame à grands cris? Et selon quel critère l'anti-homme sera-t-il défini, traqué, abattu, dans une société qui se prétendait en état de légitime défense, alors qu'elle ne ferait qu'accepter ou consommer une de ses pires défaites?

Quel est, en effet, le sens de ces cris de mort, de cette réaction immédiate et élémentaire au sang versé qui n'appelle, en retour, qu'à verser le sang? Cet emportement collectif vers une violence projetée qui fait écho à la violence commise, qu'exprime-t-elle sinon une angoisse? Refus de se pencher sur les profondeurs abyssales de l'homme parce qu'elles nous font peur. Angoisse de retrouver en eux, déformée, grimaçante, comme la projection insupportable de ce qui gronde au fond de nous, de l'homme fauve. Il suffit ainsi du geste atroce d'hommes dont on dirait que nous craignons de savoir qui ils sont et ce qui les a conduits là pour que frémisse la vieille bête jamais lasse, le dieu jaloux et sanguinaire qui sommeille en chaque être et s'arroge le droit de disposer de la vie des autres.

La tragédie de Clairvaux a bien de quoi faire horreur – par ce qu'elle a entraîné de morts et de douleurs et par tout ce qu'elle révèle aussi sur nous-mêmes.

ROBERT BADINTER

29 septembre 1971

1. Clairvaux : abbaye cistercienne fondée dans l'Aube en 1115, actuellement transformée en maison de détention. Dans la nuit du 21 au 22 septembre 1971, deux détenus, Claude Buffet (réclusion à perpétuité pour meurtre) et Roger Bontemps (20 ans de réclusion), depuis peu incarcérés à Clairvaux, tentent de s'évader. Ils réagissent à l'assaut des forces de l'ordre en assassinant les deux otages dont ils s'étaient emparés pour protéger leur fuite : un gardien et une infirmière. Condamnés à mort en juin 1972, ils furent guillotinés.

S16-17-18 Les O.S. victimes des cadences

I. – Mille fois la même opération

Tout le monde apprécie la ligne d'une voiture, la saveur d'un saucisson, le « fini » d'un complet. Qui sait comment sont fabriqués ces produits de grande consommation? Noirs ou Blancs, hommes ou femmes, ces O.S., qui chaque matin, à 5 ou 6 heures, quittent leurs chambres, sont-ils différents des autres salariés?

A grandes enjambées, la serviette sous le bras, ces milliers d'ouvriers, plus souvent en complet qu'en bleu de travail, s'engouffrent tous les soirs dans les bouches du métro et les gares pour gagner leur domicile après une journée de travail. A première vue, rien ne les distingue de l'employé qui, la même serviette sous le bras, accomplit le même trajet. Et pourtant! Malgré les congés payés et les avantages sociaux, la condition des O.S. évoque toujours le Charlot des *Temps modernes*. Ils travaillent dans la chaleur ou le froid, en tout cas dans le bruit; ils sont aussi rivés, du moins sur les chaînes, à des opérations de plus en plus réduites et astreignantes.

« On a la tête comme une marmite »

« Ici, à l'île Seguin[1], raconte un O.S. de la régie Renault, c'est le carrousel. A peine une machine à air comprimé arrête-t-elle de pousser son gémissement aigu qu'une autre recommence. Au-dessus de nos têtes, les portes ou les ailes de voitures circulent sans cesse, entraînées par la chaîne. » Ailleurs, les automobiles, toutes montées, subissent l'essai moteur, emplissant le hall de leur vrombissement et de leur fumée. « Avant, poursuit l'O.S., on pouvait parler; maintenant, si on a le temps, il faut gueuler. » Chez Berliet[2], indique un O.S., on a la tête comme une marmite : aux essais moteurs, le vacarme atteint parfois 115 décibels, alors que le taux admis par les médecins est de 75. » « Et puis, ajoute un autre, il y a des courants d'air. Soulevant les lourds battants de caoutchouc qui remplacent les portes, les camions, les navettes, circulent sans arrêt, soufflant le chaud puis le froid. »

Dans certaines entreprises de l'alimentation, les conditions de travail sont encore plus pénibles : des ouvriers passent de longs quarts d'heure dans les salles de congélation, de stockage de la viande, où la température descend à – 18 degrés, parfois à – 28 degrés; certains séjournent des heures entières, à une température de – 2 à + 2 degrés, dans les ateliers où la viande est mise en sachets; d'autres, enfin, travaillent une journée entière dans les salles de cuisson, où une trentaine de marmites dégagent une buée abondante, qui, faute d'aération, s'accumule dans la pièce.

La plupart de ces ouvriers, qu'ils appartiennent au secteur de l'automobile ou de l'alimentation, à celui de l'habillement ou de l'électronique, répètent chaque jour cinq cents fois, mille fois ou davantage, la même opération. Dans les usines de confection, des milliers de femmes piquent cinq cents, six cents fois, la même pièce d'un complet dans une salle bien éclairée mais crépitante du bruit sec et nerveux des machines à coudre. Pis, dans certaines entreprises de la Télémécanique par exemple, près de Pacy-sur-Eure, une O.S. n'accomplit qu'un seul geste et le répète toutes les trois secondes, soit plus de mille opérations à l'heure! A la société Géo[3], à Bicêtre, des ouvriers tuent en moyenne cent quatre-vingts porcs par heure, chacun ayant un, deux ou trois gestes précis à renouveler toutes les deux ou trois minutes. Quand la production doit être accélérée pour faire face aux commandes on néglige d'anesthésier les porcs, et certains ouvriers doivent accomplir leur tâche – en se bagarrant – avec les pattes d'un animal qui s'agite encore. Dans un autre atelier, les « pousseurs », les « ficeleurs » et les « ramasseurs » confectionnent, à la chaîne, des saucissons, à raison de huit cents par heure pour trois salariés; ailleurs, au sertissage des boîtes à pâtés, un salarié donne jusqu'à quinze cents coups de pédale à l'heure. Et, sur certaines chaînes de l'usine, on ignore la pause : elles fonctionnent, sans arrêt, de 8 heures à 13 heures.

Dans l'automobile, le travail n'est pas aussi sale et repoussant que dans l'alimentation, où certains O.S. pataugent dans le sang et les déchets, mais la parcellisation des tâches est de plus en plus grande; « Sur les pièces à mouler, indique un O.S. de la régie Renault, un moule passe toutes les sept secondes. Jadis, sur la chaîne de montage des 4 CV, deux ouvriers installaient entièrement une auto; ils accompagnaient la chaîne sur 10 à 15 mètres et ensuite la remontaient pour retrouver une autre carrosserie; cela donnait le temps d'échanger une ou deux plaisanteries avec les camarades. La direction s'est aperçue que marcher sur une longueur de 15 mètres faisait perdre une minute, alors on a découpé les opérations en plusieurs postes ». Les O.S. reconnaissent que la division des tâches

1. A Boulogne-Billancourt, siège de la principale usine Renault.
2. Première firme française pour la construction de véhicules utilitaires.
3. Société de produits alimentaires.

et l'augmentation des cadences dues en partie à la mécanisation croissante, diminuent la fatigue physique, mais ils mettent tous l'accent sur la vitesse des machines et la monotonie qui accroît la fatigue nerveuse; tous déplorent aussi la manque de place sur la chaîne : « Au montage des autobus, à Vénissieux, il y avait sur une chaîne cinq cents ouvriers; aujourd'hui, ils sont neuf cent cinquante les uns sur les autres. » Les O.S. dénoncent enfin et surtout les méthodes qu'emploient les chronométreurs pour modifier les temps.

Davantage de retouches

« Le technicien qui étudie un poste n'est jamais un O.S., c'est un homme qui a déjà une certaine formation, affirment les O.S. de Berliet; quand il fait un essai de chronométrage après s'être entraîné, il le fait une heure ou deux, mais jamais une journée ou une semaine entière; il ne prend donc pas en compte les variations de tension d'un travailleur, qui ne peut tenir un même rythme huit heures durant. » « Bien sûr, reconnaissent les O.S., nous nous débrouillons pour trouver des trucs, un tour de main, etc., qui nous permettent de souffler un peu, mais nous ne voulons pas que les chronométreurs, qui sont toujours dans notre dos, nous volent cette combine pour augmenter les cadences. Ce temps-là que nous avons pu économiser, c'est notre propriété. Alors chacun essaie de camoufler sa petite découverte, et c'est la jungle. Ici la maîtrise est dans le coup, là on essaie de l'endormir. »

Cadence, bruit, monotonie, petites combines, sont à l'origine de gaspillage et de frais très coûteux pour l'entreprise. « Puisqu'il faut tenir sur la chaîne, on tient tant qu'on peut, affirment les O.S., mais il faut voir les résultats... » Chez Renault comme chez Berliet, le nombre des véhicules défectueux qu'il faut envoyer aux retouches est considérable. « On se demande combien coûte tout cela. »

Les travailleurs français acceptent de moins en moins d'être rivés à la chaîne : à Boulogne-Billancourt[4], dans l'automobile, les étrangers représentent la quasi-totalité des O.S. « D'ailleurs, quand la direction veut accélérer les cadences, elle divise les tâches, diminue la qualification des postes. Pour ne pas se heurter aux ouvriers, la direction change alors les équipes : elle fait venir des étrangers et met les Français dans d'autres ateliers. »

Dans l'alimentation, à la société Géo, sur sept cent cinquante salariés à la fabrication, quatre cents sont des immigrés – souvent des Noirs. Chez Olida[5], pour un quart les O.S. sont des femmes, pour 30 % ce sont des étrangers, les autres étant de plus en plus souvent des intérimaires.

Six mois d'ancienneté

Rares sont les O.S. qui restent d'ailleurs plus de trois ou quatre ans à la chaîne : « Il est impossible de tenir longtemps. » Dans l'automobile, la rotation des effectifs représente de 7 à 10 % du personnel : « On comprend pourquoi, ajoute un O.S., il y a tant d'offres non satisfaites dans les services de main-d'œuvre. » Autre plaie du travail à la chaîne : l'absentéisme. A la régie Renault, la direction parle de 5 à 10 % d'absents selon les ateliers et admet des pointes saisonnières de 15 %. « La direction, déclare un O.S., retient un taux de 8 % pour calculer les cadences, mais en fait le pourcentage est plus important : il varie entre 10 et 15 %. » Chez Fiat, à Turin, l'absentéisme est passé en quelques années de 6 à 11 % pour retomber à 9,5 % ces derniers temps. Mais en période de fêtes, le pourcentage record de 25 % a été atteint.

« Quand un O.S. ne vient pas à l'usine, c'est vrai qu'il n'est pas toujours malade, mais il en a marre, il n'en peut plus, alors il arrête; il se fait porter malade. » « Les crises nerveuses ont tendance à se multiplier, indique un O.S. de Renault, la tension est parfois si vive, raconte-t-il, qu'il suffit qu'un gars fasse marcher un klaxon ou pousse une "gueulante" pour que aussitôt tout le monde se mette à klaxonner ou à crier. »

Les syndicats ajoutent à toutes ces tares du travail à la chaîne l'usure prématurée des O.S. qui, à quarante ans s'ils sont encore à la chaîne, ont le visage d'hommes de cinquante-cinq ans; les accidents du travail, moins fréquents sans doute que dans le passé, mais toujours aussi graves, entraînent un nombre de journées perdues toujours aussi important.

Devant ce bilan brossé à grands traits, quelles sont les réactions des chefs d'entreprises? La plupart d'entre eux soulignent que les horaires ont diminué et que la fatigue physique s'est réduite; tous reconnaissent que la monotonie provoque une désaffection croissante des salariés pour le travail à la chaîne.

Le groupe d'étude du C.N.P.F. reconnaît, par exemple, qu' « on est sans doute allé trop loin en considérant que le niveau de salaire (N.D.L.R. [6] : inférieur à celui d'un O.S. allemand) tenait lieu de toute solution. Il faut maintenant se préoccuper davantage de l'environnement matériel, culturel et social des salariés. »

4. Voir note 1.
5. Usine de conserves alimentaires.

6. Note de la Rédaction.

II. – Des solutions limitées et transitoires

En France, du moins à la C.G.T., les militants n'ont pas exclu complètement l'hypothèse d'une concertation dans les ateliers mais, chez Renault par exemple, les O.S. sont opposés à une réforme qui renforcerait le rôle de nouveaux intermédiaires; ce qu'ils réclament surtout c'est l'affichage des cadences qui donnerait à chaque ouvrier la possibilité de vérifier les temps qui lui sont imposés. En outre ouvriers et syndicalistes exigent comme chez Fiat « un remplaçant pour dix ouvriers, deux temps de repos général de quinze minutes par journée de huit heures et vingt minutes de repos individuel » pour ce qu'on appelle la « récupération physiologique ».

Rompre la monotonie...

Mais ces améliorations ne modifient pas sensiblement la nature du travail de l'O.S. C'est pourquoi les syndicats, français et italiens notamment, mettent assez souvent l'accent sur la rotation ou sur l'élargissement des tâches des O.S. Le parti communiste français insère la première suggestion dans son programme.

En France, le système de la rotation est appliqué à la Télémécanique pour les postes qui exigent une grande attention : une O.S. passe une demi-journée sur une machine où elle contrôle certains produits, et l'après-midi elle travaille sur un poste de soudure nécessitant moins de surveillance. En outre, les ouvrières de la Télémécanique, installées sur une chaîne, n'obéissent pas à une cadence imposée collectivement : tout en réalisant des opérations très parcellaires de trois à soixante secondes, elles ont la possibilité de choisir la cadence qui leur convient. En U.R.S.S., à l'usine de tricotage « Aurore rouge », la même méthode est appliquée : alternance des tâches et cadences libres, l'alimentation de la chaîne étant assurée par des aires de stockage disposées auprès de chaque ouvrier. Et pourtant ces réformes, qui ont fait l'objet d'autres expériences chez Volvo, Fiat et Renault soulèvent des critiques et des haussements d'épaules.

Plusieurs O.S. de Renault et de Berliet nous ont déclaré qu'ils étaient opposés à la rotation. « Bien sûr, déclarent-ils, une telle formule rompt la monotonie, mais pour un travail qui reste toujours parcellaire, le travailleur perd tous les avantages de l'habitude et ces combines qu'il a peu à peu acquises. »

Au cours de son enquête chez Renault, la C.G.T. s'est aperçue que la rotation était loin de soulever l'enthousiasme des O.S. « On fera toujours un travail idiot », entend-on très souvent. A Turin, mais aussi à Vénissieux (Berliet) et à Boulogne-Billancourt, des syndicalistes et des O.S. nuancent ces propos. Ils indiquent tout d'abord que leurs entreprises pratiquent déjà la rotation en raison de l'absentéisme ou d'autres nécessités techniques. « Une rotation, indique un O.S. de Renault, serait valable si elle permettait d'accomplir successivement différentes tâches, impliquant des connaissances techniques et une expérience accrue dans une même discipline, électrique ou mécanique par exemple. En pareil cas, l'O.S. pourrait acquérir une plus grande qualification et gravir plus facilement les échelons de la hiérarchie ».

Quant aux directions, elles déclarent qu'il faut agir avec prudence et ne faire appel dans un premier temps qu'aux volontaires.

... ou élargir les tâches

Les chefs d'entreprise donnent un avis semblable quand on leur parle de l'élargissement des tâches sur la chaîne. Il s'agit dans ce cas de maintenir la ligne d'assemblage et de confier aux O.S. non plus une ou deux opérations mais plusieurs en un temps un peu plus long. Une telle formule est expérimentée à l'usine Renault du Mans, mais elle n'intéresse que six O.S.

JEAN-PIERRE DUMONT

5-6-7 février 1792

---

40 % de la population ouvrière

En 1968 on comptait 2 650 380 ouvriers spécialisés, soit 39,5 % de la population ouvrière et 13,4 % de la population active totale (source : INSEE). L'importance relative des O.S. par rapport à l'ensemble des ouvriers varie énormément selon les branches d'activité : plus de 30 % dans le textile, la construction électrique et les cuirs et peaux, 34 % dans le pétrole, 28,3 % dans l'industrie polygraphique. Quant aux manœuvres, ils atteignaient 1 489 140 en 1968, soit 22,4 % de la population ouvrière : 33,7 % dans l'industrie du verre, 11 % dans la construction électrique et la mécanique.

Au total la main-d'œuvre non qualifiée représente donc 62,3 % des ouvriers au lieu de 51,1 % en 1954. Le pourcentage des hommes et des femmes est lui aussi très différent selon les industries : dans la construction des véhicules automobiles, pour 54,8 % d'O.S. et de manœuvres par rapport à l'ensemble des salariés, 5,2 % des O.S. sont des femmes : pour 39,3 % d'O.S. dans la construction électrique et électronique, la proportion des femmes atteint 60,5 %; pour 31,3 % d'O.S. dans la bonneterie, la proportion des femmes monte à 80,5 %.

S19 « Nous serons tous des banlieusards »

Paris : deux millions cinq cent quatre-vingt-dix mille habitants, seulement. Région parisienne : neuf millions deux cent cinquante mille, le cinquième de la population française. Encore, entre deux recensements, la grand-ville a-t-elle perdu cent cinquante mille de ses habitants, alors que la périphérie n'a pas cessé de croître. « Nous serons tous des banlieusards »...

« Banlieue, boulot, dodo...[1] Comment peut-on être banlieusard? »

Stupide préjugé

« Le voilà bien le stupide préjugé, le complexe supérieur du Parisien qui ne connaît de la banlieue qu'un Sarcelles[2] de magazine ou des zones célinesques[3]. Mais pour rien au monde je ne voudrais habiter Paris, moi, monsieur! » Suit un exposé, en litanies, des avantages de la banlieue – calme, air, espace – opposés aux entassements, vacarmes et autres pollutions parisiennes. Le chœur, de nouveau, approuve... D'atelier en bureau, de magasin en bistrot du coin, la « vérité » recueillie bouscule quelques idées reçues : non, tous les banlieusards ne honnissent pas la banlieue. C'est huit fois sur dix qu'on entend la petite phrase : « Il faut être fou pour habiter Paris! » Les développements? « J'ai un pavillon, six pièces, 400 mètres carrés de jardin, des fleurs, un chien, quatre tortues. » « Moi, mes gosses vont à l'école à pied et jouent dans les bois. » « Pour mon coin, j'ai cinémas, théâtre, piscine et patinoire. On a des clubs, on se rencontre entre amis. » « Si je veux aller à Paris le soir, quand les ponts sont dégagés, je mets un quart d'heure avec ma voiture. » « J'ai habité le quinzième, le neuvième. Je ne voulais pas quitter Paris. Pour rien au monde je n'y retournerais. » « La vérité, c'est que les Parisiens connaissent moins la banlieue que la Costa Brava ou Saint-Tropez. Ils en « causent » sociologiquement, mais ils n'y ont jamais mis les pieds. Je voudrais savoir combien ont vu une fois les nouvelles préfectures, les nouvelles villes? » Et puis cette précision sur laquelle il ne faut pas passer trop vite dans la mesure où tant d'agglomérations nouvelles ont été construites avant même qu'on ait songé aux moyens de communication : « Evidemment, sur Saint-Lazare[4], nous sommes plutôt privilégiés : un train toutes les quatres minutes aux heures de pointe et des trajets de dix, douze minutes en moyenne. »

Un paillasson?

A croire qu'à Saint-Lazare on ne peut rencontrer que des banlieusards heureux! Mais les points noirs? Il y en a, quand même! Parlons-en! Les femmes qui s'ennuient? Les jeunes? Les grands ensembles isolés et sinistres? Car enfin tout le monde n'a pas un pavillon de six pièces. Car il n'y a pas partout des théâtres, des piscines, des équipements, des espaces verts et de l'air pur.

« Bon... On ne va pas nier que tous ces points noirs existent, trop noirs, trop nombreux. Mais croyez-vous qu'ils soient l'apanage de la banlieue? Et Paris, alors? » On y revient : Parisiens, banlieusards... Une sorte de conflit? Des chauvinismes? Au fond, la banlieue se rebiffe. Elle est en train de changer. De plus en plus des gens l'habitent qui ont choisi de l'habiter et une certaine image commence à les agacer. « Le paillasson de Paris », c'est trop vite dit, trop ressassé. Il faut aller y voir, aujourd'hui.

A six heures du soir, la ruée à Saint-Lazare – celle qui ramène en banlieue – est peut-être moins morose qu'on ne l'a répété.

JEAN RAMBAUD

16 mars 1972

1. Jeu de mots emprunté au titre d'un film récent et résumant l'absurde monotonie de la vie quotidienne des banlieusards.
2. Commune du Val-d'Oise où la concentration immobilière est une des plus spectaculaires de la banlieue parisienne.
3. Les romans de Céline – lui-même médecin de banlieue – (voir S 8 note 8) abondent en évocations sordides de la banlieue parisienne.
4. Gare parisienne desservant la banlieue ouest.

S20 L'eau et la forêt

« Les pollueurs seront les payeurs. » M. Robert Poujade, premier titulaire du premier ministère français de la protection de la nature et de l'environnement, a lancé cette formule à l'emporte-pièce en inaugurant ses fonctions au mois de février 1971. Pourtant c'est, en définitive, le consommateur du bout de la chaîne qui paiera l'addition, soit directement (en achetant un produit ou un service), soit indirectement (en payant l'impôt). Tout le jeu résidera dans la façon dont le coût de la lutte antipollution se répercutera sur le consommateur. Il n'y aura pas dans ce domaine de recette unique. La méthode variera selon la branche d'activité considérée, selon la taille de l'établissement, selon que sa production sera plus ou moins exposée à la concurrence internationale.

Telle qu'elle a été définie par le président de la République[1], la politique française de l'environnement est très ambitieuse : « Il faut que nos villes restent ou redeviennent habitables, que les citadins aient à leur disposition ces biens élémentaires qui s'appellent l'eau, l'air pur, un peu d'espace et de silence; que la nature soit à la portée de tous, que soient protégés nos côtes, nos plages, nos forêts et, partout, les arbres; que l'espace rural soit préservé pour la vie des agriculteurs et pour le repos des citadins, en un mot que la civilisation moderne et industrielle s'insère dans la nature sans la défigurer et la détruire... ». C'était à New York le 10 juin 1970. Neuf mois plus tard était créé le ministère chargé de la protection de la nature et de l'environnement. On a pu mesurer alors l'écart entre les ambitions et les moyens.

Au chapitre des attributions, une lacune grave : le contrôle de l'urbanisme échappe à peu près totalement à M. Poujade.

Au chapitre des moyens financiers, l'effort consenti ne correspond ni à l'ampleur de la tâche ni même à ce que souhaitait le ministre. Son budget est, en effet, modeste : il espérait 500 millions, il n'en a obtenu que 200, soit 0,10 % du budget de l'État (un sous-marin nucléaire, avec armes et missiles, tel que le *Redoutable* coûte dix fois plus, soit 2 milliards).

En fait, les crédits dont dispose directement M. Poujade ne représentent qu'une partie du total que l'État consacrera cette année à l'environnement. Quatre autres ministères au moins reçoivent à ce titre 1 milliard environ : agriculture, 450 millions; équipement et logement, près de 230 millions; ministère de l'intérieur, 125 millions; affaires culturelles, près de 90 millions. C'est là une autre faiblesse du système : compte tenu de ce saupoudrage des dotations budgétaires, on a le droit de se demander qui est véritablement ministre de la protection de la nature et de l'environnement. Il est bon de savoir que M. Poujade n'a pas de pouvoir sur ces crédits accordés à d'autres ministères. Il a seulement la faculté de formuler, éventuellement, un avis sur leur emploi.

L'eau et les parcs

Pour cette année 1972, et même pour la durée du VIe Plan (c'est-à-dire jusqu'en 1975), M. Poujade a choisi deux priorités :

D'abord l'eau. Si le ministre a fait ce choix, c'est que la situation est, en effet, préoccupante : pour une population de 50 millions d'habitants, les pollutions domestiques de 10 millions d'habitants seulement sont épurées (et souvent fort mal); quant à l'industrie, elle est responsable d'une pollution équivalente à celle qu'entraînerait 60 millions d'habitants : or 15 % seulement des déchets industriels sont épurées. Sachant que les besoins en eau doublent tous les quinze ans et que les ressources tendent à diminuer, il était urgent d'intervenir.

Ensuite, les parcs nationaux et régionaux. Il existe déjà en France quatre parcs nationaux, deux sont en projet, un troisième est envisagé. Huit parcs régionaux ont déjà été créés ou sont sur le point de l'être. Au total, dix-huit sont pris en considération. Leur surface cumulée est supérieure à 2 000 000 d'hectares.

Au-delà de ces deux priorités, le ministre a, bien entendu, entrepris de multiples actions : lutte contre la pollution atmosphérique (c'est une nuisance encore localisée à quelques zones urbaines); lutte contre le bruit (un effort particulier de législation et de réglementation a été entrepris, mais les moyens de contrôle seront-ils suffisants?); surveillance et acquisition d'espaces verts; plan national de ramassage des ordures et déchets.

Plus généralement, et c'est une des conditions fondamentales de son efficacité future, le ministère entend développer la recherche, la formation et l'information.

Dans ces domaines, il reste beaucoup à faire. Le ministère devrait accélérer le mouvement et rompre avec des habitudes d'indifférence, de négligence et d'incurie pour s'attaquer enfin à des nuisances que la civilisation d'abondance – ou de consommation – commençait à accepter comme des maux nécessaires.

PIERRE TREY

13 avril 1972

1. A l'époque : Georges Pompidou.

S21 Occitanie

Ne crounpat en bantaou
a la meigne amourouse
mais lou gaou ne pas pourtaou
que né trop bergougnouse
arrebiram al quou daou gat
*arrebiran li toute**

Pour avoir chanté à six ans cette comptine gasconne avec une bonne femme venue de sa Chalosse[1], pour avoir été plaqué plus souvent qu'à son tour, le ballon ovale sur le cœur, au Parc bordelais, pour avoir fait de Montségur[2] la capitale de ses rêves et du Lubéron[3] l'horizon de son travail, a-t-on le moindre droit de se dire Occitan, de parler d'Occitanie? Parlons-en. La question n'est pas de savoir si l'Occitanie existe, mais si les gens nés entre les contreforts sud du Massif Central, les Alpes, la Méditerranée, les Pyrénées et la côte aquitaine, se croient et se veulent occitans, et s'ils en tirent les conséquences de solidarité, de refus, ou d'acceptation, de combat ou de participation à l'ensemble français, à l'économie de l'Europe méridionale.

Le sort d'un peuple, son existence, tiennent-ils au sort, à l'existence d'une langue? Pour un parler sauvé, faut-il croire à un destin politique, à un avenir économique? Parce que Marti[4] chante – et par ce que Marti chante – faut-il poser le problème en termes de nation, à moins que ce ne soit en termes de classes, les vaincus d'une ancienne guerre se découvrant en exploités d'un système de production très actuel?

Le mot a pris une triple saveur de défaite refusée, de nostalgie dépassée, et de colère – à moins que cette colère ne soit une espérance. De toutes les inscriptions que j'ai relevées en deux ans sur les murs de Carcassonne, de Montpellier ou de Nîmes, le mot le plus courant, le plus criant plutôt est « viure », vivre, qui est aussi le titre de l'une des plus ardentes revues occitanes. *Viure,* c'est clair.

Mais Occitanie? Les études mêmes de Lafont[5], de Giordan[5] et de Larzac[5] ont-elles dépouillé le mot de ses ambiguïtés? Où le saisir au juste, entre le maurrassisme[6] du félibrige[7] évidemment récusé et le guévarisme des troubadours modernes? Amertume historique, fidélité linguistique, âpreté sociale, conscience de classe et lucidité économique composent aujourd'hui cet occitanisme qui ne dit plus seulement son nom, mais clame ce qu'il signifie : refus de l'injustice, droit à la différence, solidarité culturelle, exigence de développement – avec qui permettra ce développement.

Les animateurs de l'occitanisme dont on lira ici quelques textes brûlants parlent souvent de « colonisation », d'« occupation », voire de « génocide ». Ils évoquent la naissance d'une nation arrachée aux prédateurs du Nord par les voies de la violence. Au risque d'être taxé de conformisme et de tiédeur, on parlera plutôt d'exploitation économique, d'aliénation culturelle et de sous-développement politique, en arguant médiocrement que « ce qui est excessif est faible », comme le disait un Occitan passé à l'adversaire, le prince de Talleyrand[8]. Il est vrai que cet homme de ressources n'était pas infaillible, et qu'un cri peut valoir mieux que cent analyses.

Lisons celles-ci, en écoutant le cri qui monte derrière les textes sages. Retenons que la langue d'oc renaît durement, qu'elle fait sa réapparition dans les journaux de Toulouse ou de Montpellier, qu'elle retrouve ses revues et ses chants, ses éditeurs et ses auteurs, qu'elle est même devenue – ô surprise – matière du baccalauréat, et redevenue, avec des hommes comme Lafont et Nelli[9], objet de l'enseignement supérieur.

N'oublions surtout pas que si le droit au divorce des vaincus du XIIIe siècle reste matière à débat, l'État unitaire lui-même s'est appauvri et déshonoré en dévastant les cultures sans lesquelles il ne saurait être qu'un récipient vide. Alors, écoutons Marti le Troubadour, pour qui les murailles de Carcassonne ne peuvent plus être celles d'un ghetto, écoutons sa voix de nuit, d'orages et de lourds souvenirs :

Perqué m'an pas dit
Ma perqué, perqué
M'an pas dit à l'escola
La lenga de mon pays?

JEAN LACOUTURE

14 avril 1972

* En présentant mes excuses pour le ridicule de la transcription. Quant au sens, il s'agit d'une robe, d'une amoureuse trop timide et de la queue d'un chat.

1. Région de l'Aquitaine, entre le gave de Pau et l'Adour.
2. Commune de l'Ariège, ancienne forteresse albigeoise.
3. Chaine des Alpes du sud au nord de la Durance.
4. Le plus populaire troubadour occitan d'aujourd'hui.
5. Universitaires, spécialistes de langue et littérature occitanes.
6. Sur Charles Maurras voir P33 note 4.
7. Association d'écrivains, fondée en 1854 et animée par Frédéric Mistral, pour le renouveau de la culture provençale.
8. (1754-1838), évêque d'Autun et chef du clergé constitutionnel sous la Révolution, avant d'abandonner l'Église. Ministre des Affaires étrangères sous Napoléon et Louis XVIII.
9. Cf. note 5.

S22 Mort de Pierre Lazareff, directeur général de « France-Soir »

Pierre Lazareff, directeur général de « France-Soir », est mort peu après une heure du matin, dans la nuit de jeudi à vendredi, à l'hôpital américain de Neuilly, où il avait été admis il y a trois semaines. Il était âgé de soixante-cinq ans.

« France-Soir » consacre vendredi presque toute sa première page, encadrée de noir, à un hommage à son directeur, publiant notamment des éditoriaux signés de la rédaction du journal et de M. Robert Salmon, directeur général de la société éditrice, France Éditions et Publications, tandis que Joseph Kessel[1] *dit un dernier adieu à celui qui fut son ami.*

Lorsqu'il regagne Paris, dès septembre 1944, il lui faut quelques mois pour parvenir au fauteuil directorial de *France-Soir,* qui a succédé à un quotidien né de la Résistance, *Défense de la France;* il en fera vite et constamment évoluer la formule, de plus en plus populaire, et vise à occuper la place qui était avant-guerre celle de *Paris-Soir.* Dès lors, s'il se veut avant tout directeur général de ce journal, et il le reste quand Hachette acquiert la majorité des parts, il se trouve vite, avec la société France Éditions et Publications, au cœur d'un énorme groupe de presse, d'un empire. Prince de Réaumur[2], duc de la Franpar[3], il lance successivement *Elle* – que dirigera sa femme, Hélène Gordon-Lazareff, – *France-Dimanche, le Journal du dimanche, Votre enfant,* l'agence Scoop, participe bientôt à l'animation et au contrôle, comme administrateur ou conseiller technique, d'une foule de publications du groupe le plus considérable de la presse française (*Paris-Presse,* aujourd'hui disparu, *Réalités, Entreprise, Connaissance des arts, Télé-Sept Jours, Femmes d'aujourd'hui, Femme pratique, Jardin des modes, Arts ménagers*...), dirige chez Gallimard la collection « Air du temps », publie plusieurs ouvrages – *Dernière Édition, de Munich à Vichy, l'U.R.S.S. à l'heure Malenkov, Album de la deuxième guerre mondiale,* – aborde enfin en 1959 aux rivages de la télévision avec *Cinq Colonnes à la une*[4].

Ami de Vincent Auriol[5], lié avec tout ce qui compte dans la IVe République, il n'en devient pas moins l'un des fidèles soutiens, l'un des plus efficaces même, de la Ve. A Villennes, dans sa maison du bord de Seine, où se presse tout un monde brillant et contrasté, de la star au premier ministre et du cosmonaute à peine revenu de l'éther à l'écrivain célèbre ou au Nobel de médecine, on fait et défait, le dimanche à l'heure du café, les gouvernements, les succès, les réputations. D'une volonté de fer, malgré les atteintes d'un mal implacable, il se préoccupe sans cesse et se préoccupera jusqu'à son dernier jour de la vie de *France-Soir,* dont l'avenir incertain ne laisse pas de l'inquiéter. Lui qui avait toujours « senti » le public est perplexe sur la formule qui lui convient le mieux, ou le moins mal, et, inlassable, il cherche des voies nouvelles, des moyens de le toucher, de faire face aux difficultés. Il aurait pu pourtant se reposer, faire halte, jouir de son succès : car « Pierrot », comme l'appellent ses amis – et ils sont légion – est devenu à lui seul une sorte d'institution parisienne, consacrée par la dignité de grand officier de la Légion d'honneur.

Mais derrière cette façade et cette réussite, il était resté d'une certaine manière l'adolescent de la rue Lepic[6] qui ouvrait sa maison aux Poulbots[7] de la Butte[8], généreux et d'une vraie gentillesse, le journaliste explosif, enthousiaste, infatigable, qui a traversé la vie, vagabond de l'actualité, toujours à l'affût de l'aventure quotidienne, du secret des existences obscures ou célèbres, attentif à chaque battement du cœur du monde.

PIERRE VIANSSON-PONTÉ

22 avril 1972

1. Romancier, né en 1898; de l'Académie française.
2. Le siège de *France-Soir* est situé rue de Réaumur (Paris 2e).
3. Jeu de mots, par contamination de *France-Soir* et *Le Parisien Libéré* (dont le siège se trouve également rue de Réaumur).
4. Émission de reportages, surtout politiques.
5. Voir P4 note 1.
6. Rue populaire de Pigalle.
7. Gamin, gosse des rues, à Montmartre (Argot).
8. La butte (colline) Montmartre.

S23 Le 1er Mai des paysans

Le 1er mai est devenu en France le jour chômé par excellence et, à l'exception importante des agents de certains services publics (chemins de fer, métro, etc.), la grande majorité des salariés, dans les villes, ne travaillent pas ce jour-là. Cependant, il est toute une catégorie de la population pour qui la fête du travail reste une journée consacrée au labeur. Il s'agit de la majorité des paysans. Donner les soins aux bêtes est une tâche à laquelle la plupart d'entre eux n'échappent pas ce jour qui terminera pour d'autres le plus long week-end de l'année. On peut voir dans ce contraste comme le symbole du retard dont sont encore victimes, dans la société française, les travailleurs des campagnes.

Dans quelle voie doivent-ils s'engager pour parcourir le chemin qu'il leur reste à faire avant de parvenir à cette fameuse « parité » qu'ils ne cessent de réclamer et qui ne signifie pas seulement parité de pouvoir d'achat, mais aussi égalité dans les conditions de vie professionnelle et familiale? Pour certains, la réponse est la suivante : les agriculteurs doivent à leur tour prendre conscience de la place encore chichement mesurée que l'on fait au travail dans nos sociétés et joindre leurs forces aux luttes ouvrières. Cependant, la doctrine révolutionnaire s'appuie d'abord sur l'idée que le développement du capitalisme industriel a eu pour effet de priver les travailleurs de tout moyen de contrôle sur les instruments de production qu'ils utilisent, cette première aliénation étant, selon les marxistes, la cause de toutes les autres. Pour la faire cesser, les socialistes préconisent la propriété collective des usines, des bureaux, des ateliers, et les libéraux la diffusion de la propriété individuelle. La première solution a été appliquée sans avoir, semble-t-il, les effets qu'on en attendait sur le statut des travailleurs. Quant à la seconde, elle est encore restée, dans les pays capitalistes, à l'état de virtualité.

Pour les agriculteurs, le problème se pose en des termes différents. Voilà des hommes qui appliquent leur « force de travail » sur un capital dont ils sont, en général, au moins partiellement les propriétaires. La grande question est aujourd'hui de savoir s'ils vont, dans les dix ou vingt ans à venir, en être dépossédés parce que le progrès technique impose à l'agriculture une évolution qu'a déjà connue l'industrie. Il sera de plus en plus nécessaire de disposer d'un capital important pour exercer celle des activités agricoles qui sont actuellement dispersées entre plusieurs centaines de milliers d'exploitants. Verra-t-on ces derniers acculés à quitter tous la terre et être remplacés par des entreprises infiniment plus modernes et plus coûteuses, financées par les grands producteurs céréaliers et par des sociétés venues d'un tout autre horizon? De la réponse à cette question dépend le destin économique et social de ce qui reste de la paysannerie.

30 avril/2 mai 1972

S24 On regarde la télévision mais on n'en parle plus

L'audience moyenne de la seconde chaîne de télévision à 20 h 30 a été, en février dernier – et pour la première fois depuis sa création en 1964, – légèrement supérieure à celle de la première chaîne.

Les dirigeants de l'O.R.T.F., généralement avares de renseignements sur les sondages, ont laissé filtrer les chiffres cette fois, non sans une certaine complaisance...

Il est évident que ce résultat est indissociable de la nomination de Pierre Sabbagh[1] à la tête de la deuxième chaîne, en septembre dernier, et du transfert d'un certain nombre des « locomotives » (ainsi Guy Lux[2] et ses 63 % d'audience, record absolu, avec *Cadet Rousselle*). C'est également la preuve que le « style Sabbagh » correspond aux goûts et au niveau « intellectuel » d'une large proportion de télespectateurs. On en était déjà convaincu.

Le second mérite de Pierre Sabbagh aura été de faire prendre aux gens l'habitude de « tourner le bouton » de leur récepteur.

Mais si l'on observe de plus près les raisons de ce « succès », on constate, comme toujours, le goût immodéré du public pour les films, quels qu'ils soient, ou pour tout ce qui peut ressembler à du « cinéma à domicile ».

Indépendamment de l'aspect économique du problème – que le récent accord O.R.T.F.-Affaires culturelles tend à résorber – le recours excessif de la télévision aux films du commerce (long métrage ou série) aggrave encore la crise du cinéma français. Au-delà, il est permis de s'interroger une fois de plus sur la finalité du monopole accordé

1. Journaliste.

2. Présentateur et animateur à la radio et à la télévision.

à l'O.R.T.F., c'est-à-dire sur sa mission de distraction, mais aussi d'éducation et d'information à la meilleure heure d'écoute. En effet, si l'on joint à ce recours excessif aux films de cinéma la programmation systématique – et souvent sur les deux chaînes en même temps – d'émissions lénifiantes, affligeantes ou insignifiantes entre 20 h 15 et 21 h 45, on se demande ce qui distingue encore une chaîne d'État d'une chaîne commerciale!

Les dramatiques? Il y en a de moins en moins, et elles sont souvent mauvaises. La tentative d'« écriture par l'image »? Arrêtée arbitrairement avant même d'avoir été rodée. Les grandes évocations historiques? Réduites en nombre, diffusées à une heure trop tardive ou gardées au « frigidaire » par crainte de « retombées » politiques (tel *Mandrin* qui attend sans doute, pour être diffusé, que Gérard Nicoud[3] soit sorti de prison).

« La télévision ne fait plus parler, disait récemment Alain Decaux, et c'est probablement le signe le plus inquiétant. Jadis, le lendemain d'une émission, c'était le sujet numéro un des conversations dans le métro, les bureaux, les ateliers. Aujourd'hui, chacun semble avoir oublié ce qu'il a vu la veille. »

Mais c'est peut-être ça, justement, l'objectif visé : faire une télévision qui ne pose pas de problèmes, qui n'oblige pas à réfléchir, qui entretienne le public dans l'idée que tout va bien et que l'ordre à l'O.R.T.F. c'est la garantie de l'ordre dans le pays!

Au siècle dernier, le président de la République, Casimir Périer, affirmait : « Un peu de religion remplace avantageusement une brigade de gendarmerie. » En dira-t-on bientôt autant de la télévision?

CLAUDE DURIEUX

30 avril/2 mai 1972

3. Fondateur, en décembre 1968, d'un mouvement de contestation pour la défense des « travailleurs indépendants » (essentiellement petits commerçants et artisans).

S25 L'avenir des Maisons de la culture

« Il faut des églises autour des cathédrales » nous déclare M. Jacques Duhamel

Elles ne sont que neuf – elles seront bientôt quinze – mais déjà, c'est à leur succès, ou à leur insuccès, que l'on juge la politique culturelle en France. Les Maisons de la culture, témoins de pierre et de béton de la « décentralisation » préconisée naguère par Jeanne Laurent[1], cathédrales rêvées ensuite par André Malraux[2], qui sont-elles, que sont-elles?

On connaît leurs crises, à l'occasion des conflits qui opposent leurs directions aux élus locaux. On connaît leurs réalisations, les créations qu'on y présente – à travers un miroir déformant, d'ailleurs, celui du théâtre – car on oublie concerts et ciné-clubs, salles d'exposition ou bibliothèques; car on ne voit pas les animations hors-les-murs; car on ignore souvent l'ensemble de leurs activités, au jour le jour. Les gauchistes les mettent en cause – comme institutions –, les conservateurs les accusent d'être des foyers d'agitation, les tenants de la contre-culture les traitent de musées, ou affectent de n'en apprécier que les fauteuils et les cafétérias... Et on se demande parfois à quel rêve ces Maisons de la culture répondent encore.

Elles existent, oui, elles ont pour vertu, et c'est leur principal défaut, d'exister, c'est-à-dire de faire quelque chose, là où on ne faisait pas grand-chose. Elles ont substitué l'animation à l'ouvroir culturel, et les mêmes qui les décrient en sont jaloux, ou fiers. Mais le mouvement qui les a vues naître semble arrêté, comme si un ressort s'était cassé. Comme si tout le monde, du ministère aux animateurs, des municipalités aux usagers, redoutait ce qu'elles représentent, et cela à cause de leur rayonnement.

Pour M. Jacques Duhamel, ministre des Affaires culturelles, l'édification de ces Maisons représente une étape nécessaire, loin encore d'être achevée. Mais, à côté de ces cathédrales – un peu solennelles, un peu lourdes, – voici venir l'heure des églises, plus petites, plus humaines, un songe à grandeur d'homme, en somme : les Centres d'animation culturelle.

1. Haut-fonctionnaire du Ministère des Affaires culturelles.

2. Voir P12 note 8.

LES NEUF MAISONS DE LA CULTURE. Bourges, Amiens, Le Havre, Rennes, Reims, Grenoble, Firminy, Nevers, Chalon-sur-Saône.

LES MAISONS DE LA CULTURE EN PROJET (en préfiguration). Angers, Nanterre, Aubervilliers, Créteil, Chambéry, La Rochelle, la Corse, Papeete.

LES CENTRES D'ANIMATION CULTURELLE. Yerres, la Cité universitaire, La Réunion, Le Creusot, Mâcon, Forbach, Sceaux, Malakoff, Chelles, Sartrouville, Avignon, Châteauvallon, Levallois, Aix-en-Provence, Longwy, Orléans.

LES MISSIONS D'ÉTUDE ET DE PRÉANIMATION. Blois, Le Touquet, Annecy, Montbéliard, Mulhouse, Douai, les villes nouvelles (Grenoble-Eschirolles, Cergy, Evry, Marne-la-Vallée, Saint-Quentin-en-Yvelines), et la Martinique.

CE QU'EST UNE MAISON DE LA CULTURE. Les Maisons de la culture sont des équipements polyvalents d'action culturelle répondant aux besoins d'agglomérations de cent mille habitants environ, et prévus pour l'installation permanente d'un centre de création. (Les Maisons des jeunes et de la culture s'en distinguent par leur nature et leur destination, et relèvent de la compétence du secrétariat d'État auprès du premier ministre, chargé de la jeunesse, des sports et des loisirs.) Le taux de subvention pour la construction des Maisons de la culture est de 20 à 50 %. En fait, le ministère applique le principe de la parité, assumant 50 % du coût de la construction et de l'équipement de la Maison de la culture. Le coût moyen d'équipement d'une Maison de la culture s'élève à 15 ou 20 millions.

LES CENTRES D'ANIMATION CULTURELLE. Pour les centres d'animation culturelle, fonctionnant suivant les mêmes principes que les Maisons de la culture, mais dont les dimensions sont plus modestes et qui ne comportent pas, en principe, de cellule de création, le ministère attribue une subvention dans les conditions analogues à celles des Maisons de la culture, soit 50 %. Le coût d'un centre d'animation peut varier de 3 à 10 millions de francs. Un tel équipement comprend généralement une grande salle de spectacles de sept cents à mille places, une salle plus petite de cent à deux cents places, des salles d'expositions, d'animation, de réunions, une discothèque, une bibliothèque, etc.

LES MISSIONS D'ÉTUDE. Pendant une période d'un an à dix-huit mois, une ville est confiée à un animateur, préalablement à la décision de construction d'une Maison ou d'un Centre. (Désignés sur la carte, comme Centres d'animation culturelle en projet.)

4 mai 1972

S26 France-Culture, la plus importante revue littéraire

La radio aime les livres. A l'O.R.T.F., elle leur consacre huit cent cinquante heures par an. Elle lit beaucoup, et elle parle encore plus. « Cela fait partie de sa mission culturelle : il s'agit de favoriser la diffusion du livre et de susciter (ou de développer) le goût de la lecture », explique Gérard Mourgue, responsable des émissions littéraires à la Maison de la radio. Percée timide sur France-Inter, où on lit parfois des extraits de romans et où Jacques Chancel s'entretient avec des auteurs. Présence éclatante sur France-Culture, où le prestige de la chose écrite fascine les responsables des programmes et où de nombreuses émissions régulières rendent compte des livres qui paraissent, en abordant tous les genres littéraires, pour répondre aux goûts très divers des auditeurs et satisfaire leur curiosité.

La littérature radiophonique consacrée à la production littéraire repose sur deux piliers, deux séries d'émissions où l'on célèbre à voix feutrée, et entre gens de bonne compagnie, le culte Gutenberg : la « Matinée littéraire » du jeudi (9 h 15-11 h), et « Un livre, des voix », tous les soirs (22 h 15). Le livre est omniprésent sur la chaîne nationale. Dans les autres matinées de France-Culture, certains lundis sont consacrés aux livres d'histoire; le mardi et le mercredi, on parle des ouvrages consacrés à la musique, aux arts ou aux spectacles; le vendredi, on s'intéresse aux publications scientifiques.

Livres à tout heure, les auteurs viennent au « Panorama » (à 12 h 45) ou à « Notre Temps » (à 18 h 45).

Et puis, livres en tous genres, les émissions spécialisées se bousculent tout au long de la semaine : « Lecture de femmes », de Michelle Perrein. « Nouveaux livres de poésie », d'Alain Bosquet (qui produit également « Poèmes du monde »), « Les livres et l'économie », par Bernard Gouley, « Les nouveautés du livre de poche », par Cella Minard, « La revue des idées », de Françoise Estèbe, « Les livres de science-fiction », de Frédéric Christian, « Pour connaître la pensée de... », par Jean-François Revel, les « Livres » d'André Halimi (toujours en quête d'insolite). « Le livre d'art », par Raymond Charmet, « Le livre ésotérique », par Raymond Abellio (de Jung à René Guénon), « La tribune des critiques », de Pierre Barbier, « Des livres et des hommes », par Roland Hesse et Jean Duvignaud (émission qui tente, comme « Les lecteurs savent lire », de Jacques Floran, de faire « participer » le lecteur), « La ronde des livres », d'Isabelle Jean et Marion Durand (pour les enfants), et les chroniques consacrées à la littérature étrangère, « Étranger, mon ami », de Dominique Arban, « Les voix étrangères », d'Ugné Karvélis, « Le tiers-monde à part entière », de Gilbert Ganne, « Écrivains étrangers d'expression française », de Jean Paget, et « Afrique vivante », de Michel Planchon. Sans oublier les programmes consacrés à la poésie : « La leçon des ténèbres », de Jean-François Noël, « Poèmes en liberté », de Gilbert-Maurice Duprez, « Poèmes d'Europe centrale », par Mme Jean Aley, et les « Poètes d'aujourd'hui », de Pierre Seghers.

Sans oublier non plus – on en oublie toujours – les lectures découpées en feuilletons : le « Journal » d'André Gide, les « Carnets » d'Albert Camus en Algérie, ou le « Journal d'un poète », d'Alfred de Vigny, les séries d'entretiens quotidiens (souvent passionnants), et les tribunes sagement polémiques de François-Régis-Bastide, « Le masque et la plume », et « Salle de rédaction ».

L'énumération est impressionnante.

Certaines émissions sont convaincantes. Celles qui comprennent que la radio est un reflet sonore de la vie, et s'adressent à la vie même, sans phrases et sans détours dans les chapelles, car nombre de programmes n'intéressent, hélas! que les initiés.

Leur diversité satisfait toutefois Gérard Mourgue, directeur discret de la plus importante revue spécialisée de France par son volume et son auditoire (un demi-million de personnes, dit-on). « Festival du livre » permanent, surtout en cette « année du livre », France-Culture sera naturellement à Nice[1].

17 mai 1972

1. Siège d'un festival du livre.

APPRENDRE LA LANGUE QU'ON PARLE ET QU'ON ÉCRIT « ICI ET MAINTENANT »

S27 La commission Emmanuel publie un texte d'orientation sur la réforme de l'enseignement du français

M. Pierre Emmanuel[1], de l'Académie française, a présenté, lors d'une conférence de presse réunie le 1er juin au ministère de l'Éducation nationale, le « texte d'orientation » adopté par la commission de réforme de l'enseignement du français, qu'il préside depuis sa création le 17 mai 1970.

Ce document s'inspire largement de « l'esprit » du « plan Rouchette »[2] pour la réforme de l'enseignement du français à l'école élémentaire, mais en lui donnant une portée plus générale, puisqu'il indique que cette orientation sera désormais étendue à l'ensemble de l'enseignement, primaire et secondaire. Le document réaffirme que « la priorité absolue doit être donnée à l'apprentissage de la langue qu'on écoute, parle, lit, écrit, ici et maintenant ».

Tout en dénonçant « la séparation trop rigoureuse » qui existe actuellement « entre l'étude de la langue dans le premier cycle et celle de la littérature dans le second cycle », la commission Pierre Emmanuel a été amenée, pour des raisons de commodité, à s'interroger successivement sur « les principes généraux de l'étude de la langue » puis ceux de « l'étude des textes ». La commission estime que c'est

1. Poète, né en 1916.
2. L'Inspecteur général Rouchette, chargé d'une enquête sur l'enseignement du français à l'école élémentaire, formula dans son rapport (« plan Rouchette ») un certain nombre de suggestions qui heurtèrent à la fois les habitudes pédagogiques de beaucoup d'enseignants et les préjugés académiques de tous ceux qui sont attachés à la conservation de la langue « littéraire ».

la langue d'aujourd'hui qu'il importe de faire connaître. « Une telle conception ne traduit pas le refus de la langue du passé mais la volonté de donner à l'enfant les moyens de se situer dans le monde d'aujourd'hui et d'en dominer la complexité. » Dans cette perspective, « l'entraînement à l'expression orale et l'entraînement à l'expression écrite revêtent une égale importance. Il ne saurait être question de favoriser l'un au détriment de l'autre ».

Si l'acquisition de la maîtrise de la langue – qui suppose à la fois entraînement à la « communication » et à « l'expression » – est fondamentale, elle ne saurait évidemment suffire. Il faut ménager des « temps d'apprentissage » de la langue : « La commission accorde donc la plus grande attention à l'orthographe, à la grammaire, au vocabulaire. »

L'apport de la linguistique moderne

« L'orthographe, précise le texte d'orientation, occupe une place essentielle. Il semble, cependant, que l'on accorde une importance démesurée aux exercices de dictée. »

« L'enseignement traditionnel de la grammaire ne paraît plus apte, a estimé, d'autre part, la commission, à favoriser l'acquisition des moyens d'expression. Il conviendra de tenir compte de l'apport de la linguistique moderne pour une pratique et une étude plus efficace et plus cohérente de la langue ».

« Dans l'enseignement du vocabulaire, est-il enfin précisé, il est encore trop rarement tenu compte de la fréquence actuelle des mots et de la fréquence de registres du langage », (c'est-à-dire pour l'essentiel de l'existence d'un langage parlé différent du langage écrit).

« L'enseignement de la langue devra, d'autre part, obéir au principe de la progression et de continuité, il devra être méthodiquement poursuivi « durant toute la scolarité jusqu'aux classes terminales incluses ». D'autre part : « Il apparaît fondamental, comme le montre le plan Rouchette, de conduire progressivement l'élève du langage plus ou moins spontané, qui est le sien, à un langage plus élaboré. »

A partir de la « para-littérature »

Pour « l'étude des textes », la commission Pierre Emmanuel insiste sur la nécessité de « laisser une large initiative aux maîtres dans le choix des programmes et des méthodes. Toute interprétation limitative des programmes favorise la routine et ne rencontre guère l'adhésion des élèves. Cependant, l'expérience prouve que l'absence de repère conduit tantôt à l'anarchie tantôt à une nouvelle routine et que les vœux des élèves traduisent trop souvent l'influence de la mode plutôt qu'un désir de culture. La commission envisage donc d'élaborer des indications générales à la fois cohérentes et progressives qu'il appartiendra ensuite au conseil d'enseignement de chaque établissement de préciser, d'adapter et d'harmoniser selon les besoins ».

La commission estime, en outre, que le maître devra découvrir de nouveaux moyens de susciter l'intérêt des élèves. A propos des textes de théâtre, en particulier, il est recommandé « qu'ils soient étudiés – si possible avec le concours de spécialistes – dans la perspective du jeu dramatique ». D'autre part, « le professeur de français pourra être amené à recourir à des textes et à des documents non spécifiquement littéraires : la para-littérature (romans populaires, romans policiers, science-fiction, bandes dessinées, chansons, etc.) servira, par contraste ou par comparaison, à mieux dégager le caractère propre des textes littéraires ou reçus comme tels à une époque donnée; dans le même esprit, les productions audiovisuelles, les créations artistiques, picturales, musicales, scéniques, pourront accompagner avec profit l'étude des œuvres et mieux faire saisir ce mode d'expression particulier qu'est la littérature ». Plutôt que d'imposer une documentation toute faite, le maître s'efforcera « d'éveiller la curiosité et d'encourager sous forme d'enquête ou d'exposé les initiatives ». La commission a enfin été conduite à formuler des propositions qui dépassent en apparence les limites qui lui avaient été assignées. Elle a ainsi recommandé la collaboration du maître avec les psychologues scolaires, la réduction des effectifs des classes, l'ouverture de l'école à l'animation culturelle, la mise en place de groupes de niveaux, la réactivation dans chaque établissement du conseil d'enseignement, la redéfinition « du service des enseignants, en tenant compte, plutôt que de l'addition mécanique et uniforme des heures d'enseignement, du nombre des élèves et des problèmes que posent les différents types de classe et des charges que représente la participation des enseignants aux travaux d'animation et aux différents conseils de l'établissement », un remaniement des modalités de recrutement des futurs enseignants, un renforcement de la formation des maîtres. Ceux-ci doivent être initiés aux disciplines nouvelles – linguistique, psychologie, sociologie de l'éducation – et au travail en équipe, et avoir des contacts, « par exemple sous forme de stages avec des milieux professionnels autres que ceux de l'enseignement ». « La mise en application d'un nouveau type d'enseignement du français ne peut se faire, conclut la commission, par la seule vertu d'un décret. Elle exige, en particulier, un effort considérable de la nation, qui devra progressivement dégager les moyens financiers et humains nécessaires pour assurer la formation initiale et permanente des maîtres. »

3 juin 1972

S28 La presse féminine, instrument privilégié d'éducation permanente?

La presse féminine n'est pas seulement une « bonne affaire », ou, plutôt, elle ne devrait pas être que cela : elle pourrait jouer aussi un rôle important dans la formation d'une partie de l'opinion tenue un peu en marge des grands courants qui agitent le monde contemporain. Mais, pour cela, il faudrait que ses dirigeants et les annonceurs publicitaires, qui la considèrent comme l'un de leurs « supports » essentiels, cessent de s'accrocher à une image de marque souvent périmée, en tout cas en désaccord de plus en plus flagrant avec les aspirations des lectrices... et des rédacteurs. C'est ce qui s'est dit, notamment, au congrès de l'Association internationale des journalistes de la presse féminine qui vient de se tenir à Palerme.

Le public féminin, si courtisé, est à la fois plus disponible et moins formé que son homologue masculin. Plus disponible, car les femmes au foyer, malgré la multiplicité de leurs tâches, ont souvent dans la journée des « temps morts » qu'elles consacrent volontiers à la lecture des magazines féminins. Moins formé, car son niveau culturel est, dans l'ensemble, inférieur à celui de la population masculine, et son fréquent manque de contacts avec la vie professionnelle, comme son accession trop récente à la vie publique, le tient encore souvent éloigné des grands débats idéologiques ou théoriques qui font les délices des auditoires masculins.

Pour un public qui souffre, plus ou moins consciemment, d'être tenu en marge des grands courants qui agitent la société contemporaine, l'éducation permanente devrait être avant tout une prise de conscience, l'acquisition d'une méthode de jugement et de raisonnement permettant de choisir dans le « matraquage »[1] d'informations entre les faits significatifs et tout ce qui n'est qu'anecdotes ou détails. C'est ce que la presse féminine manque trop souvent de faire : par exemple, lorsqu'elle consacre de nombreuses pages à un reportage à sensation en sacrifiant une information plus modeste d'apparence, mais plus significative, ou lorsqu'elle publie de luxueuses photos de mode en couleurs prises dans un pays lointain dont on n'aperçoit qu'un coin de plage ou un palmier.

Regarder le monde à la fenêtre

Il y a pourtant des domaines neufs dans lesquels la presse féminine entreprend depuis peu de jouer un rôle d'initiatrice : problèmes de l'urbanisme contemporain, défense de la nature, formation professionnelle des jeunes filles, nouvelle « liberté » des jeunes, loisirs du troisième âge, pour n'en citer que quelques-uns.

Mais ces efforts restent encore timorés, marques d'un souci évident de ne pas « choquer » la précieuse et mythique lectrice « moyenne ».

Distançant de très loin les rapports européens, celui du Québec a exposé vigoureusement comment la presse féminine devait être l'instrument privilégié de remise en question d'une éducation des adultes qu'il estime « marginale, démodée, inadaptée et utopique ». La presse féminine porte-parole de la contestation permanente? On n'en est pas encore là, du moins en Europe.

NICOLE BERNHEIM

3 juin 1972

1. Abrutissement du lecteur (de la lectrice), à coups d'informations assenées pêle-mêle sans le moindre critère de valeur ou de hiérarchie.

S29 La violence et la justice

Dans un incroyable délire collectif, une orgie de banderoles et de drapeaux, un déluge de coups de klaxons, de sifflets et de slogans, au milieu des pétards et des hurlements, Marseille a fait cortège lundi aux onze valeureux garçons qui ramenaient dans ses murs la Coupe de France de football. Un long cortège : il ne fallut pas moins de quatre heures dix aux joueurs pour parcourir le petit kilomètre qui sépare le siège de leur club de la mairie de la ville. Du balcon de cet édifice, les héros du jour saluaient la foule en délire. On acclamait follement le Suédois Magnusson, « le prince du Parc »[1] selon *le Provençal*[2], le Yougoslave Skoblar, son dauphin, et leurs camarades languedociens, savoyard, bordelais, lorrain... Parmi eux, un Marseillais, un seul; encore s'agissait-il d'un remplaçant, qui n'avait dû qu'au hasard et au règlement interdisant d'aligner sur le terrain plus de deux joueurs étrangers par équipe de se trouver en si bonne compagnie. Chez l'adversaire malheureux, à Bastia, on pouvait au moins se prévaloir de trois vrais Bastiais, aux côtés des deux inévitables Yougoslaves, d'un Néo-Calédonien, de Nordiques ou de Méridionaux, dont un Marseillais d'ailleurs. Chauvinisme, xénophobie? Mais oui : chauvins, les Marseillais dont l'explosion de patriotisme local saluait en fait des mercenaires achetés à grands frais par un homme d'affaires avisé, lui-même né à Ajaccio et propriétaire d'un groupe de presse parisien. Xénophobe à coup sûr, cette foule qui écrasait de son mépris triomphant un « étranger », le Corse, son cousin, son frère.

A la veille du match, on avait craint le pire et, dans sa prudence, la S.N.C.F. dirigeait les trains spéciaux arrivant du Midi sur deux gares parisiennes séparées par toute la largeur de la Seine, les Marseillais débarquant à la gare de Lyon et les Corses à la gare d'Austerlitz. Mais au lendemain de la victoire, à Marseille, on enfonçait allégrement quelques dizaines de vitrines, on pillait joyeusement les magasins éventrés et notamment une armurerie, on renversait et on incendiait les voitures, on lapidait les cars de la police. Incidents regrettables, mais désormais classiques, que l'un de nos confrères traitait pudiquement par prétérition en parlant du « mauvais côté de l'aventure » tandis que quelques radios, à tout hasard, criaient haro sur les gauchistes, qui n'y étaient pour rien.

Le sport n'a pas de patrie, et la violence devient folklore. Ce sont deux des leçons de cette belle journée.

P. VIANSSON-PONTÉ

11-12 juin 1972

1. Du Parc des Princes, stade parisien où se dispute la finale de la Coupe.

2. Quotidien du Sud-Est, édité à Marseille.

S30 Se marier à l'église

Sur dix couples qui se marient à Paris, quatre vont à l'église en sortant de la mairie. C'est peu par rapport aux époques précédentes. La baisse, en effet, est continue : 70 % en 1865, 55 % en 1930, 50 % en 1965. La proportion de mariages religieux reste toutefois plus importante dans d'autres régions : 82 % il y a quatre ans dans le département du Loiret et une moyenne nationale de 70 % environ.

Une enquête réalisée par le centre Jean-Bart* montre que sur deux couples parisiens qui ont dit « oui » devant un prêtre, un a suivi une préparation au mariage. L'accueil collectif des « fiancés » – le mot n'est plus guère employé par les intéressés – mobilise à Paris une cinquantaine de prêtres et quelque deux cent cinquante couples mariés. Effectifs nettement insuffisants. Jusqu'à ces dernières années, sessions et soirées étaient consacrées à des conférences sur différents thèmes : psychologie masculine et féminine, physiologie, contraception, signification du mariage religieux. On a désormais tendance à partir des questions posées par les fiancés, en cherchant à approfondir avec eux leur expérience du moment, plutôt qu'à les informer sur ce que sera leur vie conjugale.

Il est difficile, d'ailleurs, de faire autrement dans des domaines comme celui de la sexualité. Un tiers des fiancés qui suivent une préparation catholique au mariage considèrent les relations sexuelles pré-conjugales comme « normales ». Et la moitié estiment qu'il s'agit là d'une expérience « utile ». A peine un fiancé sur cinq y voit une « faute morale ».

Pour la majorité des fiancés qui acceptent de participer aux sessions de préparation, le mariage religieux représente, certes, un engagement devant Dieu. Mais sans grande portée. Le « passage » à l'église n'est pas vital et apparaît assez peu intériorisé. Les prêtres et laïcs chrétiens chargés d'accueillir les futurs conjoints ne se font d'ailleurs guère d'illusions à ce sujet. Ils savent cependant que les fiancés traversent une phase de sensibilité toute particulière au « sacré » qui les met dans « une situation de conversion possible ». Les responsables de la préparation au mariage se rendent bien compte que la rencontre avec l'Église en ce moment privilégié peut être déterminante.

Mais quelle Église? Avant d'être accueilli dans un centre de préparation, chaque couple rencontre d'abord un prêtre de sa paroisse. Or celui-ci a parfois sur le mariage une position « pastorale » bien arrêtée : certains prêtres ont tendance à détourner du mariage religieux les couples qui ne font pas preuve, à leurs yeux, d'une foi suffisante; d'autres, au contraire, refusent de « perdre du temps » et continuent de marier, sans y regarder de trop près, tous ceux qui en font la demande. Entre ces extrêmes, on trouve toute une gamme de formules intermédiaires. Les prêtres de paroisse ignorent encore trop souvent le contenu des sessions de préparation au mariage. Certains ne tiennent guère compte de ce qu'ont pu en retirer les fiancés.

Les Églises vont-elles se heurter à une contestation plus marquée du mariage religieux? Le problème, apparemment, ne se situe pas à ce niveau : ce sont surtout des théologiens qui défendent, par exemple, la thèse selon laquelle le mariage civil aurait une valeur religieuse. Les jeunes, eux, contestent, de plus en plus, l'institution du mariage elle-même : ils refusent aussi bien de passer par l'église ou le temple que par la mairie. Mais on les y retrouve souvent, un, deux ou trois ans plus tard, avec le premier enfant.

ROBERT SOLÉ

15 juin 1972

* Secrétariat diocésain de la pastorale du mariage.

A PROPOS D'UN SACRE PERTURBÉ

S31 Catholiques orthodoxes et Français

Une bousculade, dimanche dernier, sur le seuil d'une église de Paris est venue rappeler que tous les orthodoxes de France – cent cinquante mille au total – n'avaient pas encore surmonté leurs divisions. L'incident avait de quoi dérouter plus d'un profane, un peu étranger aux nombreuses et subtiles attaches qui relient les communautés françaises et leurs « Églises-mères ». Deux d'entre elles étaient simultanément concernées le 11 juin par le sacre d'un évêque, ce qui n'a pas contribué à éclaircir le dossier.

L'Église catholique orthodoxe de France (sept mille baptisés) fait remonter ses origines avant Charlemagne. Résolument « nationale », elle s'est appliquée à restaurer certains usages liturgiques abandonnés en Occident depuis des siècles. Cela a contribué à la tenir un peu à l'écart des autres orthodoxes – d'origine russe ou grecque, pour la plupart, – un peu choqués par des coreligionnaires qui éprouvent le besoin de se proclamer catholiques et Français. Cette Église, trop petite pour être « autocéphale » a dû se rattacher à un patriarcat. Ayant rompu avec celui de Moscou, qu'elle soupçonnait de chercher à la « russifier », elle s'est tournée vers celui de Bucarest, au nom d'une commune latinité. Et elle a demandé au patriarche Justinien de Roumanie de bien vouloir déléguer à Paris trois de ses représentants, comme l'exige la tradition, pour sacrer son nouvel évêque, Mgr Germain Hardy.

L'Église orthodoxe roumaine de Paris était, pour sa part, rattachée au métropolite Philarète, en exil à New York. Changeant de cap, son évêque, Mgr Théophile Ionescu, s'est rallié en janvier dernier au patriarcat de Roumanie, contre l'avis de la majorité de ses fidèles qui accusent les autorités religieuses de Bucarest d'être inféodées au régime communiste de leur pays.

Messieurs bons-offices

Les catholiques orthodoxes français ont joué les « messieurs bons-offices » entre leur nouveau patriarche – Justinien – et Mgr Théophile. Et il a été décidé que leur nouvel évêque, Mgr Hardy, serait sacré non pas dans sa propre église, boulevard Blanqui, mais dans celle des Roumains de Paris. Ceux-ci ne l'ont pas entendu de cette oreille : les représentants du patriarche Justinien se sont trouvés devant des portes closes et, après une bousculade, ont dû se résigner à aller officier boulevard Blanqui.

Ce conflit, qui ne concerne qu'une petite partie des orthodoxes français, donne cependant un aperçu des difficultés de l'orthodoxie universelle, répartie en quatorze Églises autocéphales. La préparation du grand concile traîne en longueur et la conférence qui devait avoir lieu cette année vient d'être ajournée. Pour quatre raisons, au moins : les réactions de certains fidèles qui ne veulent pas laisser aux seules hiérarchies le soin d'organiser ces états-généraux de l'orthodoxie : la situation des communautés orthodoxes des pays de l'Est dont les représentants risquent de ne pouvoir s'exprimer librement; la tension entre les patriarcats de Moscou et Constantinople au sujet, notamment, de l'Église d'Amérique; enfin, la paralysie progressive du « Phanar », où siège l'âme de ce concile, Athénagoras Ier, qui, âgé de quatre-vingt-six ans, s'éteint lentement.

ROBERT SOLÉ

16 juin 1972

S32 Racistes les Français?

Une famille turque débarque à Orly le 15 avril. La mère et les trois enfants viennent rejoindre le père, ouvrier dans une faïencerie de la Côte-d'Or. Il manque un cachet sur un document d'immigration : refoulés et expulsés, séance tenante. Ils n'ont pas l'argent du voyage de retour? Qu'importe : ils sont embarqués sans ménagement, mais à crédit; on saisira le père pour payer la dette. Sur l'intervention d'un prêtre, un journal bourguignon lance un appel : 3 250 francs viennent ainsi d'être recueillis, qui permettront au moins d'arrêter les poursuites.

Après tout, ce n'est pas bien grave, n'est-ce pas? Pas plus que l'intervention brutale de ces trois policiers des Yvelines, jetant le 31 janvier dernier une famille de travailleurs immigrés hors de leur logement, qu'un jugement en bonne et due forme les condamne en effet à évacuer, mais pour le 15 mars seulement.

Ceux-là aussi ont trouvé des défenseurs puisque le tribunal de Versailles vient de juger les responsables de cinq organisations, dont la C.F.D.T. et la Fédération des locataires, qui avaient pris fait et cause pour eux dans un tract.

Pas plus grave encore que de ramener en fourgon cellulaire grillagé, avec escorte de motards, dans le bidonville où elles croupissaient, quelques familles yougoslaves qui prétendaient trouver ailleurs à se mieux loger : cela s'est passé le dimanche 11 juin à Orly-Ville, et là encore l'incident est public, le maire ayant protesté.

Pas plus grave toujours que la mésaventure de cet ouvrier marocain de Mantes-la-Jolie qui, ayant bu une bière dans un café, osait demander qu'on lui rende la monnaie du billet de 10 francs qu'il avait donné. Un consommateur présent assure qu'il a raison, mais la police qui passe par là n'est pas de cet avis : appréhendé, frappé, jeté pour la nuit dans les toilettes du commissariat, le Marocain doit, avant d'être relâché et sans qu'un procès-verbal ait été dressé, payer 5 francs « pour la chambre ». Trois de ses compatriotes, dans la même ville, le 16 mai, devront eux « rembourser » trois képis de policiers qu'ils sont censés avoir endommagés au cours d'un contrôle d'identité. Ils n'en sont pas morts, comme est mort cet ouvrier algérien qui, monté dans le Mistral par erreur, malmené par les contrôleurs, s'est suicidé.

De petits faits sans importance. Bien sûr, il y a pire. L'exploitation par les marchands d'hommes, les marchands de sommeil, la mise en coupe réglée par les négriers. Les ratonnades policières dans les foyers, les bidonvilles, les cafés, où s'entasse ce sous-prolétariat, comme à Bagneux le 25 avril, à Noisy-le-Sec le 25 mars. Les professionnels de l'anti-racisme dénoncent avec de grands mots, en brandissant la Déclaration des droits de l'homme et la Constitution, tous ces « scandales ». Le Parlement renforce sans cesse la législation, et actuellement il achève d'examiner six propositions intéressant les lois sur la presse, le code pénal et le droit d'association. Des porte-parole des immigrés se plaignent à la télévision d'abus et d'injustices qui, en fait, ne les visent pas davantage que l'ensemble de la population. Mais les menues vexations, les brutalités discriminatoires, les écriteaux : « Hommes de couleur s'abstenir », les refus de louer, d'embaucher, de servir, les licenciements abusifs, chacun des trois millions d'immigrés vivant en France y est chaque jour exposé.

Qu'ils retournent donc vivre, ou crever chez eux. La France aux Français. Ces Français qui, s'ils étaient par malheur écoutés, verraient tous leurs chantiers et bien des usines s'arrêter et bientôt leur niveau de vie baisser faute d'ouvriers nord-africains et portugais, sans parler des bonnes espagnoles, des balayeurs noirs et des postiers antillais. Si ces Français-là n'ont pas la reconnaissance du cœur, qu'ils aient au moins celle du ventre. Et qu'ils n'oublient pas trop vite que, dans leur pays, dix millions de citoyens comptent un ou plusieurs de ces « étrangers » détestés ou méprisés parmi leurs ascendants des quatre générations antérieures.

PIERRE VIANSSON-PONTÉ

18-19 juin 1972

S33 L'éducation sexuelle à l'école

Le système scolaire français continue d'observer un silence gêné au sujet de la sexualité. Prudence et méfiance, tel paraît être le mot d'ordre de beaucoup de parents et de l'administration à l'égard de l'éducation sexuelle. La demande des jeunes est pourtant très réelle et il conviendrait d'étudier au plus vite la manière appropriée d'y répondre. Alors que dans certains pays étrangers comme la Grande-Bretagne ou la Suède on en est déjà à rectifier et affiner une pédagogie mise en pratique depuis plusieurs années, avec l'aide des moyens de communication de masses, on peut s'interroger sur les causes de la timidité des Français en ce domaine. Celle des milieux officiels, qui est pour une grande part responsable de cette carence, provient sans doute d'une hésitation à aborder les questions qui touchent aux structures traditionnelles du groupe familial. Des initiatives privées se multiplient pourtant pour faire face à une demande qui devient plus pressante ainsi que le montre une enquête faite sous la direction du docteur Pierre Simon : si 85 % des Français estiment que l'on doit donner une éducation sexuelle aux jeunes, 62 % déclarent n'en avoir jamais parlé avec leurs propres parents et 40 % seulement s'estiment capables d'en parler avec leurs enfants...

L'ère de la clandestinité n'est pas encore révolue

« Si les parents français sont aussi méfiants devant l'information sexuelle qu'on pourrait donner à leurs enfants en dehors de la famille, c'est parce qu'ils ont peur d'y voir malmener la morale et l'affectivité. » Ce diagnostic d'un psychosociologue explique assez précisément les raisons pour lesquelles l'éducation sexuelle – ou l'« information » comme préfèrent dire certains éducateurs – reste en France quasiment clandestine : si elle n'est pas faite par les familles, elle n'est officiellement faite nulle part.

En réalité, la pédagogie de l'éducation sexuelle doit répondre à quatre questions complexes.

– *Qui fera l'animation?* On a longtemps cru que les médecins étaient tout désignés pour cette tâche délicate, mais ils ne sont pas toujours formés à la pédagogie de groupe, qui paraît la plus appropriée. Sans compter que l'information sexuelle va bien au-delà des notions d'anatomie et de physiologie. Idéalement, on peut considérer que n'importe quel enseignant devrait pouvoir répondre aux questions des élèves : pourquoi ne pas parler de l'homosexualité à propos d'un cours de littérature sur Verlaine ou Rimbaud, par exemple? Mais combien seront prêts à s'adapter à ce nouveau rôle et à suivre la formation indispensable?

– *Où doivent avoir lieu les séances d'information?* La plupart des éducateurs pensent, maintenant, qu'il faut éviter les lieux trop solennels : salles de classe, amphithéâtres, etc. C'est dans une atmosphère détendue et amicale, avec de petits groupes de dix à quinze personnes, que l'information « passe » le mieux.

– *Qui doit en faire la demande?* La question est importante, car les enfants sont volontiers méfiants quand cette demande vient seulement des parents ou des enseignants. Une demande venant des délégués de classe ou du foyer socio-éducatif aura, sans doute, plus de succès.

– *Comment doit être faite cette information,* en attendant le jour de « la réintégration de la sexualité dans la structure affective » de l'individu? selon le mot du docteur Claude Lejeune.

L'information sexuelle est un mélange complexe de notions d'anatomie et de physiologie, de psychologie et sociologie. Si les auditoires les plus jeunes sont surtout intéressés par les aspects organiques de la sexualité, les adolescents et les jeunes adultes s'interrogent surtout sur ses aspects affectifs et sociaux. Mais une telle division des sujets reste arbitraire. C'est pourquoi la méthode de l'entretien « non directif » paraît actuellement la meilleure à beaucoup de spécialistes. Les groupes mixtes ont des partisans de plus en plus nombreux, même s'il arrive qu'en cours de route ils se divisent spontanément pour aborder certains sujets. L'essentiel, quel que soit l'âge des participants, est que le dialogue s'établisse d'une façon aussi naturelle que possible dans un effort commun pour « dédramatiser » les sujets.

La plupart du temps, d'ailleurs, on est surpris de voir avec quel calme, quelle pudeur et quelle sincérité les jeunes abordent ces questions.

NICOLE BERNHEIM

27 juin 1972

S34 Connaissance de la sexualité

La grande majorité des Français souhaiteraient qu'une meilleure information leur soit apportée en matière de sexualité et de contraception. Le rejet progressif des tabous ancestraux et des interdits religieux, l'évolution rapide des mœurs qui, sans aller jusqu'aux utopies de Reich ou de Fourier, présage un véritable bouleversement social, expliquent et justifient cette demande. Il n'est pas douteux qu'en ce domaine l'État et les grands organismes sociaux ont, jusqu'à présent, failli à leur mission, plaçant ainsi la France au regard des pays étrangers dans une situation d'inégalité et de carence éducative.

Les mass media – ou du moins celles que ne contrôlent pas les pouvoirs publics – procurent, en revanche, dans l'anarchie, le désordre et pour un prix souvent inaccessible, une débauche d'informations de valeur très inégale. Articles, livres, revues plus ou moins douteux se trouvent ainsi mêlés à des textes de réelle qualité, sans que l'adolescent ou le couple ait la possibilité de choisir.

Livrer l'éducation sexuelle aux convoitises commerciales, à la surenchère névrotique, tel est le premier résultat de la véritable démission politique à laquelle nous assistons depuis un demi-siècle.

La publication prochaine du monumental « Rapport sur le comportement sexuel des Français », le fait qu'il soit très officiellement cautionné, l'appel de l'opinion publique et des organismes familiaux, l'ouverture d'instituts universitaires de sexologie, l'apparition, de plus en plus fréquente, d'ouvrages éducatifs, compétents, secoueront-ils enfin une léthargie officielle aussi anachronique que dangereuse?

Kinsey 1930, Simon 1972 : de l'interdit à la revendication

Trois mois d'entretiens, menés durant l'été 1970, auprès de 2 625 hommes et femmes originaires de soixante-quinze départements français. Un an pour préparer les textes de ces entretiens et questionnaires. Deux ans pour en dépouiller, en classer, en analyser les résultats, selon les méthodes des sondages modernes scientifiquement conduits. Un panorama complet des trop rares enquêtes sexologiques menées dans le monde et de l'évolution historique, philosophique ou des attitudes devant la sexualité.

L'étude de comportement la plus ambitieuse et la plus exhaustive jamais entreprise en France. Ainsi se présente le fameux « Rapport sur le comportement sexuel des Français » réalisé, selon les techniques de l'institut français d'opinion publique, par le docteur Pierre Simon, MM. Jean Gondonneau (sociologie), Lucien Mironer (économie politique-psychologie) et Me Anne-Marie Dourlen-Rollier (droit familial et social).

Une mine d'informations, d'opinions, de confidences et, parfois, de contradictions.

Tel qu'il est, dense et minutieux à la fois, complet sur le plan de l'analyse et de la documentation, confus souvent et inutilement psychanalytique dans ses commentaires, étrangement lacunaire sur le plan de l'évolution sociologique, le « Rapport sur le comportement sexuel des Français » apporte un document d'une incomparable richesse.

Il importe à présent qu'à ce diagnostic succède une thérapeutique; que tous, législateurs, médecins, éducateurs et responsables sociaux, prennent conscience de leur responsabilité. Qu'au spontanéisme anarchique qui nous guette succède l'avènement d'une éthique communautaire basée non plus sur les interdits, les préjugés et les condamnations, mais sur une juste appréhension des désirs et des comportements humains.

La parole appartient à présent à l'État d'une part, aux organismes sociaux de l'autre, qui peuvent et doivent intervenir, au nom de l'intérêt collectif, dans ce fait de civilisation.

DR ESCOFFIER-LAMBIOTTE

27 octobre 1972

« LE MARTEAU SANS MAITRE » A LA SCALA DE MILAN

S35 Béjart et Boulez, classique

Leurs deux noms si souvent accolés par les échos de la célébrité ne s'étaient jamais réunis à l'affiche, sinon pour présenter, en 1961, je crois, à Salzbourg, *le Sacre du printemps,* de Stravinski. Curieux d'ailleurs. On se demande pourquoi Béjart n'a pas préféré Pierre Boulez à Pierre Henry[1]. L'un n'excluait pas l'autre. On se demande aussi comment se serait profilé ce *Marteau sans maître* s'il avait été mis en images dès 1955, l'année de sa création, l'année de *Symphonie pour un homme seul*[2] justement, l'année des *Mystères Picasso,* de Clouzot[3], et de *Ping Pong,* d'Adamov[4]. A l'époque, ça a été le choc. Franchement, ça ne l'est plus.

En près de vingt ans, cet ouvrage, lui-même inspiré de poèmes publiés plus de vingt ans auparavant par René Char[5], a beaucoup perdu de sa charge explosive, de son agressivité originale. Il a pris en revanche une patine inattendue, ses angles se sont adoucis, ses contours et ses détours se sont clarifiés. A force d'être suivi, imité, applaudi, Boulez a été poussé, hissé au rang des classiques. Et c'est ainsi que l'a traité Béjart, avec une précaution, un respect, une tendresse – oui, le mot n'est pas trop fort – infinis. Il a repris tout l'arsenal académique si joyeusement jeté par-dessus bord à l'occasion de sa récente rencontre avec Stockhausen[6].

Le voilà revenu aux chaussons et aux variations arrachées par des générations de Petipa[7] à la barre des cours de danse, seule manière probablement de souligner la pérennité de la partition et sa solidité. Les six danseurs répondent aux six instrumentistes, la danseuse à la chanteuse. Jolie blonde gainée de jaune, Rita Poelvoorde – elle a remplacé à la dernière seconde Renée Farrell – pique et repique d'une pointe jamais cassée le tissu lâche et souple de la musique. A peine si on lui permet parfois d'agiter les jambes, façon nouveau-né, au bras d'un Jorge Donn en pleine forme. Le reste relève d'une architecture raffinée, on y respire un air raréfié. Il ne s'agit pas bien sûr d'une traduction, encore moins d'un mot à mot, d'un « note à pas ».

Et pourtant la représentation graphique adhère complètement à la bande sonore. Si complètement qu'elle ne pourrait exister sans ce support. Ce à quoi aspire la « modern dance », ce contre quoi s'insurge la danse moderne telle que la conçoit Béjart. Au lieu d'isoler le mouvement, il veut l'étayer, le raccorder aux couleurs, aux bruits, aux lumières, aux senteurs. Il a trop d'œil et trop d'oreille, trop de vitalité aussi, pour n'être pas encore et toujours tenté par l'aventure du théâtre total, baroque ou abstrait selon l'humeur du moment.

Il a trop d'intelligence et de culture pour ne pas avoir senti, compris, que dans ce cas particulier il fallait agir avec prudence, ne pas risquer par exemple de mettre des musiciens sur scène. Mieux valait les laisser dans la fosse d'orchestre. Si bien que, comparée à la création au Domaine musical[8], la représentation de la Scala, « cadre invraisemblable avec son ruché d'alvéoles en pain de sucre », permet de mesurer la rapidité du courant artistique actuel. C'est un torrent impétueux, capricieux, abandonnant sur ses berges – cailloux acérés vite devenus rochers arrondis – ce qu'il avait de plus percutant. Pouvait-il en être autrement? Je ne le pense pas. On ne fait pas du neuf avec du vieux. Avec de l'ancien, oui, question de temps. Nos petits-enfants s'amuseront peut-être à traiter Boulez comme nous accommodons Shakespeare ou Beethoven. Il aura prouvé d'ici là qu'il a les reins assez solides pour cela. En attendant, n'y touchez pas. C'est un beau vase en train de sécher au soleil de la postérité.

Non ça n'est pas le choc, et l'on s'étonne de voir Béjart faire de ces retours en arrière, alors qu'il était si bien parti avec Stockhausen, alors que *Stimmung,* il y a deux mois à peine, semblait l'avoir révélé à lui-même autant qu'à nous, autant qu'à son compère. Ils innovaient, ils inventaient de concert. Cela craquait, cela vibrait de partout. C'était extraordinaire de rigueur et de densité, lourd de possibilités inexploitées. Une mine. Béjart y reviendra sûrement. Sa place est là, en tête de peloton.

22 janvier 1973

1. Avec Pierre Scheffer, un des principaux compositeurs français (à partir de 1948) de musique concrète.
2. Premier ballet révolutionnaire de Béjart.
3. (Né en 1907) metteur en scène (*Le salaire de la peur, Les Diaboliques*).
4. (1908-1970) auteur dramatique français, d'origine russe (*Ping pong, Paolo Paoli*).
5. Poète, né en 1907. *Le Marteau sans maître* est de 1934.
6. Compositeur allemand (né en 1928), un des chefs de l'école sérielle.
7. Marius Petipa (1822-1910), chorégraphe français, auteur du ballet *Le Lac des cygnes.*
8. Association culturelle, fondée en 1954, organisant des concerts pour la diffusion de la musique contemporaine.

TÉMOIGNAGE

S36 La grande misère des travailleurs nord-africains en France

La grande misère des travailleurs nord-africains immigrés en France, c'est la solitude. Vous pouvez la lire sur leur visage, dans leurs yeux, si vous consentez à faire l'effort de les regarder un jour en face dans la rue ou dans le métro. Cette solitude est celle d'hommes arrachés non seulement à leur terre, mais aussi à leur famille et à leur univers affectif.

On oublie souvent que ces hommes n'expatrient pas uniquement leur force de travail, mais aussi leur besoin d'affectivité et de communication. Un travailleur qui immigre en France ne peut, du moins pendant les premières années, faire venir sa famille : son départ du pays n'est rentable que s'il peut, à partir de l'étranger, subvenir aux besoins de sa femme et de ses enfants et éventuellement mettre un peu d'argent de côté. Les difficultés d'installation et d'adaptation au travail et au climat éclipsent au début le problème de la solitude : « En effet – me confiait Lahcen – en arrivant, on ne pense qu'à deux choses : travailler et trouver un logement; après, on se met en règle avec la préfecture de police; on apprend à se déplacer, à prendre le métro; plus tard, on demande aux copains d'aller avec eux à Barbès[1]... » Ainsi les premiers contacts avec la France se situent d'abord à l'usine, ensuite dans une chambre d'hôtel. Pas d'autre structure d'accueil. Au pire, un sentiment raciste; au mieux, une froide indifférence teintée de méfiance. Un Marocain me disait l'autre jour : « On évite de s'asseoir à côté de moi dans le métro. » Comment parler encore d'un désir de communication et d'amitié quand on est violemment refoulé sur simple présentation d'un visage? Cette tension, ces conflits avec une population d'ombre, éclatent parfois dans le drame.

C'est à Barbès (et non à Pigalle[2]. « Trop cher, Pigalle! ») que certains vont, une fois par mois en moyenne, retrouver pour quelques minutes des femmes qui veulent bien d'eux.

Donc, en dehors du travail, en dehors de la cuisine et de la lessive qu'ils font eux-mêmes (par économie), à quels loisirs peuvent-ils prétendre? Aller au café, jouer aux cartes, récupérer le sommeil de la semaine, écrire (faire écrire) à leur famille et rêver dans une chambre où les lits se superposent jusqu'au plafond. Cette situation ne peut leur faire oublier ou refouler continuellement leurs désirs. Pour beaucoup, la misère affective et sexuelle débouche ainsi sur un ensemble de problèmes et de conflits qui provoqueront plus qu'un malaise, angoisse et névrose.

De la solitude à l'angoisse, de l'angoisse à la névrose, tel est l'itinéraire affectif et mental par lequel passent certains Nord-Africains immigrés : « Comme si le froid, le travail dur, le mal du pays, ou tout simplement l'exil, ne suffisaient pas... », me disait un Marocain resté lucide dans sa souffrance.

TAHAR BEN JELLOUN

19 février 1973

1. Quartier voisin de Pigalle, à Paris.

2. Quartier de boîtes de nuit et de prostitution, au pied de la butte de Montmartre; Pigalle est un des grands centres du tourisme nocturne parisien.

S37 Les échéances

Les lycéens descendent dans la rue pour réclamer le rétablissement des sursis. Mais, à quelque période l'on place le service militaire, il menace gravement l'avenir des uns ou des autres.

Le sursis tant réclamé aujourd'hui aboutissait à une grave injustice sociale : il suffit à tout titulaire du baccalauréat de s'inscrire à l'Université pour retarder pendant de longues années le temps de la caserne. Alors que le jeune ouvrier ou le jeune paysan qui n'avait pas fréquenté le lycée se trouvait d'office en uniforme à vingt ou vingt et un ans. Après quoi, il ne pouvait être question pour lui de vouloir se lancer dans des études. « Après le service », on gagne sa vie. Pour les « privilégiés » eux-mêmes, dont un certain nombre utilisaient des études plus ou moins fictives pour retarder l'échéance d'une épreuve pénible, il fallait bien un jour en finir. A vingt-quatre où vingt-cinq ans, au moment même où leurs connaissances devaient leur permettre de chercher un emploi, il leur fallait pendant un an laisser s'estomper un savoir fraîchement acquis. Les jeunes filles, de plus en plus nombreuses dans les facultés et les écoles, ne subissaient pas ce handicap.

On se marie jeune de nos jours, même si l'âge du mariage s'est un peu relevé au cours de ces dernières années. L'armée s'efforce, comme il est d'ailleurs prévu dans les textes, de ne pas trop séparer les ménages. Mais elle y parvient mal. A l'épreuve de la séparation s'ajoute pour beaucoup de jeunes femmes celle d'une brusque disparition de leurs ressources. Et l'aide officielle apportée aux familles lorsque les foyers ont un ou deux enfants ne les maintient guère au-dessus de la misère.

Enfin, envoyer dans les casernes des hommes déjà formés pour leur faire subir un entraînement dont la pédagogie est alignée sur le niveau des moins évolués, aboutit généralement à douze mois de hargne et de grogne.

Il est certain, à ce point de vue, que la suppression des sursis répondait aussi aux doléances de l'armée. Les cadres – et notamment les petits cadres, dont la valeur professionnelle est inégale, – n'avaient guère d'autorité sur des garçons qui se targuaient, parfois à tort, de leur formation universitaire.

Dans telle ou telle unité, pourtant renommée jadis pour sa discipline, cette dernière finissait par être le résultat d'un compromis, négocié plus ou moins ouvertement avec les échelons supérieurs, par-dessus la tête des sous-officiers et même des officiers subalternes, qui en manifestaient quelque amertume.

Mais des garçons de vingt ans seraient-ils plus malléables, et les lycéens d'aujourd'hui sont-ils moins « politisés » et moins rebelles que leurs aînés aux mécanismes de la discipline?...

La disparition partielle des sursis (puisque les étudiants en médecine, en pharmacie et en chirurgie dentaire en bénéficient encore) n'avait soulevé, en 1971, que peu d'opposition.

On s'avise aujourd'hui qu'elle présente elle aussi des inconvénients sérieux : interruption des études au moment où l'élan est donné pour passer dans l'enseignement supérieur, rupture dissuasive pour les jeunes de condition modeste ainsi poussés – sinon obligés – à se contenter de cycles courts.

De deux maux comment choisir le moindre? A vrai dire, le débat est ailleurs. Il porte sur l'utilité même du service militaire tel qu'il est actuellement pratiqué. Si on ne pouvait concevoir d'armée efficace et soumise au pouvoir politique que par la conscription universelle et obligatoire, les sacrifices demandés aux jeunes Français garderaient le sens qu'ils ont eu pour les générations précédentes. Est-ce le cas aujourd'hui? Le service militaire est-il autre chose qu'un héritage accepté sans bénéfice d'inventaire, une survivance anachronique dont bien des nations, à commencer par les États-Unis, se débarrassent peu à peu? Poser la question suscite aussitôt des réactions fort vives. Toucher au service militaire, c'est toucher, paraît-il, à l'arche d'alliance entre l'armée et la nation. L'armée et la nation ne sont ni alliées ni séparées : la première n'est que l'instrument de la seconde. Toucher au service militaire, ce serait même faire preuve d'antimilitarisme – et il est certain que les manifestations d'aujourd'hui n'en sont pas dépourvues. Mais l'antimilitarisme n'est-il pas sécrété en grande partie par les incohérences du système et par le service militaire lui-même, quelles que soient les améliorations de détail qu'on s'efforce d'y apporter?

La bataille des sursis, engagée à l'heure des échéances sur un terrain où le pour et le contre peuvent également s'affirmer, peut avoir une utilité : souligner la dangereuse désuétude de la conscription.

JEAN PLANCHAIS

20 mars 1973

APRÈS L'ANNÉE INTERNATIONALE DU LIVRE

S38 Un bilan de santé satisfaisant

Ce bilan du livre français, établi à l'occasion de l'Année internationale du livre, sous la direction de Julien Cain, Robert Escarpit et Henri-Jean Martin, est l'œuvre d'une vingtaine de spécialistes venus de tous les bords, aussi bien de la Bibliothèque nationale que du Syndicat national des éditeurs, de l'Imprimerie nationale et de l'Institut de littérature et de l'École des Chartes. Il en est même qui sont simplement venus de chez eux, car les responsables de ce travail n'ont pas omis de faire aussi appel à des écrivains.

Le bilan de santé du livre français que tous ces spécialistes ont dressé est plutôt optimiste. Au cours des dix dernières années, la production de livres a doublé, ce qui est d'autant plus remarquable que la France ne publiait pas plus de titres en 1960 qu'un siècle auparavant.

Vers les gros tirages

C'est dire que la télévision, et cela avait été dit aussi lors du Congrès international des éditeurs, n'a pas freiné l'expansion du livre. On se demande plutôt si elle ne l'a pas favorisée. Le succès que connaissent depuis quelques années encyclopédies et dictionnaires, note Robert Ecarpit, semble correspondre à un nouveau besoin d'information dans un public sensibilisé à une infinité de problèmes par les moyens audio-visuels. La télévision et le livre se complètent. « L'audio-visuel appelle l'écrit comme l'expérience appelle la réflexion. »

Le livre français va donc mieux. C'est particulièrement vrai pour le livre de sciences sociales, qui a fait des progrès spectaculaires au cours des dernières années. En revanche, la production de manuels scientifiques est jugée insuffisante.

La littérature représente toujours le secteur le plus actif de l'édition française. Toutefois, le sort de la littérature de recherche, c'est-à-dire de la littérature de demain, inspire de sérieuses inquiétudes à Henri-Jean Martin. Il constate que la production s'oriente de plus en plus vers les gros tirages exigés par la machinerie moderne. Le best-seller lui-même n'est plus un accident heureux, plus ou moins fortuit : il est devenu production d'atelier réalisée à partir d'une idée ou d'un texte de base au moyen de recettes d'atelier et, demain, de normes. Quant aux œuvres novatrices, elles commencent déjà à circuler sous forme de cahiers ronéotés.

L'optimisme qui caractérise ce bilan est, on le voit, très modéré.

D'après une étude de l'IFOP, réalisée en 1967 pour le compte du Syndicat national des éditeurs, 57 % des Français ne lisent presque jamais de livres. Ce pourcentage, si souvent cité dans la presse, se trouve ici contesté. On y décèle les points faibles de l'enquête, ses contradictions. On note que ni le livre ni l'acte de lecture n'ont été définis au préalable. On estime en fin de compte que la proportion des non-lecteurs de livres serait plutôt de l'ordre de 40 %.

Pour un conseil national du livre

On ne sait pas si les collections au format de poche ont contribué à élargir la clientèle du livre. Il semble qu'elles ont surtout permis à ceux qui en faisaient déjà partie de lire davantage. Il semble qu'il ne suffit pas d'agir sur le prix du livre pour agir sur l'ensemble de la consommation. Il faut agir aussi sur son contenu. Il est absurde de vouloir vendre à un public rural des produits conçus boulevard Saint-Germain. Il faut développer au maximum les réseaux de distribution. Il faut d'abord, bien sûr, que les enseignants apprennent à leurs élèves non pas à subir, mais à dominer l'écrit. Il faut...

Il faut une politique du livre. La constitution d'un Conseil national du livre où puissent se concerter les professionnels de la production et de la distribution, les écrivains et les usagers du livre, est jugée indispensable si l'on veut que le livre français, qui ne se porte pas mal, aille bien.

V. A.

22 mars 1973

S39 Culture et débouchés : deux finalités en conflit

La culture et le débouché. Deux finalités en conflit. La formation idéale doit libérer, mais sans aliéner. Les étudiants contestataires présentent toujours leurs revendications comme si le conflit n'existait pas, comme si en particulier les deux slogans : « Assurez-nous des débouchés! » et « Libérez l'Université de l'économie! » étaient d'emblée compatibles. « Faisons une Université qui critique et détruise une société dans laquelle elle doit nous procurer une activité rentable! » : la contradiction est de taille et la réplique est aisée.

Dans aucun pays, dans aucun régime, la collectivité, l'État ne peuvent se désintéresser de la rentabilité sociale de l'investissement universitaire. Le droit à l'investissement collectif qui vous permettra d'étudier ce que vous voulez aussi longtemps que vous le voulez ne peut pas être illimité. Et l'absence de toute élimination, de toute hiérarchie du mérite, bref de toute sélection, aboutit simultanément à la négation de la compétence, donc à une perte pour la collectivité, à l'encombrement devant les places à pourvoir, nécessairement en nombre limité, encombrement dont on sortira alors par le hasard ou par le favoritisme.

Le jeu est faussé

Oui, la réplique est aisée, mais elle n'est guère convaincante dans la bouche de ceux qui refusent d'admettre que le jeu est faussé et doit être sérieusement régularisé avant qu'on demande de façon crédible aux étudiants de vivre avec l'inéluctable tension entre finalités opposées.

Il est faussé dans les voies d'accès à l'Université. Il est faussé dans la conception et l'organisation de bien des enseignements qui ne sont ni créateurs de culture ni utilitaires. Il est faussé en aval : si les débouchés ne peuvent pas correspondre à tous les désirs individuels (à moins de supposer un conditionnement qui orienterait ceux-ci), il faudrait au moins qu'ils correspondent aux besoins sociaux. Or il n'en est rien, surtout quand il s'agit de besoins collectifs. Ainsi on manque de médecins – et on élimine brutalement parmi les aspirants à la fonction médicale parce qu'on a omis de construire les hôpitaux indispensables non pas aux seuls étudiants en médecine, mais à l'ensemble de la population.

Les étudiants sont cependant des privilégiés par rapport aux lycéens. Ils ont, dans une bonne mesure, choisi leur voie. Ils peuvent organiser la majeure partie de leur temps. Et même si le conflit central existe, ils ont la sensation que le contenu de leurs études n'est ni tout à fait détaché d'une utilisation professionnelle possible ni tout à fait inutile à leur développement personnel.

Le malaise des lycées est plus profond que celui des universités parce que l'enseignement y est davantage encore subi que choisi et parce que, surtout, le conflit entre les deux finalités n'y apparaît souvent même pas, l'une et l'autre étant recouvertes par un apprentissage encyclopédique dont l'élève ne perçoit ni l'utilité sociale ni l'apport formateur.

Une telle constatation est devenue assez banale. Mais les remèdes sont incertains. En grande partie parce qu'une grande insincérité règne dans la recherche des responsabilités.

Nous touchons ici à un problème commun aux universités et aux lycées, à savoir le blocage de toute solution concevable par la pratique du bouc émissaire, le bouc émissaire étant le gouvernement, l'État.

Assurément, ses responsabilités sont grandes, mais elles sont loin d'être totales, dans la mesure même où il n'est pas totalitaire, c'est-à-dire n'impose pas aux groupes sociaux et à leurs organisations représentatives leurs idées et leurs comportements.

Comme en 1968, un front commun s'établit entre les lycéens et les étudiants, d'une part, les syndicats d'enseignants et telle association de parents, de l'autre. Or, si les suites de 1968 pour la transformation de la vie lycéenne et de la réalité universitaire (par-delà les changements superficiels de structures) ont été décevantes, c'est que ce front commun évite qu'on discute vraiment les raisons de l'inadaptation des systèmes d'enseignement. S'en prendre exclusivement à l'État, c'est éviter le désagrément de s'en prendre aux membres du groupement qu'on dirige pour leur permettre de se rendre compte de leur part de responsabilité.

L'inadaptation scolaire n'est guère séparable de l'inadaptation familiale. Le lycée ne saurait se substituer entièrement aux défaillances, aux abdications parentales. Se révolterait-on autant pour s'exprimer si la famille avait été un lieu d'expression et de dialogue? Suivrait-on un peu moutonnièrement les appels à la manifestation et à la grève si on avait appris à avoir une volonté face à d'autres volontés, ce qu'interdit la démission des éducateurs aussi bien que l'éducation autoritaire?

Parmi les organisations enseignantes, aucune, il faut le dire, ne ressemble au jeune syndicat de la magistrature, qui cherche avec succès à combiner la critique de l'État et de la société avec la critique de la profession. Les syndicats d'enseignants sont plutôt semblables à la Fédération nationale des syndicats d'exploitants agricoles, qui essaye de faire croire aux non-agriculteurs que les intérêts du riche propriétaire du Bassin parisien sont identiques à ceux du malheureux exploitant du Massif central et que, de toute façon, l'État est seul responsable des inégalités au sein du groupe.

Si le programme commun de la gauche est si pauvre en propositions élaborées pour la transformation du contenu des enseignements et des méthodes pédagogiques, s'il parle surtout d'augmentations budgétaires à effectuer, c'est qu'il aurait fallu distinguer entre les situations, entre les pratiques des uns et des autres, mettre en cause des privilèges et aussi les comportements conservateurs de tant d'enseignants, à commencer par bon nombre de professeurs d'université dont la conduite professionnelle est aux antipodes de l'idéologie sociale affichée.

Oui, l'argent manque. Mais combien de fois le manque d'argent n'est-il pas le prétexte pour s'opposer aux réformes qu'on sent justes, mais dont l'application exigerait la fin des routines auxquelles on est attaché! Lycéens et étudiants ont leurs routines à eux qu'ils n'aimeraient peut-être pas non plus abandonner si les réformes qu'ils réclament étaient enfin réalisées. Mais c'est aux formateurs de donner l'exemple.

Vouloir comprendre le mécontentement des jeunes est excellent. Les suivre dans leurs simplifications pour ne pas se mettre en cause soi-même c'est renoncer à les former. C'est proclamer que la formation est simplement l'affaire du gouvernement, comme s'il n'y avait pas assez de régimes politiques dans le passé et dans le présent pour montrer à quoi peut aboutir cette abdication-là!

ALFRED GROSSER

3 avril 1973

VINGT-CINQ MILLIONS DE FRANÇAIS EN FUITE

S40-41 Vacances à vendre

Le grand remue-ménage des vacances a déjà commencé; il va s'exacerber dans les prochains jours : du 1er juin au 30 septembre, vingt-cinq millions des Français auront jeté leurs cahiers au feu[1] *durant près d'un mois. C'est beaucoup et trop peu.*

On l'a répété souvent : le droit aux vacances a été laborieusement conquis – deux semaines de congés payés en 1936, trois en 1956, quatre en 1968 – et n'est pas encore un droit acquis. Acquis pour tous s'entend. Moins d'un Français sur deux peut faire ce qu'apparemment s'apprête à faire la France entière : s'installer dans la longue parenthèse de l'été. Il reste un long chemin à parcourir avant d'aborder à cette civilisation des loisirs que depuis avant-hier on nous promet pour demain.

Le chemin que l'on emprunte, est-ce d'ailleurs le meilleur? Des vacances pour tous, les plus longues vacances pour tous : quoi de plus souhaitable? Mais quelles vacances? Suffit-il d'accélérer le mouvement actuel, de donner à la plupart le désir et les moyens de s'évader pour satisfaire véritablement le besoin d'évasion de chacun? Il faut en douter. Les vacances, celles qu'on nous vend aujourd'hui, apportent trop souvent le contraire de ce que l'on en attend.

Si l'on en croit les statistiques, les Français sont ceux qui bénéficient des plus longues vacances : plus de vingt-six jours en moyenne par an. Mais la France est aussi un des pays où les départs sont le plus étroitement concentrés sur quelques mois de l'année et la durée hebdomadaire du travail la plus élevée. Deux constatations qui permettent d'ouvrir un très vaste débat. A quoi servent les vacances? Faut-il les supprimer, du moins telles que nous les pratiquons? De longues vacances au milieu d'une lourde année de travail, est-ce la meilleure formule? Des périodes de détente plus courtes coupant davantage les périodes de travail, n'est-ce pas une solution préférable? A bloquer sur un seul mois de l'année toutes les occasions de repos et d'évasion ne fabrique-t-on pas des vacances fatigantes – par le désir d'en profiter au maximum – et décevantes?

Le choix est finalement ouvert entre deux modèles extrêmes de société. Dans l'un, on accentue la séparation entre les temps de travail et les temps de loisir; dans l'autre, au contraire, on la réduit le plus possible en introduisant « une dimension culturelle et distractive dans l'acte de production ». Il est clair qu'à partir d'une option vers l'une de ces deux directions, c'est l'ensemble de l'avenir de l'industrie touristique et de sa répartition dans l'espace et le temps que l'on remet en cause.

La question est de savoir si – même sans aller jusqu'à ses dernières conséquences, – on peut éviter un tel choix. L'échec de toutes les formules d'étalement des vacances étudiées et essayées à satiété depuis dix ans en France montre que c'est impossible, parce qu'il est aussi impossi-

1. Allusion à une vieille chanson enfantine, célébrant la fin des classes, qui se termine par : « Les cahiers au feu et le maître au milieu! »

ble de « traiter » séparément le monde des loisirs et celui du travail que d'oublier entièrement l'usine ou le bureau lorsqu'on est en vacances.

J.-F. SIMON

Quelques chiffres

Combien?

Du 1er juin au 30 septembre 1972, 24 460 000 Français environ* sur 51 500 000 sont partis en vacances, soit un taux de départ de 47,5 %, supérieur aux taux enregistrés les années précédentes : 46 % en 1971, 42,7 % en 1969, 41 % en 1965, 37,5 % en 1961.

D'autre part, la durée moyenne des séjours de vacances par personne a été au cours de l'été dernier de 26,5 jours et a légèrement augmenté par rapport à l'été 1961 (25,3 jours).

Où?

Sur les 24 500 000 Français partis en vacances au cours de l'été 1972, près de 20 millions sont restés en France, 4 500 000 sont partis à l'étranger. Par rapport à 1961, on note une augmentation plus forte des départs vers l'étranger (+ 58 %) que des départs en France (+ 42,8 %) bien que – il est vrai – la durée moyenne des séjours à l'étranger ait tendance sinon à diminuer du moins à s'accroître moins rapidement. Sur ces 4 500 000 Français partis à l'étranger, 1 500 000 environ ont été en Espagne ou au Portugal et 990 000 en Italie.

Quant à ceux qui restent en France, c'est de loin la Côte d'Azur et la Bretagne qui ont d'abord leurs faveurs.

Qui?

La proportion de ceux qui partent en vacances varie beaucoup suivant l'âge, la profession et le lieu d'habitation.

D'après les analyses faites sur les résultats des vacances de l'été 1971, c'est parmi les Français ayant de 25 à 29 ans que l'on enregistre le plus fort pourcentage de partants (54,9 %); pourcentage qui diminue au fur et à mesure que l'on progresse dans l'échelle des âges : 46,3 % de 40 à 49 ans, par exemple, 25,3 % de 65 à 69 ans avec, il est vrai, en compensation une augmentation assez nette de la durée moyenne des séjours : 29,3 jours de 14 à 19 ans; 23,9 de 50 à 59 ans; 32,4 au-delà de 70 ans.

La profession ensuite. Les pourcentages des départs étaient les suivants au cours de l'été 1971 (premier chiffre) et au cours de l'été 1965 (deuxième chiffre) : exploitants et salariés agricoles : 12,2 % – 8,4 %; ouvriers : 45,4 % – 41,4 %; personnels de service : 49,3 % – 44 %; patrons de l'industrie et du commerce : 58,6 % – 56,5 %; cadres moyens : 77 % – 74,7 %; professions libérales et cadres supérieurs : 83,1 % – 83,7 %.

Le lieu d'habitation enfin. On s'en doute : si 81,2 % des Parisiens de la capitale proprement dite et 73,8 % de ceux qui habitent le Grand-Paris sont partis en vacances au cours de l'été 1971, le pourcentage des partants diminue beaucoup au fur et à mesure que l'on s'éloigne des grandes villes. Il « tombe » à 52,9 % dans les agglomérations de 20 000 à 100 000 habitants, à 20,1 % dans les communes rurales.

Quand?

Entre le 28 juillet et le 3 août sont partis 28,3 % des Français qui ont pris des vacances en 1971 et d'une façon générale 74,3 % des départs ont lieu du 28 juin au 11 août. Depuis dix ans, il en est ainsi : les deux tiers des départs sont enregistrés entre le 1er juillet et le 15 août. Dans aucun autre pays d'Europe, sauf peut-être en Italie, on ne trouve une telle « concentration ». Qu'ils partent en France ou à l'étranger, les Français continuent de prendre leurs vacances tous au même moment.

Pour quoi faire?

Plus de quatre Français sur dix, s'ils partent en vacances en France ou à l'étranger, c'est pour aller « à la mer ». Les vacances à la campagne et à la montagne ont respectivement attiré en 1972 28,7 % et 17,3 % des Français qui sont restés en France. Les circuits organisés ont eu la faveur de 21 % des Français qui se sont rendus à l'étranger et ont depuis quelques années de plus en plus de succès.

L'été dernier, six Français sur cent en vacances en France ont logé chez des parents ou des amis, près de vingt sous la tente, mais la moitié de ceux qui ont franchi les frontières sont descendus dans un hôtel.

30 juin 1973

* Les chiffres définitifs pour la dernière saison n'ont pas encore été publiés par l'Institut national de la statistique (INSEE). Ceux que nous reproduisons ont été établis par le Commissariat général au tourisme pour l'année 1972; par l'Institut national de la statistique pour les années antérieures.

S42 De multiples injustices

C'est dès le départ que les dés sont pipés. A l'école, les filles n'ont qu'une chance sur deux de recevoir une éducation comparable à celle des garçons puisque, dans l'enseignement professionnel et technique, la ségrégation demeure la pratique sinon la règle. La plupart n'ont à leur disposition qu'un éventail étroit d'enseignements dits « féminins » qui les préparent à des métiers traditionnellement placés au plus bas de l'échelle des rémunérations. Par la suite, cette discrimination ne disparaît nullement puisque la formation professionnelle des adultes reste largement un droit masculin. L'AFPA, qui organise des stages de rattrapage pour les deux sexes, n'a formé que 7 % de femmes en 1971. Encore s'agissait-il d'une année record.

L'accès aux responsabilités aussi bien dans la fonction publique que dans les entreprises privées reste fermé à toutes sauf à une infime minorité. Dans les entreprises, le nombre de femmes n'augmente que lorsqu'on descend dans la hiérarchie : 1 % parmi les cadres supérieurs, 3 % parmi les ingénieurs, 6 % parmi les contremaîtres, 11 % parmi les techniciens, mais 60 % parmi les employés. La présentation des offres d'emploi entérine l'existence d'un ghetto professionnel en distinguant les emplois féminins des autres. Pour qui sait comprendre, qu'est-ce qu'un poste féminin sinon un emploi qu'aucun homme n'accepterait pour un salaire équivalent?

A peine 2 % des députés, 1,7 % des conseillers généraux, 4,4 % des conseillers municipaux, comment s'étonner que les femmes soient à peine consultées sur les grandes affaires de l'État.

L'inégalité fondamentale entre les citoyens des deux sexes se retrouve dans l'octroi de privilèges économiques tels que l'accès à la Sécurité sociale ou le droit à la retraite. Dans ce domaine, les exemples sont trop nombreux pour être tous cités. Mais on peut rappeler que la femme au foyer ne peut signer la feuille de maladie de la Sécurité sociale, ni encaisser les remboursements. Même lorsqu'elle est séparée de son mari. Elle demeure donc sous sa dépendance.

Enfin, devant son mari, la femme reste serve. En l'épousant, elle perd jusqu'au droit de transmettre son propre nom à ses enfants. D'autre part, dans la vie quotidienne, malgré la réforme récente des régimes matrimoniaux et de l'autorité parentale, la cogestion réelle n'a pas été instituée. Dans le premier cas, l'homme demeure le chef de la communauté pour la gestion des biens du ménage. Il peut effectuer des opérations en Bourse sans que sa femme ait les moyens de s'y opposer, et, du même coup, la ruiner. Dans le second cas, il choisit en dernier ressort le domicile conjugal, la femme devant recourir aux tribunaux pour avoir le droit d'en changer. Enfin, et ce serait là du folklore si la loi n'était pas appliquée, l'adultère n'est pas puni de la même manière quand il s'agit d'un homme ou d'une femme.

CLAUDE SERVAN-SCHREIBER

Extrait de la rubrique Point de vue, 22-23 juillet 1973

S43 Les étrangers en France sont proportionnellement moins nombreux en 1973 qu'ils ne l'étaient en 1931

Le meeting d'un mouvement d'extrême droite et les heurts qui suivirent, ainsi que l'assassinat d'un ouvrier portugais, ont une fois encore mis en relief ces temps derniers les problèmes posés par l'importance de la population étrangère en France. Pourtant, un examen attentif de l'évolution de la population depuis l'entre-deux-guerres dément les affirmations alarmistes. En fait, s'il y a plus d'étrangers en France à l'heure actuelle que dans les années 30, leur importance relative est moindre si l'on tient compte de l'accroissement général de la population, qui a atteint, selon les chiffres officiels, 51 914 600 habitants au début de cette année (on en est, approximativement, à 52,1 millions actuellement).

Un taux de croissance extrêmement fort de 1968 à 1972

En 1931 les étrangers en France étaient environ 2,7 millions (ils sont aujourd'hui 3,2 millions). Les Italiens, les Polonais, les Espagnols et les Belges dominaient largement l'ensemble de la population immigrée. La crise économique, la guerre puis les naturalisations ramenèrent la part des étrangers dans la population nationale de 6,59 % en 1931 à 4,13 % en 1954. Il y eut ensuite la « vague espagnole », spécialement entre 1962 et 1968, la « vague maghrébine » à la même époque, mais qui n'a cessé de grossir depuis lors : en 1972 il y avait 971 150 Maghrébins dont 178 752 Marocains, 98 298 Tunisiens et 694 105 Algériens; en 1931 il n'y avait que 36 607 Maghrébins. Enfin vint la « vague portugaise », dont le volume a plus que doublé entre 1968 et 1972.

En 1931 il y avait 6,59 % d'étrangers dans la population française : en 1972, selon nos estimations, ils ne représentent que 6,18 %.

Comment expliquer alors l'impression que certains éprouvent d'une omniprésence des immigrés? Peut-être cela tient-il aux faits suivants :

– Le taux de croissance de la population étrangère en France a été extrêmement fort entre 1968 et 1972 : + 12 %.

– Les étrangers sont concentrés dans certaines parties de la France : la région parisienne, 31 %; la région Rhône-Alpes, 12 %, ainsi que le Nord et la Lorraine, qui sont des couloirs de communication. Autrefois les travailleurs immigrés étaient plus disséminés pour la raison qu'un plus grand nombre d'entre eux travaillaient dans l'agriculture.

– Cette population est essentiellement masculine : la moitié des hommes sont âgés de vingt à quarante-cinq ans. (Un tiers seulement des Français sont dans ces tranches d'âges.) Il a trois hommes pour une femme chez les Portugais, sept chez les Marocains.

– L'importance du renouvellement de la population maghrébine. Sa rapidité empêche une quelconque intégration. Les conditions de logement sont mauvaises pour 46 % des Algériens contre 30 % des Portugais, dont l'immigration est pourtant plus récente.

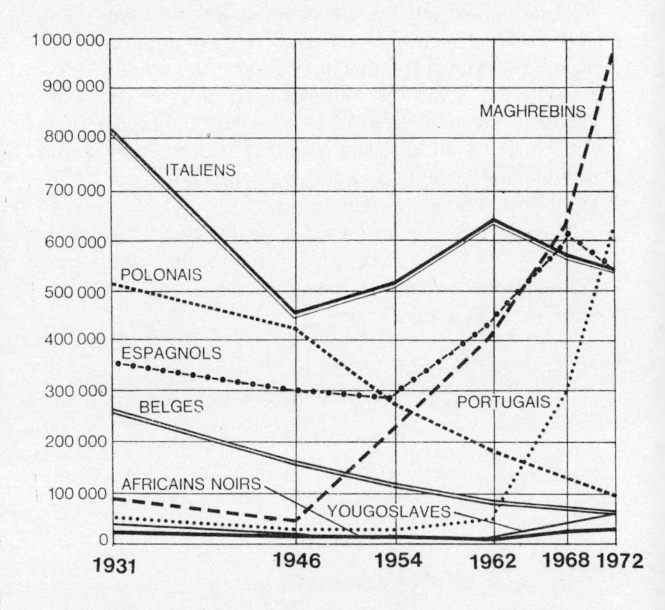

– Quantitativement parlant, l'ensemble de la population maghrébine (18,9 % de la population immigrée totale) est inférieure à la place occupée par les Italiens il y a quarante ans (19,5 %).

14 août 1973

S44 La Journée nationale des personnes âgées

Au milieu de la carte de France, un cœur. Au centre de ce cœur, en ombre chinoise, la silhouette d'une vieille dame assise dans un fauteuil : c'est l'insigne de la Journée nationale des personnes âgées, organisée ce dimanche 21 octobre sous les auspices du ministère de la Santé publique et de la Sécurité sociale.

A cette occasion, des initiatives en faveur du troisième âge ont été prises dans diverses villes de France. Dans la vieille capitale du Poitou, notamment, se déroulait, du 15 octobre au 21 octobre, une semaine d'animation et de réflexion sur le thème « Comment vivre sa retraite à Poitiers? ».

Les vieux rasent les murs

A Poitiers comme dans beaucoup de villes universitaires, les relations entre les générations prennent souvent la forme de l'ignorance réciproque, à moins qu'insidieusement ne se glisse dans les rapports épisodiques des jeunes et des vieux, la méfiance ou l'agacement. « De nos jours, se plaignait un retraité, les vieux rasent les murs. Il y a trop de jeunes. Ils encombrent les trottoirs avec leurs motos. Ils se croient tout permis. »

Poitiers compte à présent plus de 85 000 habitants contre 58 000 en 1954. L'apport récent de la ZUP (18 000 personnes, dont 400 retraités environ) a rajeuni plus encore une population dont 62 %, au dernier recensement, avaient moins de vingt-quatre ans. Cette année, plus de 12 000 étudiants sont attendus pour la rentrée. Les retraités, eux, ne sont guère plus de 7 200. Comme ailleurs, ils s'ennuient, ils vont au jardin public, au cinéma s'ils en ont les moyens. Ils disposent d'une infrastructure d'accueil relativement complète : un bureau d'aide sociale efficace, malgré son déficit annuel, treize clubs du troisième âge, trois résidences, quatre foyers-restaurants, deux maisons de retraite publiques et un hospice privé. Ces divers types d'établissements ont leur utilité, leurs défauts aussi. Mais le problème est ailleurs. Il ne vient pas d'une opposition ou d'une incompréhension, d'ailleurs assez factice, entre jeunes et vieux. Il tient d'abord au fait que les vieux, comme les moins de vingt ans, et plus encore que ces derniers (récupérés par la « consommation »), se situent à l'un des pôles d'une population « productive » de plus en plus importante et dynamique, tout occupée à sa croissance économique. Les revendications des retraités, comme celles des jeunes, et plus avant comme celles des paysans et des ouvriers, s'apparentent à une lutte sociale pour la survie. C'est le combat d'une minorité, pour l'instant silencieuse, contre une majorité indifférente et oppressive.

La rose rouge

Une vieille dame et un cœur, n'est-ce pas une image discrètement révolue? Non, s'il faut en croire ceux qui continuent d'affirmer que le troisième âge, c'est d'abord une retraite heureuse, en famille, parmi les enfants et les petits-enfants. Mais la vie moderne ne s'accommode plus des grands-mères-gâteaux, même sagement assises dans leur coin. La société actuelle, qui élimine le clan familial, tend à isoler du circuit actif un citoyen sur cinq parce qu'il a atteint l'époque de la retraite.

Pour s'associer à la Journée nationale des personnes âgées, les Poitevins ont choisi leur propre emblème : celui de la rose rouge, un tantinet socialisante. Ils ont lancé aux quatre coins de la ville l'opération « Comment vivre sa retraite à Poitiers? ». L'objectif : démontrer que l'âge dit troisième n'est pas nécessairement celui d'une existence stérile et inactive : prouver aux retraités qu'ils ont un rôle à jouer, qu'ils doivent se maintenir ou s'intégrer dans la société, dans la ville.

Pas de politique

Au-delà du folklore, le résultat est positif. Une expérience a eu lieu, il faut la développer. Une seule ombre au tableau : l'impression qu'au long de ces journées le fond du débat – son aspect social et revendicatif – fut constamment évité par les meneurs de jeu. « Il ne faut surtout pas, s'écriait l'un d'eux, que nous tombions dans la politique. » Car pour certains, poser l'équation du troisième âge en termes de justice sociale, c'est encore faire acte de subversion. Ils préfèrent sans doute la réflexion de ce vieillard qui définissait ainsi ces derniers jours à Poitiers, le modèle idéal de retraite pour les Français : « C'est une maison à soi, avec un jardin derrière. Et avoir le temps de le cultiver, pendant que la femme fait la vaisselle... »

JEAN BENOIT

21-22 octobre 1973

S45 La Chesnaie ou l'anti-asile

Cent malades mentaux dans un château. Une infirmière au poulailler, un moniteur à la plonge, une schizophrène réceptionniste. Des médecins sans blouse blanche et des patients sans uniforme. Ni grilles ni barreaux, un parc et des allées forestières. Des « fous » en liberté qui gèrent leur hôpital... De quoi perdre un peu l'entendement.

Ce monde à l'envers, où le visiteur fraîchement arrivé ne distingue pas le soigné du soignant, c'est « la Chesnaie », à Chailles, près de Blois. Là, on a détruit l'asile, abattu ses murs, brisé son silence pour inventer autre chose, où la parole et la vie collective viennent déranger, troubler le « grand renfermement de la folie ».

Créée en 1956 par le docteur Claude Jeangirard, la clinique de la Chesnaie participe au mouvement de « révolution psychiatrique » qui, au lendemain de la guerre, est venu contester les sacro-saints principes de la psychiatrie traditionnelle. Pour ces révolutionnaires, il ne s'agissait pas tant d'« humaniser les hôpitaux psychiatriques » que de remettre en cause la conception de la folie elle-même. Cette conception qui mène droit à l'asile ceux qui s'écartent d'un monde où l'essentiel est de produire et consommer. Refusant de voir dans la folie le simple « négatif » d'une soi-disant « normalité », ils devaient peu à peu formuler les principes essentiels de la « psychothérapie institutionnelle ». Il s'agit de prendre le malade dans un entrelacs d'« institutions » : ateliers divers, activité de gestion d'entretien, d'animation... qui le forcent à sortir de son isolement et de son angoisse. Ainsi peut-il se repérer, établir des relations avec l'extérieur, parler et être enfin entendu.

Dans le réfectoire du château, cent malades réunis, comme chaque lundi, pour l'« assemblée plénière »; la discussion est confuse, part un peu dans tous les sens. Le thème choisi aujourd'hui – la personnalité – est peut-être trop vague. Le dialogue est pourtant d'une surprenante intensité. Interventions disparates, bien souvent sans suite, mais qui révèlent une réelle volonté de vivre : « On est à la Chesnaie pour reconstruire notre personnalité ». « La personnalité ne se découvre que dans le rapport aux autres. » Quelques mots qui résument avec force un principe de base de la vie à la Chesnaie, où tout repose sur le « collectif ». Soins, accueil des nouveaux pensionnaires, fonctionnement des ateliers, gestion et entretien de l'établissement, tout est l'affaire de tous, médecins, moniteurs, malades. Cette prise en charge de la vie de la maison sous tous ses aspects, par l'ensemble de ses habitants, nécessite une organisation minutieuse, scrupuleuse et contraignante.

Soignés et soignants, tous les usagers de la clinique sont répartis en trois groupes autonomes, cadres d'organisation de la vie sociale : le premier, « Mercure », est chargé des soins, de l'entretien et du secrétariat médical. Le second, « Soleil », regroupe les ateliers et les activités de loisirs. Le dernier, « Vapeur », assure la gestion des principaux services de la clinique. Chaque groupe élit son secrétariat, dont la tâche est de coordonner et d'harmoniser les activités quotidiennes. Ainsi se trouve tissée une immense toile d'araignée dans laquelle « le malade se construit un monde relationnel nouveau ».

21-22 octobre 1973

S46 Les Français et la guerre

Comment apprécier, devant des événements comme ceux du Proche-Orient, les sentiments et les réactions de l'opinion publique?

Certes chaque jour les partis, des organisations nombreuses et diverses, des hommes politiques, des personnalités de tous ordres, expriment publiquement leur position. Certes encore les premiers sondages reflètent, avec toute l'assurance et les contradictions qui leur sont habituelles, les préférences du grand public, ses vues sur l'embargo ou sur l'attitude du gouvernement. Certes, enfin, la presse écrite, parlée ou en images rapporte quotidiennement, en marge de la relation des événements, une foule d'incidents révélateurs, de menus faits significatifs. Ainsi sait-on à peu près comment se divise la classe politique; ce que disent ceux qui composent l'« establishment » et l'« intelligentsia », en un mot les importants; ce qu'espèrent ou redoutent les partisans de chacun des deux camps. Mais les autres, ceux qui ne manifestent pas et ne sont pas sondés par les analystes de l'opinion, ceux qui n'ont pas la parole et cependant réfléchissent et jugent, cette foule mythique et néanmoins bien réelle à laquelle on se réfère quand on dit : « Les Français estiment que... », ou : « Les Français souhaitent que... », comment voient-ils cette guerre?

Allons-nous manquer d'essence? « Moi, dit l'un, j'ai rempli à tout hasard les jerricans que j'avais achetés il y a dix-sept ans, au moment de Suez. » « Ce qui m'inquiète, répond l'autre, c'est le fuel : avec l'hiver qui approche, comment serons-nous chauffés s'il vient à manquer? » « De toute façon, soupire le troisième, les prix vont monter. » Égoïsme sacré, étroitesse et mesquinerie sans doute; scepticisme blasé aussi d'un peuple qui en a trop vu, trop subi et songe d'abord à son propre confort. Les grands événements n'engendrent pas forcément les grands sentiments.

Après les soucis, la peur, la vieille peur : et si l'escalade, d'étage en étage, conduisait à la guerre généralisée? Là, les raisonnements, les réfutations pèsent peu. Très vite surgissent dans le débat les deux mots clés, lourds de sous-entendus et chargés de mystère, qui évoquent quelque alchimie occulte et coupent court à toute démonstration : le pétrole et l'atome. Et puis l'engagement, par combattants interposés, des deux plus grandes puissances industrielles et militaires du monde n'est pas, il faut le reconnaître, de nature à rassurer. En 1938 aussi, au lendemain de Munich, il ne manquait pas d'experts pour affirmer que la guerre était désormais impossible, la paix solidement fondée.

Qui l'emportera sur le terrain? Ici, les Français sont bien à l'image de leur presse qui confond trop souvent ce qu'elle espère avec ce qu'elle annonce. La part faite de l'engagement personnel, le jugement oscille entre les deux extrêmes : « Les Israéliens n'en feront qu'une bouchée. » Trois jours plus tard : « Ces Arabes, quand même, qui aurait cru? » Et puis, au fil des péripéties de la bataille : « Moi, je l'ai toujours dit, c'est insoluble. Pourquoi ne s'entendent-ils pas? » Les racismes, selon les cas, s'additionnent ou s'annulent, et les options politiques compliquent encore l'équation. Tel homme de droite, volontiers antisémite, se révèle aussi ardent qu'un sioniste pour souhaiter la victoire d'Israël. Tel modéré, prompt d'habitude à protester contre l'afflux d'immigrés nord-africains, tombe au contraire d'accord avec les communistes pour faire valoir les droits des Palestiniens. Et combien de chrétiens, de socialistes, de gaullistes ou de gauchistes sont déchirés eux aussi entre la raison et le sentiment, la compassion et la justice? A cet égard, la presse joue bien son rôle de reflet. Par exemple, la lecture du quotidien gauchiste « Libération », dont la rédaction et les lecteurs sont profondément divisés et le disent jour après jour à pleines pages, est bien édifiante.

En 1967, la guerre de six jours n'était pas achevée que, déjà, le « Fonds de solidarité avec Israël », créé au matin même du déclenchement des hostilités, avait recueilli plus de 10 millions de francs, 1 milliard d'anciens francs. C'était précisément la somme que voulait rassembler à la même époque le « Comité du milliard pour le Vietnam » qui ne devait pourtant réussir à collecter que 1 300 000 F en six mois. Il y a six ans, des milliers de volontaires se pressaient à l'ambassade d'Israël et si quelques centaines d'entre eux seulement purent être en définitive acheminés vers Tel-Aviv, ce fut naturellement à cause de la rapidité du dénouement. Devant cette ambassade, place d'Israël, on avait dénombré le mercredi 31 mai 1967 plus de trente mille manifestants venus clamer leur soutien et leur sympathie; et des cortèges, des rassemblements réunissant plusieurs milliers de personnes se formaient les jours suivants à Marseille, à Toulouse, à Nice, à Strasbourg, à Montpellier, à Metz et dans dix autres villes.

Cette fois, le choc dans le public a été fort*, mais les réactions ont été beaucoup moins spectaculaires et rapides. On ignore le montant des sommes actuellement recueillies par les collecteurs israéliens mais on sait qu'il demeure notablement inférieur aux chiffres atteints en 1967. Les manifestations publiques ont été relativement réduites et rares, l'afflux des volontaires plus vite tari.

Si la passion demeure, qui inspire certaines déclarations enflammées, dans un sens ou dans l'autre mais plus souvent en faveur d'Israël, les réactions, les prises de position, les appels sont beaucoup moins nombreux et pour la plupart moins vigoureux aujourd'hui. Les organisations spécifiques, des deux côtés, sont actives, mais on n'assiste pas à la naissance de mouvements nouveaux, ni même au réveil d'associations issues il y a six ans des circonstances et tombées depuis en sommeil, visant à encadrer, dans un bouillonnement et un foisonnement analogues à ceux qu'on avait connus, tous les secteurs de l'opinion. Les anciens combattants, les rapatriés, les syndicats ouvriers même, s'ils s'expriment, sont loin d'être aussi déterminés, pressants et bruyants.

Pourtant la guerre du Proche-Orient tient la première place dans les journaux et les radios (le tiercé mis à part!) comme dans les conversations et les préoccupations; elle a vite supplanté dans l'esprit du public les événements du Chili; elle achève de rejeter dans l'ombre toutes les autres affaires, et notamment le dérisoire débat constitutionnel. Mais tout se passe comme si la plupart des Français suivaient de loin la bataille, par la lecture, l'image et le reportage, à la manière d'un film de guerre ou d'un récit historique, sans se sentir concernés, ni impliqués.

PIERRE VIANSSON-PONTÉ

21-22 octobre 1973

* Le lundi 8 octobre, *France-Soir* a vendu à Paris 310 870 exemplaires, *le Monde* 163 045 et *le Figaro* 125 878 contre, respectivement, 276 410, 112 615 et 104 125 le lundi correspondant (le 9 octobre) de 1972.

S47 Que faire à dix-huit ans?

Une fille de dix-huit ans est évidemment en danger moral parce que son professeur de philosophie a commenté devant elle le tact du docteur Carpentier *Apprenons à faire l'amour.* Ce professeur est en effet accusé d'avoir répondu aux questions de ses élèves alors que le fameux tract était impunément distribué dans la rue et librement lu par les lycéens de treize ans. Mais la même fille a l'âge requis pour aller, quand elle le voudra, voir le film de Bertolucci, *le Dernier Tango à Paris.* Or, entre la leçon théorique du tract froidement clinique ou tristement technique, malgré une once de canular, et les travaux pratiques du film, d'une incroyable impudeur, d'une brutalité physique qui coupe le souffle, il y a un monde. D'un côté, une lourde explication, peu engageante dans son pédantisme, qui ne semble guère de nature à bouleverser une adolescente; de l'autre, une invitation non déguisée et illustrée – oh! combien – à laisser comme l'adolescente du film, libre cours à tous ses instincts.

Faut-il invoquer la censure? Certainement pas : elle ne sévit déjà que trop, et rarement à bon escient. Mais force est de constater qu'entre Bertolucci et le docteur Carpentier la partie n'est pas égale. Qu'importe : la loi est ainsi faite.

Un garçon de dix-sept ans ne peut naturellement franchir la porte d'un cinéma où l'on joue *Orange mécanique* : les scènes de violence, de viol et de meurtre, dans le tonnerre des motos, l'éblouissement des flashes, les hurlements du pop, pourraient, n'est-ce pas, lui donner des idées, de mauvaises idées.

Mais pour lui apprendre l'histoire de son temps, lui inspirer le respect de l'armée, l'estime de ses aînés et la patrie, on lui conseillera de lire les récits de la guerre d'Algérie, et d'abord ceux du général Massu[1], du colonel Godard[2] et d'autres grands chefs militaires. Il y verra que la torture, qui dégrade le bourreau et non sa victime, a été largement pratiquée par l'armée française sur l'ordre et sous l'autorité de ses chefs parce qu'il fallait bien être renseigné, parce que l'adversaire ne respectait pas les lois de la guerre, parce qu'une vie ainsi sacrifiée pourrait, éventuellement, permettre d'en sauver cent, et pour une dizaine d'autres raisons, toutes aussi excellentes et d'ailleurs cautionnées par quelques aumôniers. A ce compte, la fiction futuriste d'*Orange mécanique* est bien inoffensive. Qu'importe : l'ordre est à ce prix.

Un garçon ou une fille de dix-sept ou dix-huit ans ne peuvent impunément participer à l'une de ces manifestations non violentes où la générosité, même si elle n'est pas exempte de révolte, tient une grande place, comme celle qui s'est déroulée la semaine dernière pour protester contre le meurtre de Mohamed Diab, ouvrier algérien abattu d'une rafale de mitraillette au commissariat de Versailles, le 28 novembre. Car alors ils risquent fort d'être matraqués et assommés par la police comme un vulgaire Claude Mauriac[3].

Mais s'ils choisissent plutôt de se joindre à l'une de ces bandes de voyous qui sèment la terreur dans certains grands ensembles, pillent, violent et cherchent la bagarre, du bistrot du coin au bal du samedi soir, alors ils peuvent être à peu près assurés de l'impunité. Car la police n'en a cure. D'abord elle répugne fort à se mesurer avec ces bandes : des manifestants aux mains nues conduits par des écrivains et un professeur du Collège de France, c'est moins dangereux. Ensuite les effectifs du maintien de l'ordre sont insuffisants puisqu'il faut prélever les forces nécessaires pour mettre bien inutilement chaque soir le quartier Latin en état de siège.

Si les casseurs[4] de banlieue ont ainsi le champ libre, c'est qu'ils ne menacent pas, eux, l'ordre établi, c'est-à-dire le pouvoir, à l'inverse des contestataires ou soi-disant tels. Qu'importe : la société, notre société, est ainsi faite.

On pourrait continuer longtemps ainsi à aligner les hommages qu'au nom de la loi, pour l'ordre et la stabilité, le vice rend à la vertu. Les exemples ne manquent pas, ni les sujets de méditation. Il est incontestable qu'avec *le Dernier Tango à Paris,* bien plus qu'avec le tract du docteur Carpentier, un pas considérable vient d'être franchi. Pas seulement dans l'histoire du cinéma, que ce film marque d'un caillou, blanc ou noir, mais dans l'histoire de nos mœurs. Essayons de voir pourquoi.

« Interdit aux moins de dix-huit ans »! On a envie de dire plutôt : « Interdit à tous ceux qui – et c'est leur droit – détestent l'époque où ils vivent », ou au moins qui refusent de la voir telle qu'elle est. On peut sortir gêné, honteux, mal à l'aise de ce spectacle; mais même ceux qui entendent, par principe, se réjouir d'avoir vu reculer les bornes jusqu'à présent admises ne peuvent en sortir indemnes.

C'est une agression comme celles dont sont victimes les innocents lecteurs de Massu ou les manifestants désarmés et matraqués. Cette agression-là, comme les autres, comme celle des glorieux avocats de la torture, comme

1. Voir P2 note 3.
2. Gaulliste de la première heure; un des six colonels instigateurs du « putsch des généraux » (voir P39 note 22, P6 note 9, P8 notes 2 et 3).
3. Écrivain, fils de François Mauriac (voir P14 note 2).
4. Voyou se livrant à des actes de violence (Argot).

celle des énergiques défenseurs de l'ordre, est-elle voulue, délibérée, en d'autres termes est-ce aussi une provocation à demi consciente, une récupération sournoise? Pendant qu'ils crient, qu'ils s'énervent ou qu'ils font l'amour, ils ne nous mettent pas en question. Au contraire, le professeur de philosophie de Belfort[5], les non-violents de l'autre dimanche, ceux qui osent critiquer les généraux, sapent les fondements mêmes de la société politique.

Alors, qu'ils aillent au cinéma puisqu'ils ont plus de dix-huit ans, mais qu'ils se taisent, surtout en ces temps électoraux où d'ailleurs ils n'ont pas avant vingt et ans révolus le droit de vote.

PIERRE VIANSSON-PONTÉ

25 décembre 1973

5. Voir le premier paragraphe.

UNE INITIATIVE DU M.L.F.

S48 Vers une grève des femmes?

« Dénonçons le sexisme, la drague[1], le viol. Dénonçons l'utilisation du corps des femmes dans les revues et la publicité. Ne nous laissons plus afficher, acheter, violer. Nous sommes notre propre avenir, pas celui des hommes. » Défendant ce thème, des organisations parisiennes du Mouvement de libération des femmes (M.L.F.), dont le « groupe des féministes révolutionnaires », ont décidé de préparer pour le printemps, vraisemblablement en mai, une grève des femmes : « grève du travail salarié, du travail scolaire et universitaire, du travail domestique, des soins aux enfants, des achats, du service sexuel et de la prostitution ».

Lors d'une assemblée générale, réunie mercredi 20 février au centre Jussieu, plus de trois cents femmes (les hommes étant exclus, comme à l'accoutumée) ont tenté, dans la confusion, de préciser les objectifs et de définir les moyens d'action de cette grève. D'autres réunions sont prévues pour mettre au point un plan d'action générale. Des groupes de discussions et d'animation sur des thèmes précis se réuniront chaque semaine.

Les contestataires de la femme-objet, de la femme maltraitée, de la femme sans âme, souhaiteraient mobiliser la population féminine et attirer l'attention des hommes et des enfants le jour de la fête des mères (26 mai). Mais elles craignent sans doute, à juste titre, de ne pas être suivies par l'immense majorité des « indécises » qu'elles veulent faire entrer dans le combat.

Dans un tract, le M.L.F. explique : « Nous voulons vivre notre rêve, pas le leur;

Nous voulons exister, nous voulons réinventer la vie;

Nous ne revendiquons pas leur droit mais le nôtre;

Nous voulons casser le vieux monde;

Nous voulons découvrir ensemble, nous communiquer nos recettes de vie, et pas nos recettes de cuisine;

Nous voulons cesser de n'avoir le choix qu'entre bavarder et nous taire;

Nous voulons que nos filles s'aiment, soient fortes et non plus soumises;

Nous voulons avoir le droit de nous aimer entre femmes;

Nous voulons sortir de nos maisons-prisons;

Nous voulons vivre ensemble dans l'amour et la fête recréées;

Nous voulons tout et le reste, tout de suite et sans limitation. »

22 février 1974

1. Chasse aux femmes considérées comme purs objets de plaisir; « draguer » : partir en chasse d'un(e) partenaire (Argot).

S49 L'Université conduit essentiellement à l'enseignement et aux administrations

C'est au cours du second trimestre 1972 et au début de l'année 1973 que les vingt mille étudiants sortis en 1970 des universités de Besançon, Grenoble II et III, Paris X, Rennes I, Toulouse et Tours ont été interrogés par lettre. La moitié environ ont répondu. Toutefois, près de 40 % d'entre eux étant des « faux sortants » – c'est-à-dire inscrits dans un autre système de formation, – les résultats portent, en fait, sur un peu plus de cinq mille personnes.

Plus de la moitié des étudiants, révèle notamment cette enquête, abandonnent leurs études sans avoir dépassé le niveau du premier cycle, avec ou sans diplôme; 40 % sortent de l'université avec un diplôme de second cycle, moins de 3 % avec un diplôme de troisième cycle et 10 % sont reçus à un concours de recrutement.

Six mois pour trouver un emploi

Il apparaît aussi que les étudiants issus d'un milieu socio-professionnel modeste n'ont pas un niveau de sortie différent de ceux appartenant à des milieux plus favorisés. La sélection des enfants d'origine modeste se fait, ainsi que le montre l'analyse des résultats, avant l'entrée dans l'enseignement supérieur, où ils sont particulièrement « sous-représentés ».

En sortant de l'université, la grande majorité des étudiants (60 à 70 %) se mettent en quête d'un emploi.

A l'inverse, moins de 10 % – notamment parmi ceux issus du premier cycle – n'entrent pas immédiatement dans la vie active, soit qu'ils s'orientent vers des études en dehors de l'Université, soit pour des raisons familiales, notamment pour les filles. Les autres (20 à 30 %) continuent à exercer une activité professionnelle qu'ils avaient déjà pendant leurs études, chez le même employeur : un garçon sur deux, en effet, et une fille sur trois occupent un emploi – à temps complet ou partiel – pendant leurs études. Il semble à ce propos, note le CEREQ, que « l'activité professionnelle de l'étudiant soit un obstacle à sa progression universitaire », essentiellement dans les milieux modestes. Parallèlement, « l'allongement de la durée des études paraît amener un nombre croissant d'étudiants à entrer dans la vie active avant la fin de leurs études ».

La proportion d'étudiants munis d'un diplôme de second cycle qui cherchent un emploi est, d'autre part, particulièrement importante : il semble que ce soit là, pour beaucoup, la fin du « cycle normal » des études.

Quoi qu'il en soit, il n'a pas fallu plus de six mois à la plupart (65 % à 70 %) des étudiants demandeurs d'emploi pour en trouver un, le degré d'études ayant, apparemment, peu d'influence sur la durée des recherches. Le rapport indique toutefois que le rôle de l'Agence nationale pour l'emploi (ANPE) est pratiquement nul, les démarches personnelles ou les relations restant, à part égale (un quart des étudiants dans chaque cas), le mode dominant d'obtention d'un emploi, tandis que 20 % passent par la voie des concours.

Deux grands secteurs d'activité sont « fournis » en personnel par l'Université : l'enseignement et la recherche, d'une part (50 %), l'administration, d'autre part (20 %). Loin derrière (12 %) viennent, groupés, le commerce, les services, les banques et les assurances, puis l'industrie, qui recrute moins de 10 % des étudiants, et, enfin, l'agriculture (2 %). Il existe cependant de grandes différences selon les disciplines. Ainsi, les littéraires sont les plus nombreux dans l'enseignement (65 à 70 %). Cette proportion diminue parmi les diplômés en psychologie et sociologie (55 à 60 %), qui trouvent, en revanche, nombre de débouchés dans le secteur commercial et les services (35 %), où ils sont notamment employés dans des bureaux d'études, entreprises d'enquêtes, conseils en organisation et activités médico-sociales.

Pour les juristes, le recrutement se fait d'abord dans l'administration (30 % environ); mais trois autres secteurs recrutent chacun 15 à 20 % des étudiants en droit : le commerce et les services, les assurances et les banques, l'enseignement et la recherche. Si ces quatre secteurs emploient, à peu près à égalité, les diplômés de sciences économiques (20 % chacun, à l'exception du commerce et des services : 15 %), on constate ici une prééminence de l'industrie : 10 à 15 % par rapport à l'ensemble des disciplines. Enfin, comme les littéraires, mais avec des écarts moins importants, les scientifiques se tournent essentiellement vers l'enseignement et la recherche (50 %), puis l'administration (15 à 20 %) tandis que, là encore, l'industrie n'emploie pas plus de 10 % d'entre eux.

Les femmes pénalisées

La distinction entre les sexes apparaît nettement si l'on étudie les fonctions occupées par les anciens étudiants et étudiantes ainsi que leurs salaires. Les femmes, par exemple, sont, de loin, plus nombreuses dans l'enseignement et les fonctions médico-sociales, tandis que les postes administratifs, commerciaux ou de direction reviennent en priorité aux hommes.

Le CEREQ, d'autre part, a réparti les anciens étudiants

par tranches de salaires; moins de 5 % gagnent moins de 1 000 F par mois; 15 % à 20 % : de 1 000 à 1 300 F (à l'exception des Parisiens, où cette tranche ne regroupe que 10 % d'intéressés); de 1 300 à 1 600 F : 15 %; de 1 600 à 2 000 F : 20 %; de 2 000 à 2 300 F : 10 % à 12 %; de 2 300 à 3 000 F : 10 %; plus de 3 000 F : 15 %. Ainsi, l'enquête fait ressortir que plus de la moitié des étudiants sortis en 1970 de ces sept universités ne gagnent pas plus de 2 000 F par mois. L'influence du sexe est très nette; les trois quarts des femmes ont un salaire inférieur ou égal à 2 000 F et la moitié à 1 300 F.

L'influence du niveau du diplôme, « bien que non déterminante », est perceptible. Pas autant, en tout cas, que celle de la discipline : les littéraires figurent dans les tranches les plus basses; les juristes et les économistes sont les mieux rémunérés.

Pourtant, plus de la moitié des étudiants interrogés se déclarent satisfaits de leur emploi. Les hommes un peu plus que les femmes, ces dernières critiquant les perspectives insuffisantes de promotion, le niveau d'emploi ne correspondant pas au niveau d'études et les salaires étant insuffisants.

L'enquête nationale permettra sans doute d'aller plus loin dans l'analyse des différents phénomènes. On constate cependant, notait M. Gabriel Ducray, directeur du CEREQ, en présentant ces premiers résultats à la presse, que les anciens étudiants critiquent plus facilement le monde du travail que la formation universitaire, qu'ils souhaiteraient simplement un peu plus « ouverte sur le concret ».

Déjà, en tout cas, M. Joseph Fontanet, ministre de l'Éducation nationale, cite volontiers cette enquête lorsqu'il défend son projet de réforme de l'enseignement secondaire, et notamment la sélection à l'entrée de l'université, ainsi que les « formations rapides » qu'il compte mettre en place.

CATHERINE ARDITTI

23 février 1974

L'INAUGURATION DU PALAIS DES CONGRÈS DE LA PORTE MAILLOT

S50 Le style Ve République

M. Pierre Messmer[1] devait inaugurer ce jeudi soir le Centre international de Paris, à la porte Maillot. Cet ensemble comprend un palais des congrès de quatre mille trois cents places et un hôtel de mille chambres.

L'emprise du bâtiment, que couronne, exalte, triomphalise une tour de 130 mètres destinée à abriter un hôtel, est considérable puisqu'il s'étend à l'emplacement de l'ancien Luna-Park, entre le boulevard Pershing et le boulevard Gouvion-Saint-Cyr, de la porte Maillot à la porte des Ternes. Rien n'a été négligé pour en faire une attraction de niveau international et, en attendant l'achèvement du centre Beaubourg[2], l'édifice représente l'entreprise architecturale la plus considérable de la Ve République, une entreprise qui contribuera à dresser son visage et à dire son histoire, comme l'Opéra dit l'histoire du Second Empire, comme le Grand Palais, la tour Eiffel, l'ancien et le nouveau Trocadéro disent celle de la IIIe République.

Un équipement super-total

Le Palais des congrès est un édifice à vocation commerciale destiné à drainer vers Paris la clientèle des congrès internationaux, de tous ceux qui éprouvent périodiquement dans le monde le besoin de se rencontrer pour parler affaires, argent, sciences, médecine, technique, etc., en se distrayant un peu, et les caractéristiques du bâtiment sont suffisamment connues pour qu'il ne soit pas nécessaire de les rappeler en détail et de griser nos lecteurs par l'évocation des mètres carrés et des mètres cubes offerts aux utilisateurs : restaurants, bars, bureaux, petites et grandes salles de réunion, 5 000 mètres carrés de halls d'exposition, 1 000 chambres quatre étoiles, un studio de télévision, un équipement audiovisuel de pointe, le clou de l'opération étant un auditorium de 4 300 places (3 000 pour Pleyel[3]) agréablement décoré de reliefs et de bosses par le sculpteur Hadju, pourvu d'un jeu d'orgues exceptionnel,

1. Ministre des Armées de 1960 à 1969; premier ministre sous la présidence de Pompidou.

2. Voir E14 note 4.
3. Salle Pleyel, salle de concerts parisienne.

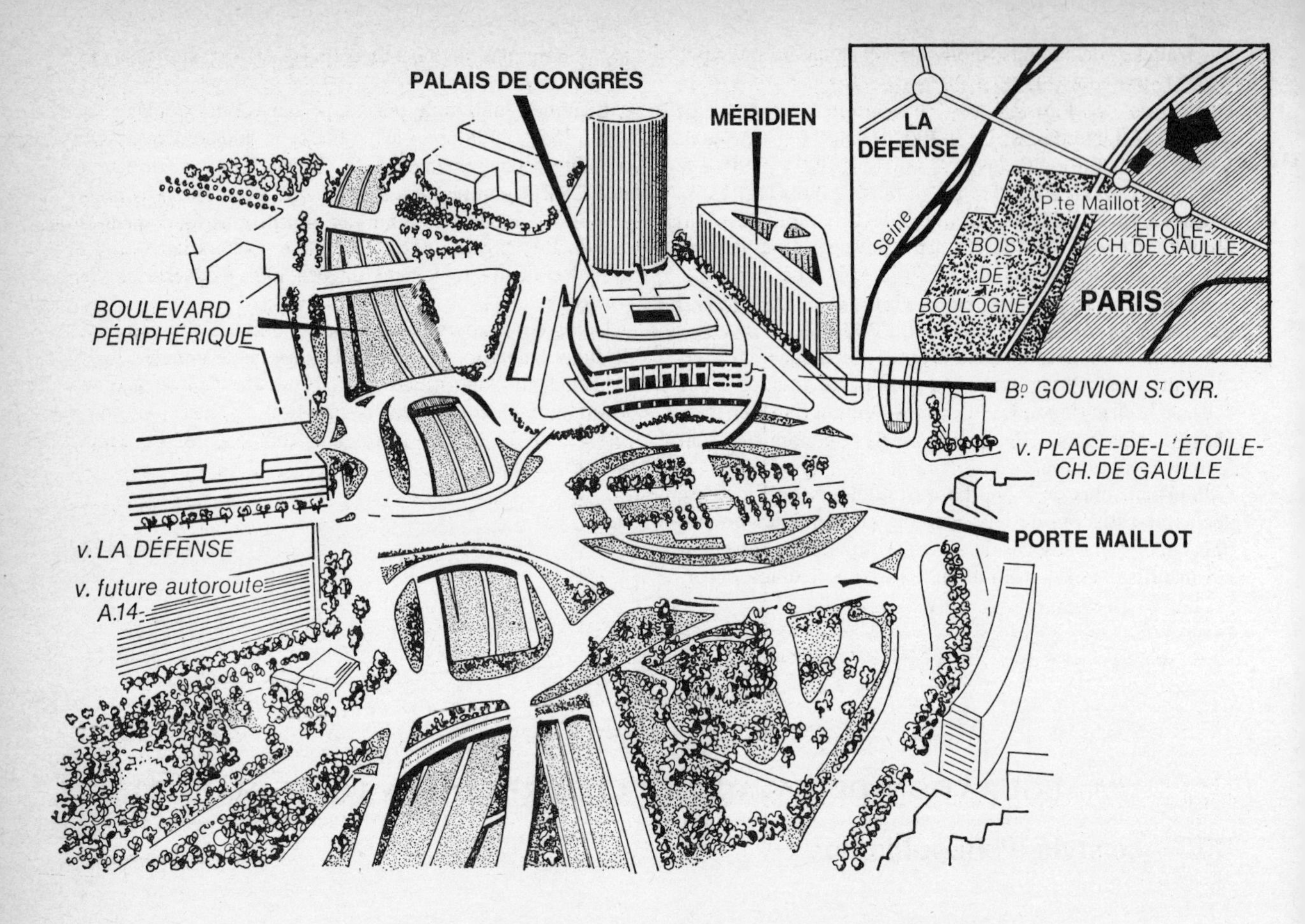

d'appareils de traduction simultanée en six langues et de mille autres merveilles.

Et l'architecture? Franchement, il est difficile de se prononcer : je m'attendais au pire et, en visitant l'intérieur de l'édifice, en observant ses alentours, j'ai plutôt l'impression que nous l'avons échappé belle. Quel que soit le jugement que l'on porte sur le parti esthétique, qui est évidemment assez fleuri et ne présente aucune recherche, aucun accent véritablement contemporain, le Palais des congrès a ce mérite essentiel : en s'y prenant bien, on ne le voit pas. Rejeté en lisière de la porte Maillot, il laisse libre le terre-plein central, n'apparaît pas dans la perspective qui réunit l'Arc de Triomphe à la Défense et l'échangeur qui crée entre l'avenue de la Grande-Armée et l'avenue de Neuilly un véritable nœud routier, un invraisemblable système de toboggans et de tourniquets, qui pose aux automobilistes de tels problèmes de circulation et d'identification des lieux qu'ils n'auraient guère le loisir de méditer sur les vertus de l'édifice.

Quant à la tour, que le programme sans doute exigeait, elle a été suffisamment « pincée » pour paraître moins accablante, agressive et bête que la plupart de celles que l'on construit en ce moment à Paris, et on ne l'aperçoit guère que du boulevard périphérique, où l'on ne circule évidemment pas pour recueillir des émotions d'art. Ajoutons que l'édifice bénéficie de la comparaison que l'on peut faire de ses mérites avec ceux du tout proche hôtel Méridien, qui est probablement ce que l'on a construit de plus scandaleusement nul à Paris depuis deux mille ans.

Un délicat symbole

Bien sûr, c'est un palais, et ce mot dit tout : passéisme, pompe commerciale, magnificence babylonienne, composition académique. Cela sent les beaux-arts[4] et les défunts

4. L'École des Beaux-Arts (institut universitaire, à Paris); ici, acception péjorative (académisme).

prix de Rome[5] à plein nez, mais il s'agit ici d'un académisme à peu près correct, et incontestablement habile. L'ensemble a la forme d'une conque, d'une sorte de bateau (délicat symbole, je suppose, destiné à vous rappeler les armes parlantes de la Ville de Paris) et, en dépit des mirifiques mètres carrés et mètres cubes plus haut évoqués, l'architecte est parvenu à alléger, à tasser l'édifice, à introduire dans la façade des courbes qui ne manquent pas d'une certaine souplesse et les terrasses qui sont accrochées aux divers étages, en même temps qu'elles assurent un rapport satisfaisant entre l'intérieur et l'extérieur du bâtiment, libèrent d'agréables points de vue sur le bois de Boulogne et la circulation ambiante.

Vous me direz que je suis aujourd'hui bien laxiste, bien inconsidérément charitable, et que l'on aurait pu confier l'entreprise à un architecte de grand talent, à un authentique créateur, qui nous aurait construit une œuvre un peu plus stimulante que ce drugstore géant. Oui, mais vous savez bien qu'en matière de commande publique, et tant que le niveau culturel de nos « décideurs » sera ce qu'il est, une telle hypothèse est rigoureusement invraisemblable. Et puis, bof! C'est l'architecture de la Ve République, c'est l'architecture que notre société mérite, c'est plutôt moins moche[6] que Maine-Montparnasse[7], nous en avons tellement vu d'autres et après tout, c'est pas mon père, même si c'est une bien petite histoire, pour rappeler notre propos initial, qu'un tel édifice racontera à nos arrière-neveux.

Conclusion, le sujet ne mérite pas qu'on s'y attarde. Il n'y a pas de quoi pavoiser, et le Palais des congrès s'inscrit sans gloire dans la série de réalisations de prestige auxquelles le régime actuel réserve ses tendresses et ses crédits : Concorde[8], La Villette[9], la Défense[10], Beaubourg (bien que, dans ce dernier cas, la qualité architecturale soit certaine). Mais, étant donné le massacre de Paris auquel nous assistons depuis dix ans, étant donné la physionomie honteuse que l'on prépare à la ville de l'an 2000, étant donné le front de Seine[11], le secteur d'Italie[12], Maine-Montparnasse et autres gentillesses, étant donné le programme du Palais des congrès et les servitudes qu'importe ce type d'architecture, étant donnés les circonstances, les intentions, les personnes et les jeux, encore une fois, cela pourrait être pire.

ANDRÉ FERMIGIER

1er mars 1974

5. Jusqu'en 1968, chaque année, l'École des Beaux-Arts organisait un concours (de sculpture, peinture, architecture, etc.) dont les lauréats obtenaient une bourse pour un séjour à Rome à la Villa Médicis; ici aussi l'acception est péjorative.
6. Laid (fam.).
7. Ensemble architectural surgi sur l'emplacement de l'ancienne gare Montparnasse.
8. Voir E6 note 1.
9. Nouveaux abattoirs de la ville de Paris.
10. Quartier d'affaires ultra-moderne (voir encadré).
11. Gratte-ciel construits sur la rive droite de la Seine.
12. Quartier moderne édifié autour de la place d'Italie.

M. JEAN ROSENTHAL NOUVEAU PRÉSIDENT DU C.R.I.F.

S51 Les institutions juives cherchent leur place dans la communauté nationale

Le Conseil représentatif des institutions juives en France (C.R.I.F.) a tenu, mercredi après-midi 6 mars, son assemblée plénière annuelle. Le 6 mars, le président du C.R.I.F., le professeur Ady Steg, vient, à son tour, de se démettre de ses fonctions. A l'unanimité, M. Jean Rosenthal, président du comité exécutif de l'Appel unifié (organisme chargé de la collecte des fonds) a été désigné pour lui succéder.

La démission du professeur Steg a des motifs d'ordre professionnel. On ne saurait donc lui attribuer une signification que le principal intéressé se refuse à lui donner. Elle intervient néanmoins dans un moment de trouble et alors qu'un grand nombre de communautés juives s'interrogent sur les modalités de leur présence dans la vie nationale et sur leurs rapports avec Israël.

La guerre d'octobre dernier a provoqué un traumatisme profond dans la conscience juive : elle a fait resurgir la hantise de la persécution devant l'isolement d'Israël, devenu selon l'expression d'Albert Memmi[1], « le juif des nations ». En France, ce sentiment a été encore accentué par la politique du gouvernement. Les juifs français se sont demandé comment ils pouvaient aider l'État hébreu au sein d'une patrie qui paraissait liée à ses ennemis. Aujourd'hui, l'angoisse n'a pas disparu. Certes, le gouvernement tente de rééquilibrer sa politique et de rassurer les communautés juives. L'opinion publique, d'autre part, demeure, dans sa majorité, favorable à Israël. Mais ce soutien est plein d'ambiguïtés. Qu'adviendrait-il si elle devait choisir entre sa prospérité, son confort, et la survie d'un État lointain? Les dirigeants des communautés se demandent donc si la politique française, par un engrenage fatal, ne risque pas un jour de faire apparaître Israël comme responsable d'une crise économique.

Inquiétudes et tensions

Ces inquiétudes se répercutent naturellement sur les institutions elles-mêmes et provoquent des tensions qui agissent comme des révélateurs de leurs faiblesses. Il y a environ cinq cent cinquante mille juifs français, dont la moitié viennent d'Afrique du Nord. L'intégration des « pieds-noirs » s'est effectuée généralement dans d'assez bonnes conditions, mais nombre d'entre eux revendiquent une place plus importante dans les divers organismes directeurs. De même, les jeunes réclament plus d'influence et s'élèvent contre « le régime des notables ».

La division des communautés apparaît également dans la presse juive. A gauche, plus ou moins liée au P.C.F. : *Presse nouvelle hebdo,* dirigé par G. Morgenstein, Jean Liberman et Roger Maria, anime depuis cinq mois une Amicale des jeunes progressistes juifs de France, ainsi qu'une association des amis de P.N.H., qui a tenu le 3 mars sa première conférence nationale.

Le Fonds social juif unifié (organisme dépensier de la communauté, alors que l'Appel juif unifié est l'organisme collecteur des recettes) soutient plusieurs publications, notamment la revue mensuelle *L'Arche.* Cette presse de l'« establishment » s'est développée récemment avec la création d'un supplément hebdomadaire de l'Agence télégraphique juive que des liens étroits unissent au Fonds social. Les publications « indépendantes » de diverses tendances (*Tribune juive,* dirigée par le rabbin J. Grunewald; *Information juive,* de Jacques Lazarus) ont vivement protesté contre ce qu'ils estiment être une forme d'impérialisme journalistique. En réalité, derrière ces luttes d'influence, c'est le rôle de la place de la communauté juive qui est en discussion. Mais, à l'exception de l'extrême gauche, très minoritaire, et pour laquelle cette collectivité n'a pas de rôle spécifique à revendiquer, il existe désormais un point de convergence entre les différentes organisations juives : la conviction qu'elles ne peuvent plus se satisfaire d'une simple participation financière à l'effort de l'État juif. La collecte, les dons en argent, ne suffisent plus à leur conscience. Le mouvement sioniste ne connaît pas, malgré cela, un essor très grand, pas plus d'ailleurs que le retour à la pratique religieuse du judaïsme. Il reste donc à trouver de nouvelles formes de solidarité avec Israël, une manière inédite d'être juif. N'est-ce pas la quadrature du cercle?

ALAIN GUICHARD

8 mars 1974

1. (Né en 1920), romancier juif tunisien (*La statue de sel, Portrait d'un juif, La libération du juif*).

« LA RÉVOLTE DE LA CENTRALE NEY » [1]

S52 L'impossible voie légale

Les prisons paraissent si calmes à présent, le public a si bien retrouvé sa traditionnelle indifférence hostile à l'égard des détenus qu'il faut forcer sa mémoire pour se rappeler qu'à Toul, il y a deux ans, les détenus d'une maison centrale provoquaient en leur faveur, par leur révolte contre un directeur d'une brutalité exceptionnelle, même en prison, un courant d'opinion aussi vaste qu'inattendu.

C'est pourtant vrai que, pendant huit jours, du 5 au 13 décembre 1971, et encore quelque temps après, les Français ont fait montre pour les revendications des prisonniers de Toul, pourtant brutalement présentées, d'une sollicitude étonnante. Brutalement, il y avait de quoi. La violence répondait à la violence. Soumis depuis des années à la cruauté d'un chef d'établissement, les détenus, bercés de surcroît par des promesses mensongères, n'avaient plus, comme issue, que la voie aléatoire de la révolte. Soyons plus précis. L'attitude du personnel dirigeant de la prison, celle des autorités du ministère de la Justice, les y poussaient.

Il fallait se faire entendre autrement que par la voie légale, puisque le juge de l'application des peines était sourd, que le directeur, le surveillant-chef, ouvraient – ce qui est illégal – le courrier des détenus aux autorités; puisque étaient punis ceux qui, par ce moyen, se plaignaient de sévices plus tard très officiellement constatés; puisque, aux tentatives de suicide, répondait le « mitard »[2], puisque, aux sévices, s'ajoutaient les brimades les plus sottes; puisque ni l'inspecteur général des prisons ni le médecin-inspecteur n'ont fait les tournées qu'impliquaient leurs fonctions, ou que, s'ils les ont faites, ils n'ont pas vu, ou ils ont tu, ce qui, répétons-le encore, sera ultérieurement reconnu vérité officielle. Notamment par ceux qui auraient dû les dénoncer.

C'est tout cela que raconte le Comité Vérité Toul dans *la Révolte de la centrale Ney*. L'ouvrage est la troisième étude sur cette révolte. Mais les deux autres sont des travaux officiels.

Pourtant, il n'y a pas lieu de s'étonner des méthodes de gouvernement employées à Toul. Elles correspondaient, même durcies par un homme aimant la manière forte, aux ordres du ministre de la Justice en 1964, M. Jean Foyer, et qu'aucun de ses successeurs n'eut l'idée de changer. M. Foyer, s'adressant aux dirigeants de l'administration pénitentiaire, disait : « (...) Gardez-vous de céder à certaines pressions, de laisser les prisons se transformer en d'agréables hôtels de séjour, en de modernes abbayes de Thélème, ce qui choque la morale et scandalise les honnêtes gens. Les prescriptions des règlements concernant la discipline ne peuvent subir aucun accommodement. Tous les agents de cette administration doivent être dans une véritable angoisse de l'évasion, appliquer le règlement et tout le règlement, bien plus encore, appliquer leur intelligence, leur générosité, leur zèle au renforcement de la sécurité (...) »

Si quelque chose a changé, ce n'est pas à l'initiative des autorités judiciaires qu'on le doit.

PH. B.

8 mars 1974

1. A la suite du crime de Clairvaux (voir S15 note 1), le ministre de la Justice (René Pleven) supprima le traditionnel colis de Noël à « toutes les catégories de détenus ». Cette vexation, s'ajoutant à tant d'autres, provoqua un vaste mouvement de protestation dans toutes les prisons de France, qui aboutit en décembre 1971 à l'insurrection de la prison centrale de Toul (« Centrale Ney »).
2. Cellule d'isolement disciplinaire.

S53 La carte sanitaire de la France

Deux cent quatre-vingt quatre secteurs pour rationaliser l'équipement hospitalier

Le découpage de la France en deux cent quatre-vingt quatre secteurs sanitaires, répartis en vingt et une régions (sans compter six secteurs pour les départements d'outre-mer) est achevé.

Prévu depuis 1969, à l'époque où M. Robert Boulin était ministre de la Santé publique, repensé en décembre 1970 lors de la promulgation de la loi portant sur la réforme hospitalière, l'établissement de la carte sanitaire a commencé officiellement voici un an, lors de la parution du décret du 11 janvier 1973 définissant la notion de région et de secteur sanitaire, et la nature des opérations d'inventaire hospitalier que devaient réaliser les préfets. Depuis, les régions ont recensé leur patrimoine hospitalier public et privé, aussi bien pour ce qui concerne la quantité que la qualité. Elles ont aussi établi leurs projets et leurs besoins en matière de santé. Après des négociations délicates et parfois de véritables « tempêtes locales », chaque région est parvenue en faisant parfois fi des limites départementales, à découper son territoire en secteurs d'une taille suffisamment importante pour permettre l'instauration d'un « plateau technique minimum », et suffisamment restreinte pour conserver des « dimensions humaines ». Désormais, le ministère de la Santé publique est doté de l'instrument de travail perfectionné, qui constitue le préalable à toute application cohérente de la réforme hospitalière. La carte sanitaire donne, pour la première fois, le moyen de connaître et, partant, de corriger l'anarchie existante.

La moyenne nationale de l'équipement hospitalier est de 6 lits de chirurgie, médecine, maternité pour 1 000 habitants, ce qui correspond à 0,1 pour mille près aux normes préconisées par le VIe Plan. Mais si on considère le nombre de lits région par région, l'écart séparant le groupe des régions les mieux équipées (région parisienne, Alsace, Languedoc, Provence-Côte d'Azur) de celui des plus défavorisées (Poitou-Charentes, Nord-Picardie, Limousin, Pays de la Loire) peut dépasser 2,5 lits pour 1 000 habitants.

Cela équivaut à dire que l'équipement hospitalier peut varier, d'une région à l'autre, du simple au double. Quant au rapport entre les établissements publics et les établissements privés, il varie aussi dans les mêmes proportions. Les établissements privés participent pour 42 % à l'hébergement hospitalier dans les régions les plus développées du point de vue sanitaire, contre 24 % pour les plus déshéritées. Il faut ajouter à cela qu'il ne s'agit pas toujours de lits techniquement adaptés, et que nombre d'établissements ne comptent pas suffisamment de lits.

Le but de la carte sanitaire est, dans ces conditions, de redresser les inégalités, d'améliorer les structures existantes, d'harmoniser la coordination actuellement nécessaire entre le secteur public et le secteur privé pour garantir à la population, dans chaque secteur, des « soins courants convenables », et de définir le niveau au-dessous duquel la sécurité n'est plus assurée et les investissements ne sont plus justifiés.

Pour cela, le ministère de la Santé publique a été amené à définir un certain nombre de mesures et à créer des concepts inexistants jusqu'alors.

Le secteur est la « cellule sanitaire de base » – selon l'expression de M. Michel Poniatowski[1] – en deçà de laquelle les malades n'ont plus la garantie de la sécurité. Le secteur doit répondre à des normes géographiques précises (moins d'une demi-heure de transport pour les urgences) et à des conditions démographiques non moins rigoureuses; il s'adresse, en moyenne, à une population de 100 000 à 150 000 habitants, étant entendu qu'il dépasse ce chiffre dans les grandes villes pour s'abaisser à 30 000 ou 40 000 habitants dans les régions les moins peuplées, seuil au-dessous duquel il n'est plus de « plateau technique minimum » possible.

Le plateau technique est constitué par l'ensemble des moyens permettant le diagnostic et le traitement des affections. Il comprend au minimum l'accueil et l'urgence, une unité de réanimation, les blocs opératoires et salles de réveil, la radiologie, les laboratoires et explorations fonctionnelles, les consultations externes.

MARTINE ALLAIN-REGNAULT

13 mars 1974

1. Républicain indépendant, ministre de l'Intérieur depuis juin 1974.

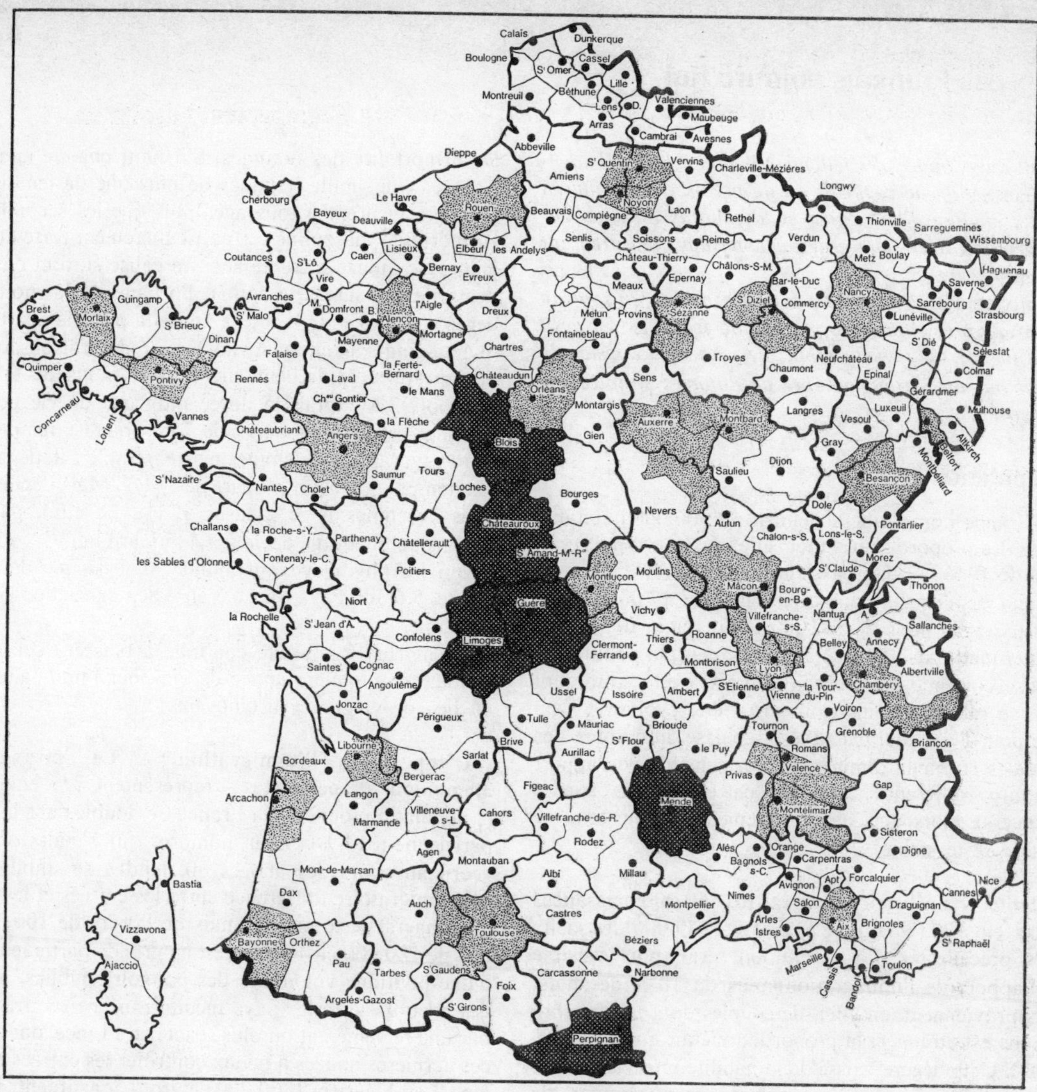

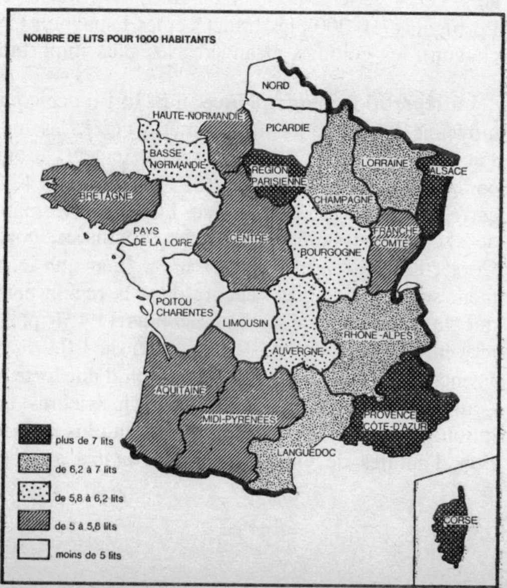

Deux cent quatre-vingt-deux secteurs pour l'Hexagone, deux en Guadeloupe, deux à la Réunion, un en Guyane, un à la Martinique: tel est le quadrillage sanitaire de la France. Le découpage des régions administratives a été préservé (à l'exception de la Corse, rattachée pour la circonstance à la région Provence-Côte d'Azur), mais les départements ne représentent pas toujours les limites des secteurs. C'est ainsi que le secteur de Morlaix, par exemple, se situe à cheval sur trois départements. Sont représentés en traits gras les limites des régions, en traits moyens les limites des départements, qui sont souvent communes avec celles des départements, et en traits fins les limites des secteurs internes aux départements. Les six départements qui constituent un seul secteur sanitaire sont représentés par un gris foncé. Apparaissent en gris les secteurs qui chevauchent les limites départementales.
La carte située à gauche montre l'inégalité quantitative de la répartition des lits de chirurgie, médecine, maternité au 1er février 1972 entre les différentes régions; mais le nombre de lits est indépendant de la qualité de l'équipement. Aussi la Bretagne, considérée comme une région prioritaire, n'apparaît-elle pas comme la plus défavorisée en nombre de lits; elle est l'une de celles dont les établissements hospitaliers sont parmi les plus vétustes, les moins adaptés, les plus mal répartis. Un plan de redressement de cette situation, annoncé récemment, devrait permettre en cinq ans de donner à cette région une place convenable sur la carte sanitaire.
Quant au Limousin et à la Franche-Comté, par exemple, la construction actuellement commencée d'un hôpital régional de plus de cinq cents lits dans leurs secteurs devrait d'ici peu, à elle seule, améliorer la situation de ces régions sur la carte.

S54 Les Français aujourd'hui

Avant que n'ouvre officiellement la campagne présidentielle, il est utile de rappeler ou de préciser qui sont les Français d'aujourd'hui, enjeu et, du moins lorsque leur âge leur donne accès aux urnes, acteurs dans la lutte pour la présidence.

Les données statistiques ne fournissent pas un tableau d'une totale précision de la population française en avril 1974. Elles permettent du moins de verser au dossier du grand débat un certain nombre de données simples qui l'éclaireront.

La population

La France compte actuellement 52 500 000 habitants environ. La proportion des moins de vingt ans, qui s'était accrue de 1946 à 1968, passant de 30 à 33,8 %, diminue lentement depuis. On compte aujourd'hui 17 000 000 de jeunes (32,3 %) pour 28 500 000 adultes âgés de vingt à soixante-quatre ans (54,5 %). Globalement, la population française continue de s'accroître, mais à un rythme qui tend à se ralentir depuis trois ans. Cette évolution s'explique pour l'essentiel par la légère baisse du nombre des naissances et par la diminution plus sensible de l'apport migratoire (différence entre les entrées et les sorties d'étrangers), alors que, dans le même temps, le taux de mortalité reste stable.

Natalité. – La France a enregistré 860 000 naissances environ en 1973 contre 870 000 et 879 000 les deux années précédentes. La diminution serait plus sensible sans l'apport de l'immigration; plus de 10 % des naissances proviennent, en effet, de couples dont un membre au moins est étranger; la proportion n'était que de 5,7 % en 1960. Cette légère baisse de la natalité intervient alors que le nombre des mariages continue à augmenter, de même que la population féminine de quinze à quarante-neuf ans, jugée en âge d'avoir des enfants. On constate qu'il y a moins de couples sans enfants que par le passé, mais aussi moins de familles ayant plus de deux ou trois enfants.

Cette situation est assez générale en Europe, la France étant même, des neuf pays du Marché commun, celui qui a le mieux résisté à la baisse de la fécondité amorcée en 1964. Son taux de natalité, proche de 17 pour mille, est actuellement le plus élevé des Neuf.

Mortalité. – Le nombre des décès – 550 000 environ en 1973 – est resté stable au cours de ces trois dernières années : le taux de mortalité (10,6 pour mille) tend à approcher celui des pays scandinaves, mais demeure supérieur à celui de l'Italie et surtout des Pays-Bas (8,5 pour mille). Le phénomène particulièrement frappant est la surmortalité des hommes. S'il naît, chaque année, en France, vingt mille hommes de plus que de femmes, les premiers meurent à tous âges plus que les secondes. La surmortalité masculine est particulièrement forte chez les jeunes de quinze à trente ans – à cause surtout des accidents de la route, qui sont à l'origine de la moitié des décès d'adolescents – et à la fin de la période adulte (cinquante-cinq-soixante-cinq ans) pour des raisons que les démographes expliquent encore mal (abus de tabac et d'alcool?). Au total, la durée moyenne de vie pour les hommes est de 64,8 ans et de 75,8 pour les femmes. Un écart favorable aux femmes existe, semble-t-il, depuis fort longtemps et dans la plupart des pays. Mais depuis quelques décennies il se creuse : il est, en effet, passé de 3,3 ans au début du siècle à 7,4 aujourd'hui. Cet écart est parmi les plus élevés au monde, il n'est que de 4,9 en Suède, 5,6 aux Pays-Bas, 6,3 en Allemagne et en Grande-Bretagne.

La mortalité infantile continue à baisser : seize décès pendant la première année de vie pour mille naissances, au lieu de vingt il y a cinq ans.

L'apport de l'immigration. – Les étrangers – 3,8 millions de personnes – représentent 7 % environ de la population totale de la France (le double dans la région parisienne : 14 %). Leur nombre, qui s'était fortement accru au cours des années 60, tend à se stabiliser. Le solde migratoire (différence entre les entrées et les sorties d'étrangers) reste positif, mais de l'ordre de 100 000, au lieu de 180 000 en 1970. C'est en grande partie le résultat d'une politique volontaire des pouvoirs publics, qui, par des accords avec les pays méditerranéens et africains et par une réglementation plus stricte en France, ont cherché ces dernières années à mieux contrôler les entrées d'étrangers. Les Algériens (800 000 environ) constituent, avec les Portugais (750 000), les Italiens et les Espagnols (570 000 chacun), les colonies étrangères les plus importantes.

La répartition géographique. – Si la France compte en moyenne 95 habitants au kilomètre carré, les inégalités s'accroissent entre les régions fortement urbanisées, comme la région parisienne (825 habitants au kilomètre carré), le Nord (317), l'Alsace, la Haute-Normandie, et des zones peu industrialisées et urbanisées, comme la Corse, le Centre, le Midi-Pyrénées. Bien que le mouvement se ralentisse, c'est encore dans la région parisienne que la population augmente le plus (1,4 % par an en moyenne entre 1968 et 1973, au lieu de + 0,9 % pour la France entière). C'est là le résultat non d'une forte natalité – au contraire, – mais des migrations intérieures; la population de la région parisienne compte la plus forte proportion d'adultes de vingt à quarante-quatre ans : près de

Le poids humain et économique des régions

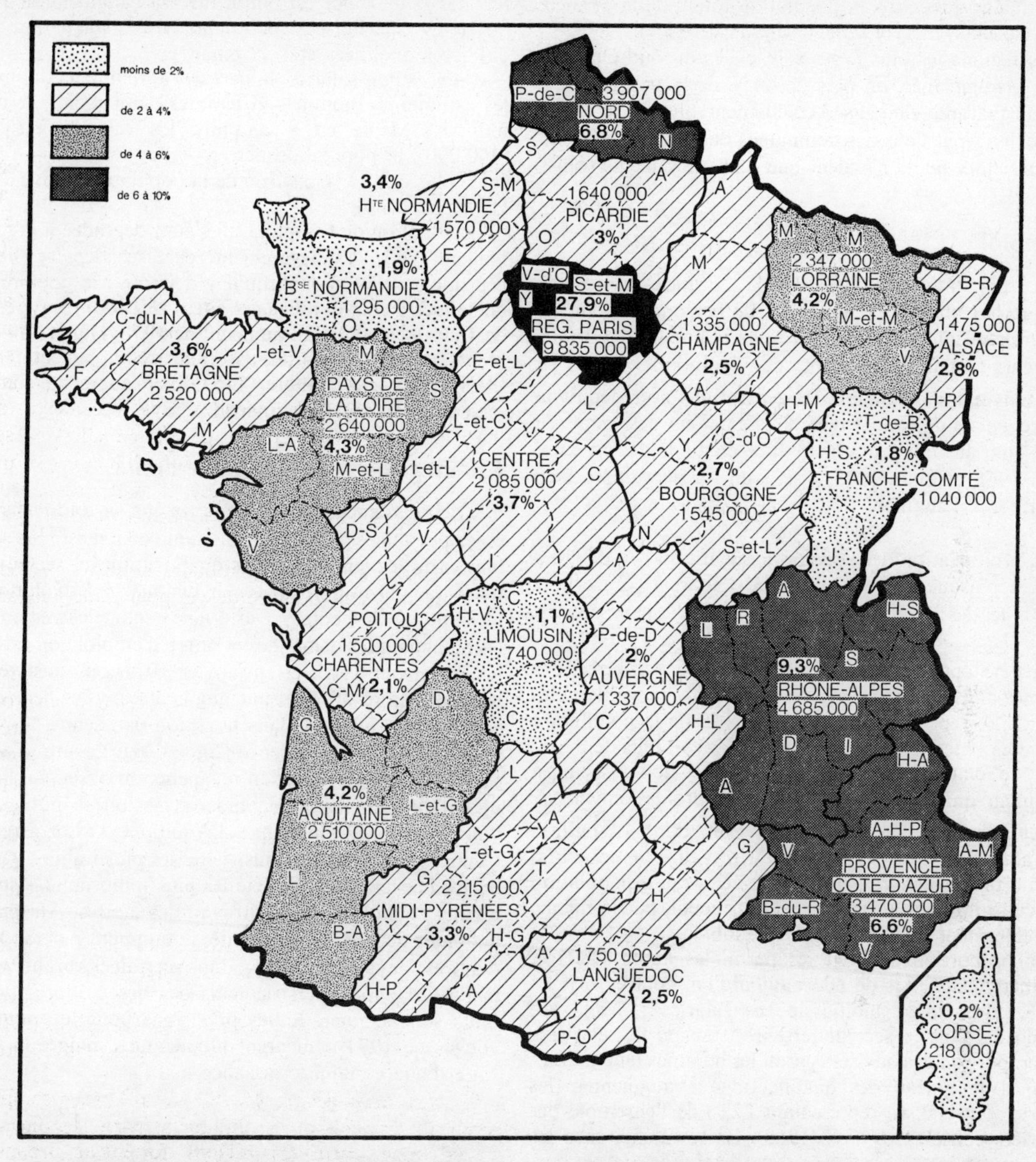

Cette carte a été établie à partir d'une étude que M. Daniel Noin, professeur à l'université de Paris-I, a publiée dans la revue « l'Espace géographique ».
M. Noin a cherché à établir une carte économique de la France montrant la participation des différentes régions à la formation du « produit intérieur brut ». Le produit intérieur brut, appelé parfois « produit domestique brut », mesure la contribution de l'ensemble des producteurs individuels, des entreprises, des établissements financiers et des administrations à la richesse nationale. Cet « indice » a le grand avantage de prendre en compte les activités des administrations, des établissements financiers ou des gens de maison qui ne figurent pas dans les documents de la comptabilité nationale habituellement utilisés pour mesurer le poids respectif des différentes régions françaises.
La part de chaque région dans la formation du produit intérieur brut en 1969 (dernière date pour laquelle existent des évaluations définitives) est indiquée, dans le document ci-dessus en pourcentage, et reprise dans les différents grisés. Le chiffre porté dans un second cartouche correspond à la population en 1972 telle que l'estime l'INSEE.
M. Noin tire lui-même quelques enseignements de ses recherches. Ils confirment des indications connues: le poids considérable de la capitale et de sa région dans l'économie française, l'importance des grandes agglomérations (les six plus grandes villes françaises fournissent à elles seules environ le tiers du produit intérieur brut); la dissymétrie du développement économique entre l'est et l'ouest de la France: les douze régions situées à l'est d'une ligne Basse-Seine-Bas-Rhône représentent moins de la moitié du pays en superficie (45,1 %), font vivre 63,5 % de la population mais assurent 71,2 % de la production.

40 %, alors que, dans la population totale de la France, cette tranche d'âge représente moins de 34 %.

Les régions les plus âgées sont celles du Sud-Ouest et de la Méditerranée, où près de 40 % de la population a plus de quarante-cinq ans. Actuellement, plus de 70 % des Français vivent dans des communes de plus de 2 000 habitants, alors qu'ils n'étaient que 58 % il y a vingt ans.

L'emploi

La population active de la France représente aujourd'hui plus de 21,5 millions de personnes ayant ou recherchant un emploi soit 42 % de la population totale. Plusieurs facteurs expliquent cette évolution :

L'arrivée à l'âge adulte des générations nées depuis la guerre. – Les demandes d'emplois émanant des moins de vingt-cinq ans ont crû à un rythme de 12 % par an entre mars 1968 et mars 1973, c'est-à-dire à un rythme bien supérieur à l'augmentation de la population active globale.

La prolongation de la scolarité ralentit un peu ce mouvement puisque, entre mars 1972 et mars 1973, le taux d'activité des jeunes âgés de quinze à dix-neuf ans est passé de 32,3 % à 29,8 %.

Le développement de l'activité féminine. – La part des femmes dans l'activité économique s'accroît considérablement. Elle représente aujourd'hui 38 % de la population active globale (contre 35,6 % en 1970), soit plus de 8 millions de femmes; 53 % des femmes âgées de vingt-cinq à cinquante-quatre ans ont une activité professionnelle.

Les immigrés (3,8 millions environ, dont 1,8 million comptabilisés par le ministère du travail comme actifs) ont un taux d'activité supérieur à celui de la population française hors immigration, et contribuent, par là même, au relèvement du taux d'activité globale.

La proportion des salariés parmi les actifs s'accroît régulièrement : plus de 80 % aujourd'hui contre 76 % en 1968. Plus de la moitié de ces salariés (53 %) sont employés dans le secteur tertiaire (transports, services). La proportion des ouvriers parmi les hommes tend à diminuer et le niveau des qualifications à augmenter (les ouvriers spécialisés représentant 22 % de l'ensemble des ouvriers contre 23,6 % en 1968). En revanche, chez les femmes la tendance est plutôt inverse : augmentation des ouvrières spécialisées et manœuvres, stagnation des ouvrières qualifiées et contremaîtres.

Chez les non-salariés, la part des agriculteurs diminue : les exploitants (hommes et femmes) sont moins de deux millions. Même en y ajoutant les salariés agricoles (360 000), la population active de l'agriculture ne représente plus que 11 % environ de la population active totale (15 % en 1969).

La situation de l'emploi, qui s'était dégradée à la fin de l'année 1973, s'est légèrement redressée depuis; elle est cependant moins bonne qu'il y a un an : le nombre des demandes d'emploi non satisfaites (430 000) est supérieur de 16 % à ce qu'il était au début de 1973. Quant aux chômeurs, qui bénéficient des assurances complémentaires de l'UNEDIC, leur nombre (145 000) a augmenté dans le même temps de 10 % environ.

Chômage accru mais encore limité

L'accroissement du chômage touche surtout les jeunes et les personnes de plus de cinquante ans; il est plus sensible parmi les employés sans qualification du secteur tertiaire que parmi les ouvriers de l'industrie. L'évolution de la situation de l'emploi varie aussi selon les régions. Si l'on compare les demandes et offres d'emploi non satisfaites en janvier 1973, et en janvier 1974, on constate une diminution des offres et une augmentation des demandes, soit une aggravation, dans la région parisienne, le Nord-Pas-de-Calais, la Provence-Côte d'Azur. Dans d'autres secteurs géographiques, en revanche, on observe à la fois un accroissement des demandes et des offres, notamment dans la région Rhône-Alpes, l'Aquitaine, la Lorraine et le Centre. Les branches industrielles les plus fragiles – celles où les licenciements ont été les plus importants – sont le textile, l'habillement et le travail des étoffes. Au total, le chômage demeure assez limité, notamment par rapport à d'autres pays industriels; dans certaines branches, la pénurie d'emploi persiste mais des déséquilibres importants sont à noter. Et les prévisions pour le retour des congés de 1974 demeurent inquiétantes malgré la poursuite d'une certaine croissance.

10 avril 1974

Les écoles et les universités

Les élèves et les étudiants

Enseignement public	10 888 355
Enseignement privé	1 993 382
Total	12 881 737

	Public	Privé	Total
Préscolaire	2 030 655	328 679	2 359 334
Élémentaire	4 054 295	670 206	4 724 501
Spécialisé	235 273	41 333	276 606
Second degré général et technique	3 730 026	932 640	4 662 666
Ens. supérieur (U., prép., T.S., ENI et centres rég. formation, I.U.T., écoles ingénieurs)*	838 106	20 524	858 630

* Certaines écoles ne sont pas toutes comptabilisées.

A ces statistiques du ministère de l'Éducation nationale il faut ajouter :
- l'enseignement agricole (1973-1974) :
  public : 42 910 élèves; privé : 73 660 élèves. Total : 116 570.
- les écoles dépendant du ministère des Armées : 38 650.

Le personnel enseignant (Éducation nationale)

	Public	Privé	Total
1er degré	252 483	36 693	289 176
2e degré	234 273	72 916	307 189
Ec. norm. instituteurs	2 862		2 862
Supérieur univ.	38 499		38 499
	528 117	109 609	637 726

S55 La fin du « désert » culturel

La Corse ne veut plus rester un « désert culturel ». Les jeunes portent sur leur T-shirt « Universita di Corti », et pour la deuxième fois une université d'été s'est tenue à Corte, au lycée. En 1973, les mouvements autonomistes y avaient célébré leur « nuit du 4 août ». Cette année, des professeurs du « continent » ont juré d'enseigner bientôt ici. Et, surtout, un Théâtre de recherche corse, des soirées de poésie contemporaine, ont révélé des jeunes bien décidés à sortir de ce que le romancier Angelo Rinaldi nomme, non sans provocation, un « folklore débile ».

A Bastia, un peintre, plus connu à Paris que prophète en son pays, Piero Graziani, expose ses nuages, sa « poétique voilée », ce que Françoise Choay (une « pinzuta » parisienne) appelle son « univers de phantasmes ». Il prolonge l'exposition durant tout le mois d'octobre pour bien montrer qu'il vise non les touristes mais ses compatriotes. Graziani le peintre, Angelo Rinaldi l'écrivain, Pierre Clementi le comédien, avec bien d'autres, voudraient élargir leur « corsitude », l'ouvrir, convier dans l'île tous ceux que préoccupent les aspirations des civilisations méditerranéennes, Arabes compris. Ces « Corses de la diaspora » (il y en a plus à Marseille qu'à Bastia ou à Ajaccio) tentent difficilement de faire admettre par ceux de l'intérieur que l'on puisse s'épanouir, créer ailleurs, et pourtant rester enraciné.

En même temps, chez les jeunes se dessine un intérêt nouveau pour les tréfonds de l'île. Ils rejoignent les équipes d'archéologues, de chercheurs de protohistoire et, en même temps, commencent à recueillir et à fixer ce que le passé proche recèle de chants, de poèmes, de coutumes et de légendes. Ils appliquent à l'île le constat de Hampaté-Ba sur l'Afrique : « Chaque vieillard qui meurt, c'est une bibliothèque qui brûle. »

Les menhirs

Depuis vingt ans, Robert Grosjean déterre les statues-menhirs et les restes de villes; il tente de retracer ce que fut l'île voici 3 500 ans. En ce temps, les pasteurs autochtones dressaient des menhirs à peine sculptés. Alors, venus on ne sait d'où, débarquèrent des navigateurs et des constructeurs de l'âge de bronze qui ont bâti des forteresses. Les autochtones – est-ce pour conjurer le sort? – ont représenté, figuré, les guerriers ennemis. Ainsi, à Filitosa, ils ont coexisté, ou se sont succédé sur les mêmes lieux. Au murmure de peupliers et de ruisseaux, où l'on descend parmi les fleurs et les troupeaux, le visiteur, soudain, pense à la sérénité d'Olympie. En bas, des statues hallucinantes entourent le plus vieil olivier. C'est peut-être à Filitosa que s'est terminée la mystérieuse odyssée des Torréens, repartis, semble-t-il, on ne sait vers où. Figurent-ils parmi les ancêtres des Corses? A Cucuruzzu, quelques kilomètres plus loin, on a trouvé une autre de leurs forteresses. Près de Sartène, à Cauria, se dressent vingt menhirs, les « debout » (I Stantare) et un dolmen quatre fois millénaire que Prosper Mérimée, déjà, a dessiné.

De quoi poser des interrogations et susciter des vocations d'archéologues. Sans compter les églises, romanes ou baroques, que commencent à déchiffrer des historiens de l'art.

A ce goût pour le passé de pierre se joint l'élan vers une « auto-ethnologie » qui réserve aux jeunes Corses « francisés », c'est-à-dire armés de magnétophones et de caméras, d'amusants mécomptes. Ainsi ce forgeron de village qu'interroge, en bon corse, un étudiant. Le vieux se récuse, renvoie à son fils, moderne lui aussi, puisque mécanicien. « Lui, il saura vous dire; moi, je ne sais rien. » Mais à celui qui feint d'être simplement le chauffeur de l'enquêteur et déploie son habileté mécanique tout en avouant un amour secret pour la ferronnerie, le vieil homme livre volontiers ses tours de main et ses chants rythmés, à demi magiques.

Dans les villages difficiles d'accès subsistent ainsi recettes secrètes, histoires de bandits légendaires, poèmes et, dans les mémoires des vieilles, les « lamenti » funèbres à la mauresque splendeur.

Au sud, les Ajacciens peuvent déjà se montrer fiers d'un musée qui, bientôt, occupera tout l'ancien collège. Là seront exposées les richesses amassées par le cardinal Fesch, oncle de Napoléon. Certes, il ne pillait pas, mais profitait de l'empressement des puissants et des marchands à plaire à la famille de l'Ogre. Accordons aussi à ce prince de l'Église un goût méritoire pour les primitifs et la Renaissance italienne, que son époque dédaignait.

Un institut de recherches

Une conservatrice jeune, dynamique, à demi Corse (ce n'est pas indifférent ici), a déjà mis en valeur la « Vierge à la guirlande », de Botticelli jeune, une « sainte Claire », de l'école de Giotto, et surtout une singulière « Madone à l'orchestre » siégeant sous un dais d'or, chef-d'œuvre de Boccatis de Camerino. Toutes les expositions du XVe siècle empruntent ce tableau..., mais qui se souvient qu'il vient d'Ajaccio?

Récemment, séduit par la rénovation du musée, un collectionneur danois lui a fait don d'un ensemble unique d'objets du « culte bonapartiste » clandestin de la Restauration. Cette noix d'ivoire qui, ouverte, révèle l'idole, ces triptyques enfermés dans des objets de toilette, font penser au portrait de Bonaparte que cachait Julien Sorel... et sans doute Stendhal lui-même. A quoi s'ajoutent les caricatures sculptées, peintes, gravées, dessinées, soufflées, que le maître de l'Europe suscita à travers le monde.

Le musée une fois achevé pourra permettre des concerts : le cardinal Fesch a laissé notamment un « pianoforte » dont Chopin et Liszt auraient rêvé. Peut-être pourra-t-on faire évoluer les goûts d'un public qui emplit le charmant et bon enfant « Son des guitares », de Bonnelli, mais boude les récitals classiques? Surtout, la conservatrice espère adjoindre au musée un institut de recherches.

Des T-shirts des jeunes, autonomistes par révolte contre le désintérêt officiel, jusqu'aux institutions, la nouvelle région, l'éternelle île de Beauté, exige d'apprendre à connaître et de faire reconnaître, de la préhistoire aux tentatives d'aujourd'hui, l'existence et l'urgence de son besoin culturel.

DOMINIQUE DESANTI

1er janvier 1975

S56-57 « L'impérialisme linguistique » de la France

Offensive sur quatre fronts

La politique linguistique suivie par la France à l'étranger comporte des offensives distinctes menées sur quatre fronts au moins, et qui comportent chacune des possibilités d'actions de la part d'organismes officiels :

1) Un effort de créativité visant à conserver à la langue française sa vitalité grâce à l'élaboration d'un vocabulaire et d'expressions adaptés aux changements rapides qui interviennent dans le domaine des sciences, de la technologie, des arts, des communications. Il s'agit aussi de dresser une ligne de défense, afin de préserver de tout anglicisme et autre barbarisme un vocabulaire essentiellement latin;

2) L'usage du français dans tous les organismes internationaux appropriés où il doit conserver son rôle de langue officielle, voire sa prééminence, partout où cela est possible, comme par exemple au sein de la Communauté économique européenne;

3) La promotion de l'enseignement du français, assortie de subventions si besoin est, et réalisée autant que possible dans le cadre des établissements scolaires d'autres pays, même en Europe orientale;

4) L'expansion des cinq principales langues romanes grâce à une formule de soutien mutuel assuré partiellement par un organisme créé à cet effet et connu sous le sigle de FITRO (Fonds international des terminologies romanes). Le programme commun adopté par les représentants de l'Italie, du Portugal, de la Roumanie et de l'Espagne, outre ceux de la France, fait écho à certains aspects de la politique linguistique française.

Comme toutes les entreprises humaines, chacune de ces quatre offensives a ses points forts, ses défauts et donc ses sujets d'ironie.

La première des offensives françaises, celle qui vise l'enrichissement de la langue elle-même, est, en fait, une nécessité. Elle suppose un effort de créativité, comme il se doit, et elle sera probablement couronnée de succès dans la mesure précisément où la création prendra le pas sur une simple attitude défensive à l'égard des produits d'importation.

Mais, si l'on examine les listes de mots – publiées au *Journal officiel* du 18 janvier 1973 – dont l'usage est imposé ou recommandé, certains problèmes sautent aussitôt aux yeux. Certes, nombre de mots préconisés ne sont rien d'autre qu'une bonne version française de termes anglais de même origine – ainsi, *« zonage »* au lieu de *« zoning »*, pour prendre un exemple particulièrement banal; il ne se présente là aucune difficulté.

Mais il en va tout autrement dans le cas d'un terme journalistique tel que *« scoop »*, auquel le gouvernement français entend substituer *« exclusivité »*. Tout d'abord, *« scoop »* est souvent utilisé comme verbe, ce dont la liste officielle ne tient pas compte, le mot étant uniquement tenu pour un substantif. Ensuite, bien que *« scoop »* signifie généralement « exclusivité », ce n'est pas toujours et nécessairement le cas. En réalité, ce terme, appliqué à une nouvelle, exprime souvent le fait qu'un organe d'information a réussi à rendre compte d'un événement important avant ses concurrents (ce qui ne lui vaut pas la possession de droits exclusifs quelconques).

Ainsi, on peut dire, par exemple, que l'Agence France Presse et Reuter ont *« scooped »* (grillé) tous leurs concurrents, lorsque ces deux agences ont publié telle ou telle nouvelle dix minutes avant les autres. Le récit de l'événement n'a fait l'objet d'aucune exclusivité, ni à ce moment-là ni plus tard, mais il n'en a pas moins constitué un « scoop ».

En revanche, il existe des exclusivités qui ne sont en aucune façon des « scoops » : les droits de reproduction en feuilleton, par exemple, d'un livre déjà mis en librairie. De toute manière, ces considérations négligent un fait essentiel : le mot « scoop » possède une saveur et une couleur que ne peut jamais rendre un substitut polysyllabique puisé dans le vocabulaire existant, à supposer même que sa signification exacte soit respectée.

Le souhait exprimé dans le même texte par le gouvernement français de voir le terme *« oriel »* remplacer *« bow-window »* (ou *« bay-window »*) peut prêter à quelque ironie. Ne s'agit-il pas là d'un anglicisme? Je ne trouve pas le mot « oriel » dans le *Petit Larousse,* édition de 1972, pas plus que dans le classique dictionnaire français-anglais Harrap, ce qui donne, pour le moins, à penser que le terme n'est pas d'usage courant en français. Par contre, on le trouvera dans tous les bons dictionnaires américains, selon lesquels il provient du moyen-anglais, qui l'a emprunté au vieux français, qui l'a lui-même tiré du latin médiéval. A cette époque, il signifiait « galerie » ou « corridor ». Il semble que ce soit à la suite de son séjour dans les langues anglo-saxonnes qu'il en est arrivé à désigner une fenêtre en saillie.

Bien que cette signification lui soit venue d'ailleurs, il s'agit néanmoins d'un mot d'origine française (et latine). A mon sens, c'est là un excellent exemple de ce que peut être l'expansion créatrice du vocabulaire : voici un mot originaire du pays et de la langue où il revient; il est plus court que le terme importé qu'il remplace, et, grâce à lui, le français et l'anglais posséderont en commun un mot de plus qui – dans ce cas particulier – aura la même signification dans les deux langues.

La deuxième offensive – qui vise le maintien et le renforcement du rôle joué par le français dans les contacts officiels – a été récemment mise en évidence lors de l'entrée de la Grande-Bretagne dans le Marché commun. Du fait de cette accession, l'anglais est devenu – en toute égalité – l'une des langues officielles de la C.E.E. Mais l'on rapporte qu'en vertu d'un accord officieux le français continue d'être la langue de travail de l'organisme – langue que doivent connaître, tout au moins en principe, les fonctionnaires britanniques nommés à Bruxelles.

Cependant, l'accord de Bruxelles va à l'encontre d'une tendance que les responsables officiels français ne connaissent que trop bien. Selon une étude citée par la revue *The Economist* en janvier 1972, les adultes qui, en Europe de l'Ouest, déclarent parler l'anglais en plus de leur langue maternelle, sont aujourd'hui plus nombreux que ceux dont le français est la seconde langue. Exprimée en pourcentage, la différence est faible : 29 % pour l'anglais contre 27 % pour le français. Mais si, selon un adage bien connu, les conquérants précèdent les commerçants, le commerce, lui, ouvre la voie à vocabulaire. Or, les affaires de la Communauté ressortissent surtout, jusqu'ici, au domaine de l'économie, où la prédominance de l'anglo-américain sur les autres idiomes est considérable.

Un don inestimable

La troisième offensive revêt un aspect plus traditionnel. Connaître au moins une des principales langues étrangères, cela fait partie, depuis des centaines d'années, du bagage scolaire obligatoire en Europe occidentale et même, dans une certaine mesure, aux États-Unis. Il est superflu de souligner la place enviable occupée par le français pendant près de deux siècles, où il a été la pierre de touche de la bonne éducation, de la civilisation et de la culture.

A tous ces égards, le français est l'une des langues dont la connaissance s'avère la plus précieuse, et les généreux efforts du gouvernement et du contribuable français pour la diffuser dans l'ensemble du monde constituent un don d'une valeur inestimable fait par la France aux peuples des autres pays.

Les résultats de la quatrième offensive – celle qui suppose l'appui mutuel que se prêtent, au bénéfice des langues romanes, les cinq principaux pays qui les utilisent – devraient, pour leur part, être fonction de la vigueur de chaque langue, compte tenu de sa contribution spontanée aux autres, plutôt que d'efforts lexicographiques collectifs. Les expressions bien frappées, les mots colorés, les termes et les phrases dont le besoin se fait sentir voyagent rapidement et sont vite adoptés par d'autres langues; les locutions médiocres disparaissent tout aussi rapidement. Que l'entreprise soit justifiée ou non sur le plan purement linguistique, la prise en compte du roumain à elle seule rendrait l'investissement rentable. Malgré les efforts et les travaux des négociateurs, qui mettent laborieusement au point la conférence sur la sécurité et la coopération en Europe, les contacts avec les peuples d'Europe orientale demeurent ténus et rares. En raison de son héritage latin, la Roumanie forme, au milieu d'une mer linguistique et culturelle slave, une île dont la valeur est immense, tant pour ses habitants eux-mêmes que pour le reste du monde, car elle constitue, entre deux importantes cultures, un maillon qu'il est indispensable d'entretenir et de préserver par tous les moyens possibles.

Quelles que soient les réponses que recevront ces questions, une chose est sûre : les changements ne s'arrêteront pas là. Avec de la chance, ils permettront à la langue française de conserver sa vitalité, de poursuivre son développement et d'être lue et parlée par un nombre toujours croissant d'adeptes autour du globe.

Si c'est là de l'impérialisme linguistique, vive l'impérialisme! La connaissance d'une langue nouvelle est la voie d'accès à un nouveau monde. Qu'on l'appelle ou non impérialisme culturel, l'effort déployé par la France pour la diffusion de sa langue équivaut, en définitive, à un véritable partage de ses richesses. Puisse cet effort se poursuivre et fructifier!

BURNETT ANDERSON

2 janvier 1975

Les principales langues

Sur la base des travaux de divers experts, on peut avancer les estimations suivantes quant au nombre des personnes parlant les principales langues :

Chinois	950 000 000
Anglais	350 000 000
Russe	206 000 000
Hindou	200 000 000
Espagnol	192 000 000
Allemand	120 000 000
Bengali	108 000 000
Portugais	107 000 000
Japonais	105 000 000
Arabe	104 000 000
Français	82 000 000
Italien	66 000 000

UN AN APRÈS LA DISSOLUTION DES DEUX F.L.B.

S58-59 Les autonomistes bretons ont reconstitué leurs forces

Rennes. – A ceux qui lui font observer combien le mouvement breton est divisé et hétérogène, M. Alain Le Louarn, qui milite dans ses rangs depuis plusieurs décennies, rappelle que *Breiz* ne signifie pas seulement *Bretagne* mais aussi *morcelé*, et que ce n'est sans doute pas tout à fait un hasard. Il ajoute : *« Pourquoi le peuple breton se sentirait-il représenté, exprimé, par un seul mouvement politique? Nous n'avons finalement pas plus de partis, de tendances, de fractions, que les Français. »*

« Les Français » : le clivage entre ceux qui, à l'intérieur de ce courant, se sentent exclusivement bretons, et ceux qui, peu ou prou, admettent leur citoyenneté française tout en contestant vivement l'organisation territoriale de la France, est cependant trop imprécis, compte tenu de toutes les nuances intermédiaires qui existent, pour que l'on puisse fonder sur lui seul une classification. « Bretons seulement » et « Français quand même » cohabitent en effet dans la plupart des organisations autonomistes et régionalistes.

De plus, si divers soient-ils, les différents mouvements se rencontrent assez facilement, toutes divisions surmontées, sur certains terrains d'entente privilégiés, comme la défense solidaire de tout militant inquiété, même si le coup de main pour lequel il est poursuivi suscite des réserves, et l'exaltation de la langue et de la culture bretonnes. Plus récemment, un nouveau thème a fait son apparition et mobilise de nombreux Bretons, même fort peu acquis aux thèses autonomistes : la protection de l'environnement. C'est ainsi, par exemple, que la campagne contre l'implantation de la centrale nucléaire d'Erdeven mais aussi les polémiques autour des conséquences écologiques du remembrement et de l'arrachage des haies alimentent la propagande des différents mouvements en arguments contre *« les technocrates de Paris »*. Dans le même temps, l'importance du domaine militaire, le sous-équipement routier, les prix agricoles et le chômage sont présentés comme autant de conséquences d'une condition quasi-coloniale de la Bretagne.

Au niveau des méthodes d'action – et de l'influence respective des groupes –, les distinctions deviennent plus perceptibles.

La tentation de l'activisme

Le Front de libération de la Bretagne, ou plutôt *les* F.L.B. (puisque l'un se réclame de l'Armée révolutionnaire bretonne et l'autre de la Libération nationale par le socialisme), constitue, parmi les grands mouvements bretons, celui qui est sans doute le plus tenté par une certaine forme d'activisme. Encore la montée des « jeunes », qui n'est pas étrangère à ce phénomène, n'a-t-elle pas été acceptée sans réserves par les « anciens ». Ces derniers sont en effet enclins à penser, parfois, que les actions violentes menées récemment par leur organisation ne sont pas psychologiquement du meilleur effet sur l'ensemble de la population. De leur côté, les éléments les plus jeunes et les plus remuants du F.L.B. font volontiers observer en retour que la tradition activiste du mouvement breton, qui remonte pour le moins aux luttes contre-révolutionnaires de la fin du dix-huitième siècle, s'est trouvée particulièrement illustrée par leurs aînés, à une époque d'ailleurs fort équivoque de l'histoire de la région. Ce qui vaut par exemple à M. Yann Goulet, condamné à mort par contumace à la libération, de vivre depuis cette époque en Irlande.

Il reste qu'un an après sa double dissolution par le conseil des ministres du 30 janvier 1974, le F.L.B. existe toujours. Ses deux dendances se confondent dans la plupart des actions. L'Armée républicaine bretonne est devenue *« révolutionnaire »* pour conserver son sigle. Plasticages et manifestations diverses se succèdent, sans parvenir – et de loin – à créer cette situation à l'irlandaise dont rêvent les plus activistes de ses membres. Le F.L.B. demeure en liaison avec l'IRA, et, dans une moindre mesure, avec les mouvements basques, occitans et corses. Le passage à des actions plus violentes ne serait pas techniquement impossible, s'il l'est sans doute politiquement pour l'instant. Des réserves d'armes, sans atteindre le caractère considérable que leur prête parfois une certaine mythologie populaire bretonne, ont été constituées, mêlant reliquats des vieux stocks et achats les plus récents (un pistolet ou un revolver se vend actuellement 500 à 600 F à Rennes, et une arme automatique peut atteindre 3 000 F).

Politiquement, le F.L.B. se situe lui-même à gauche, même si tel n'est pas le cas de tous ses cadres. Il a volontiers tendance à considérer le P.C. comme l'émanation d'un *« social-chauvinisme »,* peu différent du *« national-populisme gaulliste »,* mais *« suit avec une particulière attention les efforts d'implantation du P.S. en territoire breton »* en ce qui concerne la tendance L.N.S. (Libération nationale par le socialisme).

Apparemment plus sage, mais aussi plus « structurée », l'Union démocratique bretonne est une association régie par la loi de 1901 et a pignon sur rue. Ses références au marxisme sont plus explicites que chez la plupart des autres mouvements bretons. Le 3 février dernier, à l'issue d'une réunion avec des représentants de l'Union du peuple galicien et de l'Irish Republican Movement, ses dirigeants ont cosigné une déclaration qui appelle à *« l'union entre les peuples opprimés d'Europe »,* victimes d'une *« situation impérialiste »,* et se termine par une formule très voisine de celle du Manifeste du parti communiste : *« Prolétaires de tous les pays et peuples opprimés, unissez-vous! Vive l'internationalisme prolétarien! »*

L'U.D.B. axe actuellement sa campagne sur la défense de l'emploi et sur la lutte contre *« la militarisation de la Bretagne ».* Essayant de se tenir à égale distance de l'activisme bruyant des uns et des querelles byzantines des autres, notamment à l'extrême gauche du courant autonomiste, elle occupe une place importante au prix d'une situation inconfortable. La recherche de l'efficacité lui impose, en effet, un certain nombre de contraintes, parmi lesquelles le maintien de sa discipline intérieure, le respect de sa cohésion, le contrôle absolu de toutes les actions menées en son nom, et, naturellement, la poursuite de relations régulières avec des formations politiques bretonnes, nationales ou étrangères, dont elle se sent proche. Les regroupements qui sont aujourd'hui en cours à l'extrême gauche du mouvement breton l'intéressent, mais c'est le type même de débat dans les méandres « gauchistes » desquels elle ne veut pas se perdre.

P.C.B. et S.A.V.

Encore ce regroupement, lui non plus, n'échappe-t-il pas totalement aux ambiguïtés générales du mouvement breton. Il concerne, pour l'instant, cinq formations : les comités d'action bretons, Sav Breiz, Stourm Breiz, le parti communiste breton et Strollad Ar Vro. Or les différences entre ces deux dernières organisations, par exemple, sont considérables. Le P.C.B., qui n'a évidemment rien à voir avec le parti communiste français, est un groupe d'inspiration marxiste-léniniste, hostile à l'union de la gauche. Il est surtout implanté à Rennes. Strollad Ar Vro, au contraire, mieux organisé à Saint-Brieuc et sur la côte nord de la Bretagne, veut jouer le rôle d'un véritable parti. Présent aux élections législatives, se situant *« dans l'opposition de gauche »,* tenant congrès et multipliant les affichages et les communiqués. S.A.V. (« debout » en breton) s'apparente aux formations régionalistes favorables au *« fédéralisme européen »,* comme il en existe notamment en Alsace. Pour conserver son caractère de véritable parti, conforter sa (modeste) situation électorale et étendre son recrutement, il est conduit à adopter des positions souvent moins tranchées que celles de ses partenaires autonomistes, avec qui il est à la recherche d'un *« programme commun breton »;* les discussions préparatoires à la rédaction d'un tel document risquent d'être fort longues et embarrassées. Neuf réunions ont déjà eu lieu à ce sujet...

De nombreuses autres organisations existent. L'une d'elles, l'ADSAV 1532, animée principalement par Mlle Marie-A. Kerhuel, exerce une influence particulière dans les milieux bretons, du fait notamment de la diffusion de son bulletin d'information. Elle prétend *« faire respecter les droits que la Bretagne tient du traité d'union avec la France »* signé le 15 octobre 1532. D'autres organisations sont surtout préoccupées de questions culturelles (encore que la défense de la culture bretonne prenne presque toujours un caractère de revendication politique). C'est le cas par exemple de Bodadeg Ar Sonerion et War'l Leur, qui regroupent à elles deux plus de cent vingt associations folkloriques et de culture populaire bretonne.

Quant à la réforme régionale, elle provoque chez les autonomistes bretons, qu'ils soient véritablement séparatistes ou non, des sentiments mêlés. Beaucoup n'y voient qu'une tentative du pouvoir central pour masquer son emprise territoriale et accessoirement faire endosser aux élus locaux la responsabilité de quelques impôts nouveaux. D'autres cependant, comme M. Pierre Roy, membre de Strollad Ar Vro et éditeur de la revue régionale *Breiz,* sont tentés *« de saisir quand même cette chance et d'obliger Paris à reconnaître le fait breton ».* Tous se retrouvent en tout cas pour s'indigner que la Loire-Atlantique et sa préfecture, Nantes, l'une des anciennes capitales de la Bretagne, appartiennent désormais, administrativement, à une autre région, les Pays de la Loire.

Nourri d'histoire, de traditions, de culture populaire, mais alimenté aussi par les erreurs et les insuffisances de l'aménagement actuel de la région, l'autonomisme breton, rassemblé dans l'amour de la Bretagne, est encore assez divisé sur presque tout le reste. Au-delà des péripéties, d'attentat en dissolution et de manifestation en Fest-Noz (fêtes folkloriques nocturnes, au succès grandissant), il continue de se chercher.

BERNARD BRIGOULEIX

22 janvier 1975

S60 Les Français et la lecture

Le service des études et recherches du secrétariat d'État à la culture vient de faire paraître les résultats d'une enquête par sondage menée, à la fin de 1973, auprès des Français âgés de quinze ans et plus sur leurs pratiques culturelles. Le rapport renferme une part non négligeable de données relatives à la pratique de la lecture. Si ces données, comme tous les résultats d'enquêtes par sondage, doivent être accueillies avec circonspection, dans la mesure où, en particulier, elles privilégient le quantitatif sur le qualitatif, elles n'en donnent pas moins des indications intéressantes sur la progression ou la stagnation de la lecture en France. Elles infirment dans certains cas, elles confirment dans d'autres le bilan peu encourageant qui a pu être dressé de la situation de notre pays dans ce domaine, si on le compare à celui des autres grandes nations industrielles, en particulier anglo-saxonnes.

Il ne paraît plus vrai de dire, comme on le fait paresseusement depuis une dizaine d'années, que 57 % des Français, soit plus d'un Français sur deux, ne lisent jamais de livres. Selon les résultats de ce sondage, en 1973, 69,7 % de la population, soit sept Français sur dix, sont des lecteurs de livres. En revanche, le pourcentage des possesseurs de livres au foyer est de 73,1 %, soit près de trois Français sur quatre. Il y a là un décalage explicable par le fait soit que certains héritent de bibliothèques familiales qu'ils conservent sans les lire, soit qu'ils achètent des livres-club ou des encyclopédies qu'ils n'ouvrent pas davantage, soit qu'ils fassent l'acquisition de plus de livres en format de poche qu'ils n'en consomment.

La possession comme la lecture de livres sont évidemment fonction du milieu social (plus importantes chez les cadres que chez les ouvriers, on s'en doute), du lieu de l'habitat (plus développées à la ville qu'à la campagne), et elles sont associées à la présence au foyer d'autres biens d'équipement culturels (télévision, caméra, disques, œuvres d'art, etc.).

La possession et, à un degré moindre, la lecture de livres sont encore une marque d'aisance.

Le désert culturel se situe toujours dans les milieux agricoles, chez les ouvriers non qualifiés et, surtout, chez les retraités (44 % des inactifs de plus de soixante ans ne possèdent et ne lisent aucun livre).

Les livres possédés comprennent, par ordre de fréquence chez les personnes interrogées, des dictionnaires ou encyclopédies, des romans policiers, d'espionnage ou de science-fiction, des romans, des classiques, des livres d'histoire.

En quantité de volumes, ce sont les policiers qui arrivent en tête, principalement dans les milieux agricoles, ouvriers, et chez les patrons et commerçants.

Un fort pourcentage des détenteurs de livres gardent des livres de poche en quantités variables, mais qui ne dépassent pas, pour près de la moitié d'entre eux, quarante volumes.

A l'encontre des idées reçues, on lit moins en week-end et en vacances qu'en semaine, chez soi, et presque pas dans les transports en commun.

Les émissions littéraires à la télévision sont peu regardées : pour 9,2 % seulement, la population étudiée les suit régulièrement, 43,8 % ne s'y risque jamais.

De même, les revues spécialisées (littéraires, artistiques, scientifiques, historiques) ne sont lues, souvent ou de temps en temps, que par 22,7 % de la population. Elles échappent totalement à 70 % des lecteurs ou non-lecteurs de livres.

Un Français sur deux seulement (on retrouve là notre pourcentage d'origine) achète des livres. Ce qui suffirait à expliquer la crise actuelle de l'édition et de la librairie.

En revanche – et c'est là un phénomène très encourageant, – le pourcentage des Français inscrits à une bibliothèque est passé de 9,1 % en 1967 à 13,2 %, ils s'adressent d'abord aux bibliothèques municipales, puis aux bibliothèques d'entreprises, paroissiales, bibliobus, etc.

Autre remarque intéressante, la lecture publique ne concurrence en rien la lecture privée, la majorité des usagers des bibliothèques (60,5 %) possèdent plus de cent livres à leur domicile. Ils en sont les plus gros « consommateurs » (près de 70 % lisent entre vingt-cinq et cinquante volumes par an) et les plus réguliers acheteurs.

Enfin, alors que les policiers arrivent ailleurs en tête des livres possédés ou lus, chez les usagers des bibliothèques, les romans l'emportent (41,3 %). Et les classiques (21 %), l'histoire (20,2 %), les sciences et techniques (19,3 %), ne sont distancés que de peu par les policiers (24 %).

En conclusion, une constatation s'impose : c'est par la lecture publique, donc par l'implantation et le développement d'un réseau serré et attractif de bibliothèques, que l'édition et la librairie trouveront à moyen et à long terme, le vrai remède à la crise qui les affectent.

PAUL MORELLE

28 février 1975

LA RÉFORME DU DIVORCE

S61-62 Le projet de loi ne mentionne plus l'adultère et atténue la notion de torts exclusifs

Disparition de l'adultère – en droit –, déclin de la notion de faute, possibilité d'allouer une indemnité à l'époux, même s'il est jugé responsable, sont les principales modifications apportées au projet de réforme du divorce qu'a adopté le conseil des ministres mercredi 9 avril. Un premier examen avait eu lieu le 19 février, à l'issue duquel le président de la République avait demandé que le texte soit « réécrit en langue contemporaine ». On est allé plus loin.

Il reste donc à organiser, comme l'a promis le 19 février le chef de l'État, le « dispositif assurant une garantie effective » du versement des pensions alimentaires.

Le déclin de la faute

Alors que le projet de réforme du divorce soumis au conseil des ministres le 19 février devait uniquement être *« réécrit en langue contemporaine »*, conformément au souhait du président de la République, c'est en fait un texte quelque peu différent qui a été adopté.

A la faveur de modifications de formes, un certain nombre d'innovations de fond ont été dans le même temps apportées au texte initial. De sorte que le nouvel examen ministériel, autant que celui du Conseil d'État le lundi 7 avril – dont jamais il ne fut clairement indiqué qu'ils auraient l'un et l'autre lieu, – a sa raison d'être. Que le Conseil d'État n'ait pas fait preuve cette fois-ci d'une grande curiosité, que le conseil des ministres ne doive pas être le théâtre de débats animés, n'ôte rien à cette constatation que le projet définitif va plus loin que le précédent.

Dans les formes d'abord. Un chat est appelé un chat, et le *« divorce par requête conjointe »*, plus honnêtement désigné sous le nom de *« divorce par consentement mutuel »*. Il est même placé au premier rang des causes de divorce. Il en était auparavant la dernière, alors que le divorce sur faute, qui était la première, est, elle, reléguée au dernier rang. Ce n'est visiblement pas qu'un souci de construction mais l'observation que la primauté reconnue à la faute en cette matière avait donné des résultats peu satisfaisants. Ou bien les époux mentaient, ou bien ils se fâchaient à mort, au détriment évidemment des biens qui leur avaient été communs et des enfants qui ne pouvaient cesser de l'être.

L'adultère paraissant définitivement évanoui (puisqu'il n'en est plus fait mention dans la liste des fautes, non plus que des *« sévices et injures »*), le désir de vider de son contenu la notion de faute apparaît, bien que cela ne sau-

QUELQUES STATISTIQUES ÉTRANGÈRES (*)

	Population (en millions)	Mariages-an (en milliers)	Divorces-an (en milliers)	Age moyen des divorcés	Durée des mariages rompus (moyenne)	Nombre d'enfants des divorcés	Durée de la procédure (moyenne	Avocat obligatoire	Coût de la procédure (moyenne en francs français)	Causes principales	Taux de paiement des pensions en % ou évaluation	Garde à la mère en %	Date de la loi en vigueur
ALGERIE	16	1971=84,7 1972=96,9	1971=12,4 1972=13,5	–	–	–	1 à 6 mois	Non	560	Adultère, sévices, répud., consentem. mutuel	70	99	1959
BELGIQUE	9,8	1973=72,8	1973=8,5	34 ans	9 ans	2	2 ans	Non	1 200	Consentem. mutuel, sépar. supér. à 10 ans, démence.	70	84	1-2-1975
GRANDE-BRETAGNE	54,2 (1972)	1972=468,3	1972=124,5	H. = 40,1 F. = 37,6 (Sauf Ecosse)	14 ans (Sauf Ecosse)	1,6 (Sauf Ecosse)	3 mois à 3 ans	Non	165 (frais) + 720 à 820 (honoraires)	« échec du mariage », abandon supér. à 2 ans	Très élevé	–	1971
ISRAEL	3,1 (dont 0,46 non juifs (1971)	1973=26 dont 2,4 non juifs	1973=2,4 dont 0,2 non juifs	H. = 39 F. = 34 (1972)	5 ans 3 mois (1972)	1,7	10 jours si consentement mutuel	Non devant le tribunal rabbique		Consentem. mutuel et contrat de sépar., infirm., stérilité.	–	–	Ancien testament
ITALIE	54 (1971)	1973=419 1974=411	Voir note (1)	–	Voir note (2)	–	4 à 18 mois	Oui	1 700 à 6 800	Sévices, sépar. supér. à 5 ans.	–	77	1-12-1970
PAYS-BAS	14	1971=122 1972=117	1971=11,5 1972=15 1974 (9 mois) =20 000	–	8 ans	1,5	3 mois et 1 an ou plus	Oui	3 600	–	Très élevé	90	1-10-1971
R.F.A.	62	1972=415 1973=394,5	1972=86,6	H=36,9 F.=34	–	–	63 % = 3 mois 21,5 % = 3-6 mois 13,2 % 6 mois-1 an	Oui	2 400	Consentem. mutuel.	–	90	1-3-1946
SUEDE	8,2	1973=38 1974=45	1973=16 1974=26	H.=37 F.=33,5	–	1,8	15 jours si consentement mutuel	Oui	De 490 à 3800	Consentement mutuel.	Prélèvement possible par l'État	–	1-1-1974

(*) Les chiffres que nous publions ont été transmis par nos correspondants.
(1) Depuis la promulgation de la loi italienne (1-12-1970) jusqu'à fin 1974, 92 188 demandes de divorce ont été déposées et 66 641 acceptées.
(2) Sur 48541 divorces, 32 907 avaient été prononcés avant dix ans de mariage.

tera pas aux yeux, dans un article introduit au cours des négociations interministérielles fréquentes qui eurent lieu entre le 19 février et le 9 avril.

Un article 280-1 indique, en effet, que l'époux jugé entièrement coupable de divorce peut cependant *« obtenir une indemnité à titre exceptionnel »* si, compte tenu d'un apport durable au mariage, il paraît inéquitable de lui *« refuser toute compensation pécuniaire »*.

La jurisprudence semble indiquer sans ambiguïté qu'une indemnité peut être accordée sous forme de rente, autrement dit une pension régulière pour ne pas dire alimentaire. Au moins en germe, il ne reste plus grand-chose de la notion de torts exclusifs. D'autant plus que, tout au long du projet de loi, le juge est largement incité à écarter cette référence à la faute.

La garantie de paiement

Ainsi, le projet du gouvernement est-il de nature à rejoindre les préoccupations de l'Association nationale des avocats de France qui, en février, avait fait valoir que, dans l'état actuel des choses, le divorce, fût-il répudiation, était avant tout « le problème de la situation pécuniaire de la femme ».

Mais c'est dire aussi combien ce texte est incomplet, combien fût-il *« réécrit en langue contemporaine »*, il reste un travail de juriste puisqu'il ne prévoit pas le moyen de le faire respecter et entrer dans les faits.

Or, les faits, c'est le défaut trop répandu de paiement des pensions alimentaires. Les femmes sont pour l'instant les victimes presque uniques de ces défaillances.

Certaines épouses font montre d'une grande âpreté, parfois illégitime, à réclamer des prestations indues. Certaines associations en tirent argument pour juger incongru tout mécanisme qui assurerait le versement de ces pensions. C'est cette garantie de paiement cependant, dans la condition où sont une partie des femmes qui n'ont pas vécu dans le souci de l'autonomie, qui, seule, fera de ce projet mieux qu'une belle construction juridique. C'est ainsi que sera respecté « l'esprit de Rambouillet », selon lequel, au terme du séminaire du gouvernement, les décisions doivent recevoir une application effective.

PHILIPPE BOUCHER

10 avril 1975

NOUVELLES IMAGES URBAINES POUR LES HALLES

S63-64-65 Paris à l'ère de l'architecture subreptice

De toutes les entreprises architecturales en cours dans Paris, celle qui fascine le plus les étrangers en visite est sans aucun doute le « trou des Halles » : 400 mètres sur 200 et plus de 20 mètres de profondeur. Par quoi va-t-on combler ce cratère qu'une explosion atomique semble avoir creusé? Tant de terre retournée ne saurait présager que la montée de quelque chose de grand. Ce « monument en creux » a déjà allumé les imaginations. Il est devenu un spectacle en soi, que les badauds contemplent à travers les palissades et au fond duquel une fourmilière d'ouvriers casqués a déjà placé les premières dalles de la future station du R.E.R.

De ce « spectacle », nous avons aujourd'hui le complément, les trois maquettes du projet des Halles exposées pour quelques jours seulement – mais pourquoi pas davantage? – à la salle des Cariatides de l'Hôtel de Ville. On touche alors du doigt le changement intervenu, depuis la mort de Georges Pompidou, dans le domaine des idées sur l'architecture parisienne. Le projet initialement lancé devait remplir à ras bords, pour les rentabiliser, ces quelques arpents de terre du centre de Paris qui valent leur pesant d'or : le nouveau président de la République demande de faire table rase des anciennes conceptions et de créer un jardin. Autrement dit, un espace urbain non rentable qui brise avec le système du fonctionnalisme utilitaire primaire, bref, une « folie », dans tous les sens du terme. Une « folie » de quelque six cents arbres dont l'implantation est estimée à 25 millions de francs.

Mais une fois l'idée lancée, l'intendance a dû songer à en rééquilibrer l'économie; le Conseil de Paris a imposé un programme « réaliste » d'espaces « utiles », évalué à 320 millions hors taxes, dont le produit permettra de financer le « luxe » gratuit des jardins[1]. Cent cinquante appartements en accession à la propriété, un centre des antiquaires, un espace d'exposition à louer (10 000 m^2, soit presque autant que le Musée d'art moderne du centre

Georges-Pompidou), des équipements de sports et de loisirs (piscine et patinoire olympiques), un central téléphonique...

Trois équipes d'architectes et de paysagistes ont donc été incitées à réfléchir sur l'allure à donner à ce centre de Paris, que le président de la République a choisi de mettre au vert pour lui éviter le traumatisme de l'architecture dite « moderniste ». Mais la mise à nu du terrain a créé un fait inattendu : Saint-Eustache, l'église de Saint-Eustache, naguère dissimulée derrière de petites constructions, apparaît soudain comme un superbe monument « tout neuf » implanté obliquement avec des arcs de contrefort gothiques de grande allure. Le désencombrement de ses abords fait apparaître à l'évidence le hiatus qu'aurait provoqué la juxtaposition de l'architecture « moderniste » qu'on était prêt à laisser monter, il y a peu, au temps où une économie en expansion favorisait l'implantation, ici aussi, de mètres carrés de bureaux, par dizaine de milliers. L'architecture du « refroidissement » est une architecture verte. Et « verts » sont les trois projets exposés, chacun à sa manière, selon la réponse donnée à ce changement de doctrine en architecture. Il en est deux principales : créer une architecture qui *« accompagne »* celle du quartier, qui *« aille avec »* comme une cravate va avec un costume; ou bien bâtir *« contre »* de façon à bien manifester l'apport esthétique du moment.

La terreur du pastiche

Le projet de la SEMAH (architecte B. de la Tour d'Auvergne) n'y va pas par quatre chemins. D'un côté, la nature, un paradis perdu anglais en bouquets d'arbres pour citadins en mal de beauté sauvage et, de l'autre, la franchise moderniste. Le « forum », cratère carré résidu de l'ancien projet, dont l'architecture en pyramide renversée est une donnée mitigée, a été agrandi et monumentalisé. On en a fait une excroissance vitrée oblique, image d'une géométrie moderniste qui aurait tout aussi bien pu convenir à la Défense ou ailleurs. Autour, des bâtiments à peine esquissés mais d'allure « [illegible] brutaliste », qui introduisent une rupture avec l'environnement, certes [illegible] relative, mais une rupture.

Cette architecture géométrique, on pouvait s'y attendre : c'est la norme. L'équipe de l'A.P.U.R. (architectes : MM. J.-C. Bernard et Mitrofanoff) a pris un parti inattendu. Pour l'implantation urbaine, elle affirme d'abord un axe oublié, celui de la rue des Halles qui va de Châtelet à Saint-Eustache. C'est le rythme oblique du tissu urbain ancien que justement Baltard avait délibérément rompu en implantant ses douze pavillons carrés sur une trame orthogonale. Les hauts parapluies de fer abattus, l'espace de ce centre a soudain retrouvé sa direction de guingois. Les architectes de l'A.P.U.R. l'ont soulignée, découvrant qu'elle donne l'illusion d'un espace plus vaste, et, partant, d'un jardin plus étendu, de plain-pied avec le quartier. On retrouve le même nombre d'arbres chez les uns que chez les autres : six cents environ, où domine le tilleul argenté, arbre odorant et fleurissant qui résiste à la pollution urbaine contrairement aux conifères trop fragiles. Entre le jardin et le forum (lequel apparaît ici relativement plus discret et aéré), une dalle de quelque 150 mètres de longueur. Mais, en dépit de ses dimensions analogues et d'un dessin de bon aloi, ce n'est ni la place Saint-Marc ni la place Vendôme.

Ah! les dalles, c'est un peu comme la madeleine de Proust, on prend froid rien qu'à y penser. On se remémore les grands vents qui balayent celles de Montparnasse, de la Défense, et chassent finalement les promeneurs au lieu de les attirer. L'architecture contemporaine, qui a recherché la création de ces espaces « ouverts » justement pour contrebalancer l'encombrement intrinsèque des villes, n'a pas su les dominer. Ces espaces ont quelque chose de maléfique : là où s'ouvrent des dalles entre des immeubles, le vent s'engouffre, devient fou et finit par transformer les promeneurs en passants. Si bien que, faites pour susciter des rencontres, les dalles tendent à devenir des « déserts » qu'on traverse à grands pas.

Si le projet de la SEMAH se résume à un jardin et un « cratère », celui de l'A.P.U.R. s'articule, lui, sur un jardin, un cratère et une dalle. Ici, l'expression « moderniste » descend d'un degré, l'A.P.U.R. ayant décidé de concevoir moderne mais en douceur, en accompagnant l'environnement. Pas de traumatisme, pas d'effet monumental, tissu délicat. C'est subrepticement qu'il faut s'y installer. Mais ces architectes n'ont pas davantage voulu faire du pastiche. Pour conserver la cohérence de l'implantation oblique de l'ensemble, ils ont choisi une architecture asymétrique, faite d'obliques à 45 %, qui réagit, sans être tout à fait convaincante, aux rectitudes sommaires de l'expérience contemporaine. Pour retrouver cette complexité et cette ambiguïté qui caractérisent la ville ancienne et que la ville moderne a perdues : depuis une quinzaine d'années en France, les architectes manifestent une terreur du pastiche et se vo[illegible]lent la face devant l'architecture ancienne et ses leçons. Ça ne fait pas mo[illegible]derne quand on a pris l'habitude de penser en termes de progrès : l'architecture doit exprimer les technologies nouvelles.

Depuis la malheureuse expérience de la « reconstruction » des années 50 durant laquelle on a construit du neuf

1. A quoi il faudrait ajouter la plus-value exorbitante dont vont bénéficier les immeubles riverains de ce nouveau jardin. Un trop beau cadeau...

sur des schémas anciens donc dépassés, les architectes, en France, ont été pris d'une frénésie « moderniste » qui a trouvé son apogée à la Défense, à Montparnasse et sur le front de Seine, accompagnant le mouvement d'industrialisation du pays, avec superbe, mais pas toujours avec bonheur. On a détruit à tour de bras des immeubles anciens, pour faire plus moderne, plus grand (et fatalement plus cher), brisant les alignements sur la rue, orientant les tours vers le plein sud, ouvrant les baies pour faire entrer le soleil dans le logis, et le rendre plus sain. On s'est depuis rendu compte que cette « hygiène » physique pouvait entraîner une « pollution » psychique. Et qu'une architecture du bonheur restait toujours à créer.

Bilan : fonctionnellement, on tend à détruire la rue dans les villes et à les concevoir pour l'automobile, non pour l'homme marchant à pied; esthétiquement on a créé des mythes nouveaux du béton, de l'acier et du verre. Mais, mis à part quelques rares « architectes artistes », la construction n'a pas réussi à dominer les nouveaux matériaux modernes et les composantes industrielles qui font d'un bâtiment, aujourd'hui, un assemblage de Meccano que seuls les meilleurs parviennent à rendre cohérent.

C'est ainsi qu'on a assisté à travers le monde, en Grande-Bretagne, aux Etats-Unis, en Italie, surtout, où subsistent encore de vastes trésors du passé, à un mouvement de *revivalisme historique*. Le phénomène n'est pas nouveau, témoin le dix-neuvième siècle, avec l'avènement de l'ère industrielle. A chaque secousse profonde dans les structures de production, les structures de représentation se rebiffent. Elles sont le résultat d'une longue et profonde sédimentation dont il n'est ni facile ni peut-être nécessaire de se défaire.

Pierres rouges sur verdure

D'où ce mouvement « moderniste » au second degré qu'est le *revivalisme* contemporain. C'est une architecture qui tente de réutiliser avec des données d'aujourd'hui les leçons du passé. C'est la préoccupation de l'équipe Bofill, Vasconi, Pencréa'ch, Provost. Son projet est un manifeste de cette tendance pour laquelle le « technologisme » n'est pas fatalement le vecteur obligé de l'architecture d'aujourd'hui, surtout dans un quartier comme celui des Halles.

A vrai dire, le projet de [illegible] La ma[illegible] Bofill et ses coéquipiers étonne. [illegible]aquette ultra-peaufinée jusqu'à la polychromie vaguement saumon et azur des immeubles semble être là depuis toujours sans que nul ne l'ait remarquée.

Mais c'est indiscutablement un projet contemporain. Il faut le voir et le revoir, l'examiner sous toutes ses coutures. Bofill en a fait le détail pour préfigurer l'espace varié de ces colonnades. Loin d'intervenir comme quelque chose venu d'ailleurs, l'architecture s'intègre, accompagne, épouse après avoir absorbé des leçons du passé, architecture caméléon, semblable à l'environnement, et différente. Elle a un air de famille qui exclut l'éventuel rejet. Esthétiquement, elle redécouvre le spectacle de l'architecture comme création humaine, satisfaisante pour l'esprit; fonctionnellement, elle retrouve la rue et la place.

Le parti de M. Bofill est autoritaire dans le sens noble du terme. Il restructure cet espace disloqué par les démolitions, à l'intérieur d'un rectangle. Au fond, si l'A.P.U.R. saute par-dessus la solution quadrangulaire de Baltard, Bofill, lui, y revient. Une part de son projet est même à sa manière un hommage à Baltard, qui avait sans le vouloir créé le parfait prototype d'une architecture aux allures apparemment non fonctionnelles qui provoque, sans prévenir, les rencontres et le coude-à-coude humain que les villes modernes ont perdu sans s'en rendre compte.

C'est une sorte de Palais-Royal qui ne serait pas un quadrilatère fermé. Il est composé de deux ensembles de bâtiments en forme d'U, qui se font face d'un bout à l'autre du terrain. Bofill a réussi une très cohérente composition qui donne un sens même au *duomo* de la Bourse du commerce et entraîne dans son sillage l'église Saint-Eustache comme un poisson-pilote. L'architecture est ici plus complexe qu'au Palais-Royal. Sur les jardins, d'un côté des arcades, et de l'autre une rue couverte entre deux immeubles parallèles de 16 mètres de large chacun. Le dix-neuvième siècle a laissé beaucoup de ces rues couvertes qui sont des architectures faites pour provoquer la déambulation.

Les trois immeubles dont l'architecture évoque celle des palais, donnent sur un espace littéralement « vert », vert par les arbres, le gazon, voire certains dallages de la même couleur, paysagés par M. Provost non pas comme un morceau de « nature sauvage », mais comme le jardin d'un ensemble d'immeubles qui aurait des allures de palais. C'est le château et son jardin, d'une architecture volontaire, civilisée, à la limite de la sculpture. Avec d'un côté ces mêmes façades derrière lesquelles se déroulent des fonctions diverses (contrairement à l'architecture moderniste, qui exprime le dedans par le dehors). Et de l'autre, du fait de la composition, pour la balance[illegible], un second ensemble de bâtiments en U trai[illegible]aite en orangerie. Une colonnade ouverte qui [illegible] qui peut servir à tout, encadrant le demi-cer[illegible]cle de gradins du théâtre de verdure, dont la scène serait un rideau de colonnades sans autre fonction que celle d'être un spectacle pour le plaisir. On trouve dans ce projet, à la fois étrange et attachant, très sage, qui a perdu de la superbe de l'ancienne colonnade du premier projet, refusé l'an dernier par le Conseil de Paris, un parfum des Renaissances italienne et française, fondues et confondues. Les façades ont ce côté « picturesque », fin et d'une sensibilité peu commune. On y retrouve aussi ce goût très italien de la pierre rouge qui s'élève sur un jardin vert. On pense au palazzo du Te de Mantoue, qui est un archétype d'architecture de pierre rouge sur tapis vert. Le projet Bofill, comme celui de l'A.P.U.R. est d'ailleurs prévu en pierre, en pierre reconstituée. La *« pierre moderne »,* disent volontiers les architectes, que l'industrie fabrique à la densité et à la coloration voulues, avec des qualités d'isolation que la pierre naturelle n'a pas. Et puis cette « pierre » de l'ère des machines ne coûterait guère plus cher que le béton...

On peut dire, sans trop s'avancer, que le projet Bofill, architecturalement le plus intéressant, illustre par le concret les idées que M. Giscard d'Estaing a laissé entrevoir, aussi bien par le réaménagement de l'Elysée que par son entreprise de sauvegarde des métiers anciens, et tout récemment dans ses déclarations publiées par *le Point.* A moins que ces dernières n'illustrent justement la maquette Bofill.

JACQUES MICHEL
10 avril 1975

DEUX CENTRES D'AVORTEMENT EN MILIEU HOSPITALIER A MARSEILLE

S66-67 Des choix responsables

Dans la salle d'attente du « centre d'interruption de grossesse » de l'hôpital de la Conception, à Marseille, il règne un silence un peu lourd que n'allège pas la chaleur excessive. Une vingtaine de personnes sont là, certaines depuis de longues heures. Une grande majorité de femmes et de jeunes filles, bien sûr, mais aussi quelques hommes. Un père de famille, moustache, casquette, est venu accompagner sa fille. Un jeune garçon qui a l'âge d'être au collège technique se tient, muet, à côté de sa petite amie. Un barbu à l'allure contestataire s'agite beaucoup et proteste à mi-voix contre cette *« interminable attente ».* Entre elles, les femmes chuchotent brièvement, puis se taisent longuement. On feuillette, sans y croire, quelques journaux. Que dire? Chacune est venue dans le même but que sa voisine : il n'est pas, pour autant, facile d'en parler.

Indifférence

On ne prononce pas le mot avortement. *« Il paraît que c'est dangereux »,* dit une mère au regard inquiet, venue accompagner sa fille de seize ans. *« Mais non,* dit le barbu avec beaucoup d'assurance, *ils font croire ça, mais ce n'est pas vrai. Ils le font croire pour empêcher de le faire. »* « Ils », ce sont les médecins, les journaux, le gouvernement. La conversation retombe. Passe dans le couloir un jeune médecin. *« Ils sont vraiment très jeunes »,* dit une femme de quarante ans à moitié rassurée. *« L'essentiel,* réplique le mari, en haussant les épaules, *c'est qu'ils en fassent, jeunes ou pas. »*

Ils sont jeunes en effet ces médecins qui, depuis le 26 mars, font fonctionner, avec deux infirmières et deux employées, l'un des premiers centres d'interruption de la grossesse installés dans des hôpitaux publics. Internes en gynécologie, médecins préparant des certificats de spécialités, ils ont tous aux environs de la trentaine. Ce n'est pas un hasard : à Marseille comme ailleurs le débat sur l'avortement a délimité deux générations de praticiens, surtout lorsqu'il s'est agi de passer à la pratique. Toutefois si une bonne partie du corps médical et de la hiérarchie hospitalière a répugné à l'organisation d'un tel centre, aucune hostilité ouverte ne s'est manifestée.

A l'hôpital de la Conception, le patron du service d'obstétrique et de gynécologie ne s'est pas opposé à la création du centre, dont la structure administrative est originale puisqu'il est dirigé collégialement – sur le plan médical – par quatre jeunes médecins vacataires, dont aucun ne veut être le chef des autres. Ces volontaires ont, en outre, eux-mêmes coopté quatre autres médecins bénévoles qui sont en formation. Sur le plan administratif, le centre relève directement du directeur de l'hôpital.

La « salle d'Astros » qu'occupe aujourd'hui le centre d'I.V.G. (interruption volontaire de la grossesse) était jadis une salle de pédiatrie. Elle se compose d'une salle d'attente, de trois bureaux de consultation, d'une salle d'examen, de six chambres (huit lits au total) et d'une salle d'intervention. Cette dernière est équipée d'un matériel d'anesthésie et de réanimation et d'un « aspirateur » de fabrication américaine qui, relié aux célèbres « canules » de plastique, permet d'effectuer les interruptions de grossesse. Proprement installé, le centre d'I.V.G. est bien équipé, en partie parce que les médecins qui en sont responsables ont exigé de l'administration, dès le départ, le maximum de garanties techniques pour démarrer.

Pour les médecins qui acceptaient de créer ce centre, en application de la loi Simone Veil, il ne s'agissait nullement de devenir des spécialistes de l'avortement qui pratiqueraient à la chaîne des interventions devenues légales. Un seul d'entre eux avait participé – avant le vote de la nouvelle loi – aux activités d'un groupe qui pratiquait des avortements « clandestins » en ville. Tous affirment vouloir lutter contre l'avortement. Mais, en tant que médecins, ils ont accepté le risque de voir se modifier le rapport malade- médecin.

Il n'est pas exagéré de dire que pour les médecins de ce centre d'avortement, il s'agit d'une occasion exceptionnelle de transformer le travail médical. L'importance accordée à la parole est ici primordiale. Il ne faut pas imaginer une succession de salles dans lesquelles des médecins débordés pratiqueraient à tour de bras des avortements. *« Notre but n'est pas d'en faire en grande quantité »*, précisent-ils. Voilà pourquoi ils s'imposent – et imposent aux femmes déjà nombreuses qui viennent les voir – un véritable *numerus clausus.*

La sélection est fondée sur des critères géographiques que les médecins eux-mêmes reconnaissent « arbitraires ». Le centre, quoi qu'il arrive, ne doit pas pratiquer plus de quinze interruptions de grossesse par semaine. *« Nous ne voulons pas faire que des avortements et nous voulons faire en sorte que ceux que nous pratiquons soient réellement efficaces »*, c'est-à-dire qu'il soit possible de dialoguer avec la femme intéressée. La procédure suivie est rigoureusement conforme à la loi : première visite au cours de laquelle la femme a un long entretien avec le médecin, délai de huit jours, nouvelle visite et examens préopératoires, intervention avec ou sans anesthésie, visite postopératoire et consultation de contraception.

Dissuader

La consultation du centre d'I.V.G. est ouverte deux demi-journées par semaine, deux autres demi-journées sont réservées aux interruptions de grossesse sans anesthésie, une troisième aux interventions qui justifient une anesthésie générale (le tiers des cas). Il y a rarement plus de cinq avortements dans une demi-journée et plusieurs des membres de l'équipe assistent aux interventions. Il en coûte au total 400 F à chaque femme.

L'efficacité de la « dissuasion » – maître mot de la loi Veil – ne se situe pas, pour ces jeunes praticiens, au seul niveau de la décision d'avorter. Même si dans certains cas – extrêmement rares – il est arrivé que des femmes venues les consulter décident de garder leur enfant, ils jugent que la dissuasion aura été réelle si, à la faveur d'un avortement, une femme aura compris l'importance d'une contraception efficace. Voilà pourquoi en bonne partie les entretiens portent sur la contraception. *« Pour le reste,* expliquent-ils, *il s'agit de mettre les gens devant des choix responsables qui dépendent d'eux. Il faut leur faire vraiment peser le pour et le contre. Nous les soutenons seulement dans leur réflexion. »* Pour que les femmes ne se sentent pas « infériorisées » par rapport aux médecins, tous les praticiens ont renoncé au port de la blouse blanche, sauf les jours d'interventions. Dans un hôpital, ce détail a son importance.

Les jeunes médecins de la salle d'Astros n'ont nullement le désir d'être considérés comme des « avorteurs ». Il s'agit pour eux d'une activité parmi d'autres : l'un est interne à la clinique de chirurgie obstétricale, l'autre est biochimiste, le troisième travaille le matin dans un service de lutte... contre la stérilité. Mais ils croient à l'importance et à la spécificité de leur entreprise où ils veulent que puisse s'exercer une médecine fondée sur le rapport par la parole et non sur la toute-puissante science face à la faiblesse ignorante. A plus ou moins longue échéance, cela déborde largement la seule question de l'avortement.

Un acte de volontariat

Un autre centre d'interruption de la grossesse fonctionne à Marseille, à la maternité publique de la Belle-de-Mai. Là, le chef du service de gynécologie, personnellement défavorable à l'avortement, a facilité l'ouverture du centre confié à des médecins vacataires préparant tous des C.E.S. de gynécologie. La plupart d'entre eux avaient déjà, avant la loi Veil, une consultation de contraception. *« Aucun d'entre nous,* explique une jeune femme médecin, *n'avait milité pour l'avortement. Mais il y a une liaison logique : on ne peut pas faire de contraception si l'on ne pose pas ce problème. »* Vacataires, rémunérés à 66 F par après-midi, les médecins du centre d'I.V.G. de la Belle-de-Mai, tout comme ceux de la Conception, considèrent leur activité *« comme un acte de volontariat ». « Pour nous,* dit un jeune médecin, *cela représente un sacrifice, y compris financier. Nous voudrions être sûrs que les pouvoirs publics sont prêts à faire un effort. »*

Pour tous ces pionniers de l'avortement à l'hôpital, un problème sérieux se profile à l'horizon : la demande des femmes est de plus en plus nombreuse, et comme aucun médecin ne veut avoir le sentiment de travailler dans un « avortoir » ils sont unanimes à souhaiter l'ouverture de nombreux autres centres dans la région. *« Il faut,* dit un médecin, *que chacun en prenne sa part, d'autant plus que l'avortement, nous le constatons tous les jours, amène des femmes à la contraception. La vraie dissuasion est là. »*

M. Jacques Guillot, directeur général de l'Assistance publique de Marseille, estime pour sa part : *« Il ne me semble ni nécessaire ni même possible, dans l'immédiat, de créer d'autres centres. Si l'on admet qu'il est indispensable d'assurer des conditions maximales de sécurité par la proximité de services de gynécologie-obstétrique, il faut attendre la création – prévue – de tels services à raison d'un dans chacun des secteurs Nord et Sud. Ces deux réalisations font l'objet d'une demande de subvention, mais il est évidemment difficile de préciser quand les crédits nécessaires leur seront affectés. »* Et M. Guillot précise : *« Il est envisagé d'augmenter l'activité des deux centres existants. En l'état actuel, une telle augmentation est prévue. »*

BRUNO FRAPPAT

30 avril 1975

SOUMIS AU PARLEMENT AVANT L'ÉTÉ

S68 Le projet Haby sur l'enseignement a subi d'importantes modifications

Un avant-projet de loi, de caractère général, portant sur la réorganisation du système éducatif doit être soumis au conseil des ministres, le 4 juin, et à la discussion des parlementaires avant la fin du mois de juin. En commentant cette décision prise en conseil restreint à l'Elysée, jeudi 15 mai, M. René Haby, ministre de l'Éducation, a fait état de plusieurs modifications importantes par rapport à ses propositions initiales : ainsi, le début de la scolarité obligatoire restera fixé à six ans (au lieu de cinq) et l'enseignement obligatoire de philosophie sera maintenu en classe terminale. Les premières réactions syndicales et politiques montrent qu'à gauche l'opposition à la réforme gouvernementale est toujours aussi vive.

Sauver la face

Il y aura donc une « réforme Haby ». Malgré la vague de protestations de la plupart des syndicats d'enseignants – et notamment de la puissante Fédération de l'éducation nationale, – les réserves des associations de parents d'élèves, les manifestations d'hostilité des lycéens, un projet de loi sera présenté au Parlement. La ténacité du ministre de l'Éducation, qui a maintenu son cap pendant la tempête, aura été récompensée. Mais surtout, le gouvernement, après une période d'incertitude, tente de sauver la face devant l'opinion : l'abandon pur et simple, ou le report à une date éloignée, de la réforme serait interprété, à juste titre, comme un signe de faiblesse. Mais la solution adoptée peut-elle vraiment donner le change?

M. Haby a toujours estimé que la vigueur des oppositions à son projet – comme à tout projet de réforme de l'enseignement – était davantage due à la politique qu'à la pédagogie. Aussi estime-t-il, fidèle à sa ligne de conduite, que le Parlement doit être *« le lieu final où sont examinés les objectifs et les caractéristiques essentielles de ce que sera, dans ce dernier quart du vingtième siècle, le système éducatif français »*. Le gouvernement, assuré de sa majorité, doit y faire triompher son point de vue, même s'il faut passer outre à des oppositions syndicales très vives. L'idée primitive du ministre selon laquelle une réforme *« ne peut se faire contre les enseignants »* semble ainsi être abandonnée.

Les parlementaires trouveront dans cette argumentation un motif de satisfaction, mais certains ne manqueront pas de faire remarquer qu'après avoir longtemps tergiversé on met aujourd'hui députés et sénateurs au pied du mur.

On leur imposera un débat précipité, en fin de session, avec l'obligation de modifier l'ordre du jour. Le calendrier parlementaire est rempli? *« Quand quelque chose est plein, on peut toujours le vider »*, a fait remarquer M. Haby.

Si donc la procédure peut faire réfléchir, c'est beaucoup plus le contenu qui, bien évidemment, est en cause. Et là, force est de reconnaître que le projet de loi *« organique »* du ministre de l'Éducation ressemble fort à un trompe-l'œil. Il n'est pas question de reprocher à M. Haby de tenir compte des avis et d'infléchir ses intentions initiales, bien au contraire. Mais que nous propose-t-on aujourd'hui? Un texte « fourre-tout », suffisamment vague et général pour ne heurter personne, qui n'introduit que des changements limités.

Les véritables innovations seront ailleurs : dans les décrets et arrêtés qui seront mis au point ultérieurement et qui, soumis aux aléas de la concertation comme aux fluctuations de la politique gouvernementale, seront ou ne seront pas conformes aux *« propositions de modernisation »* – amendées façon mai 1975 – du ministre de l'Éducation. Pour ce faire, il est bien nécessaire que la loi ne prévoie qu'un cadre imprécis, permettant une grande souplesse d'application. On peut alors se demander s'il n'y a pas quelque contradiction à affirmer d'un côté que l'éducation est un domaine tellement important qu'elle nécessite un vote des parlementaires, et de l'autre, à ne leur donner à discuter qu'un texte postiche.

Dans l'entourage du ministre, on fait remarquer que les domaines du « législatif » et du « réglementaire » ne sont pas superposables, et qu'une loi doit rester très générale pour être conforme à la Constitution. En fait, ce principe donne lieu à des applications très variables. Ainsi, la création des collèges d'enseignement secondaire – la réforme la plus importante dans l'enseignement – se fit, en 1963, par décret; en revanche, la loi d'orientation de l'enseignement supérieur (novembre 1968) contient un luxe de détails qui sont plutôt de nature réglementaire. L'expérience a bien souvent montré que c'étaient les circonstances politiques qui imposaient telle ou telle forme de texte.

Un succédané

Cette fois, si l'on comprend que le gouvernement a besoin, sur le plan psychologique, de montrer qu'il ne recule pas, la nécessité de discuter une loi de caractère général ne paraît pas du tout évidente. Ainsi, certaines des dispositions les plus intéressantes proposées par M. Haby, comme les aménagements du second cycle secondaire et du baccalauréat, ne figurent pas dans le texte de loi, qui ne prévoit plus, non plus, de modification importante pour l'école élémentaire.

Vidé de sa substance en l'absence d'une définition – au moins dans son orientation – du contenu des programmes, inefficace dans son principe puisque aucune réforme sérieuse de la formation des maîtres ne l'accompagne, le *« projet Haby »* apparaît comme un succédané assez terne de la grandiose *« modernisation »* promise, qui devait mettre notre système éducatif sur la voie du XXIe siècle... Ce n'est pas à ce stade que se jouera la vraie réforme.

YVES AGNÈS

17 mai 1975

RÉACTIONS POPULAIRES DANS LES USINES ET DANS LES QUARTIERS

S69 La difficile cohabitation des travailleurs français et étrangers

L'opinion française a découvert, scandalisée, que notre pays était atteint, lui aussi, par un racisme qu'elle avait jusqu'alors dénoncé quand il sévissait sous d'autres cieux. Mais ce dont, personnellement, nous nous sommes aperçu en quittant le monde bourgeois et intellectuel pour aller vivre en monde ouvrier et travailler en usine, c'est que tout ce débat sur le racisme est pris dans un jeu social tel que les milieux où le racisme est dénoncé le plus fermement sont ceux où il se pose le moins.

Les dénonciations habituelles du racisme partent souvent de l'*a priori* qu'il constitue une attitude d'extrême droite, qu'il exprime une idéologie réactionnaire et bourgeoise provenant plutôt des milieux riches. Or ce racisme d'extrême droite, pour bruyant et affiché qu'il soit, n'en représente pas moins un phénomène d'importance très secondaire; le vrai danger raciste vient d'ailleurs, car il éclot bien davantage dans un milieu où il ne s'exprime pas (du moins pas encore) en termes idéologiques ou politiques.

Nous nous faisons spontanément une image si dramatique du racisme que nous ne l'identifions que lorsque surviennent des incidents assez graves pour être évoqués dans la presse ou à la télévision; comme ces incidents sont relativement rares, nous nous rassurons dans la conviction que le racisme est à peu près inexistant en France. *« La France est profondément antiraciste »,* affirmait, après les incidents de Marseille, le président Pompidou.

En réalité, s'il est quelquefois agressif, le racisme est la plupart du temps aussi banal et paisible que la vie quotidienne dont il est devenu, dans certains milieux, une des données habituelles; il faut du temps pour le découvrir, car il n'exclut pas la politesse, la camaraderie ou même la solidarité à l'occasion de certains conflits. On s'aperçoit alors qu'une ségrégation discrète, mais efficace, sévit partout, qu'elle est une motivation reconnue comme normale : quitter certains quartiers, devenir un ouvrier qualifié ou travailler dans les bureaux, c'est enfin ne plus être avec des immigrés... Quant aux mesures répressives à l'égard des immigrés, elles rencontrent souvent une large approbation. En tout cas, c'est très rarement dans les quartiers populaires que se recrutent les gens qui militent pour les immigrés.

Les problèmes les plus graves se posent non pas sur les lieux de travail, où le fait d'être attelés à une même tâche et de subir les mêmes contraintes permet aux ouvriers immigrés et français de désamorcer les préjugés, mais dans les quartiers d'habitation, où les relations sont inexistantes ou restent très crispées.

Des réflexes inévitables

Quand un homme « cultivé » qui milite pour les immigrés entend des propos racistes, il s'empresse de les réfuter : mais cette réfutation est inutile pour la bonne raison que les arguments racistes ne sont pas la cause, mais la justification *a posteriori,* d'une sensibilité anti-immigrés qui existait avant eux.

La présence des immigrés est ressentie comme une concurrence. A cette objection, un économiste aura vite fait de répondre que les immigrés occupent en réalité des postes dont les Français ne veulent plus (manœuvres, éboueurs, O.S*...); mais beaucoup d'ouvriers français se sentent serrés de trop près par la présence des immigrés pour être à même d'entendre un tel raisonnement.

Etant donné la proportion des immigrés dans certains ateliers, et surtout dans certains quartiers, ces réactions de racisme apparaissent inévitables : à partir du moment où les Français commencent à avoir l'impression de n'être plus qu'un groupe ethnique à peine majoritaire, comment n'éprouveraient-ils pas le besoin de se retrouver entre eux,

* Ouvrier spécialisé.

d'affirmer leur identité, et pour cela de marquer les distances à l'égard des étrangers? Aspiration naturelle, et qui se traduit de manière d'autant plus agressive que ces Français sont, à cause de leur pauvreté, les seuls à subir la pression de l'immigration.

Ce racisme du monde populaire, l'opinion, dans son ensemble, l'ignore. Parce que cette ignorance fait partie intégrante du problème de l'immigration, il est indispensable d'en comprendre les multiples raisons :

– la seule notion de « racisme » est tellement taboue, avec ses résonances de nazisme, que nous ne pouvons pas en reconnaître l'existence dans la présence banale et quotidienne de la ségrégation;

– c'est un problème de « bas quartiers »; or à cause, d'une part du cloisonnement social, d'autre part d'une information qui privilégie les situations de crise ou les situations-limites, le public cultivé français est bien davantage au courant du problème noir aux États-Unis ou en Afrique du Sud que de ce qui se passe dans les quartiers populaires de sa propre ville;

– le monde ouvrier, c'est « la classe ouvrière » : plus qu'une catégorie sociologique, celle-ci est presque devenue un mythe. Dans l'idéologie de certains milieux de gauche, la seule identité qu'on prête à « la classe ouvrière », c'est celle, « révélée » par le marxisme, qui consiste pour elle à se savoir exploitée et à se sentir solidaire de tous les exploités du monde. Un tel schéma exclut donc, par une sorte d'*a priori* doctrinal, que le monde ouvrier puisse être atteint par le racisme : « la classe ouvrière », parce qu'elle est l'incarnation du progressisme et de l'internationalisme, ne connaît ni races ni frontières!

La simple application du clivage politique entre la gauche et la droite au problème des immigrés (la gauche étant « pour les immigrés » – la droite « contre ») ne peut que masquer la manière dont se pose concrètement la question du racisme.

Limiter l'immigration

Dans une société où chaque catégorie sociale et professionnelle a pris l'habitude de fixer l'échelle de ses propres revendications sur les gens qui ont un niveau de vie supérieur, il serait surprenant que le monde ouvrier, qui continue à se sentir frustré des bénéfices de l'expansion, soit le seul à se retourner pour dire : freinons nos revendications catégorielles pour attendre les immigrés et nous solidariser avec eux! Même si l'idéologie de la « lutte des classes » a permis d'ancrer les immigrés au mouvement syndical beaucoup plus fortement en France qu'en Allemagne fédérale, leur intégration globale au monde ouvrier français n'est pas réalisée pour autant.

Si la France a fait venir des immigrés, ce n'est pas par souci d'altruisme, mais par besoin d'une main-d'œuvre bon marché; comment ce but éminemment intéressé ne se répercuterait-il pas au bas de l'échelle sociale où le monde ouvrier témoigne qu'il refuse de faire seul les frais d'une hospitalité qui, pour lui, est difficile, alors que les classes supérieures en sont dispensées par le seul jeu de mécanismes socio-économiques?

Ainsi s'effectue la lente et silencieuse montée d'un racisme que, longtemps, nous n'avons pas remarqué, et qui, maintenant, est solidement installé.

Il n'est évidemment pas question de critiquer les actions menées en faveur des immigrés. Mais ces efforts ne rencontrent qu'indifférence, et parfois même hostilité, dans la masse du monde ouvrier, ce qui en réduit la portée (éviter une expulsion ou construire un foyer...), sans faire progresser la situation d'ensemble : les mesures administratives les plus libérales n'auront qu'une efficacité insignifiante tant qu'elles seront « contrées » par le racisme.

La cause de l'échec ou du plafonnement de ces actions en faveur des immigrés vient de ce qu'elles envisagent beaucoup trop la situation des immigrés comme un problème en soi : celui-ci ne dépendrait que des pouvoirs publics (et, derrière eux, des employeurs). Si l'amélioration du sort des postiers, des mineurs ou des cheminots peut effectivement se traiter sur ce mode-là, à l'égard des immigrés intervient un autre facteur, extrêmement contraignant : le sentiment des Français à leur égard. Bref, la limite de ces actions est de vouloir traiter du problème des immigrés comme si le racisme n'existait pas.

C'est pourquoi limiter l'immigration nous apparaît comme une mesure de prudence urgente. Et cela non seulement pour préserver la quiétude des quartiers populaires, mais par honnêteté à l'égard des immigrés : il y a maintenant trop de racisme en France pour que nous puissions leur garantir un accueil décent.

Si une telle mesure peut être interprétée, en première analyse, comme un geste inamical à l'égard des pays qui nous envoient de la main-d'œuvre, n'oublions pas combien l'existence du racisme en France risque de compromettre, à plus long terme, nos relations avec ces pays : d'abord parce que la manière dont nous recevons leurs citoyens est indigne, et ensuite parce que le « cartiérisme » accompagne inévitablement le racisme.

A force de durer et de s'incruster dans les esprits, le racisme risque de se politiser, de miner la mentalité ouvrière et de la faire dériver, subrepticement, dans la direction opposée à celle que nous indique le discours, marxiste et généreux, des motions syndicales : le risque du fascisme est inscrit dans l'habitude du racisme.

FRANÇOIS DENANTES

18 juin 1975

S70 A quel âge la retraite?

Le chômage? Mais voyons, c'est pourtant bien simple! Pour le réduire, le supprimer même, il suffit d'abaisser l'âge de la retraite. On retire un million de personnes âgées du travail, et voilà un million de chômeurs en moins. D'un seul coup, on a fait deux heureux : le retraité qui aspire au repos, le sans-emploi qui se recase. Si on songe qu'un Français sur cinq environ a plus de soixante ans, une Française sur cinq plus de cinquante-cinq ans – ce sont là les âges de retraite en Union soviétique – on reste stupéfait de voir que nous en sommes toujours en France, sauf pour quelques cas ou catégories d'exception, à soixante-cinq ans.

Bien sûr, il faudrait en même temps organiser mieux la vie des retraités, relever sensiblement leurs pensions et qu'ils comprennent que prendre sa retraite c'est apprendre à vivre. Mais le remède à la crise de l'emploi est là, à portée de la main, les revendications en faveur de l'abaissement de la limite d'âge sont insistantes et d'ailleurs fondées. Or, on ne fait rien, on tergiverse, on discute à perte de vue. Pourquoi?

Ce raisonnement, on l'entend, on le lit chaque jour depuis bien des années, et plus que jamais en cette période de rentrée difficile. Mais on entend, on lit aussi la démonstration inverse que voici :

La retraite? C'est tout simplement un meurtre social, dans la plupart des cas au moins. Prendre sa retraite, c'est commencer à mourir. Dire du jour au lendemain à des hommes et à des femmes qui ont l'expérience de leur métier et de la vie et qui ne demandent qu'à continuer à travailler qu'ils ne sont plus bons à rien, qu'ils seront désormais à la charge de la société – et d'ailleurs on ampute de moitié leurs ressources au moment où ils auraient précisément besoin d'une vie plus facile – c'est stupide et c'est injuste. Il faut, au contraire, permettre à ceux qui le veulent de travailler tant qu'ils en ont la force. Regardez la Suède où on travaille jusqu'à soixante-sept ans, la Norvège où l'âge de la retraite est fixé à soixante-dix ans!

En outre, il n'est pas vrai qu'un retraité de plus, c'est un chômeur de moins. Il faut choisir : relever les retraites ou abaisser l'âge limite. Impossible de faire les deux à la fois et peut-être même de faire l'un ou l'autre. C'est un choix de société et on feint de ne pas le voir, on hésite, on tarde. Pourquoi?

Le plus étrange est que nombreux, très nombreux, sont ceux qui tiennent successivement, et parfois même simultanément, ces deux raisonnements parfaitement contradictoires. Chacun pense à soi, et puis aux autres. Pour les autres, tous les autres, il faut bien une règle, n'est-ce pas, comme en toute chose : le couperet tombe, et pas d'exception. Pour soi, c'est une autre affaire, et selon qu'on en a, on trouve toujours des raisons qui justifient une dérogation dans un sens ou dans l'autre.

Ce n'est pas vrai, c'est exagéré? Le Syndicat national autonome des lettres et sciences humaines de l'enseignement supérieur a procédé au début de l'année à un sondage parmi ses adhérents[1]. Les professeurs peuvent prendre leur retraite à soixante-dix ans (et même, sous certaines conditions de famille, à soixante-treize ans); les autres catégories d'enseignants du supérieur doivent partir à soixante-cinq ans, à l'exception des fonctionnaires de catégorie A, deuxième échelon, autorisés à prendre leur retraite à soixante-sept ans. A tous, on demandait d'abord s'ils préféraient la retraite à âge fixe et imposé comme c'est actuellement le cas ou la retraite « à la carte », sans mention d'âge. Réponse à une écrasante majorité (71 %) : à la carte.

Bien. Seconde question : âge choisi pour la retraite? Réponse de la majorité (52 %) : à soixante-dix ans. Les autres se répartissent en parts égales entre soixante ans, soixante-cinq ans et la retraite « à la carte », qui ne comptait plus ainsi que 16 % de partisans au lieu de 71 %.

Ce n'est pas tout. Si on décompte séparément les réponses émanant des moins de quarante-cinq ans, en distinguant d'un côté les professeurs (qui ont la possibilité de rester en fonctions jusqu'à soixante-dix ans) et les autres enseignants (qui doivent partir à soixante-cinq ans, mais qui ont la possibilité d'accéder au professorat et espèrent bien y parvenir), alors la contradiction devient éclatante. Les professeurs de moins de quarante-cinq ans entendent bien, en majorité (56 %), demeurer en place jusqu'à soixante-dix ans, et rares (8 %) sont ceux qui acceptent l'idée de partir dès soixante ans. Au contraire, les autres enseignants de moins de quarante-cinq ans se prononcent de préférence (42 %) pour la retraite à soixante ans; cependant, dès qu'ils ont dépassé quarante-cinq ans, aucun d'entre eux n'est plus favorable à la retraite à soixante ans.

La leçon est claire : vue de loin, la retraite apparaît comme un havre de grâce, et on se montre pressé de l'atteindre; au fur et à mesure qu'on s'en approche, on

1. On en trouve les résultats dans le bulletin du syndicat, n° 18, avril-juin 1975. (11, rue du Pré-aux-Clercs, 75007 Paris).

voudrait reculer le plus possible le moment de « décrocher ».

De telles réactions à la fois surprenantes et normales sont plus répandues qu'on ne le croit généralement. Elles disent bien la complexité du problème psychologique de l'âge de la retraite et expliquent la cœxistence des deux raisonnements ébauchés plus haut. Et les données politiques du dossier ne sont pas moins complexes.

En 1974, selon l'INSEE, on comptait encore dans la population active 8,3 % de personnes de soixante ans ou plus dont un bon tiers de salariés et même 2,6 % de soixante-cinq ans ou plus. En même temps le revenu fiscal moyen des Français de soixante-cinq ans ou plus était inférieur de moitié à celui de la tranche d'âge de cinquante et un à soixante ans[2]. Or ce sont, on le sait, les actifs qui paient pour les retraités. Ils paient cher déjà, et pourtant les retraités sont mal lotis, si mal que beaucoup, on le voit, s'efforcent de prolonger le plus tard possible leur propre activité. Qu'en sera-t-il lorsque le nombre des actifs ira en diminuant et qu'ils devront subir un prélèvement croissant sur leurs revenus en faveur de retraités de plus en plus nombreux, même si les progrès de la productivité et l'augmentation du produit national paient une part de charges supplémentaires?

On compte déjà dans la populaiton française 13,5 % de personnes de soixante-cinq ans ou plus contre 8 % au début du siècle; elles seront 14 % en 1980. Aujourd'hui un Français ou une Française sur vingt a plus de soixante-quinze ans; ils seront un sur dix-sept en l'an 2000. Et la courbe de la natalité, on le sait, plonge au point que le moment où les naissances ne combleront plus les vides laissés par les décès, ce cap du déclin déjà franchi par des pays comme l'Allemagne de l'Ouest et l'Allemagne de l'Est, risque fort d'être bientôt atteint. Plus de cercueils que de berceaux! Notre pays va-t-il devenir un asile de vieillards? Et les systèmes de retraite actuellement en vigueur, déjà lourdement obérés, les caisses déjà lourdement déficitaires, ne sauteront-ils pas un jour dans une débâcle brutale, qui rendrait vains les sacrifices consentis pendant toute une vie de travail?

Ainsi la question qui se pose n'est déjà plus de savoir s'il vaut mieux maintenir les âges limites actuels en augmentant le montant des retraites ou abaisser les âges et maintenir les retraites. Très vite, si la courbe des naissances ne se redresse pas, si la productivité et le produit individuel ne connaissaient pas un essor spectaculaire, le vrai choix risque d'être entre des retraites à la fois plus maigres et plus tardives encore ou le maintien difficile, aux dépens des actifs, des conditions d'âge et de taux présentement en vigueur.

Les données psychologiques du problème ne doivent pas être obscurcies par l'avalanche de chiffres et d'évaluations qui va déferler sur nos têtes. Car c'est en définitive de la détermination de chacun, actifs et non-actifs, que dépendra l'issue d'un débat qui engage l'avenir de tous et constitue un test de civilisation.

PIERRE VIANSSON-PONTÉ

7 et 8 septembre 1975

2. Ces chiffres et ceux qui suivent sont extraits de *Population et sociétés*, n° 80, mai 1975. Bulletin mensuel d'informations démographiques, économiques, sociales, édité par l'Institut national d'études démographiques (INED), 27, rue du Commandeur, 75675 Paris Cédex 14. Abonnement : 10 F. Le numéro : 1 F.

S71 « Bof! » au Petit Larousse

On ne prépare pas un « kir » avec du « fendant » (mais de préférence avec un bourgogne blanc)... Si ces deux mots entrent au *Petit Larousse* 1976 ce n'est pas au titre de néologismes : le chanoine-maire de Dijon n'avait pas attendu cet automne pour passer, à l'état liquide, à la postérité, et la vertu émoustillante des crus valaisans remonte à plus loin encore. C'est parce que leur emploi, jadis local, s'est suffisamment élargi pour enrichir un dictionnaire d'usage courant qui fait pratiquement autorité. Certes il n'officialise rien, le *Petit Larousse* (les autres non plus). Il se contente de confirmer l'évolution de la langue. Une fois de plus, l'irruption d'une foule de mots (108), d'acceptions (24), d'expressions (25), de noms propres (72), nous renseigne inversement et renseignera le sociologue ou l'historien futur, compulsant ces invasions d'année en année, sur l'état des mœurs, le progrès des techniques, l'accès de certains individus à la notoriété, les événements politiques. N'est-ce pas aussi important que le tiercé? Bof!

Hé oui, « bof » parce que cette interjection, exprimant « un doute moqueur ou une ironie sceptique », obtient à son tour droit de civilité. Elle jaillit de toutes les bouches, à tout bout de champ. De celles de *phallocrates* accusés de *sexisme,* comme des autres, parce que la *phallocratie,* « oppression abusive de la femme par l'homme », est sans cesse mise en cause. Peu à peu, le dictionnaire reflète la levée des tabous qu'il respectait *nolens volens* (voir les pages roses [1], inchangées) comme tout un chacun. Le voici qu'il imprime *masturber, voyeurisme* (on ne cache plus aux écoliers des réalités au demeurant fort simples), qu'il doit bien tenir compte de l'argot du milieu : *cavale, flingue* et *flinguer* (eux-mêmes issus de flingot), *loulou* « jeune oisif des faubourgs, voyou (on dit aussi *loubard*) ». Comme du langage familier : *chapeauter, coiffer,* par exemple dans le sens d'avoir autorité sur un groupe de personnes, un service, un organisme, ce qui révèle une superstructure dans les rapports sociaux; de même que *copinage* « échange intéressé de petits services », dénonce des procédés de plus en plus répandus.

De cette liste, extrayons encore l'expression *un sac de nœuds* « affaire très embrouillée »; les mots *flamber* et *flambeur, écologie* dans l'acception de « défense du milieu naturel », *sono, flipper* « petit levier d'un billard électrique qui renvoie la balle vers le haut » et qui a fini par désigner le billard lui-même. C'est un mot anglo-saxon, bien entendu, et si le franglais [2] s'accroît encore de quelques recrues, techniques ou financières, tel *cash flow* (encore que *not money* cède souvent le pas à *capitaux fébriles*), on pourra remarquer que leur nombre est en régression, répercussion évidente de la situation internationale. Et puis l'allemand fournit *lumpenproletariat,* sans équivalent dans notre vocabulaire, et l'hébreu *sabra* (à ce propos il était temps d'inclure *judéo-chrétien).* Enfin, le cinéma canadien, voire la littérature et le théâtre, nous ont trop familiarisés avec le *joual* pour que cet idiome soit tu.

Dans la partie historique, la liste des nouveaux venus s'efforce toujours de suivre l'actualité. Le premier ministre français n'avait pu – trop tard désigné – figurer dans la précédente édition. Le voici entre les indiens Chiquitos et la ville de Chiraz. A leur place (alphabétiquement également), le président et le chancelier de la République fédérale allemande, Walter Scheel et Helmut Schmidt, le président des États-Unis Gerald Ford (Watergate fait l'objet d'un article), le général portugais Antonio de Spinola et son successeur Francisco da Costa Gomes, Andreï Gromyko et Gustav Husak, Constantin Caramanlis et Moshe Dayan, Maria Estela Martinez Peron et le général Augusto Pinochet.

Deux noms accroissent la galerie des philosophes français. Étant donné leur influence et leur rayonnement, Louis Althusser et Michel Foucault méritaient cette promotion. Peu d'écrivains, mais tout de même : Michel Butor, Italo Calvino, Aimé Césaire, Ivan Illich, Mikhail Boulgakov. Encore moins de peintres : un mort, Mark Rothko, un vivant, Andy Warhol. En revanche, les musiciens font une entrée en force : Jean Barraqué, John Cage, Charles Ives, György Ligeti, Bruno Maderna, Krzysztof Penderecki, Maurice Ohana... Sans oublier maints architectes ni Marilyn Monroe.

Sans prétendre épuiser le recensement des deux cent vingt-neuf ajouts majeurs du *Petit Larousse,* qui a fêté cet été son soixante-dixième anniversaire, en même temps que la librairie du même nom célébrait le centenaire de la mort de Pierre Larousse, il y a loin du volume relié en toile rose avec la populaire « Semeuse » d'Eugène Grasset, vendu 100 sous, et le *Petit Larousse* en couleurs, en passe de supplanter l'édition ordinaire. On soulignera parmi les agglomérations nouvelles la ville de Vaudreuil, la station balnéaire de Port-Grimaud.

« Le Monde » dépouillé

Le lecteur sera peut-être curieux de savoir comment s'opèrent ces refontes périodiques, totales à peu près tous les dix ans; comment, de façon plus générale, se met à

1. Section du Petit Larousse où sont recueillies les locutions latines et étrangères.

2. Mot créé par Etiemble dans son pamphlet : *Parlez-vous franglais?*

jour un dictionnaire. Cet énorme travail est subordonné à des études de vocabulaire, du vocabulaire parlé couramment, donc abordé dans sa souplesse, sa réceptivité, son adaptation à tous les besoins. Entre autres supports, dans un premier temps, une équipe de documentalistes dépouille méthodiquement les textes récents, la presse surtout – la lecture du *Monde* se révèle la plus riche, la plus fructueuse – et procède à l'analyse des mots considérés d'après leur sens, des rapports de termes plutôt que des termes eux-mêmes et, d'autre part, des mots nouveaux classés selon leur fréquence. La moisson est mise en fiches. Dans le cas du *Petit Larousse,* par exemple, le bilan des recherches est établi chaque mois, ce qui donne lieu à une première sélection qui retient tous les termes considérés comme importants. Il va sans dire que ceux qui ont trait à une discipline particulière seront ensuite confiés à des spécialistes.

Au cours d'une seconde phase, on fait un choix temporaire. Tous les mots dignes d'intérêt ne peuvent pas « entrer dans le moule » d'un volume au nombre de pages limité et constant. Il y a, en outre, les modifications, d'ordre historique ou géographique notamment, qui entraînent des développements plus longs. Ce qui oblige à sacrifier d'anciennes gloires oubliées. « Il ne suffit pas d'entrer dans le dictionnaire, disait le cardinal Daniélou, le tout est d'y rester... »

Et pour en revenir à la « partie langue », la tâche n'est pas facile. Si la syntaxe n'a guère varié depuis le siècle de La Bruyère, le vocabulaire français bouge terriblement.

JEAN-MARIE DUNOYER

13 septembre 1975

S72 La Sécurité sociale : qui va payer?

Triste anniversaire. Créée par une ordonnance du 4 octobre 1945 et « généralisée », du moins en principe, par une loi du 22 mai 1946, la Sécurité sociale vient de fêter ses trente ans, au moment même où le monde politique, patronal et syndical doit imaginer de nouvelles formules de financement et trouver une solution à la crise de croissance des régimes sociaux.

Après les mesures de replâtrage prises à la fin de 1975, pour sauver l'édifice de la banqueroute, personne n'ignore, dans les milieux responsables, que les 10 milliards supplémentaires de ressources décidées pour 1976 ne suffiront pas. Il faudra d'ici à 1980 repenser les mécanismes financiers, à la fois pour réduire les inégalités du système actuel et pour dégager des économies ou des ressources, tout en réalisant l'objectif ambitieux et jamais atteint de 1945 : celui d'un régime vraiment général, couvrant tous les Français.

La Sécurité sociale est perçue comme une grande institution, intouchable sauf à provoquer une levée de boucliers. Et pourtant! Elle demeure difficile à pénétrer, pas toujours adaptée et assurément très complexe, puisqu'il n'y a pas un système, mais une multitude de régimes. C'est que le chemin parcouru depuis l'apparition des assurances sociales, en 1930, a laissé bien des traces.

Les critiques portées – à bon droit – à la politique des « coups de pouce » successifs masquent souvent les progrès incontestables accomplis depuis; il suffit, pour s'en convaincre, de comparer la situation actuelle à celle qui existait il y a un demi-siècle. Les jeunes ménages imaginent mal ce que pouvaient signifier, avant la guerre, l'irruption d'une maladie, l'arrivée d'un enfant, le départ à la retraite... Les catégories socio-professionnelles les plus aisées étaient souvent les seules à pouvoir faire appel sans difficultés au médecin et à mettre de côté un consistant pécule pour les vieux jours. Pour la grande majorité des travailleurs, c'était, au contraire, l'insécurité. En 1938, les prestations sociales ne représentaient, au total, qu'à peine 5 % du revenu national.

Aujourd'hui, 98 % des Français sont couverts – selon des formules d'assurance très diverses, il est vrai – contre de nombreux risques. Les prestations sociales représentent le cinquième de la production nationale; si elles permettent aux ménages de mieux boucler leur budget, elles garantissent aussi aux professions de santé et aux laboratoires pharmaceutiques une croissance de leurs revenus ou de leur profit.

Solidarité nationale

Pourtant les grands objectifs qui furent ceux des fondateurs de la Sécurité sociale n'ont pas encore été atteints. Instituée par les ordonnances de 1945 et la loi de 1946, elle est à la fois une conquête des militants ouvriers – qui, après des années de luttes, ont obtenu gain de cause au sein du Conseil national de la résistance – et la reconnaissance par le patronat d'une dette morale envers la classe sociale qui était la principale victime des crises économiques et de la guerre. Communistes, socialistes et chrétiens-démocrates ont affirmé ensemble, au lendemain de la guerre, leur volonté d'assurer à tous les Français – et non plus aux ouvriers les plus défavorisés, comme c'était déjà le cas – une garantie suffisante de revenus en cas d'accident de parcours : à la solidarité professionnelle du passé devait se substituer une solidarité nationale. Mieux, les hommes au pouvoir ont voulu que le qualificatif « social » soit entendu au sens large; c'est-à-dire que la Sécurité sociale soit l'affaire de *toute* la société et gérée démocratiquement par des représentants élus de la nation, par l'intermédiaire de syndicats, mais aussi d'associations.

L'institution nouvelle avait-elle aussi pour but d'assurer une redistribution des revenus? La question est controversée. L'expression est employée dans l'exposé des motifs de l'ordonnance de 1945. Selon l'un des hauts fonctionnaires qui ont veillé aux premiers pas de la Sécurité sociale, l'objectif était seulement – mais c'était déjà un programme ambitieux – de supprimer les inégalités devant les risques de la maladie et de la vieillesse, en versant aux intéressés des prestations non pas forfaitaires – notion redistributive – mais proportionnelles à l'ancien revenu – notion d'assurance. La redistribution devrait exister, entre actifs d'un côté, malades et vieillards de l'autre; entre célibataires et chargés de famille; mais elle se limitait à ces cas.

Que par suite de l'obligation et de la généralisation de ce système il y ait eu aussi redistribution des revenus du fait des transferts ainsi provoqués, c'était la conséquence logique du dispositif, non l'application d'un principe. Les fondateurs du système entendaient réduire les inégalités; mais, cela fait, l'institution devait respecter, par le jeu de la proportionnalité, une certaine hiérarchie.

Trente ans après, ces objectifs de généralisation de l'assurance, de démocratie de la gestion et de réduction des inégalités sont très diversement atteints. Depuis quelques années déjà, les gouvernements successifs ont annoncé des réformes qui tendraient à corriger les erreurs du passé : l'extension de la Sécurité sociale à tous les Français est annoncée pour 1978; l'alignement des régimes spéciaux sur le régime général – modification très coûteuse (de 8 à 10 milliards de francs) – a été remplacé, dans la hotte des promesses, par une prochaine et progressive harmonisation des multiples institutions; s'y ajoute le projet d'une troisième réforme, celle d'un aménagement du financement, assis jusqu'à présent sur les salaires.

La crise économique et la réapparition du déficit vont-elles freiner les réformes? En fait, comme essaie de le montrer ce dossier, le déficit de la Sécurité sociale est certes dû à la récession des années 1974-1975; mais il s'explique aussi par l'histoire agitée des institutions sociales – véritable tour de Babel – ainsi que par une croissance très rapide et désordonnée de certaines dépenses. La dernière partie de ce dossier, qui retrace les positions et projets des grands partenaires sociaux et politiques, souligne à nouveau, comme dans d'autres domaines, que la France est plus que jamais coupée en deux.

Si les avis sont partagés sur les solutions à définir, il faudra pourtant qu'un consensus se dégage pour savoir qui va payer l'assainissement indispensable, qu'il s'agisse d'économies à entreprendre ou de contributions supplémentaires à imposer. Un large débat – et pourquoi pas une vaste consultation – pourrait être envisagé, pour que la Sécurité sociale entre enfin dans son troisième âge. Après l'ère de l'assistance et l'époque de l'assurance interprofessionnelle, le temps d'une véritable solidarité nationale n'est-il pas venu?

JEAN-PIERRE DUMONT

Le Monde – Dossiers et documents – Février 1976

S73 DEMOGRAPHIE

La Population française n'assure plus que son renouvellement

La chute de la natalité en France se confirme. Elle a été en 1974 finalement moins forte que les estimations de l'INSEE ne le laissaient craindre. Selon les évaluations de l'Institut national d'études démographiques (INED), le nombre des naissances y a été de l'ordre de huit cent mille; la baisse est cependant sensible : cinquante-cinq mille naissances de moins qu'en 1973. Ce mouvement s'est poursuivi en 1975, et une nouvelle baisse de l'ordre de cinquante mille naissances a été enregistrée, le taux de natalité tombant à 14 pour mille.

Plus significative du changement du comportement des couples est la diminution de la fécondité. En France, comme dans la plupart des pays industrialisés. Cette baisse a commencé en 1964.

Pour la première fois depuis l'après-guerre, le taux de fécondité est tombé à moins de 2,1 (1,9 environ), chiffre minimum pour assurer le remplacement des générations. Autrement dit, si le comportement des couples reste ce qu'il était en 1975, mille femmes en âge de procréer mettront au monde mille neuf cents enfants; compte tenu du fait qu'à la naissance le nombre des filles est inférieur à celui des garçons et qu'un certain nombre d'entre elles mourront avant d'être en âge de procréer, les mille femmes de 1975 ne seront remplacées que par neuf cents femmes dans vingt ans. A terme, un tel train de fécondité se traduirait par une baisse de la population.

Mais dans ce domaine, toute prévision est hasardeuse. En 1969, l'INSEE avait établi deux projections pour les naissances, l'une à fécondité constante, qui prévoyait 949 000 naissances en 1974, l'autre à fécondité basse calculée selon l'hypothèse que la fécondité continuerait de baisser lentement et atteindrait le strict seuil de remplacement des générations en 1985; dans cette seconde hypothèse, la France aurait dû avoir 895 000 naissances en 1974. Nous sommes loin du compte puisque le nombre des naissances sera finalement, cinq ans à peine après l'établissement de ces projections, inférieur de près de 100 000 à l'hypothèse basse.

Autres signes de modification des comportements : bien que les générations en âge de se marier continuent d'augmenter, le nombre des mariages diminue; dans le même temps, le nombre des naissances dites illégitimes, c'est-à-dire hors mariage, augmente légèrement. Enfin, le pourcentage des conceptions prénuptiales est passé de 17 % en 1950 à 20 % en 1954 et 25,6 % en 1973 : une femme sur quatre était enceinte au moment du mariage, il y a deux ans.

Les phénomènes constatés en France, à quelques décalages près dans le temps, se retrouvent dans la plupart des pays d'Europe occidentale et d'Amérique du Nord.

Ainsi, en Allemagne fédérale, où le taux de fécondité a fortement baissé dès 1971, le taux de natalité a été inférieur à 10 pour mille en 1975; pour la deuxième année consécutive, le nombre des décès a été plus important que celui des naissances. En Grande-Bretagne, en Belgique, en Suisse, le taux de natalité est tombé au-dessous de 13 pour mille; en Italie ou en Norvège, où il est encore de 15 pour mille, la tendance à la baisse est manifeste.

Aux Pays-Bas et au Canada, le taux de fécondité a diminué de près de 40 % en dix ans, descendant au-dessous du seuil de remplacement. Au Québec, le phénomène est encore plus frappant puisque le taux de fécondité est tombé de 3,35 % en 1964 à 1,84 % en 1974. En revanche, un des spécialistes démographiques note que la chute de natalité est stoppée dans la plupart des pays de l'Est (sauf en République démocratique allemande, où l'évolution est étrangement parallèle à celle de l'Allemadne fédérale) et que la reprise est même vive en Pologne et surtout en Tchécoslovaquie[1].

JEAN-MARIE DUPONT

Supplément aux « Dossiers et Documents » du « Monde »
Janvier 1976

1. Population et Sociétés, n° 77, février 1975, INED, 27, rue du Commandeur, 75675 PARIS CEDEX 14.

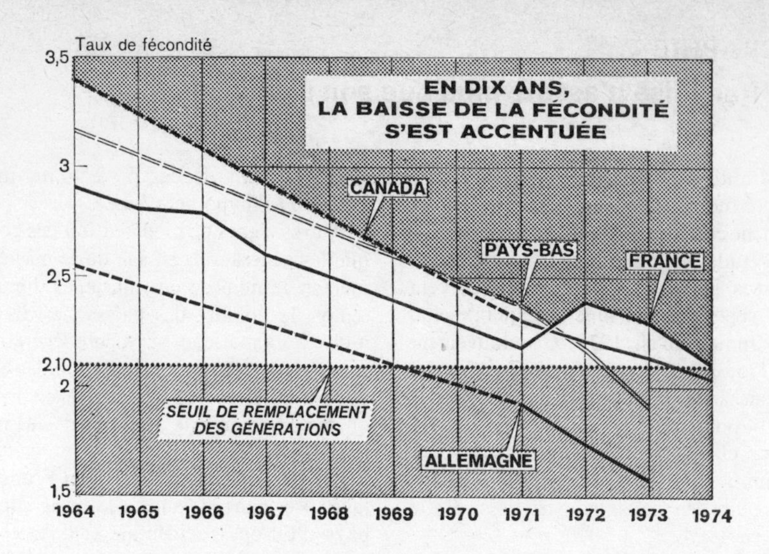

Les départements pauvres du Centre-Midi et de l'Est se dépeuplent

(1) Augmentation égale ou supérieure à 1 % par an.
(2) Augmentation entre 0,5 % et 1 %.
(3) Progrès inférieur à 0,5 %.
(4) Evolution incertaine entre-0,1 % et + 0,1 %.
(5) Diminution inférieure à 0,5 %.
(6) Diminution supérieure à 0,5 %.

La Corse est mentionnée sur cette carte pour mémoire, car les résultats pour ce département ne sont pas encore disponibles.

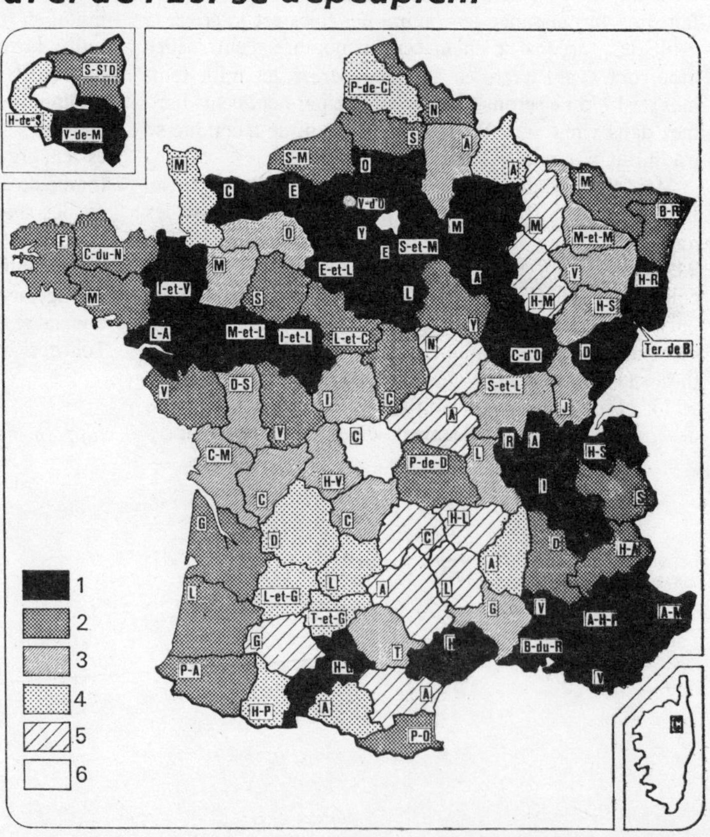

Cette carte, établie par l'INSEE à partir des premiers résultats du recensement, montre les variations de population en pourcentage et en moyenne annuelle dans chaque département entre 1968 et 1975. L'accroissement annuel moyen, pour la France entière, a été, pendant la période considérée, de 0,8 %.

Tandis que la région parisienne, Rhône-Alpes et la Provence-Côte d'Azur continuent de voir leur population augmenter plus rapidement que la moyenne nationale, un certain nombre de départements économiquement pauvres du Centre-Midi et même de l'Est stagnent en se dépeuplant. Le plus souvent l'exode des jeunes entraîne un vieillissement de la population et un solde migratoire négatif s'ajoute à un déficit des naissances par rapport aux décès.

Tables et Index

TABLEAU 1 De la Première République à la Cinquième

Première République : septembre 1792-mai 1804 (Convention-Directoire-Consulat).
Deuxième République : février 1848-décembre 1852.
Troisième République : septembre 1870-juillet 1940.
Quatrième République : juin 1944-octobre 1958.
Cinquième République : depuis octobre 1958.

République	IIIe	IVe	Ve
Origines	Succède au Second Empire après Sedan et les journées révolutionnaires du 4 septembre.	Succède au Gouvernement de Vichy.	Consécutive à l'affaire algérienne et au retour de de Gaulle.
Événements	Commune de Paris (1871). Affaire de Panama (1889). Entente cordiale (Anglais). Affaire Dreyfus. Boulangisme. 1re guerre mondiale. Scission de la S.F.I.O. et du P.C. (Congrès de Tours). Affaire Stavisky. Cartel des gauches. Front populaire. Accord de Munich. 2e guerre mondiale. Défaite de juin 1940.	Communistes au Gouvernement. Poujadisme. Guerre d'Indochine. Guerre d'Algérie. Diên Biên Phu.	Barricades d'Alger. Putsch des généraux. Retour des rapatriés d'Algérie. Echec du référendum sur la Régionalisation. Programme commun de la gauche. Nouvelles orientations du P.C. (XXIIe congrès).
Société et économie	Croissance économique. République laïque, démocratique et parlementaire. Réforme de l'Instruction publique. Séparation de l'Église et de l'État. Accords Matignon.	Vote des femmes. Loi Barangé. Planification. Reconstruction. Sécurité sociale. Modernisation des transports, de l'agriculture et de l'industrie.	Malaises économiques et sociaux. Inflation. Réduction du service militaire. Lois favorables à l'amélioration de la condition féminine (avortement, contraception). Majorité à 18 ans. Réformes de l'enseignement. Réforme du divorce.
Politique étrangère	Politique coloniale.	Décolonisation. Pacte Atlantique. Marché commun.	Indépendance de l'Algérie et des États africains. Force atomique de dissuasion. Politique européenne. Neutralisme.
Quelques hommes politiques	Thiers; Mac Mahon; Wallon; Grévy; Ferry; Jaurès; Clemenceau; Poincaré; Blum; Chautemps; Daladier; Laval; Reynaud.	De Gaulle; Auriol; Coty; Ramadier; Thorez; Pleven; Pinay; Mendes France; E. Faure; Mollet; Defferre; Mitterrand; Pflimlin.	De Gaulle; Pompidou; Giscard d'Estaing; Couve de Murville; Chaban-Delmas; Debré; Messmer; Chirac.

TABLEAU 2 Les Constitutions de la France

De la Révolution française à la mort du Président Pompidou la France a connu 16 Constitutions

Les trois dernières Constitutions

		1875	*1946*	*1958 (modifiée 1962)*
POUVOIR EXÉCUTIF	LE PRÉSIDENT DE LA RÉPUBLIQUE	Elu pour 7 ans, à la majorité absolue de l'Assemblée nationale (Sénat et Chambre des députés). Rééligible. Nomme les ministres. Droit de dissolution de la Chambre des députés. Initiative des lois avec la Chambre des députés. Promulgation des lois. Assure l'exécution des lois. Rôle plus ou moins représentatif.	Elu pour 7 ans par le Parlement (Assemblée nationale et Conseil de la République). Rééligible une fois. Choisit le Président du Conseil des ministres. Promulgue les lois. Ses actes sont tous contresignés par le Président du Conseil des ministres. Peut dissoudre l'Assemblée nationale. Rôle représentatif.	Élu au sufrage universel, pour 7 ans. Rééligible. Désigne le Premier Ministre. Partage les pouvoirs avec le Gouvernement. En cas de danger national peut exercer une dictature temporaire (article 16). Promulgue les lois. Signe les ordonnances et les décrets du Conseil des ministres qu'il préside. Peut recourir au référendum. Peut mettre fin aux fonctions du Premier Ministre. Est le véritable chef de l'État.
	LE GOUVERNEMENT	Conseil des ministres nommés par le Président de la République. Les ministres contresignent les actes du Président de la République. Le rôle du Gouvernement deviendra de plus en plus important et diminuera considérablement l'importance du Président de la République.	Le Président du Conseil désigné par le Président de la République est, de fait, le véritable chef de l'État. Il choisit ses ministres, a l'initiative des lois, en assure l'exécution. Le Gouvernement est responsable devant l'Assemblée qui l'a investi. Il est composé essentiellement de députés.	Le Premier Ministre (parlementaire ou nonparlementaire) est désigné par le Président de la République. En plein accord avec le Président de la République assure l'exécution des lois. Prend l'initiative des lois. Dispose de la force armée. Avec son Gouvernement est politiquement responsable devant l'Assemblée. Il choisit les membres de son Gouvernement (parlementaires et non parlementaires) et peut être démis de ses fonctions par le Président de la République à tout moment.
POUVOIR LÉGISLATIF	PARLEMENT	*Chambre des députés* 500 à 600 membres élus pour 4 ans au suffrage universel direct.	*Assemblée nationale* 619 députés élus au suffrage universel direct, pour 5 ans. Pouvoirs législatif, budgétaire et constituant.	*Assemblée nationale* 480/490 députés élus pour 5 ans au suffrage universel direct.
		Sénat 300 membres élus pour 9 ans (renouvelable par 1/3) au suffrage universel indirect.	*Conseil de la République* 320 membres élus pour 9 ans (renouvelable par 1/3) au suffrage universel indirect. Rôle consultatif.	*Sénat* 270 membres élus pour 9 ans (renouvelable par 1/3) au suffrage universel indirect.

		1875	1946	1958 (modifiée 1962)
	PARLEMENT	Le Parlement élit le Président de la République. A un pouvoir législatif et budgétaire. Participe à la révision de la Constitution.		Le Parlement assure à la fois les pouvoirs législatif, constituant et budgétaire. Mais l'Assemblée nationale statue cependant définitivement, en cas de désaccord entre le Gouvernement et le Sénat.
REMARQUES		Droit de vote : 21 ans (réservé aux hommes).	Droit de vote : 21 ans (hommes et femmes).	Droit de vote : 18 ans, depuis juin 1974 (hommes et femmes).

TABLEAU 3 Les institutions françaises

La Constitution

Se reporter au Tableau 2, *Les Constitutions de la France.*

Le Pouvoir exécutif

Le Président de la République; le Premier Ministre, le Gouvernement.
Se reporter au Tableau 2, *Les Constitutions de la France.*

Le Pouvoir législatif

Le Parlement; l'Assemblée nationale; le Sénat.
Se reporter au Tableau 2, *Les Constitutions de la France.*

Les organes spécialisés

Le Conseil constitutionnel

C'est une juridiction politique. Seuls, le Président de la République, le Président de l'Assemblée nationale et le Président du Sénat peuvent lui demander d'intervenir. Le Conseil constitutionnel est chargé en premier lieu de veiller au respect de la Constitution. Il veille également aux règlements des deux Assemblées; il contrôle la régularité des élections législatives, présidentielles et des référendums; il décide sans appel si le Président de la République « est empêché d'exercer ses fonctions ». De plus, il doit être consulté chaque fois que la situation nécessite l'application de l'article qui accorde des pouvoirs exceptionnels au Chef de l'État.

Le Président de la République, le Président de l'Assemblée nationale et le Président du Sénat désignent chacun 3 des 9 membres qui composent le Conseil constitutionnel auxquels appartiennent de droit et à vie les anciens Présidents de la République, alors que les membres désignés le sont pour 9 ans non-renouvelables.

Le Conseil économique et social

Il se compose de 205 membres nommés pour 5 ans, 1/3 d'entre eux étant désignés par le Gouvernement, les autres par des organisations professionnelles. On y trouve des représentants des ouvriers, des employés, des fonctionnaires, des techniciens, des ingénieurs et des cadres; des représentants des organismes agricoles les plus représentatifs, des activités sociales, des entreprises industrielles, commerciales et artisanales; des représentants des classes moyennes et des activités économiques et sociales des territoires et des départements d'outre-mer; des personnalités qualifiées choisies en raison de leur compétence dans le domaine économique, politique, social et culturel.

Le Conseil économique et social est un organe consultatif qui donne son avis sur les projets de loi, d'ordonnance ou de décret et également sur les propositions de loi, que le Gouvernement lui soumet, de caractère social ou économique.

Il comprend de nombreuses sections de travail : activités sociales; expansion économique extérieure; plans et investissements; travaux publics, transports, tourisme; finances, crédit et fiscalité; production industrielle et énergie; adaptation à la recherche technique et information économique; développement économique et social des pays autres que la France et coopération technique; économies régionales; conjoncture et revenu national; agriculture.

L'action et l'importance du Conseil économique et social se révèlent d'année en année de plus en plus primordiales pour l'amélioration du développement économique et social de la France.

La Haute Cour de Justice

Se reporter au Tableau 5, *La Justice en France.*

Le Conseil supérieur de la magistrature

Se reporter au Tableau 5, *La Justice en France.*

Le Conseil d'État

Le Conseil d'État comprend 193 membres (Présidents de section, conseillers, maîtres des requêtes, auditeurs) nommés par décret en Conseil des ministres et non-inamovibles, sous la direction d'un vice-président.

Le Conseil d'État est d'une part un organisme consultatif chargé de conseiller le Gouvernement dans l'élaboration et dans la rédaction de ses projets de lois, d'ordonnances ou de décrets.

Il comprend diverses sections (Intérieur, Finances, Sociale, Travaux Publics) qui se réunissent soit en assemblée générale ordinaire ou plénière, soit à l'intérieur de commissions permanentes ou « spéciales ».

D'autre part le Conseil d'État constitue l'instance suprême de la juridiction administrative (section du Contentieux). Tout fonctionnaire ou tout citoyen peut se pourvoir en Conseil d'État s'il estime que l'Administration l'a lésé ou a pris à son encontre une décision contestable. Il faut noter que chaque année de nombreux Français obtiennent « gain de cause », contre l'Administration, en Conseil d'État.

La Cour des comptes

La Cour des comptes est composée de 200 magistrats inamovibles (présidents, conseillers, auditeurs). Elle assure d'une part le contrôle de l'éxécution des lois de finances, d'autre part elle examine, juge et rend public par un rapport public annuel des actions comptables de la nation.

Ce rapport annuel est attendu chaque année avec intérêt, curiosité ou crainte par un grand nombre de Français, car il dévoile au grand jour et en toute intégrité – lorsque le cas se présente – la mauvaise gestion des « deniers publics ».

TABLEAU 4 La France administrative

L'Administration tient un rôle important dans la vie de la France et des Français. En effet, par sa structuration même – 40 000 fonctionnaires répartis, pour la plupart, dans les services centraux des ministères et hiérarchiquement divisés en « grands commis de l'État », hauts-fonctionnaires et employés de bureau –, l'Administration centrale est relativement peu touchée par les changements de ministres, de gouvernements, voire de régimes. Elle peut ainsi maintenir une certaine politique de continuité, ce qui renforce considérablement et son importance et son action.

La France est divisée administrativement en régions (23), départements (95, plus les 4 départements d'outre-mer), communes (38 000).

Chaque région comprend deux ou plusieurs départements. Un département est divisé en un certain nombre d'arrondissements qui regroupent eux-mêmes une centaine de communes chacun.

Le canton est une circonscription essentiellement électorale, intermédiaire entre l'arrondissement et la commune.

La région

Est placée sous la responsabilité directe d'un *préfet de région*, nommé par le Conseil des ministres et révocable par lui. Il est le représentant du pouvoir exécutif, chargé à la fois d'informer la région des décisions prises par le Gouvernement et d'en assurer et d'en contrôler l'exécution.

Il est assité de deux assemblées de consultation et d'éxécution : le *Conseil régional* (composé d'élus) et le *Comité économique et social* (composé de représentants d'organismes divers).

Le département

Est placé sous la responsabilité du *préfet* – nommé par décret –, à la fois agent de l'État et agent du département.

En tant qu'agent de l'État il veille à l'exécution des lois et des règlements; il représente toutes les administrations publiques et les contrôle; il est le chef de la police et l'informateur du Gouvernement; il contrôle les sous-préfets et les maires.

En tant qu'agent du département, il tient compte des décisions du Conseil général, il ordonne les dépenses. Le *Conseil général* qui l'assiste est élu pour 6 ans au suffrage universel à raison d'un conseiller général par canton. Il se réunit deux fois par an et vote le budget départemental. Il saisit aussi le Gouvernement sur tous les problèmes d'intérêt général relatifs au département. Son importance et son impact sont très importants aussi bien du point de vue économique et social que politique.

Le *sous-préfet*, qui assiste le préfet, est plus particulièrement chargé de s'occuper des arrondissements et des communes.

La commune

Est administrée par le *maire* et ses adjoints, désignés par le *Conseil municipal* – auquel ils appartiennent – et qui est lui-même élu pour une période de 6 ans au suffrage universel.

Le maire est à la fois le représentant de la commune et un agent de l'État. C'est une des fonctions les plus importantes et les plus représentatives de l'Administration française.

Agent de l'État, il exécute les lois et les règlements, il est responsable de la police administrative, officier de l'état civil (mariages...). Premier magistrat élu de sa ville, il exécute les décisions du Conseil municipal (arrêtés communaux) et sert d'agent de liaison ou de porte-parole entre la commune et le Gouvernement. Sa position est souvent difficile et ambiguë lorsqu'il doit faire appliquer des lois et des règlements contraires à ses opinions politiques mais conformes aux décisions du Gouvernement et du Chef de l'État.

Ses fonctions sont gratuites et renouvelables. Des hommes politiques célèbres sont régulièrement réélus maires comme MM. Deferre à Marseille, Chaban-Delmas à Bordeaux ou Mitterrand à Château-Chinon. M. Giscard d'Estaing, lui-même, était jusqu'à son élection à l'Élysée, maire de Chamalières.

La région parisienne et Paris bénéficient d'un régime administratif particulier en raison de leur importance politique et démographique.

Ainsi Paris – à la fois ville et département – est dirigé par le préfet de Paris et par le préfet de police. Divisé en 20 arrondissements sous la responsabilité chacun d'un maire nommé par le Gouvernement, Paris a également un Conseil général de 90 membres élus. Un projet modifiant le régime administratif de Paris est à l'étude fin 1975.

Les 6 autres départements de la région parisienne ont le même statut que les départements de province.

TABLEAU 5 La Justice en France

Le pouvoir judiciaire est, en France, indépendant des autres pouvoirs.

L'article 64 de la Constitution de 1958 spécifie clairement que le Président de la République, assisté par le Conseil supérieur de la magistrature, en est garant.

Principes fondamentaux de la Justice française

1. Juridiction collégiale et sédentaire.
2. Gratuité de la Justice (aide judiciaire).
3. Défense d'office.
4. Débats et lecture du jugement publics.
5. Possibilité de faire appel après une condamnation.
6. Distinction entre justice civile et justice pénale.

Les juridictions françaises

1. Les juridictions civiles qui jugent les litiges entre particuliers (tribunaux d'instance; tribunaux de grande instance; tribunaux de police; tribunaux correctionnels). Les peines prononcées peuvent aller de 1 jour à 5 ans de prison et de 3 F à 5 000 F d'amendes.
2. Les juridictions pénales qui jugent les infractions aux lois, les crimes (cour d'assises). Les peines s'étalent de la simple amende à la peine de mort. Les condamnés peuvent se pourvoir en cassation ou bien faire une demande de recours en grâce auprès du Président de la République.
3. Les juridictions professionnelles ou spécialisées qui s'occupent des litiges spécifiques à des activités professionnelles (conseils de prud'hommes; tribunaux de commerce; ordres des médecins, ordres des avocats...).
4. Les juridictions administratives chargées de régler les différends entre les particuliers et les Administrations, avec une possibilité de porter l'affaire devant le Conseil d'État (voir Tableau 3).

Les Cours d'appel – Les Cours d'assises – La Cour de cassation

1. Les Cours d'appel, au nombre de 31, sont chargées de statuer sur les appels au sujet des jugements rendus par les tribunaux d'instance, de grande instance ou spécialisés. Leurs « arrêts » ne peuvent être cassés que par la Cour de cassation.
2. Les Cours d'assises se composent de 3 magistrats (un président et deux assesseurs), l'avocat général, le jury (9 jurés tirés au sort parmi les citoyens), l'avocat de la partie civile, le défenseur, le greffier, l'huissier audiencier. L'accusé, entouré de deux gardes, assiste au défilé et aux dépositions des témoins, aux diverses plaidoiries, et à la lecture du verdict.

Sauf en cas de huis clos, le public peut assister aux débats mais le président de la Cour d'assises peut à tout moment faire évacuer la salle.

3. La Cour de cassation est chargée de contrôler si les décisions contestées ont été rendues conformément aux lois, et, le cas échéant, de les « casser », ce qui assure l'unité de la jurisprudence des divers tribunaux.

La magistrature

La magistrature comprend les « magistrats du siège » (ou assis), inamovibles, et les « magistrats du parquet » (ou debout) qui, eux, dépendent directement du pouvoir exécutif et hiérarchiquement du ministre de la Justice ou garde des Sceaux. Ce sont notamment les procureurs de la République, les procureurs généraux, les avocats généraux et leurs substituts.

Les magistrats du siège, juges des causes pénales et civiles, en fonction de l'article 64 de la Constitution ne sont justiciables, du point de vue disciplinaire, que du Conseil supérieur de la magistrature et théoriquement jouissent d'une entière indépendance.

Le Conseil supérieur de la magistrature

Il se compose de 9 membres désignés par le Président de la République parmi lesquels 6 magistrats choisis sur une liste établie et proposée par le Bureau de la Cour de cassation. Le Président de la République en est le président, suppléé, de droit, par le ministre de la Justice.

Ce Conseil est à la fois consultatif (nomination et avancement des magistrats du siège; recours relatifs à la peine capitale) et disciplinaire (pour les magistrats du siège).

La Haute Cour de justice

Est chargée de juger le Président de la République dans le cas de « haute trahison » et les ministres et leurs complices en cas de complot contre la sûreté de l'État ou pour crimes et délits.

Elle est composée de 24 membres (12 désignés par l'Assemblée nationale et 12 par le Sénat).

TABLEAU 6 L'enseignement en France

L'enseignement français, en vertu d'une longue tradition républicaine, est à la fois *public* (13 % seulement d'écoles privées, contrôlées et aidées par l'État), *laïque* (la religion n'est enseignée qu'à la demande des parents et en dehors des cours), *gratuit* et *obligatoire* (jusqu'à 16 ans). Le système scolaire et universitaire français, très souvent restructuré, comprend aujourd'hui (1975) 4 grands types d'enseignement : l'enseignement pré-élémentaire; l'enseignement élementaire; l'enseignement du second degré (1er et 2e cycle), dans lequel s'insère la formation professionnelle; l'enseignement supérieur. Sans oublier la formation permanente des adultes que l'État favorise et développe.

L'enseignement pré-élémentaire

Bien que la scolarité ne soit obligatoire qu'à partir de l'âge de 6 ans, il existe cependant des écoles maternelles publiques où l'on reçoit les enfants dès l'âge de 2 ans. Il ne s'agit ni de « garderies » ni de préparation à l'école élémentaire. Les quelque 2 000 000 d'enfants qui fréquentent actuellement ces établissements sont initiés à des activités éducatives (travaux manuels, jeux, chants) par les institutrices des écoles maternelles qui, par leur formation, leur compétence et leur dévouement sont vraiment des pédagogues d'élite.

L'enseignement élémentaire

Cet enseignement du 1er degré dure 5 ans (une année de cours préparatoire, deux de cours élémentaire et deux de cours moyen) et s'adresse aux enfants de 6 à 11 ans. Il se caractérise par la part importante qui est faite à la « formation » sans que l'information soit pour autant négligée : acquisitions de base (lecture, écriture, calcul), disciplines d'éveil (étude du milieu naturel, humain et historique), activités artistiques et éducation physique visent, en effet, à favoriser le plein épanouissement de l'enfant.

Un corps d'élite – les instituteurs (250 000) formés pour la plupart dans des Écoles normales d'instituteurs – perpétue la tradition de l'école publique et laïque tout en adaptant son enseignement à la vie et à la pédagogie modernes.

L'enseignement du second degré

Il comprend le premier cycle du second degré; le second cycle court; le second cycle long technique; le second cycle long général.

Le premier cycle du second degré

Les Collèges d'enseignement général (C.E.G.) et les Lycées accueillaient jusqu'ici et pendant 4 ans (de la 6e à la 3e) les enfants ayant terminé l'École élémentaire après examen de leur dossier ou après un examen d'entrée. Mais un nouveau type d'établissement les remplace peu à peu : les Collèges d'enseignement secondaire (C.E.S.). Les C.E.G. disparaîtront et les Lycées seront réservés à l'enseignement secondaire long.

Cet enseignement comprend des classes de « type I » ou « type Lycée », des classes de « type II » ou « type C.E.G. » plus personnalisées et des classes de « type III » ou « type transition » réservées aux élèves qui éprouveraient des difficultés à suivre les classes de type I ou II. Les professeurs certifiés titulaires du C.A.P.E.S. et les professeurs d'enseignement général de collège (P.E.G.C.) constituent – avec des maîtres auxiliaires – le personnel enseignant du premier cycle du second degré.

Le second cycle court

Il correspond à l'enseignement professionnel qui est dispensé dans les Collèges d'enseignement technique (C.E.T.) auquel certaines classes des C.E.S. préparent déjà. La plupart des élèves des C.E.T. se présentent au bout de 3 ans au Certificat d'aptitude professionnelle (C.A.P.) alors que ceux qui ont une formation générale plus poussée se présentent au Brevet d'étude professionnel (B.E.P.) au bout de 2 ans.

Ils s'y préparent sous la responsabilité de professeurs d'enseignement général, de professeurs d'enseignement technique et de spécialistes des diverses branches professionnelles.

Cet enseignement, bien que dédaigné par de nombreux parents et élèves, prend de plus en plus d'importance dans le monde d'aujourd'hui dominé par la technique et qui pourtant manque de professionnels qualifiés.

Le second cycle long technique

Ce cycle prépare au Baccalauréat de technicien E (mathématiques et technique), F (technique industriel), G (technique économique), H (technicien en informatique) en 3 ans (seconde, première et terminale).

Le second cycle long général

Il prépare également en 3 ans aux Baccalauréats A (philosophie-lettres), B (économique et social), C (mathématiques et sciences physiques), D (mathématiques et sciences de la nature).

Enfin les Lycées spécialisés qui dépendent du ministère de l'Agriculture préparent les élèves au Brevet technique agricole (B.A.T.) et au Baccalauréat D' (sciences agronomiques et techniques).

Dans le second cycle long, l'enseignement est dispensé par des professeurs agrégés, des professeurs certifiés (titulaires du C.A.P.E.S. ou du C.A.P.E.T.), des adjoints d'enseignement et des professeurs techniques.

L'enseignement supérieur

La loi d'orientation de l'enseignement supérieur d'octobre 1968 a transformé les diverses facultés en « unités d'enseignement et de recherche » (U.E.R.) autonomes et pluridisciplinaires.

L'enseignement universitaire comprend trois cycles.

Le premier cycle

dure 2 ans et conduit au Diplôme d'études universitaires générales (D.U.E.G.)

Le deuxième cycle

permet d'obtenir soit la Licence en un an, soit la Maîtrise en 2 ans.

Le troisième cycle

prépare aux divers Doctorats d'État.

Les Instituts universitaires de technologie (I.U.T.), ouverts aux bacheliers et aux non-bacheliers, sont rattachés à l'enseignement supérieur et préparent en 2 ans au Diplôme universitaire de technologie (D.U.T.) qui permet à la majorité d'entre eux d'entrer comme cadres moyens ou comme cadres supérieurs dans l'industrie ou le commerce. Il faut mentionner aussi les « Grandes Écoles » comme l'École normale supérieure de la rue d'Ulm, l'École polytechnique et l'École des ponts et chaussées entre autres. Les étudiants, qui y accèdent après une sélection impitoyable, sont assurés non seulement de bénéficier de la meilleure des préparations aux divers examens universitaires mais également d'accéder à leur sortie à des postes de plus en plus importants dans la branche qu'ils ont choisie.

Le projet de M. René Haby, ministre de l'Éducation, est susceptible de modifier, dès la rentrée 1976, ce schéma de l'enseignement en France.

TABLEAU 7 Le système électoral français

Depuis l'élection de M. Giscard d'Estaing comme Président de la République française, tous les Français et toutes les Françaises de plus de 18 ans peuvent voter, à condition d'être inscrits sur les listes électorales, de résider dans la commune depuis plus de six mois et d'avoir un casier judiciaire vierge.

Consultation électorale	But	Électeurs	Périodicité	Processus
Élections présidentielles.	Élection du Président de la République.	Tous (suffrage universel direct).	Tous les 7 ans ou en cas d'empêchement, de démission ou de décès du Président en fonction.	Scrutin uninomial majoritaire à 2 tours. Au 2e tour, restent seuls en course les 2 premiers candidats si aucun d'eux n'a obtenu la majorité absolue à la fin du 1er tour.
Élections législatives.	Élection des députés.	Tous (suffrage universel direct).	Tous les 5 ans.	Scrutin uninominal majoritaire à 2 tours.
Élections sénatoriales.	Élection des sénateurs.	Suffrage universel indirect : les députés, les conseillers généraux et les délégués des conseillers municipaux.	Les sénateurs sont élus pour 9 ans renouvelables par tiers.	Scrutin uninominal majoritaire à 2 tours.
Élections cantonales.	Élection des conseillers généraux.	Tous (suffrage universel direct).	Tous les 6 ans.	Scrutin uninominal majoritaire à 2 tours.
Élections municipales.	Élection des conseillers municipaux.	Tous (suffrage universel direct)	Tous les 6 ans.	Scrutin uninominal majoritaire de la liste à 2 tours.
Référendums.	Modification de la Constitution; approbation d'une politique; etc.	Tous (suffrage universel direct).	Variable.	Choix entre le « oui » et le « non ».

TABLEAU 8 Les forces politiques en France

Le résultat des élections présidentielles françaises du 19 mai 1974 (V. Giscard d'Estaing élu par 50,81 % des suffrages exprimés contre 49,19 % à F. Mitterrand) pourrait laisser supposer qu'il est facile d'analyser et de définir les problèmes et l'équilibre des forces politiques en France : d'une part la « majorité gouvernementale », d'autre part « l'opposition » s'appuyant uniquement, ou presque, sur « l'union de la gauche ».

Mais à l'intérieur de chacun de ces deux grands courants de la Ve république circulent des tendances variées et contradictoires, momentanément étouffées à l'occasion d'une élection présidentielle ou d'une motion de censure.

De même, l'importance d'un parti peut varier en fonction du nombre de voix obtenues aux élections législatives (P.C.; U.D.R.; P.S.), du nombre de sièges à l'Assemblée nationale (U.D.R.; P.S.; P.C.) ou de l'apport qu'il représente pour l'un ou l'autre des courants, comme les Républicains Indépendants pour la Majorité.

Les partis de la majorité gouvernementale (au 31 juillet 1975)

Ils sont au nombre de 3 : l'Union des Démocrates pour la République (U.D.R.), la Fédération Nationale des Républicains Indépendants (F.N.R.I.) et le Centre Démocratie et Progrès (C.D.P.).

U.D.R. (151 députés pour 24 % des suffrages exprimés).

Créée le 1er octobre 1958 pour soutenir le général de Gaulle, l'U.D.R. (auparavant U.N.R., puis U.D. Ve) de laquelle sont issus jusqu'à présent tous les Premiers Ministres de la Ve République (Debré, Pompidou, Chaban-Delmas, Messmer et Chirac) reste le rassemblement de tendances parfois divergentes mais plus ou moins unies par un fonds de valeurs communes (voir Tableau 9, *Le gaullisme*).

Depuis l'élection à la présidence de M. Giscard d'Estaing, un certain malaise semble régner à l'intérieur du parti et « la prise en main » du mouvement par le Premier Ministre Chirac (15 décembre 1974) a soulevé d'importants remous dont les conséquences, dans les années à venir, pourraient modifier la carte politique de la France.

F.N.R.I. (55 députés)

Fondée en 1966 par M. Giscard d'Estaing (ministre des Finances du général de Gaulle et de G. Pompidou), ce mouvement cherche à rassembler la « famille politique indépendante » et se veut, à la fois, libéral, centriste et européen.

Aussi bien sous la présidence de de Gaulle que sous celle de Pompidou les Républicains Indépendants, s'ils ont toujours respecté une certaine discipline de vote en faveur de la majorité gouvernementale, n'en ont pas moins critiqué le Gouvernement et l'Élysée (le « oui, mais... » de Giscard d'Estaing du 10 janvier 1967) ou refusé certaines réformes (le « non » au référendum sur la Régionalisation). Ce « démarquage » par rapport au gaullisme a certainement favorisé l'élection de M. Giscard d'Estaing à la tête de l'État.

De plus, le fait que pour la première fois depuis l'arrivée du gaullisme au pouvoir (1958), le Président de la République n'appartient pas – directement ou indirectement – au mouvement gaulliste va certainement modifier et la carte électorale et l'équilibre des forces politiques.

C.D.P. (23 députés)

Fondé au lendemain de l'élection de G. Pompidou à la présidence de la République, le C.D.P. présidé par J. Duhamel accepte le « fait majoritaire » tout en restant indépendant. « Démocrate, social et européen, » le C.D.P. est très proche de la F.N.R.I. et de l'U.D.R.

Les partis de l'opposition (au 31 juillet 1975)

Ils constituent l'opposition de gauche et comprennent : le Parti Communiste Français (P.C.F. ou P.C.), le Parti Socialiste (P.S.), le Parti Socialiste Unifié (P.S.U.) et le Mouvement des Radicaux de gauche (M.R.G.).

P.C. (73 députés pour 25 % des suffrages exprimés).

Né en 1920 (voir Tableau 16, *Le Front populaire*), le P.C., d'idéologie marxiste-léniniste, est le parti de la classe ouvrière. Actuellement dirigé par G. Marchais (qui a succédé à MM. Waldeck Rochet et Thorez), le P.C. (comme en 1936 – se reporter au Tableau 16) a recherché une alliance avec les autres partis de gauche qui s'est traduite par l'élaboration d'un « programme commun de la gauche » (voir P42) et par une candidature commune – celle de F. Mitterrand – lors des dernières élections présidentielles.

La majorité gouvernementale, qui pourrait se trouver en difficulté lors des prochaines élections législatives (1976), suit avec intérêt les « querelles » qui opposent communistes et socialistes, les premiers accusant les seconds de se développer à leur détriment depuis l'élaboration du programme commun.

P.S. (101 députés pour 18 % de suffrages exprimés).

Si le Parti Socialiste est l'un des plus anciens de France (1901), le Parti Socialiste actuel ou « nouveau » Parti Socialiste est né officiellement le 4 mai 1969 au moment des élections présidentielles.

M. Mitterrand (voir P14 et P15-16) en est le leader incontesté. Après avoir permis la création de la Fédération de la Gauche Démocrate et Socialiste (F.G.D.S.), qu'il présida de 1965 à 1969 et qui regroupait la gauche non-communiste (S.F.I.O. et Radicaux), F. Mitterrand a été l'un des artisans de la nouvelle union de la gauche (voir P42). Le Parti Socialiste, au pouvoir de 1936 à 1938 (L. Blum), de 1944 à 1951 (Blum, Mayer, Auriol) et de 1956 à 1958 (Mollet, Deferre) – dans l'opposition depuis 1958 – n'a pas perdu l'espoir d'y revenir. Les nouvelles structures qu'il s'est donné sous l'impulsion de F. Mitterrand et l'apport d'hommes nouveaux (tel Rocard, ex-secrétaire général du P.S.U.) ont particulièrement renforcé sa position sur le plan national. Les élections législatives de 1978 seront révélatrices à cet égard.

P.S.U.

Ce mouvement, créé en avril 1960, est actuellement en pleine crise depuis la démission de son secrétaire général et leader M. Rocard, passé au Parti Socialiste (fin 1974). Composé presque exclusivement d'intellectuels de gauche, il n'a pas réussi à s'implanter, comme le P.C. et le P.S., dans les milieux ouvriers. Il est probable que la plus grande partie de ses adhérents ne tardera pas à rejoindre M. Rocard au Parti Socialiste, d'où il est issu.

M.R.G.

C'est une émanation du vieux Parti Radical (1901).

Le Mouvement des Radicaux de Gauche est né d'une scission qui s'est produite en 1972 entre partisans d'une unité de la gauche et réformateurs.

Les partis centristes, adversaires de la bipolarisation (30 députés)

Ce sont essentiellement le Parti Radical sous la présidence de J.-J. Servan-Schreiber [1], le Centre Démocrate dirigé par J. Lecanuet.

Si J. Lecanuet est actuellement l'un des ministres du Gouvernement Chirac et si J.-J. Servan-Schreiber y a fait une courte apparition, les centristes et les radicaux, leaders du « Mouvement Réformateur » (1971), se veulent les défenseurs d'une « démocratie sociale à la française » et ne sont pas toujours d'accord avec la politique gouvernementale. Européen, social et libéral, ce mouvement, qui a recueilli une partie de l'électorat M.R.P. (voir Tableau 9), peut être considéré, pour l'instant, comme une force politique mineure.

Ainsi, paradoxalement, si les différents partis de l'opposition se sont renforcés et sont devenus plus disciplinés depuis 1958, leurs désaccords idéologiques ne leur permettent pas de lutter victorieusement à l'heure actuelle contre la majorité présidentielle qui – bien qu'elle-même divisée – redevient un bloc uni et homogène quand il le faut (élections présidentielles, élections législatives).

Remarque : il convient d'ajouter à l'ensemble de ces chiffres les députés « apparentés » (opposition : 5; majorité : 31); les députés non-inscrits : 8; les sièges vacants :5 .

1. J.-J. Servan Schreiber démissionne de la Présidence du Parti Radical et Gabriel Péronnet lui succède (fin 1975).

TABLEAU 9 Le gaullisme

En 1969, à la mort du général de Gaulle (voir P 34, P 35), la question que l'on se posait était de savoir si « le gaullisme » lui survivrait.

Cinq ans plus tard, si le Premier Ministre J. Chirac et la plupart des membres de son Gouvernement appartiennent au parti qui se réclame du gaullisme, l'U.D.R., ce dernier est loin de posséder comme par le passé la majorité presque absolue à l'Assemblée nationale, et si le Président de la République est un ancien ministre du général, il ne l'a pas moins souvent combattu et, de plus, il provient d'un mouvement qui ne se réclame pas du gaullisme (le mouvement des Républicains Indépendants).

Au début du septennat de M. Valéry Giscard d'Estaing, l'avenir du gaullisme reste toujours une interrogation.

Le gaullisme et le rôle du chef de l'État

Bien avant la Libération (voir P 33), le général de Gaulle pensait que la France de l'après-guerre devait s'appuyer sur un « chef au-dessus des partis » et ne provenant d'aucun d'entre eux; un chef s'appuyant sur le peuple et pouvant le consulter directement par voie de référendum; un chef qui serait l'arbitre entre le Gouvernement et le Parlement et qui assumerait – en cas de péril – les pleins pouvoirs. Un chef qui assurerait à la France stabilité et continuité.

Telles sont les idées que développait le général de Gaulle dans le tome III de ses *Mémoires de guerre* (*Le Salut,* chez Plon) et qu'il allait mettre en pratique de 1958 à 1969.

Les origines du gaullisme

Président du Gouvernement provisoire de la République Française (novembre 1945), le général de Gaulle, qui voulait éviter un retour au parlementarisme et à la division des partis, avait proposé un projet de Constitution qui devait renforcer le pouvoir exécutif mais, devant l'opposition des partis, notamment du parti socialiste et du parti communiste, le général se retire du Gouvernement (voir Tableau 17) et fonde en avril 1947 le Rassemblement du Peuple Français (R.P.F.) qui devait, « dans le cadre des lois » et au-delà des partis, réaliser l'union nationale et permettre la réforme profonde de l'État.

En dépit de succès électoraux, le R.P.F. – parti de l'opposition – ne réussit ni à faire modifier la Constitution, ni à ramener le général de Gaulle au pouvoir. Celui-ci le dissout en mai 1953. En octobre 1958 (voir Tableau 8) l'U.N.R. reprenait le flambeau.

La politique intérieure du gaullisme

Elle est caractérisée d'une part par la Constitution de 1958 (voir Tableau 2) qui donne au Président de la République des pouvoirs étendus (voir plus haut « Le gaullisme et le rôle du chef de l'État ») et d'autre part par un désintérêt relatif à l'égard des problèmes financiers, économiques, sociaux et culturels (voir Tableau 19 « Mai 68 ») en dépit des idées gaulliennes de « participation » et de « régionalisation ».

La politique étrangère du gaullisme

Politique de grandeur et d'indépendance nationale (force de frappe; retrait de l'O.T.A.N....), politique de coopération avec les anciennes colonies françaises (aide financière et coopération culturelle, scientifique et technique; contrats privilégiés...), Europe unie et indépendante des États-Unis (en dépit d'une certaine opposition à l'entrée de la Grande-Bretagne dans le Marché commun; renforcement des relations avec l'Allemagne de l'Ouest), rapprochement Est-Ouest (accords avec l'U.R.S.S.; reconnaissance de l'Allemagne de l'Est et de la Chine...) en constituent les grandes lignes.

Causes de la popularité du gaullisme

De 1958 (86,97 % des voix au référendum sur la Constitution), date du retour de de Gaulle, à 1965, date de son premier échec (mis en ballottage par F. Mitterrand au 1er tour des élections présidentielles – voir P 15-16 – où il n'obtient que 44,6 % des voix), le gaullisme a connu sa période la plus faste due à des raisons affectives envers « l'homme du 18 juin » (voit Tableau 17), ou politiques (fin de la guerre d'Algérie, stabilité politique inhabituelle) ou nationalistes (politique de grandeur, indépendance nationale, force de frappe...).

Cette popularité s'appuyait à la fois sur la séduction personnelle du Président de Gaulle (prestance; éloquence; formules : « Je vous ai compris », « de Dunkerque à Tamanrasset », « de l'Atlantique à l'Oural », « Vive le Québec libre »...), sur les moyens mis en œuvre (apparitions fréquentes à la télévision; nombreux voyages en France avec « bains de foules »...), sur une certaine « mise en scène » (opération secrète en avril 1964; voyage mystérieux en mai 1968).

Les gaullistes

Le parti gaulliste est loin d'être aussi structuré et ramifié que par exemple le P.C. L'U.D.R. proprement dite a peu d'adhérents. Le gaullisme est, avant tout, un phénomène électoral. Les électeurs gaullistes proviennent de milieux très divers et ont en commun d'appartenir en majorité à la France religieuse (Alsace, Bretagne, Corse, Savoie, Massif Central...) et conservatrice et d'avoir « une certaine idée de la France ». Depuis la mort du général de Gaulle, la principale entreprise de l'U.D.R. est de rassembler son électorat autour d'un programme de « gaullisme politique », succédant au « gaullisme gaullien » qu'incarnait le général.

Conséquences et avenir du gaullisme

Le gaullisme a permis, par la constitution d'une majorité gouvernementale, de donner à la France une stabilité politique qu'elle n'avait jamais connue depuis la Libération et a favorisé, en conséquence, le renforcement et l'unification de l'opposition. D'autre part, par le jeu des nouvelles institutions (consultations directes lors des élections présidentielles et des référendums avec choix de plus en plus limité) le gaullisme a permis également la politisation de l'ensemble des Français.

Mais la politique étrangère gaulliste, basée sur la grandeur, sur l'indépendance et sur la force de frappe, a certainement ralenti le développement économique et social de la France en dépit de réalisations et de résultats (voir Tableaux 10, 12, 14) satisfaisants et met les successeurs du général de Gaulle face à des problèmes et à des situations assez délicats par rapport aux États-Unis et à de nombreux pays, européens ou non.

De plus, la Constitution de 1958 (modifiée en 1962), faite à la mesure de l'homme exceptionnel qu'était le général de Gaulle, peut devenir lourde et pesante pour tout autre que lui. L'éclatement possible de la majorité gouvernementale qui suivrait l'éclatement de l'U.D.R. (privée en moins de 5 ans de son « chef spirituel » et de son héritier et actuellement (1974) en proie à de très violents remous internes) entraînerait une crise constitutionnelle. L'arrivée au Parlement d'une « majorité d'opposition de gauche » créerait un précédent que la Constitution – telle qu'elle est conçue – est incapable de résoudre. Quel serait alors l'avenir du gaullisme?

Hubert Beuve-Méry, fondateur du *Monde*, écrivait le 11 novembre 1970 (anniversaire de la mort du général de Gaulle) dans le *Times* : « Il faut laisser à l'histoire le soin de dresser le bilan de l'œuvre accomplie et le sort que connaîtra un héritage qui ne doit ni ne peut demeurer tel quel, mais dont l'actif l'emporte nettement sur le passif. Après tout, Louis XIV et Napoléon, quels que fussent leurs titres de gloire, ont laissé l'un et l'autre la France exsangue, ruinée, mutilée. Charles de Gaulle n'aurait pas trop à se plaindre de cette orgueilleuse comparaison. »

TABLEAU 10 Les grands secteurs de l'économie française

L'économie d'un pays peut se diviser en 3 secteurs :
– le secteur primaire qui comprend l'agriculture, les forêts, la pêche et parfois les industries d'extraction (mines, carrières);
– le secteur secondaire où figurent l'industrie, le bâtiment et parfois les transports;
– le secteur tertiaire qui englobe tout le reste.

L'agriculture française

La France, en raison de sa situation géographique et géologique, de son climat aussi, est un pays à vocation agricole (90 % du sol national dont 2/3 cultivés) caractérisé par une très grande diversité.

L'exploitation de la terre est basée sur la polyculture dans l'Est, le Centre, le Sud, sans oublier les montagnes, alors que l'agriculture intensive reste l'apanage des agriculteurs des grandes plaines (Ile-de-France, Picardie, Nord, Alsace) ou de ceux de la Champagne ou du Berry, ce qui crée d'importantes disparités de revenus et de modes de vie entre les agriculteurs français.

La France, par sa production agricole variée (blé, maïs, orge, riz, pommes de terre, betteraves, vigne, légumes et fruits et, à un degré moindre, tabac, houblon, oléagineux, lin, chanvre), par l'importance de son cheptel (bovins, ovins, porcins, chevaux) et de ses produits (viande, lait, fromage, beurre) se trouve à la tête des puissances agricoles de l'Europe Verte mais cela ne l'empêche pas de se trouver à la fois face à des problèmes d'expansion et de compétivité.

Les données et les stuctures de l'agriculture française

L'effectif des agriculteurs (2 800 000 en 1974) diminue de 4 % par an. L'expansion, elle, se situe autour de 7 % alors que la production, en dépit de l'exode rural (80 000 abandonnent chaque année la campagne pour les villes), de la diminution des terres cultivées mais grâce à la modernisation, s'accroît de 3 % annuellement. Les revenus des agriculteurs varient en fonction des structures et des dimensions des exploitations agricoles (43 % de petites exploitations de moins de 10 ha; 50 % d'exploitations moyennes de 10 à 50 ha; 7 % seulement de grandes exploitations de plus de 50 ha) et de leur situation propre (grands, moyens ou petits exploitants; fermiers; salariés agricoles).

Afin de relancer l'agriculture, de ralentir l'exode rural des jeunes, et de réduire le morcellement des terres, l'État a favorisé le remembrement des surfaces agricoles en divisant le territoire en zones de départ (où l'on incite, par des indemnités viagères, les paysans à abandonner leurs terres) et en zone d'accueil (où l'on favorise l'implantation des jeunes agriculteurs grâce à des indemnités et à des prêts avantageux).

L'avenir de l'agriculture française

La politique agricole du Gouvernement (modernisation et rentabilisation des exploitations diverses) coûte cher. D'autre part, la planification de l'agriculture pose des problèmes presque insolubles en fonction de l'inégalité de la production (bonnes et mauvaises années).

Aussi, malgré la grande variété de cette production, de l'importance pour la France du Marché Commun, l'agriculture française reste peu compétitive, ce qui explique que la production agricole n'intervient que pour 10 % dans le Produit National Brut (P.N.B.) alors que le secteur agricole emploie près de 15 % de la population active. L'importance de l'agriculture sur le plan national est cependant une nécessité et une réalité; grâce à elle d'importants secteurs industriels (machines agricoles; industries alimentaires; circuits de distribution...) ont pu prendre une très grande extension sans que – malheureusement – elle en tire des profits appréciables.

L'industrie française

L'industrie constitue l'activité principale de la France : 40 % de la population active et près de la moitié du P.N.B. A cause du Marché Commun et pour être compétitive, l'industrie française a dû accélérer sa modernisation, ce qui s'est traduit par de nombreuses concentrations industrielles et financières, encouragées et favorisées par l'État, qui contrôle une partie du secteur industriel (le secteur nationalisé). Bien que plus de 95 % des entreprises entrent dans la catégorie des « Petites et Moyennes Entreprises » (P.M.E., moins de 50 salariés), la plus grande concentration d'ouvriers se retrouve dans les grandes entreprises (47 % de la main-d'œuvre totale).

Malgré les efforts du Gouvernement en ce qui concerne la décentralisation industrielle et l'aménagement du territoire, le développement de la région parisienne (25 % de la production totale) s'accentue. Les régions du Nord (houilles, industries textiles), de la Lorraine (fonte, acier, charbon), Rhônes-Alpes (textiles synthétiques, sidérurgie, électricité, aluminium) restent les plus favorisées, même si l'industrie pétrolière permet à la Provence (complexe pétrolier de Fos, « Grand Delta ») et à l'Aquitaine (gaz de Lacq, pétrole de Parentis) de prendre un certain essor.

Les composantes essentielles de l'industrie française

L'énergie

Comme toutes les nations industrialisées la France a besoin de plus en plus d'énergie mais, sa production ne lui suffisant pas, elle importe 75 % de sa consommation. L'électricité en plein développement, l'énergie nucléaire développée depuis 1945, le pétrole et le gaz naturel exploités depuis 1951, ont avantageusement pris la place du charbon en déclin et modifié à la fois la carte géographique, sociale et industrielle de la France.

La sidérurgie

La sidérurgie emploie près de 200 000 personnes et utilise de plus en plus les minerais et les combustibles – provenant de pays éloignés – moins chers à traiter.

Les industries mécaniques

Elles occupent plus de 600 000 personnes et comprennent : l'industrie automobile (voir E 9), l'industrie aérospatiale (voir E 6) et la construction navale, parmi les plus importantes.

Les industries textiles et autres

Plus d'un million d'emplois pour les industries textiles, pour les industries de l'habillement et du cuir.

Ce secteur a bénéficié de concentrations importantes, du développement de l'industrie chimique et de la mécanisation. C'est une industrie en pleine expansion et qui est avant tout exportatrice.

Les industries chimiques

Elles emploient 400 000 personnes, réparties dans de grandes sociétés (comme Rhône-Poulenc; Péchiney et Saint-Gobain qui ont fusionné en 1969; Air-Liquide; Ugine-Kuhlmann...) qui traitent aussi bien de la chimie minérale que de la chimie organique (caoutchouc synthétique, produits pharmaceutiques, verres, plastiques...).

La construction électrique, l'électronique et l'informatique

C'est un des points forts de l'industrie française car la balance commerciale de ces diverses industries accuse un solde positif croissant. 500 000 personnes y sont employées (Compagnie Générale d'Électricité, Sescosem, Compagnie internationale pour l'informatique...) et y construisent du matériel ménager, des équipements professionnels, du matériel pour l'informatique.

Si ce que l'industrie française construit ou transforme est compétitif, elle donne l'impression de ne pas savoir vendre et c'est en ce sens que l'État intervient de plus en plus, au niveau des entreprises et au niveau des contrats avec les pays étrangers.

Remarque : Tous les chiffres donnés sont ceux du dernier trimestre 1974.

Tableau 11 Le monde du travail

Le monde du travail a vu depuis 1945 en France une constante progression du secteur tertiaire et davantage encore du secteur secondaire au détriment de l'agriculture.

Les catégories socio-professionnelles se présentent ainsi aujourd'hui (1974) en France : ouvriers, 38 % de la population active; exploitants et salariés agricoles, 15 %; employés, 15 %; cadres moyens, 10 %; patrons, 9,5 %; professions libérales et cadres supérieurs 5 %.

Mais, contrairement à ce que l'on croit, ce sont les ouvriers qui ont le plus progressé quant aux effectifs, suivis par les employés, les cadres moyens, les cadres supérieurs et les professions libérales.

Les agriculteurs

Ils sont au nombre de 2 800 000 dont près d'un million de femmes. Leur nombre va sans cesse décroissant (les prévisions parlent de 2 500 000 fin 1976). Les 4 5ᵉ d'entre eux sont des exploitants agricoles, les autres des salariés agricoles payés au S.M.I.G.

Si leurs conditions de vie se sont améliorées, elles varient en fonction de l'importance de leur exploitation. Pour assurer eux-mêmes la diffusion de leurs produits ils se sont regroupés en sociétés coopératives et ont même tendance, dans certaines régions, à pratiquer une agriculture de groupe, ce qui leur permet de mettre en commun l'achat du matériel, l'usage des terres, les bénéfices de la production et surtout ce qui leur permet de pouvoir, à tour de rôle, bénéficier de jours de repos et profiter de courtes vacances.

Les jeunes agriculteurs, peu nombreux mais actifs, réagissent violemment contre leurs conditions de vie qu'ils estiment – à juste titre – insuffisantes par l'action directe (barrages de routes, manifestations) ou syndicale (voir Tableau 13).

Les ouvriers

La classe ouvrière comprend 7 500 000 personnes – sans compter les artisans – qui se répartissent en : contremaîtres (360 000), ouvriers qualifiés (2 600 000), ouvriers spécialisés (2 700 000), apprentis (262 000) et manœuvres (1 550 000). Cette énumération tenant compte de l'étalement dégressif des salaires.

Une grande partie des manœuvres est constituée par la main-d'œuvre étrangère (voir S 36 et S 43).

Les mineurs (143 000), en raison de la désaffection des mines, peuvent soit prendre leur retraite anticipée, soit se recycler.

Mais le chômage ne cesse d'augmenter (700 000 chômeurs en décembre 1974 et plus d'un million en décembre 1975) en fonction de l'insuffisance de l'expansion, de la politique de développement basée essentiellement sur les industries de pointe, du refus des ouvriers à changer de région et de l'insuffisance de la formation professionnelle et technique.

Les ouvriers de la région parisienne sont mieux payés que les autres, mais leur frais (loyer, nourriture, transports) sont aussi plus élevés.

Par rapport aux agriculteurs, les ouvriers consacrent moins d'argent pour l'alimentation mais davantage pour l'habitation, les loisirs et la voiture. Du point de vue syndical (voir Tableau 13), l'action syndicale ouvrière est beaucoup plus efficace que celle des agriculteurs en fonction des conséquences que les grèves (voir Tableau 19) peuvent entraîner dans l'économie nationale. Mais leurs conditions de vie, en dépit d'améliorations constantes, laissent encore à désirer (voir S 7 et P 25).

Les employés

Les employés, au nombre de 3 millions, travaillent essentiellement dans les bureaux. Les ouvriers, auxquels ils se sentent « supérieurs », les surnomment les « cols blancs ». Les employés travaillent dans des bureaux, dans des magasins et occupent de nombreux emplois dans les services administratifs du secteur privé.

Les employés de la Sécurité sociale (voir Tableau 12), les employés de la S.N.C.F., de l'E.D.F., du Gaz de France, des Banques appartenant à des services publics, bénéficient de la sécurité de l'emploi mais ont des salaires inférieurs à ceux du secteur privé.

Ils sont pour la plupart arrivés jusqu'au baccalauréat (voir Tableau 6) et possèdent un degré d'instruction assez satisfaisant. Les employés sont dans de nombreux cas issus d'une famille ouvrière ce qui constitue pour eux une promotion sociale. Ils possèdent pour la plupart leur appartement et le confort habituel (télévision, voiture...), prennent davantage de vacances que les ouvriers, profitent mieux de leurs loisirs et ont peu d'enfants.

Les fonctionnaires

Ils appartiennent, suivant leurs diplômes et leurs fonctions, à la catégorie des cadres moyens (instituteurs par exemple) ou à celle des cadres supérieurs (professeurs par exemple).

Ils sont près de 2 millions (1974) et leur rémunération représente plus de 8 % du produit national brut (P.N.B.). A ces effectifs de la Fonction Publique on peut ajouter les effectifs des collectivités locales et les employés (voir ci-dessus) du secteur parapublic.

La Fonction Publique (personnel civil et personnel militaire) est divisée : en hauts-fonctionnaires (5 000 environ), en fonctionnaires de la catégorie A (340 000 : professeurs agrégés, certifiés; inspecteurs des Impôts, des Douanes, des P et T; administrateurs civils; ingénieurs des Travaux Publics...), en fonctionnaires de la catégorie B (550 000 : instituteurs; contrôleurs des Impôts, des Douanes, des Postes; secrétaires administratifs...), en fonctionnaires de la catégorie C (550 000 : facteurs; sténo-dactylos; cantonniers...), en fonctionnaires de la catégorie D (huissiers; agents de bureau...).

Les fonctionnaires qui touchent un traitement et peuvent bénéficier de différentes indemnités s'estiment, à capacité et à diplômes, égaux par rapport au secteur privé. Les différences entre les diverses catégories de fonctionnaires sont importantes tant du point de vue des traitements, de la culture, du mode de vie, que des loisirs.

Cadres supérieurs et cadres moyens

La plupart des cadres moyens appartiennent aux services administratifs des entreprises privées ou parapubliques qui les emploient. Ils sortent en général d'une École technique et commerciale et ont plutôt des responsabilités d'application que de commandement ou d'organisation. Hiérarchiquement, ils se trouvent immédiatement après les ingénieurs et n'ont pratiquement aucune chance de devenir ingénieur ou cadre supérieur.

Les cadres supérieurs, eux, sortent d'une Grande École (voir Tableau 6) ou de l'Université. Ils possèdent de larges connaissances techniques, juridiques, administratives, commerciales ou financières et sont chargés de préparer et d'exécuter les décisions de la direction. Ils peuvent donc être chargés de fonctions d'étude, d'organisation ou de commandement. Ils se distinguent à la fois de la direction et des cadres moyens. Ils doivent faire preuve d'esprit d'initiative et d'un sens de la responsabilité. S'ils bénéficient d'avantages matériels importants (salaires élevés, indemnités, caisses de retraite...), leurs droits ne sont pas bien définis; ils risquent non seulement de perdre leur place pour des raisons de conflits personnels avec la direction ou en période de crise, mais ont beaucoup de mal à retrouver une place (chômage des cadres).

Les pyramides des revenus fiscaux des divers groupes sociaux français

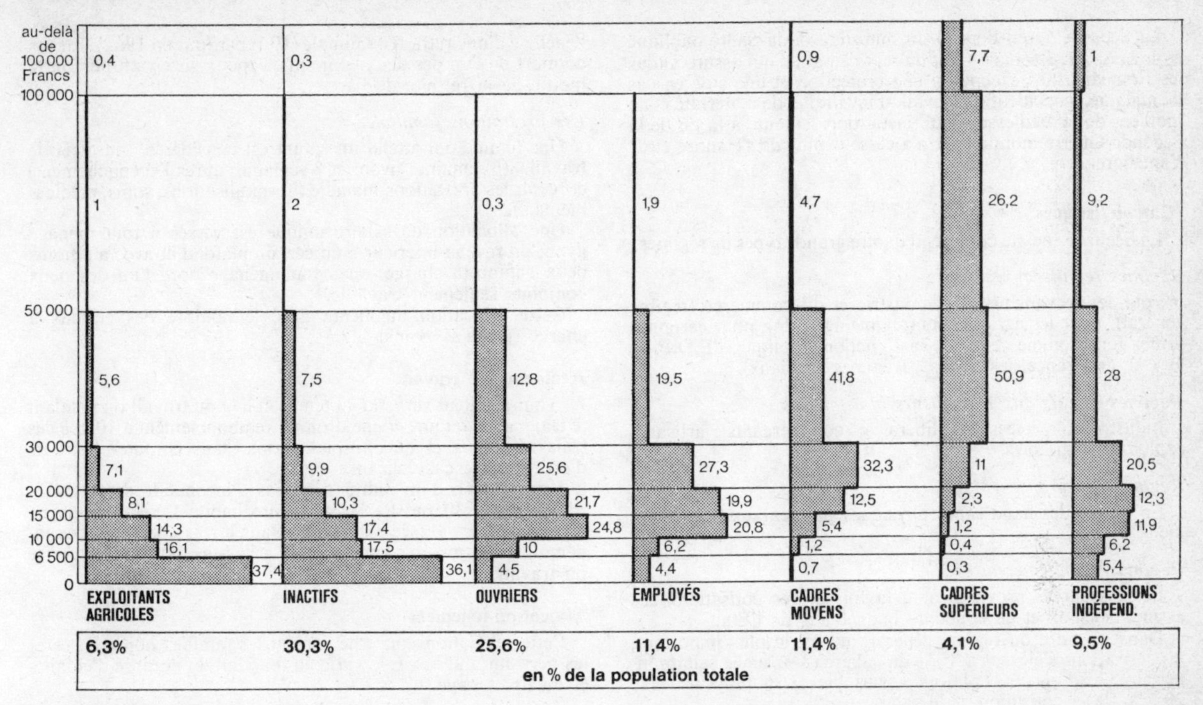

Ce graphique indique le dernier état des enquêtes menées en France sur la ventilation des revenus par groupes socio-professionnels. Son intérêt est donc fort grand, qui permet de mesurer d'un coup d'oeil la dispersion des revenus des ménages français. S'il était prévisible que l'immense majorité des inactifs et des exploitants agricoles se trouveraient tassés en bas de l'échelle des ressources, il l'était beaucoup moins que les cadres supérieurs se répartiraient de façon presque uniforme entre des revenus allant de 30 000 à 100 000 F par an. Précisons à ce sujet que les revenus en question sont les revenus fiscaux, c'est-à-dire ceux qui on été declarés au fisc en 1970, avant toute déduction ou abattement opérés par les contribuables. N'y figurent pas les ressources qui n'ont pas à être indiquées au fisc: prestations familiales, remboursements sociaux pour maladie, indemnités de chômage, revenus de capitaux mobiliers exonérés d'impôts (ou préalablement taxés) ... qui représentent au total 20% du revenu effectif des ménages.

Cette définition suffit à indiquer que les deux pyramides extrêmes du graphique ont une valeur toute relative: celle de gauche en raison des forfaits fiscaux agricoles, généralement fort inférieurs aux revenus effectifs des paysans concernés; celle de droite à cause de la fraude fiscale de trop de membres de professions libérales, classés dans ce groupe des « professions indépendantes ». En revanche, les pyramides des autres catégories peuvent être tenues pour assez proches de la réalité des revenus avant impôt, puisqu'elles concernent, pour l'essentiel, des salaires ou des retraites déclarés par les tiers.

TABLEAU 12 La Sécurité sociale

La Sécurité – qui dépend du ministère de la Santé publique et de la Sécurité sociale – est un service public qui assure à tous les Français, sans exception, une protection et une aide en cas de maladie, d'accident du travail, d'invalidité, de maternité et au moment de la vieillesse. Cette institution remonte à la fin de la Seconde Guerre mondiale et n'a cessé depuis de s'étendre et de s'améliorer.

Caractéristiques

La Sécurité sociale comprend quatre grands types de régimes.

Régimes relatifs aux salariés

Pour les travailleurs de l'industrie et du commerce (régime général); pour les agriculteurs (régime agricole); pour certaines professions comme celles de la Fonction Publique, l'E.D.F. et le Gaz de France, les mines... (régimes spéciaux).

Régimes relatifs aux travailleurs non-salariés

Industriels; professions libérales; commerçants; artisans; exploitants agricoles.

Régime d'assurance volontaire

En faveur des handicapés physiques ou mentaux, par exemple.

Régimes complémentaires

Les ressources proviennent à la fois et des cotisations des assurés sociaux et de concours budgétaires de l'État.

Dans le cadre du régime général, qui est le plus important, les cotisations s'élèvent à 35 % du salaire (3 % sur le salaire intégral, 32 % sur un « plafond » variable). L'employeur verse 28,5 % de la cotisation et le salarié 6,5 %.

Les différents types de prestation

L'assurance-maladie

Les frais occasionnés par les maladies sont remboursés à 80 % pour les honoraires et à 70-90 % pour les médicaments.

Dans la mesure où le malade est hospitalisé dans un établissement conventionné, il bénéfice le plus souvent d'un bon de prise en charge ou d'un ticket modérateur qui lui permet de ne rien débourser. La plupart du temps – dans le cas de maladies de courte durée – c'est le malade qui avance les sommes nécessaires qui lui seront remboursées après le dépôt d'un dossier à la Sécurité sociale dont il dépend.

Les prestations de vieillesse

Elles dépendent bien sûr de la durée et du montant des cotisations versées. Cependant, dès l'âge de 65 ans, tout Français bénéficie d'une retraite minimale (10 F par jour en 1962). En cas de mort de l'un des deux conjoints, l'époux survivant perçoit la moitié de la retraite de l'autre.

Les prestations familiales

Une femme qui attend un enfant est considérée « en arrêt de travail » (6 semaines avant et 8 semaines après l'accouchement) et reçoit les prestations-maladie (hospitalisations, soins, médicaments...).

Une allocation de salaire unique est versée à tout ménage ayant un revenu inférieur à un certain plafond et avec au moins deux enfants à charge, ou à tout ménage dont l'un des deux conjoints seulement travaille.

Cette allocation augmente avec le nombre des enfants à charge (jusqu'à 18 ans).

Accidents du travail

Tout accident survenu au temps et lieu du travail ou pendant le trajet aller-retour, donne droit au remboursement à 100 % des frais médicaux et de l'hospitalisation, sans compter les frais d'opération le cas échéant.

Une pension d'invalidité – en cas d'incapacité de travail – équivalant à 30 ou 40 % du salaire habituel, selon le degré d'invalidité, est versée au salarié. Dans le cas contraire, des indemnités journalières sont versées à l'assuré jusqu'à la reprise du travail.

Allocation-logement

Cette allocation concerne surtout les familles nombreuses et les personnes âgées. Elle varie en fonction du nombre d'enfants et du loyer payé.

Organisation administrative de la Sécurité sociale

3 Caisses nationales, correspondant à chaque grand risque (vieillesse, allocations familiales, maladie), chargées des problèmes de gestion, de contrôle et d'organisation. Émettent leur avis sur les lois et les décrets relevant de sa compétence.

16 Caisses régionales d'assurance-maladie, chargées de veiller à l'application de la législation relative à la Sécurité sociale, de gérer les Caisses primaires, d'organiser le service social de leur circonscription, de signer des conventions avec différents établissements hospitaliers...

121 Caisses primaires d'assurance-maladie qui procèdent à l'inscription des assurés, paient les prestations d'assurance-maladie, d'accidents du travail...

114 Caisses d'allocations familiales qui s'occupent de régler les prestations familiales.

102 Unions de recouvrement, chargées de recouvrir les cotisations et du contrôle et du contentieux du recouvrement.

Remarque : une réorganisation de la Sécurité Sociale est en cours (voir S72).

TABLEAU 13 Les syndicats en France

Il est difficile de parler d'unité syndicale en France, dans la mesure où, aux 6 organisations (C.G.T.; C.G.T.-F.O.; C.F.D.T.; C.F.T.C.; F.E.N.; C.G.C.) officiellement considérées comme nationalement représentatives, s'ajoutent de nombreuses autres organisations syndicales d'une portée parfois très limitée.

Organisation syndicale	Nombre d'adhérents	Caractéristiques	Secrétaire général
C.G.T. Confédération Générale du Travail (1895)	2 millions environ	Comité directeur très lié au parti communiste. 50 % des délégués des ouvriers dans le secteur privé.	Georges Séguy
C.G.T.-F.O. Confédération Générale du Travail-Force Ouvrière (1947)	Plus de 800 000	Ex-adhérents de la C.G.T. démissionnaires. Proche du parti socialiste.	André Bergeron
C.F.D.T. Confédération Française et Démocratique du Travail (1964)	Plus de 900 000	Née de la scission d'avec la C.F.T.C. Partisane de l'autogestion dans les entreprises. Refuse confusion syndicalisme-politique.	Edmond Maire
C.F.T.C. Confédération Française des Travailleurs Chrétiens (1919)	150 000	D'inspiration chrétienne.	J. Tessier (Président)
F.E.N. Fédération de l'Éducation Nationale (1947)	550 000 environ	Autonome depuis 1947. Réservée aux enseignants. Regroupe le SNI, SNES et SNES-SUP.	J. Marangé jusqu'en 1975 puis André Henry.
C.G.C. Confédération Générale des Cadres (1944)	Près de 300 000	Réservée aux cadres. Refuse la lutte des classes. Défense de la hiérarchie des salaires.	André Malterre jusqu'en juin 1975 puis M. Charpentier.
C.N.F.P. Conseil National du Patronat Français (1946)	900 000 (entreprises)	Regroupe des syndicats d'industriels et de commerçants.	François Ceyrac.
C.N.J.A. Centre National des Jeunes Agriculteurs (1956)		Regroupe les nouveaux agriculteurs. Dynamique. Dialogue avec les pouvoirs publics.	
F.N.S.E.A. Fédération Nationale des Syndicats d'Exploitants Agricoles		Exploitants agricoles.	Michel Debatisse

Le taux de syndicalisation est assez faible dans la plupart des secteurs.

On peut l'évaluer à 25 % de la population salariée. Mais cela n'empêche pas que les grèves ou les grandes actions de masse que les syndicats déclenchent sont suivies par plus de 70-80 % des ouvriers dans la mesure où il s'agit de revendications syndicales et non politiques.

Les syndicats ont pour seules ressources les cotisations de leurs adhérents et cela, comparativement à certains pays européens, représente un handicap certain, tant du point de vue de la propagande syndicale que du point de vue de l'action syndicale proprement dite.

De plus en plus, en dépit de leurs différences idéologiques, les syndicats – et ce depuis 1968 (voir Tableau 19) – ont tendance à mener une action concertée, notamment la C.G.T. et la C.F.D.T., dans la mesure où les revendications portant sur le relèvement du pouvoir d'achat, la sécurité de l'emploi et la défense des droits syndicaux, mobilisent sans difficultés l'ensemble des travailleurs.

TABLEAU 14 Décentralisation et aménagement du territoire

L'aménagement du territoire a eu pour premier objectif d'équilibrer la croissance et de ralentir le développement de la région parisienne.

En effet, du point de vue culturel, administratif, scientifique et technique (ministères, organismes centraux...) comme du point de vue économique (industrie automobile, aéronautique...) ou démographique (9 000 000 d'habitants), la région parisienne était saturée ce qui de plus, par l'effet de la centralisation administrative et industrielle, freinait le développement des autres régions françaises.

Aussi, afin d'aménager le territoire national, de lui donner un second souffle et de « désengorger » Paris, 23 régions-programmes ont été délimitées et des villes nouvelles (voir S 19) ont été construites dans la région parisienne. Cet ensemble de mesures, visant à réaliser à la fois une décentralisation administrative et une décentralisation industrielle, remonte officiellement au 2e Plan français (1954-1957).

Mais déjà en 1950 le ministre de la Reconstruction et de l'Urbanisme – M. C. Petit – avait proposé un plan d'aménagement du territoire que l'État a mis en application en juin 1955 en reconnaissant le rôle consultatif des comités régionaux, dont les pouvoirs seront renforcés en 1961 par la création de la Délégation à l'aménagement du territoire et à l'action régionale (D.A.T.A.R.).

Caractéristiques et organisation de l'aménagement du territoire

Deux organes centraux : la D.A.T.A.R. et une Commission nationale d'aménagement du territoire.

Vingt-trois régions de programme, chacune comprenant un Préfet (organe d'instruction et d'exécution), un Conseil régional (composé d'élus) et un Comité économique et social (composé de représentants d'organismes divers et spécialisés).

La politique régionale est financée par l'État, par les budgets départementaux et municipaux, par des fonds spéciaux (F.A.F.U.; F.I.A.T.; F.D.E.S.; F.I.A.N.E.), par des aides publiques (sous forme de primes variables selon les régions), par des Sociétés de développement régional.

Action et réalisations

L'action de ces organismes se porte – en conformité avec l'idée de décentralisation et de rénovation de la France – sur l'aménagement de l'espace rural, sur l'aménagement de l'espace industriel, sur l'aménagement de l'espace touristique et, par conséquent, sur l'aménagement des voies de communications.

Dans chaque « métropole régionale » ou autour d'elle sont créées des « zones d'aménagement industriel » et/ou des « zones de grand aménagement rural et/ou des « zones de rénovation rurale » et/ou des « zones d'animation rurale », qui permettent une mise en valeur, sur tous les plans, de la région.

C'est ainsi que l'aménagement touristique du littoral Languedoc-Roussillon, l'aménagement industriel du golfe de Fos-sur-Mer, l'aménagement urbain de la région lyonnaise, l'aménagement touristique et agricole de la côte Aquitaine ou l'aménagement des villes nouvelles de la région parisienne, déjà réalisés, sont une conséquence directe et probante de cette politique qui va modifier le visage de la France aussi bien du point de vue social et urbaniste qu'économique.

TABLEAU 15 L'Europe

L'Europe c'est, avant tout, le Communauté économique européenne (C.E.E.) plus connue sous le nom de « Marché commun ».

Après la Seconde Guerre mondiale, la création du bloc de l'Est, le début de la décolonisation, la puissance américaine, des difficultés économiques, incitèrent les Européens à se grouper. En 1946, W. Churchill lance l'idée « d'États-Unis d'Europe », mais ce n'est qu'en 1947 – époque du plan Marshall d'aide à l'Europe – que cette idée se concrétise par la création de l'O.E.C.E. (Organisation européenne de communauté économique) à laquelle la France adhère en 1948, suivie en 1949 de la création du Conseil de l'Europe dont le siège est à Strasbourg.

Mais le véritable début de la Communauté européenne se situe certainement en 1951 quand, à la suite d'une proposition du ministre des Affaires étrangères française Robert Schuman, était signé, le 18 avril de cette même année, le Traité de Paris instituant la Communauté européenne du charbon et de l'acier (C.E.C.A.).

Dès 1953, après la mise en place des institutions (Haute Autorité, Comité consultatif, Assemblée commune, Conseil spécial des ministres, Cour de justice), la C.E.C.A. entrait en action et permettait ainsi la libre circulation du charbon et de l'acier entre les pays membres. L'Europe semblait bien partie.

Mais le 31 août 1954, le Gouvernement français (P. Mendes France) refusait de ratifier le traité de la C.E.D. (Communauté européenne de défense) que les cinq autres partenaires de la France (l'Allemagne de l'Ouest, la Belgique, l'Italie, le Luxembourg et les Pays-Bas) avaient déjà accepté.

Finalement, après de longues discussions, l'Europe était relancée et le 25 mars 1957 les six partenaires contresignaient le Traité de Rome qui instituait la C.E.E. et l'Euratom (Communauté européenne de l'énergie atomique).

La C.E.E. (Commission économique, Conseil des ministres, et Assemblée parlementaire européenne et Cour de justice en commun avec la C.E.C.A.) se fixe pour tâche de supprimer toutes les barrières douanières, d'assurer la libre circulation des travailleurs et des capitaux, d'unifier les législations de « l'Europe des 6 » et d'aboutir à un tarif douanier commercial commun.

L'Euratom est chargé de veiller à la bonne utilisation des fonds consacrés au développement atomique des 6, de faire progresser les industries nucléaires et le niveau de vie des États membres.

En 1967 (Traité de Bruxelles) la C.E.E. est réorganisée. Elle comprend désormais :

– le Conseil des ministres (un par Gouvernement) assisté d'un Comité des représentants permanents;

– une Commission exécutive constituée par 9 membres ni gouvernementaux ni du secteur privé qui préparent l'action de la Communauté;

– le Parlement européen (142 membres élus par leur Parlement respectif) qui contrôle la Commission exécutive;

– une Cour de Justice de qui dépend le maintien ou l'annulation des décisions prises par la C.E.E.;

– le Comité économique et social et des Comités consultatifs spécialisés qui donnent leur avis sur les différents projets qui leur sont présentés.

En 1972, si la Norvège refuse par référendum d'entrer à la C.E.E., la Grande-Bretagne, le Danemark et l'Irlande adhèrent au Marché commun.

Des membres associés (Grèce, Turquie), des anciens territoires d'Outre-Mer des Six (18 pays), ont passé des accords de coopération économique, financière et technique avec la Communauté européenne.

« L'Europe verte » ou Marché commun agricole, qui est pour le moment le premier échelon de l'unification de l'Europe, pose d'énormes problèmes en fonction des problèmes agricoles particuliers à chaque pays.

Cependant le Marché commun a permis à de nombreuses entreprises de prendre une dimension européenne ou mondiale par le fait des regroupements. La libre circulation des travailleurs est pratiquement réalisée, le commerce intérieur de l'Europe s'est particulièrement développé, par rapport au reste du monde, en fonction des échanges à l'intérieur de la C.E.E.

Depuis octobre 1970, les 9 ont décidé que la politique conjoncturelle, la politique à moyen terme, la politique monétaire et la politique budgétaire seraient décidées en commun.

Bien que la France ait parfois retardé le démarrage du Marché commun (le Gouvernement français en 1954; le général de Gaulle opposé à l'entrée de la Grande-Bretagne), Robert Schuman, Jean Monnet, le Président Pompidou (qui par le sommet de La Haye de décembre 1969 relança l'Europe), le nouveau Président de la République française Valéry Giscard d'Estaing (sommet des 9 de décembre 1974 à Paris) ont contribué à faire progresser l'Europe au même titre que les Gouvernements des autres pays, ce qui n'est pas pour surprendre car, au-delà de l'Europe verte (dont on ne présente que les aspects commerciaux), c'est l'Europe politique qui est en train de se constituer. Cela ne va pas sans soulever des problèmes, ainsi celui de l'élection du Parlement européen au suffrage universel.

TABLEAU 16 Le Front populaire

Origines

La crise économique mondiale de 1929 ne se répercute en France qu'en 1932-1933. Les gouvernements (Chautemps, Daladier, Doumergue, Flandin, Laval...) qui se succèdent jusqu'en 1936 ne peuvent éviter que la crise n'atteigne le secteur industriel tout entier. L'une après l'autre les industries françaises privées de commandes déposent leur bilan, les rentrées fiscales de l'État diminuent, le chômage s'étend, des scandales éclatent (Affaire Stavisky).

Devant cet état de fait et en fonction de l'incapacité gouvernementale, les partis de gauche et les syndicats suggèrent des solutions, entre autres la nationalisation des grandes entreprises.

Peu à peu, la revendication de sociale devient politique. D'une part parce que la classe ouvrière française (sensibilisée aux problèmes politiques, économiques et sociaux par le parti communiste) qui suit avec intérêt l'expérience bolchevique issue de la « Révolution d'Octobre », aspire elle aussi à améliorer ses conditions de vie et de travail; d'autre part parce que les provocations (et notamment l'émeute du 6 février 1934) des mouvements et des ligues d'extrême droite (« L'Action française » de Maurras, « Les Croix-de-Feu », « Les camelots du roi »,...) d'inspiration fasciste ou naziste vont favoriser, par réaction, la formation du « Front populaire » en permettant la reprise du dialogue (interrompu depuis la scission intervenue lors du Congrès de Tours, en 1920) entre le parti communiste et le parti socialiste.

Historique

Au mois de février 1934, l'Affaire Stavisky (dans laquelle de nombreuses personnalités politiques sont impliquées) entraîne le renvoi de Chiappe, préfet de police de Paris. En signe de protestation, les ligues d'extrême droite organisent, le 6 février, une manifestation qui tourne à l'émeute (17 morts, 710 blessés). Le lendemain, la contre-manifestation communiste se transforme elle aussi en émeute (3 tués, 75 blessés). Le Président du Conseil E. Daladier, que de la gauche à la droite on traite « d'assassin », démissionne. Le 9 février une manifestation de masse socialo-communiste se termine également dans le sang (5 tués, 37 blessés). Le 11 février les socialistes et les communistes organisent chacun pour leur propre compte une manifestation de protestation; les deux cortèges se retrouvent Place de la Nation et, après un court moment d'hésitation, fusionnent. C'est le premier pas vers l'unité de la gauche qui se concrétisera quelques mois plus tard (juillet) par le pacte socialo-communiste d'unité et d'action.

L'échec de la politique déflationniste de P. Laval, le renforcement du fascisme et du nazisme en dépit des accords franco-italiens de Rome, des accords anglo-franco-italiens de Stresa et du pacte franco-soviétique, caractériseront l'année 1935 au cours de laquelle prendra effectivement corps le Front populaire.

En effet, après des mois de préparation, les délégués des partis radicaux, socialiste et communiste se réunissent le 14 juillet 1935 à Montrouge et jurent solennellement de « rester unis pour défendre la démocratie, pour désarmer et dissoudre les ligues factieuses, pour mettre les libertés républicaines hors de l'atteinte du fascisme... ». Le défilé de centaines de milliers de personnes conduites par E. Herriot (radical), L. Blum (socialiste) et M. Thorez (communiste, voir P 36-37) de la Bastille à la Nation symbolise la naissance du Front populaire.

Aux élections législatives de 1936 (26 avril-3 mai) le Front populaire obtient la majorité absolue (378 sièges sur 614). Les communistes (61 sièges de plus) et les socialistes (18 sièges de plus) réalisent un gain appréciable au détriment des radicaux (34 sièges de moins) et des radicaux socialistes (48 sièges de moins). A l'intérieur du Front populaire les sièges se répartissent ainsi : S.F.I.O. : 149 sièges; radicaux socialistes : 109 sièges; communistes : 72 sièges.

Cependant Léon Blum attendra le 6 juin 1936 pour prendre effectivement ses fonctions de Président du Conseil entouré notamment des radicaux socialistes E. Daladier à la « Guerre » et Y. Delbos à la « Justice », alors que le ministère des Finances et celui de l'Intérieur sont attribués respectivement aux socialistes V. Auriol (voir P 17) et R. Salengro.

Il est à noter l'innovation que constitue la création du ministère des Sports et des Loisirs (confié à L. Lagrange), symbole de la nouvelle politique sociale du Gouvernement.

Les communistes, bien que « fidèles à leurs engagements », ne veulent pas faire partie du Gouvernement. Le 5 juin 1936 « le cabinet Blum » obtiendra la confiance de l'Assemblée nationale par 384 voix contre 210.

Le mois de mai 1936 sera pourtant particulièrement agité. En effet, à la suite du licenciement de plusieurs ouvriers, qui avaient – à Toulouse et au Havre – chômé pour le 1er Mai, des grèves de soutien et de protestation éclatent dans toute la France et à la fin de mai la grève est générale. Cette grève se caractérise surtout par la prise de conscience de la classe ouvrière qui réalise la force qu'elle représente et par l'occupation des usines. Ce sera une grève de la joie, de l'enthousiasme et de la fraternité. En effet, non seulement leur famille, leurs amis rendent visite et ravitaillent les ouvriers qui occupent les usines, mais même les Français qui ne sont pas directement concernés par cette grève pacifique mais ferme, se sentent solidaires des grévistes et le montrent.

Le Gouvernement en place – celui d'A. Sarrault – ne peut en aucun cas résoudre la crise et attend que L. Blum qui parlemente avec les communistes entre en fonction, ce qu'il fera le 6 juin.

Le 24 mai, jour de la commémoration de la Commune, une manifestation de 600 000 personnes, avec en tête Blum et Thorez, se rend au mur des Fédérés. Le 7 juin, à la demande du patronat, une rencontre entre le patronat et les délégués des ouvriers (Jouhaux, Frachon de la C.G.T., entre autres), arbitrée par le Gouvernement (Blum, Dormoy, Moch, Salengro), a lieu à l'hôtel Matignon. Les accords qui en résultent (connus sous le nom d'accords Matignon) sont très importants :

du point de vue social (conventions collectives; délégués élus du personnel; congés payés; semaine de 40 heures; scolarité obligatoire jusqu'à 14 ans; augmentation des salaires);

du point de vue économique (nationalisation des industries de guerre; étatisation de la Banque de France);

du point de vue politique (dissolution des ligues fascistes; renforcement de la gauche).

Le 11 juin, Maurice Thorez s'adresse à la classe ouvrière : « Il faut savoir arrêter une grève ». Ce sera le début de la reprise du travail et des premiers congés payés.

Le 14 juillet après le traditionnel défilé (en kaki et non plus en « bleu France ») présidé par Blum et Duclos (voir P 17), 400 000 personnes aussi enthousiastes que les révolutionnaires de 1789, participent à une manifestation de la Bastille à la République sous les yeux de Blum, Thorez et Daladier, symboles de l'unité de la gauche.

Mais cette unité va peu à peu être ébranlée par des problèmes intérieurs (troubles sociaux, dévaluation) et par la guerre d'Espagne qui vont diviser le Front populaire et entraîner la chute de L. Blum (printemps 1937), et mettre fin ainsi à cette première expérience du Front populaire en France.

En effet, la guerre d'Espagne éclate. Le « Frente popular » espagnol en difficulté demande de l'aide (armes, munitions, avions) à L. Blum qui pour des raisons de politique étrangère se voit – officiellement – contraint de la refuser ce qui déchaîne la colère des communistes.

Les grèves reprennent un peu partout en France sous l'influence de la C.G.T. et du parti communiste. La dévaluation du franc du 26 septembre (25 %) accentue la crise au sein du Front populaire et quand en février 1937 L. Blum – sous l'influence des radicaux – demande une « pause » « pour consolider le terrain conquis, et cela bien entendu pour repartir ensuite pour une nouvelle étape », il est évident que la fin du Front populaire est proche.

En effet en juin 1937, si la Chambre des députés accorde les pleins pouvoirs financiers à Blum, le Sénat les lui refuse. Le leader socialiste remet sa démission. Le Front populaire est bien mort et ce ne sont ni les ministères Chautemps et Daladier, ni le 2e ministère Blum (mars-avril 1938) qui le ressusciteront d'autant plus que la pression fascite en Europe (Allemagne, Italie, Espagne) se fait de plus en plus forte. Mais l'échec politique du Front populaire ne doit en aucun cas faire oublier l'importance de ses réformes sociales. L'amélioration des conditions de vie et de travail de la classe ouvrière française de 1936 à nos jours est un effet direct des accords Matignon (voir P 22) et les accords de Grenelle, bien qu'importants, n'ont été qu'une « remise à jour » des accords Matignon.

TABLEAU 17 De l'occupation à la Libération

La défaite - L'armistice - L'exode

Le 22 juin 1940 marque le début de l'occupation allemande en France. En effet, l'armistice signé ce jour-là à Rethondes entre la France et l'Allemagne symbolise la défaite de l'Armée française qui, mal préparée, mal dirigée et mal postée, a été écrasée par les troupes allemandes. En dépit d'actes isolés de résistance héroïque, des milliers de soldats français ont été faits prisonniers sans avoir combattu.

Les clauses de cet armistice sont dures pour la France vaincue et en plein désarroi politique, social et humain; la France est partagée en deux zones : la zone occupée (Nord, Ouest, Sud-Ouest) sous contrôle total allemand et la zone libre (Sud) sous le gouvernement du maréchal Pétain installé à Vichy.

Les populations civiles fuyant la guerre et l'occupation allemande se dirigent vers la ligne de démarcation en longues colonnes, souvent mitraillées par l'aviation allemande. C'est le triste épisode de l'exode pendant lequel des milliers et des milliers de Français de tous âges abandonnant tout, le plus souvent à pied, s'efforcent d'atteindre la zone Sud.

L'État français - Le gouvernement de Vichy

Dès la signature de l'armistice, le maréchal Pétain obtient les pleins pouvoirs et va s'efforcer de gouverner en zone Sud; ce sera la période de l'État français. Mais rapidement – et en dépit de quelques tentatives – le gouvernement de Vichy (10 juillet 1940-20 août 1944) sous l'influence de P. Laval, vice-président et successeur désigné de Pétain, va pratiquer une politique de « collaboration » avec les Allemands. Le 24 octobre 1940 c'est l'entrevue de Montoire entre Hitler et Pétain, préparée par Laval. En décembre ce dernier est arrêté, l'amiral Darlan le remplace mais, sous la pression des Allemands, Laval revient en avril 1942 et quelques mois plus tard (novembre 1942) la zone Sud est à son tour occupée.

La devise de l'État français : « Travail, Famille, Patrie », symbolise bien l'esprit du gouvernement de Vichy, conservateur et réactionnaire, qui se répercute dans les mesures prises dès le début comme la suppression des centrales syndicales, l'arrestation, le jugement et l'internement de parlementaires hostiles au régime, le statut des Juifs français... Le 20 août 1944 Pétain est enlevé par un commando allemand et amené à Sigmaringen. C'est la fin du gouvernement de Vichy. Le 9 août 1944 une ordonnance met fin à l'État français et rétablit la République.

La collaboration

L'antisémitisme, l'antibolchevisme, l'anglophobie constituaient les grandes lignes de la politique suivie par le gouvernement de Vichy, sans oublier l'idée de la création d'une « Europe nouvelle » sous la tutelle de l'Allemagne nazie.

Beaucoup de Français approuvèrent cette politique et par là même furent favorables à une certaine collaboration avec les Allemands.

Certains Français s'engagent dans la L.V.F. (Légion des volontaires français, 1941) pour aller combattre avec les nazis sur le front russe. D'autres n'hésitent pas à entrer dans la Milice (1942) pour pourchasser les « maquisards » et les résistants français.

D'autres encore adhèrent à des mouvements politiques comme le P.P.F. (Parti populaire français) de Doriot ou le R.N.P. (Rassemblement national populaire) de Déat qui s'efforcent par tous les moyens de convaincre les Français à collaborer.

Radio-Paris, par la voix de J. Paqui, débite à longueur de journée des slogans pro-nazistes.

La presse elle-même (« Je suis partout », « Gringoire », « Paris-Soir »...) favorise et entretient un état d'esprit favorable à la « collaboration ».

Les « Camps de Jeunesse » s'ingénient à donner aux jeunes français une formation comparable à celle des jeunesses fascistes ou hitlériennes.

Le S.T.O. (Service de travail obligatoire, février 1943) peut être considéré comme l'ultime effort de Vichy pour faire adhérer le plus grand nombre de Français à sa politique. Chaque Français devait aller passer une période (équivalente à la durée du service militaire) en Allemagne pour travailler dans des usines ou des fermes. De nombreux jeunes, plutôt que partir en Allemagne, préfèrent rejoindre les « maquisards », répartis sur l'ensemble des montagnes et des forêts du territoire français et contribuent ainsi à renforcer les effectifs de la Résistance. La collaboration fut également le prétexte pour de nombreux Français (industriels, commerçants...) de s'enrichir. C'était l'époque du « marché noir », des « cartes de rationnement » et beaucoup de Français et de Françaises préférèrent la collaboration sous toutes ses formes aux restrictions.

La Résistance

L'armistice n'était pas encore signé que déjà la Résistance s'organisait. De Londres, le général de brigade à titre temporaire de Gaulle, lance l'appel du 18 juin (1940) : « La France a perdu une bataille mais la France n'a pas perdu la guerre » et crée le Bureau central de renseignements et d'action.

Grâce aux Anglais, la « France Libre » peut s'adresser aux Français par l'intermédiaire de la B.B.C. (« Ici Londres. Les Français parlent aux Français »). Ces émissions devinrent rapidement de plus en plus importantes tant du point de vue psychologique (appel à la lutte, à la résistance, à l'espoir) que du point de vue de l'organisation de la résistance intérieure (messages, informations...). Les F.F.L. (Forces françaises libres, 1940) se constituent avec l'appoint des militaires qui n'ont pas accepté la défaite et avec l'apport de soldats africains et nord-africains. Ils poursuivent la guerre aux côtés des Alliés et c'est même à la 2e Division Blindée du général Leclerc que reviendra l'honneur de libérer, avec l'aide des mouvements de résistance parisiens, Paris (voir P 33). La résistance intérieure, elle, se développe très rapidement aussi bien en zone occupée qu'en zone libre.

Un mouvement d'origine communiste, le Front national (1941), le plus important des mouvements de la Résistance, va couvrir les deux zones et donner notamment naissance aux F.T.P.F. (Francs-tireurs et partisans français) dont les sections de combat – aidées par la population française, principalement celle des villages – vont par leur « guérilla » incessante (sabotages, embuscades, attentats...) créer de gros problèmes aux occupants.

D'autres mouvements de résistance comme « le Franc-Tireur », « Combat », « Libération », « l'Armée Secrète », « les Mouvements Unis de la Résistance », participeront à « la lutte du peuple français contre l'envahisseur », constitueront des « réseaux » dans les villes et des maquis. L'ensemble de ces mouvements sera pris en charge en 1943 par le C.F.L.N. (Comité français de la libération nationale) constitué à Alger, présidé tout d'abord par J. Moulin (héros de la Résistance, mort en déportation) puis par G. Bidault.

Au début de 1944 tous ces mouvements, réseaux et maquis sont regroupés pour constituer les Forces françaises de l'intérieur (F.F.I.) sous le commandement du général Kœnig qui se trouve à Londres.

Les F.F.I. joueront un rôle primordial dans la libération des villes (voir P 33) et contribueront par un harcèlement incessant des convois de renforts allemands à faciliter le débarquement des forces alliées en Normandie (juin 1944) et en Provence (août 1944).

Après la libération de la France, la plupart des F.F.I. s'enrôleront dans la 1re Armée du général de Lattre de Tassigny.

Si de nombreux Français – directement ou indirectement – ont fait de la Résistance, il n'en est pas moins vrai qu'un certain nombre de Français ont collaboré avec la « Gestapo » et ont permis par leurs dénonciations l'arrestation, la torture, la déportation ou la mort de milliers de résistants.

Un nom, celui de Jean Moulin, une chanson, « Le chant des partisans » de J. Kessel et M. Druon, un drame, celui des maquis du Vercors (où au début de l'été 1944, 3500 maquisards encerclés par des dizaines de milliers d'Allemands résistèrent pendant des jours et des jours), une tragédie, celle d'Oradour-sur-Glane (où les S.S., le 10 juin 1944, ont enfermé et brûlé vives – par représailles – 643 personnes, pour la plupart des femmes et des enfants) peuvent à divers titres symboliser les différents aspects de la Résistance française.

La Libération

L'entrée de de Gaulle à Paris (voir P 33) mettait symboliquement fin à l'occupation allemande. Mais l'enthousiasme et la joie des Français lors de la Libération ne doit pas faire oublier certains épisodes beaucoup moins glorieux de cette période : de nombreux Français accusés (à tort ou à raison) de collaboration ou de trahison sont condamnés et exécutés. Certains d'entre eux ont certainement été victimes d'odieux « règlements de comptes ». Le Gouvernement provisoire de la République française (G.P.R.F., 1944) se retrouvait devant la lourde tâche de restructurer le pays tant du point de vue politique qu'économique et social.

Peu à peu les luttes politiques intestines, qui avaient plus ou moins disparu pendant la Résistance, réapparaissent au grand jour ce qui entraîne la démission de de Gaulle (janvier 1946), remplacé successivement par F. Gouin puis par L. Blum jusqu'à ce que la Constitution de la IVe République – préparée par la 1re et la 2e Assemblée constituante – ait été approuvée et que le 1er Président de la IVe République ait été élu (voir P 17). Le G.P.R.F. était alors dissous et la Résistance entrait dans les livres d'histoire.

TABLEAU 18 La guerre d'Algérie (1954-1962)

La présence française en Algérie dans le cadre de la colonisation a commencé en 1830 (date de la conquête) et s'est achevée en 1962 (date de l'indépendance).

Durant cette longue période de colonisation, les descendants des premiers colons, les « pieds-noirs » (plus d'un million en 1962), se sont implantés sur tout le territoire algérien avec l'aide de l'Administration française et sous la protection de l'Armée.

Ils ont créé et développé de très grandes exploitations agricoles dont les revenus leur ont permis de réaliser des fortunes considérables.

Les Algériens – 12 000 000 en 1962 – subissaient cette colonisation plus qu'ils n'en profitaient. La plupart d'entre eux travaillant comme ouvriers agricoles et vivant assez modestement, pour ne pas dire pauvrement, de même que les petits fonctionnaires et les artisans français.

En dépit de certaines mesures sociales (santé, instruction, logement...), les Algériens étaient exploités et l'Algérie pouvait être considérée – économiquement – comme un pays sans avenir car sans industries.

La situation se détériore peu à peu et en 1945 ce sont les émeutes sanglantes de Sétif et de Guelma au cours desquelles l'Armée française réprime par la force des manifestations insurrectionnelles algériennes.

En 1954 Ferhat Abbas et Messali Hadj, instigateurs et leaders de mouvements nationalistes, se rallient au F.L.N. (Front de libération nationale) dont Ben Bella est un des membres influents, pour élaborer un programme d'action militaire et d'unité nationale contre les Français.

Pour ce, le F.L.N. divise l'Algérie en 6 circonscriptions militaires ou wilayas.

La date du soulèvement est fixée au 1er novembre 1954. Ce jour-là, jour de la Toussaint, un jeune instituteur français (Monnerot) est assassiné dans les Aurès. La guerre d'Algérie, qui durera 7 ans et 5 mois, vient de connaître sa première victime.

Le Gouverneur général J. Soustelle (voir P 39) ne croit pas en la rébellion et prend position en faveur des « Français d'Algérie ».

Successivement, les Gouvernements socialistes de Mendes France, d'E. Faure et de G. Mollet vont connaître – à ce sujet – d'énormes difficultés notamment sous les violentes attaques des gaullistes (voir P 39).

M. Lacoste (voir P 39) remplace J. Soustelle. Les troupes françaises en Algérie sont renforcées par les soldats du contingent (voir P 9). Chaque famille est donc concernée et cette guerre devient vite impopulaire en France métropolitaine. Cependant de nombreux contacts politiques secrets ont lieu (à l'étranger) entre les diplomates français et des responsables de l'insurrection algérienne.

Un accord sur « le droit de l'Algérie à disposer d'elle-même » est sur le point d'aboutir lorsqu'un coup de théâtre se produit; en octobre 1956 l'avion d'Air-Maroc qui emmène les cinq chefs de la Révolution Algérienne est intercepté par l'Armée de l'Air française et les cinq leaders (dont Ben Bella) sont arrêtés.

Le terrorisme algérien allait alors se déchaîner (guérilla; embuscades; attentats) déclenchant ainsi le développement des opérations militaires françaises (ratissages; opérations; tortures; arrestations) et par contrecoup, à la suite des événements du 13 mai 1958, le retour au pouvoir du général de Gaulle.

Ce dernier, contrairement aux espérances des Français d'Algérie (notamment les ultras), de certains politiciens comme Soustelle ou de généraux comme Challe, Salan, Jouhaud ou Zeller qui se révoltèrent contre lui (barricades d'Alger; putsch des généraux; attentats de l'O.A.S.), allait favoriser et mettre en route le processus de décolonisation et permettre ainsi l'indépendance de l'Algérie. La France métropolitaine accueille avec soulagement la fin de cette guerre qui aura coûté la vie de 200 000 personnes et 50 milliards de NF. L'Algérie fête dans l'enthousiasme son indépendance avec Ben Bella comme Président.

Plus de vingt ans après le début de la guerre, M. Giscard d'Estaing fait un voyage triomphal en Algérie (1975).

TABLEAU 19 « Mai 68 »

Causes

1. Malaise universitaire.
   Dès 1967 la contestation se développe dans le milieu universitaire. L'Université française, archaïque, ne répond plus aux besoins des étudiants, futurs cadres de l'an 2000.
2. Malaise politique.
   Usure du pouvoir (de Gaulle gouverne depuis 10 ans, le Premier Ministre Pompidou depuis 6 ans).
   De Gaulle et le gaullisme (l'U.N.R.) étouffent toute vie politique.
3. Malaise économique et social.
   La politique financière du ministre des Finances (Debré) paralyse l'expansion.
   Les ordonnances sur la participation, les réformes de la Sécurité sociale sont mal accueillies.
   D'où mécontentement des ouvriers, des employés, des petits commerçants, des patrons...

Chronologie

22 mars 1968
Création du Mouvement du 22 mars (Cohn-Bendit) qui critique violemment l'Université.
Agitations à Nanterre et à la Sorbonne.

2 mai
Fermeture de l'Université de Nanterre.
Départ de G. Pompidou pour l'Iran et l'Afghanistan.

3 mai
Fermeture de la Sorbonne. Intervention des forces de l'ordre.
Arrestations, bagarres, premières barricades (Quartier latin), ordre de grève générale des étudiants.

4-5 mai
Calme relatif.
Déclaration de M. Peyrefitte, ministre de l'Éducation nationale (menaces envers les étudiants contestataires).

6-7 mai
Bagarres entre le service d'ordre (C.R.S.) et les étudiants.
Arrestations, nombreux blessés, nouvelles barricades.

8 mai
Conseil des Ministres (« L'ordre sera maintenu »).
La C.G.T. (Séguy) et la C.F.D.T. (Descamps) déclarent : « Nous sommes solidaires des étudiants en lutte. »

9 mai
L'U.N.E.F. (Sauvageot-Geismar) rencontre la C.G.T. : aucun accord.

nuit du 10 au 11 mai
Emeutes, barricades (Quartier latin).

11 mai
Retour de Pompidou; de Gaulle le charge de résoudre la crise.
C.G.T., C.F.D.T., F.E.N., annoncent une importante manifestation pour le 13 mai.
Allocution à la radio de Pompidou qui propose un retour au calme.

12 mai
Réouverture de la Sorbonne. Libération des étudiants arrêtés.
Les C.R.S. retournent dans leurs casernes. La Sorbonne est occupée par les étudiants.

13 mai
Manifestation de 1 million de personnes, de la République à Denfert-Rochereau; en tête : Cohn-Bendit, Geismar, Sauvageot, Séguy, Descamps, Marangé (F.E.N.), Mendès France, Mitterrand, Marchais,... ouvriers, étudiants, fonctionnaires, employés...
Les syndicats sont débordés. La classe ouvrière prend la relève des étudiants; les grèves commencent.

14 mai
De Gaulle part pour un voyage officiel en Roumanie. Occupations d'usines. Grève générale, sans ordre des syndicats.

15 mai
Occupation du théâtre de l'Odéon.

16 mai
Les gauchistes (extrême gauche) vont à Renault-Billancourt.
Les ouvriers (C.G.T.) refusent de les recevoir.

18 mai
Retour du général de Gaulle.
2 millions de grévistes.

19 mai
Conseil des ministres : de Gaulle veut employer la force, Pompidou conseille l'apaisement.

22 mai
10 millions de grévistes.

23 mai
Contacts secrets entre le Gouvernement et les syndicats. Nouvelles manifestations au Quartier latin.

24 mai
La C.G.T. organise deux défilés. Gauchistes, lycéens et étudiants défilent avec eux.
Allocution de de Gaulle : il annonce un référendum sur la participation.
Violentes batailles entre forces de l'ordre et gauchistes, lycéens et étudiants (voitures brûlées, vitrines brisées, nombreux blessés, un mort).
Agitation dans toute la France (un mort à Lyon).

25 mai
Négociations de Grenelle (Pompidou-organisations syndicales et professionnelles-patronat).

27 mai
Accords de Grenelle (syndicats et patronat satisfaits).
Renault-Billancourt poursuit la grève.
Meeting populaire au stade de Charléty (Mendès France et Mitterrand sont acclamés, la C.G.T. et les communistes « attaqués »).

29 mai
De Gaulle disparaît! (entretien secret avec Massu en Allemagne pour savoir si l'Armée serait prête à intervenir pour rétablir l'ordre).
La gauche met sur pied un gouvernement de remplacement avec Mendès France.

30 mai
Remaniement du Gouvernement.
Manifestation gaulliste sur les Champs-Elysées; en tête : Sanguinetti de l'U.N.R., Debré, Malraux, F. Mauriac...
1 million de personnes.

4 juin
Reprise du travail.

7 juin
Allocution télévisée de de Gaulle (dissolution de l'Assemblée nationale, annonce des élections, tableau de la société française, critique du capitalisme).

16 juin
La Sorbonne reprend son aspect habituel.

18 juin
Les premières voitures sortent des usines Renault.

25 juin
La reprise du travail est totale.

23-30 juin
Victoire écrasante de l'U.D.R. aux élections législatives « de la peur ».

30 juin
La France part en vacances.

11 juillet
Pompidou est « mis en réserve de la République », Couve de Murville est nommé Premier Ministre.

Enseignement et conséquences de « Mai 68 »

Malaise profond.
Montée des forces d'extrême gauche.
Réveil politique de la jeunesse.
Crises du P.C., de la F.G.D.S., du P.S.U., c'est-à-dire de la gauche traditionnelle.
Syndicats débordés par la base.
Apparition au premier plan, non en tant que syndicaliste mais en tant qu'homme politique, du Secrétaire général de la C.G.T., Georges Séguy.
Pompidou avait fort bien défini cela après le retour au calme : « Rien ne sera jamais plus comme avant ».

Table chronologique *Événements politiques, économiques et sociaux*

Année	*en France*	*dans le monde*
1944	Libération de Paris (25 août). De Gaulle, chef du Gouvernement provisoire (9 septembre). 1er numéro du « Monde » (18 décembre).	Débarquement en Normandie (6 juin)
1945	Référendum constitutionnel et élections législatives (octobre). Organisation de la Sécurité sociale (octobre).	Conférence de Yalta (février). Capitulation de l'Allemagne (8 mai). Mort de Roosevelt, remplacé par Truman. Charte de l'O.N.U. (juin). Hiroshima (août). Capitulation du Japon (6 août). Fondation de l'U.N.E.S.C.O. (novembre). Procès de Nuremberg. Indépendance de l'Indonésie.
1946	De Gaulle démissionne. F. Gouin, G. Bidault puis L. Blum sont successivement chefs du Gouvernement provisoire.	Traité du Bénélux (avril). Début de la guerre d'Indochine. Guerre civile en Grèce. Péron Président (Argentine). Indépendance des Philippines. Trygve-Lie, Secrétaire général de l'O.N.U.
1947	Naissance de la IVe République. V. Auriol en est le 1er Président (16 janvier). Gouvernements successifs de Ramadier (renvoi des ministres communistes) et de R. Schuman. Fondation du R.P.F. Nombreuses grèves en province et à Paris (S.N.C.F.; E.D.F.; ...).	Troubles à Madagascar. Plan Marshall. Indépendance de l'Inde et du Pakistan.
1948	Gouvernements de R. Schuman, A. Marie, H. Queuille. Grève des mines (octobre). Création de C.G.T.-F.O.	Assassinat de Gandhi. Naissance de l'État d'Israël. Rupture Tito-Moscou. Blocus de Berlin. Création de l'O.E.C.E. Traité de Bruxelles. Déclaration universelle des droit de l'homme (O.N.U.).
1949	Gouvernement de H. Queuille et G. Bidault.	Création de l'O.T.A.N., du conseil de l'Europe et du C.O.M.E.C.O.N. Naissance de la République fédérale allemande et de la République populaire chinoise. Formation de la République démocratique allemande. La France reconnaît l'indépendance du Viêt-nam.
1950	Gouvernement Bidault et Pleven. « Affaire des généraux ». Démission des ministres socialistes. Lois sur les conventions collectives et sur le S.M.I.G.	Début de la guerre de Corée. La Jordanie annexe la Palestine arabe.

année	*en France*	*dans le monde*
1951	Gouvernements Pleven et Queuille. Victoire des « centristes » aux élections législatives. Manifestations anti-américaines. Subventions à l'enseignement libre (loi Barangé).	Procès Rosenberg aux États-Unis. C.E.C.A. (traité de Paris). Indépendance de la Libye. Nationalisation du pétrole en Iran. Ratification du Plan Schuman (naissance de l'Europe économique).
1952	Gouvernements Pleven, E. Faure et Pinay. Emprunt Pinay. Blocage des prix.	Chute de la monarchie en Égypte. Eisenhower, Président des États-Unis. Arrestation de Bourguiba, émeutes de Tunis. Période « Mau-Mau » au Kenya. Entrée de la Grèce et de la Turquie à l'O.T.A.N. Bombe « H » américaine.
1953	Gouvernements R. Mayer et J. Laniel.	Mort de Staline, Khrouchtchev, Secrétaire général du parti communiste soviétique. Émeutes de Berlin-Est. Émeutes au Maroc (déposition du Sultan par les Français). Armistice en Corée. Première bombe thermo-nucléaire russe. Dag Hammarskjöld, Secrétaire général de l'O.N.U.
1954	Gouvernements J. Laniel et P. Mendès France. René Coty, Président de la République française (23 décembre).	Diên Biên Phu (mai). Armistice en Indochine. Conférence de Genève (avril-juillet). Assassinat des Monnerot, début de la guerre d'Algérie. Échec de la Conférence des quatre à Berlin. Accords italo-yougoslaves sur Trieste. Accords franco-allemands sur la Sarre. Traité de l'O.T.A.S.E. Indépendance du Viêt-nam, du Laos, du Cambodge. Rejet de la C.E.D. par la France.
1955	Gouvernements P. Mendès France et E. Faure. Grèves (Nantes, Saint-Nazaire). Dissolution de l'Assemblée.	Entrée de l'Allemagne fédérale à l'O.T.A.N. Pacte de Varsovie. Chute de Péron. Conférence afro-asiatique de Bandoeng. Retour du Sultan du Maroc après accords de la Celle-St-Cloud.
1956	Gouvernements E. Faure et G. Mollet. Victoire électorale du « Front républicain » (Mendès-Mollet-Mitterrand). Troisième semaine de congés payés. Début du mythe Bardot (« Et Dieu créa la femme », de Vadim).	Soulèvement populaire à Budapest, intervention russe. Déstalinisation. Expédition de Suez. Nationalisation du canal de Suez (Nasser). Création de l'Euratom.
1957	Gouvernements G. Mollet, Bourgès-Maunoury et F. Gaillard.	Traité de Rome (Marché Commun). Spoutnik 1. Grèves en Angleterre. Première bombe nucléaire britannique. Proclamation de la République Tunisienne. Indépendance de la Malaisie et du Ghana.
1958	Gouvernements F. Gaillard et Pflimlin. Retour de de Gaulle (chef du Gouvernement puis Président de la République). Début de la Ve République (référendum). Dévaluation du franc (17,5 %).	Jean XXIII élu pape. Khrouchtchev prend le pouvoir. Communauté franco-africaine. Indépendance de la Guinée. Formation de la R.A.U. (Égypte-Syrie). Entrée en vigueur du Marché Commun et de l'Euratom.
1959	Ministère Debré. Malraux, ministre de la Culture. Nouveau franc. Principe d'autodétermination (discours de de Gaulle).	Fidel Castro prend le pouvoir. Émeutes au Congo belge et en Afrique du Sud.

Année	en France	dans le monde
1960	Barricades d'Alger. Première bombe atomique. Manifestation des 121 (intellectuels) contre la torture en Algérie et le droit à l'insoumission. Création des G.A.D. (aide au développement). Création du P.S.U.	J.-F. Kennedy, Président des États-Unis. Indépendance du Cameroun, du Togo, du Mali, du Sénégal, de Madagascar, du Dahomey, de la Haute Volta, de la République Centrafricaine, du Congo, de la Gde Somalie, du Nigéria et de la Mauritanie. Guerre civile au Congo belge. Inauguration de Brasilia.
1961	Référendum sur l'autodétermination. Putsch d'Alger. Attentats O.A.S. Grève des mineurs (Decazeville).	Gagarine vole autour de la Terre. Mur de Berlin. Indépendance du Tanganyika et de la Sierra Leone. L'Union sud-africaine se sépare du Commonwealth. U Thant, Secrétaire général de l'O.N.U.
1962	Pompidou, 1er Ministre. Référendum sur l'élection du Président de la République au suffrage universel approuvé. Bagarres du Métro Charonne (Paris).	Indépendance de l'Algérie (Évian). Indépendance du Ruanda-Burundi, de l'Ouganda, des Antilles britanniques. Vatican II. Gleen, 1er Américain dans l'espace. Affaire des missiles soviétiques (Cuba). Suicide de M. Monroe.
1963	Grève des mineurs. Création du Fonds National de l'emploi. Plan français de stabilisation (Giscard).	Paul VI élu pape. Assassinat de Kennedy, Johnson devient Président des États-Unis. Adenauer se retire. Indépendance du Kenya et de la Malaisie. Fondation de l'O.U.A. (organisation de l'unité africaine). Traité de Moscou (arrêt des essais nucléaires).
1964	Grève des fonctionnaires et des cheminots.	Première bombe atomique chinoise. Khrouchtchev destitué, apparition de Kossyguine et Brejnev. La France reconnaît la Chine populaire. Victoire des Travaillistes en Angleterre. Johnson réélu Président des États-Unis. Mort de Nehru. Tension russo-chinoise.
1965	De Gaulle réélu Président de la République au 2e tour contre Mitterrand. Création du parti marxiste-léniniste pro-chinois. Grève des services publics. Réaction ouvrière contre la « Charte du C.N.P.F. ».	Première sortie dans l'espace (Leonov). Bombardements américains sur le Viêt-nam Nord. L'Indonésie se retire de l'O.N.U. Création de l'O.C.A.M.
1966	Accord électoral entre la Fédération de la gauche et le P.C. Affaire Ben Barka.	Révolution culturelle chinoise. La France quitte l'O.T.A.N. Le S.H.A.P.E. se transporte de Paris à Bruxelles. Grève des ouvriers en Belgique. Émeutes raciales aux États-Unis.
1967	Grève générale. Télévision en couleur.	Entrée en vigueur du Marché Commun des fruits et des légumes. Fin du « Kennedy Round ». Première bombe « H » chinoise. Dévaluation de la livre sterling. De Gaulle au Canada et en Pologne. Affaire Régis Debray (Bolivie). Guerre des 6 jours, israélo-arabe. Coup d'État militaire en Grèce. Émeutes raciales aux États-Unis. Mort de Che Guevara. Guerre du Biafra.

Année	*en France*	*dans le monde*
1968	Agitation universitaire, barricades, grève générale. Accords de Grenelle. Victoire U.D.R. aux élections législatives. Couve de Murville 1er Ministre. Pompidou « en réserve de la République ».	« Printemps de Prague » (Dubcek). Assassinats de R. Kennedy et de L. King. Nixon, Président des États-Unis. Intervention russe à Prague. Début des négociations Viêt-nam-États-Unis. T.V.A. en France et en Allemage de l'Ouest. Suppression de la convertibilité or du dollar.
1969	Échec du référendum sur la Régionalisation. Démission de de Gaulle. Pompidou élu Président de la République. Chaban-Delmas, 1er Ministre. Accords syndicats - C.N.P.F. sur la sécurité de l'emploi. Quatrième semaine de congés payés. Contrat de progrès. Dévaluation du franc. Première bombe « H ».	Conquête de la Lune (Armstrong). Incidents sino-soviétiques. Rencontre Kossyguine-Chou En-Lai. Réévaluation du Deutsche Mark. Conférence islamique (Rabat). W. Brandt, chancelier. Coup d'État en Libye (Kadhafi).
1970	Mort du général de Gaulle. Le S.M.I.G. devient S.M.I.C.	Traité germano-polonais. Alliende au pouvoir (Chili). Capitulation du Biafra. Troubles en Irlande du Nord. Piraterie aérienne (Palestiniens). Mort de Nasser.
1971	Grève de la S.N.C.F. Affaire du Larzac.	Union des Républiques Arabes (Égypte-Syrie-Liban). La Chine populaire à l'O.N.U. Accords des « 6 » (union européenne économique et monétaire). Inconvertibilité du dollar. Surtaxe américaine aux importations. Guerre civile au Pakistan. Naissance du Bengla Desh. W. Brandt, Prix Nobel de la Paix.
1972	Programme commun de la gauche. P. Messmer, 1er Ministre.	Grève des mineurs en Grande-Bretagne. Le Danemark, la Grande-Bretagne et l'Irlande adhèrent à la C.E.E. La Norvège aussi, mais elle ne ratifiera pas. Accord de libre-échange entre la C.E.E. et 5 pays de l'A.E.L.E. Fusion Égypte-Libye. Guerre indo-pakistanaise. Réélection de Nixon. Rencontre Nixon-Mao. Début de l'Affaire Watergate. K. Waldheim, Secrétaire général de l'O.N.U.
1973	Étroite victoire de la majorité aux élections législatives. Grève des contrôleurs aériens. Affaire Lip.	Coup d'État militaire à Kaboul. La France reconnaît la R.D.A. Putsch militaire au Chili (mort d'Allende). Retour de Péron, élu Président (Argentine). Essais nucléaires français. Dévaluation du dollar. Conférence monétaire de Paris. Rencontre Nixon-Pompidou (Islande). Nombreux attentats palestiniens dans le monde. Quatrième guerre israélo-arabe. Cessez-le-feu au Viêt-nam. Kissinger-le Duc Tho, prix Nobel de la Paix. Incidents à Athènes, puis proclamation de la République suivie d'un coup d'État militaire. Crise du pétrole. Mort de Picasso.

Année	*en France*	*dans le monde*
1974	Mort du Président Pompidou. M. Giscard d'Estaing élu Président de la République. J. Chirac, 1er Ministre. Majorité à 18 ans. Lois sociales (divorce; avortement; condition féminine). Agitation dans les prisons. Affaire du paquebot « France ». Grève des Postes. Modification de l'O.R.T.F.	Voyage triomphal de Nixon en Égypte. Nixon démissionne. G. Ford Président des États-Unis. Guerre gréco-turque. Fin du Régime des Colonels (Grèce). Essais nucléaires français (Mururoa). Mort de Péron, remplacé par Mme Péron. Franco rétabli reprend ses fonctions que Juan Carlos avait assuré en intérim. La Grèce se retire de l'O.T.A.N. L'Empereur Hailé Sélassié est «déposé ». Coup d'État militaire au Portugal. Spinola puis Costa-Gomez Présidents. Agitation fasciste en Italie. Agitation paysanne en Europe. Sommet arabe de Rabat : l'O.L.P. de Yasser Arafat reconnue officiellement. Discours de Y. Arafat aux Nations-Unies. Rencontre Giscard-Brejnev (Paris). Rencontre Giscard-Ford (Martinique). Sommet des « 9 » (Paris). La crise du pétrole incite les gouvernements européens à agir séparément et à conclure des marchés avec les pays producteurs.
1975	Visite du Président Égyptien Sadate. Sommet franco-allemand (Paris). Rentrée du franc dans le serpent monétaire européen. Agitation en Corse. Plan de soutien à l'économie. Affaire Claustre. Agitation dans les casernes. Accentuation de la crise économique.	Réunion des « dix » puis des « vingt ». Abandon par Londres du projet de tunnel sous la Manche. Mme Thatcher élue à la tête du parti conservateur (Grande-Bretagne). Accord commercial et financier entre les « 9 » et 35 pays africains. Réunions préparatoires à la Conférence Nord-Sud. M. Giscard d'Estaing au sommet franco-africain du Bangui. Spinola s'enfuit du Portugal. Giscard d'Estaing en voyage officiel en Algérie, en Tunisie au Zaïre et au Maroc. Guerre civile au Liban (10 000 morts). Victoire socialiste aux élections portugaises. Réouverture du Canal de Suez. Chute de Saïgon. Sommet atlantique à Bruxelles. Visite officielle de Giscard d'Estaing en Pologne, en Grèce et en Russie. Les Comores indépendants. Signature sur la sécurité et la coopération en Europe (Finlande). Marche verte des marocains vers le Sahara espagnol. Juan Carlos, roi d'Espagne, à la mort de Franco. Conférence économique et monétaire (Rambouillet). Succès communiste aux élections régionales, provinciales et municipales italiennes. Conférence Nord-Sud (Paris). Guerre civile en Angola.
1976	Remaniement ministériel. Exploitation commerciale de « Concorde ». XXe Congrès du Parti Communiste. Poussée de la gauche aux élections administratives. Le franc sort du serpent monétaire européen.	Mort de Chou En-Lai. Incidents de Djibouti.

Table des sigles et abréviations indispensables

AE	Affaires Étrangères.
AFAT	Auxiliaires Féminines de l'Armée de Terre.
AFP	Agence Française de Presse.
AFPA	Association pour la Formation Professionnelle des Adultes.
ALN	Armée de Libération Nationale.
ANFANOMA	Association Nationale des Français d'Afrique du Nord.
APEL	Association des Parents d'élèves de l'Enseignement Libre.
ASSEDIC	Association pour l'Emploi dans l'Industrie et le Commerce.
BENELUX	Union douanière de la Belgique, du Luxembourg et des Pays-Bas.
BEP	Brevet d'Études Professionnelles.
BEPC	Brevet d'Études du Premier Cycle.
BFCE	Banque Française du Commerce extérieur.
BIT	Bureau International du Travail.
BNCI	Banque Nationale pour le Commerce et l'Industrie.
BNP	Banque Nationale de Paris.
BT	Brevet de Technicien.
BTS	Brevet de Technicien Supérieur.
CAP	Certificat d'Aptitude (pédagogique ou professionnelle).
CAPES	Certificat d'Aptitude au Professorat de l'Enseignement Secondaire.
CAPET	Certificat d'Aptitude au Professorat de l'Enseignement Technique.
CAR	Conférence d'Action Régionale.
CC	Corps Consulaire.
CCP	Comptes Chèques Postaux.
CD	Corps Diplomatique.
CDP	Centre Démocratie et Progrès.
CDR	Comité de Défense de la République.
CEA	Commissariat à l'Énergie Atomique.
CECA	Communauté Européenne du Charbon et de l'Acier.
CED	Communauté Européenne de Défense.
CEE	Communauté Économique Européenne (Marché Commun).
CEEA	Communauté Européenne de l'Énergie Atomique.
CEG	Collège d'Enseignement Général.
CENS	Centre d'Études Nucléaires de Saclay.
CEP	Certificat d'Études Primaires.
CER	Comité d'Expansion Régional.
CEREQ	Centre d'Études et de Recherches sur les enseignements et les qualifications.
CERN	Conseil Européen des Recherches Nucléaires.
CET	Collège d'Enseignement Technique.
CES	Collège d'Enseignement Secondaire.
CF	Communauté Française.
CFA	Communauté Française d'Afrique.
CFDT	Confédération Française et Démocratique du Travail.
CFTC	Confédération Française des Travailleurs Chrétiens.
CGA	Confédération Générale de l'Agriculture.
CGAF	Confédération Générale de l'Artisanat Français.
CGC	Confédération Générale des Cadres.
CGT	Confédération Générale des Travailleurs (et aussi Compagnie Générale Transatlantique).
CHU	Centre Hospitalier Universitaire.
CIDUNATI	Comité d'Information et de Défense de l'Union Nationale des Artisans et Travailleurs Indépendants.
CGD	Centre des Jeunes Dirigeants.
CJP	Centre des Jeunes Patrons.
CNAT	Commission Nationale pour l'Aménagement du Territoire.
CNC	Comité National de la Consommation.
CNCE	Centre National du Commerce Extérieur.
CNE	Caisse Nationale d'Épargne.
CNEP	Comptoir National d'Escompte de Paris.
CNES	Centre National d'Études Spatiales.
CNET	Centre National d'Études des Télécommunications.
CNIT	Centre National des Industries et Techniques.
CNJA	Centre National des Jeunes Agriculteurs.
CNP	Caisse Nationale d'Épargne de Paris.
CNPF	Conseil National du Patronat Français.
CNR	Conseil National de la Résistance.
CNRA	Conseil National de la Révolution Algérienne.
CNRS	Centre National de la Recherche Scientifique.
COB	Commission des Opérations de Bourse.
CODER	Commission de Développement Économique Régional.
COMECON	Conseil pour l'Aide Économique Mutuelle.
CREDIF	Centre de Recherche et d'Étude pour la Diffusion du Français.
CREDOC	Centre de Recherche, d'Étude et de Documentation sur la Consommation.
CRF	Croix Rouge Française.
CRIF	Conseil Représentatif des Institutions Juives en France.
CROUS	Centre Régional des Œuvres Universitaires et Scolaires.
CRS	Compagnies Républicaines de Sécurité.
DATAR	Délégation à l'Aménagement du Territoire et à l'Action Régionale.
DES	Diplôme d'Études Supérieures.
DGER	Direction Générale des Enquêtes et Recherches.
DGRCST	Direction Générale des Relations Culturelles, Scientifiques et Techniques.
DOM	Départements d'Outre-Mer.
DPLG	Diplomé par le Gouvernement.
DST	Direction de la Surveillance du Territoire.
DUEG	Diplôme Universitaire d'Études Générales.
DUEL	Diplôme Universitaire d'Études Littéraires.
DUES	Diplôme Universitaire d'Études Scientifiques.
EDF	Électricité de France.
EGF	Électricité-Gaz de France.
ENA	École Nationale d'Administration.
ENI	École Normale d'Instituteurs.
ENS	École Normale Supérieure.
EOR	Élève Officier de Réserve.

ESSEC	École Supérieure des Sciences Économiques et Commerciales.
FAO	Organisation Mondiale sur l'Agriculture et l'Alimentation.
FDES	Fonds de Développement Économique et Commercial.
FED	Fonds Européen de Développement.
FEN	Fédération de l'Éducation Nationale.
FFA	Forces Françaises en Allemagne.
FFAJ	Fédération Française des Auberges de Jeunesse.
FFI	Forces Françaises de l'Intérieur.
FFL	Forces Françaises Libres.
FGDS	Fédération de la Gauche Démocrate et Socialiste.
FIAT	Fonds d'Intervention pour l'Aménagement du Territoire.
FIDES	Fonds d'Investissement pour le Développement Économique et Social.
FIDOM	Fonds d'Investissement des Départements d'Outre-Mer.
FLB	Front de Libération de la Bretagne.
FLN	Front de Libération Nationale.
FM	Franchise Militaire.
FMI	Fonds Monétaire International.
FNEF	Fédération Nationale des Étudiants de France.
FNSA	Fédération Nationale des Syndicats Agricoles.
FNSEA	Fédération Nationale des Syndicats d'Exploitants Agricoles.
FNRI	Fédération Nationale des Républicains Indépendants.
FO	Force ouvrière.
FOB	Hors-Taxes.
FOMODA	Fonds de Modernisation et de Développement de l'Artisanat.
FPA	Formation Professionnelle des Adultes.
FPLP	Front Populaire pour la Libération de la Palestine.
FSI	Fédération Syndicale Internationale.
FSM	Fédération Syndicale Mondiale.
FTPF	Francs Tireurs et Partisans Français.
GAEC	Groupement Agricole d'Exploitation en Commun.
GAM	Groupe d'Action Municipale.
GPRA	Gouvernement Provisoire de la République Algérienne.
HEC	Hautes Études Commerciales.
HLM	Habitations à Loyer Modéré.
IDEN	Inspecteur Départemental de l'Éducation Nationale.
IDHEC	Institut des Hautes Études Cinématographiques.
IEP	Institut d'Études Politiques.
IFOP	Institut Français d'Opinion Publique.
IGAME	Inspecteur Général de l'Administration en Mission Extraordinaire.
IGEN	Inspecteur Général de l'Éducation Nationale.
IGR	Impôt Général sur le Revenu.
INDRP	Institut National de Recherche et de Documentation Pédagogique.
INS	Institut National des Sports.
INSEE	Institut National de la Statistique et des Études Économiques.
IRPP	Impôt sur le Revenu des Personnes Physiques.
ISPC	Institut Supérieur de Pastorale catéchétique de Paris.
IUT	Institut Universitaire de Technologie.
JAC	Jeunesse Agricole Chrétienne.
JCR	Jeunesse Communiste Révolutionnaire.
JEC	Jeunesse Étudiante Chrétienne.
JMF	Jeunesses Musicales de France.
JO	Journal Officiel (et Jeux Olympiques).
JOC	Jeunesse Ouvrière Chrétienne.
MLF	Mouvement de Libération de la Femme.
MNEF	Mutuelle Nationale des Étudiants de France.
MNPGD	Mouvement National des Prisonniers de guerre et des Déportés.
MODEF	Mouvement de Défense des Exploitations Familiales.
MRP	Mouvement Républicain Populaire.
NRF	Nouvelle Revue Française.
OAS	Organisation de l'Armée Secrète.
OCAM	Organisation de Coopération Africaine, Malgache et Mauritanienne.
OCDE	Organisation de Coopération et de Développement Économique.
OEC	Organisation Européenne du Charbon.
OECE	Organisation Européenne de Coopération Économique.
OFRATEME	Office Français des Techniques Modernes d'Éducation.
OMS	Organisation Mondiale de la Santé.
ONISEP	Office National d'Information sur les Enseignements et les Professions.
ONM	Office National Météorologique.
ONU	Organisation des Nations Unies.
OPA	Offre Publique d'Achat.
OPEP	Organisation des Pays Exportateurs de Pétrole.
OQ	Ouvrier Qualifié.
ORGECO	Organisation Générale des Consommateurs.
ORTF	Office de la Radio et de la Télévision Française.
ORSEC	Organisation des Secours.
OS	Ouvrier Spécialisé.
OTAN	Organisation du Traité de l'Atlantique Nord.
OTASE	Organisation du Traité de l'Asie du Sud-Est.
OUA	Organisation de l'Unité Africaine.
PAZ	Plan d'Aménagement des Zones.
PCF	Parti Communiste Français.
PDG	Président-Directeur Général.
PME	Petites et Moyennes Entreprises.
PMS	Préparation Militaire Supérieure.
PMU	Pari Mutuel Urbain (Tiercé).
PNB	Produit National Brut.
PS	Parti Socialiste.
PSU	Parti Socialiste Unifié.
P et T	Postes et Télécommunications.
PTT	Postes Télégraphes Téléphones.
QG	Quartier Général.
RANFAN	Rassemblement National des Français Rapatriés d'Afrique du Nord et d'Outre-Mer.
RATP	Régie Autonome des Transports Parisiens.
RER	Réseau Express Régional.
RF	République Française.
RGR	Rassemblement des Gauches Républicaines.
RN	Route Nationale.
RPF	Rassemblement du Peuple Français.
TRL	Radio-Télévision Luxembourgeoise.
RTS	Radio-Télévision Scolaire.
SACEM	Société des Auteurs et Compositeurs et Éditeurs de Musique.
SAFER	Société d'Aménagement Foncier et d'Établissement Rural.
SARL	Société à Responsabilité Limitée.
SDECE	Service de Documentation Extérieure et de Contre-Espionnage.
SDN	Société des Nations.
SECAM	Séquentiel à Mémoire (procédé français de télévision couleur).
SEITA	Service d'Exploitation Industriel des Tabacs et Allumettes.
SESAME	Système d'Études pour un Schéma d'Aménagement.
SFIO	Section Française de l'Internationale Ouvrière.
SGDG	Sans Garantie du Gouvernement.

SGEN	Syndicat Général de l'Éducation Nationale.
SHAPE	Grand Quartier Général des forces alliées en Europe.
SICAV	Société d'Investissements à Capital Variable.
SICOB	Salon des Industries du Commerce et de l'Organisation du Bureau.
SIMCA	Société Industrielle de Mécanique et de Carrosserie.
SMAG	Salaire Minimum Agricole Garanti.
SMIC	Salaire Minimum Interprofessionnel de Croissance.
SMIG	Salaire minimum Interprofessionnel Garanti.
SNCASE	Société Nationale de Construction Aéronautique du Sud-Est.
SNCASO	Société Nationale de Construction Aéronautique du Sud-Ouest.
SNCF	Société Nationale des Chemins de fer Français.
SNECMA	Société Française de Construction Aéronautique.
SNES	Syndicat National de l'Enseignement Secondaire.
SNESSUP	Syndicat National de l'Enseignement Supérieur.
SNET	Syndicat National de l'Enseignement Technique.
SNI	Syndicat National des Instituteurs.
SOFRES	Société Française d'Études Statistiques.
SP	Secteur Postal.
SPA	Société Protectrice des Animaux.
SR	Service de Renseignements.
SS	Sécurité Sociale
SVP	(S'il Vous Plaît) (Service de Renseignements de la Radio-Française).
TCA	Taxe sur le Chiffre d'Affaires.
TEE	Trans-Europe-Express.
TNP	Théâtre National Populaire.
TOM	Territoire d'Outre-Mer.
TTC	Toutes Taxes Comprises.
TVA	Taxe sur la Valeur Ajoutée.
UD-V^e^	Union des Démocrates pour la Ve République.
UDCA	Union pour la Défense des Commerçants et des Artisans.
UDR	Union des Démocrates pour la République.
UEBL	Union Économique Belgo-Luxembourgeoise.
UEO	Union de l'Europe Occidentale.
UEP	Union Européenne des Paiements.
UER	Unité d'Enseignement et de Recherche.
UJP	Union des Jeunes pour le Progrès.
UNATI	Union des Travailleurs Indépendants.
UNEDIC	Union Nationale des ASSEDIC.
UNEF	Union Nationale des Étudiants de France.
UNESCO	(Organisme rattaché à l'ONU : enseignement et culture).
UNICEF	(Organisme rattaché à l'ONU : enfance malheureuse.)
UNO (ou ONU)	Organisation des Nations-Unies.
UNR	Union pour la Nouvelle République.
UTA	Union des Transports Aériens.
UV	Unité de Valeur.
VQPRD	Vin de Qualité Produit dans des Régions Déterminées.
VRP	Voyageurs de Commerce, Représentants et Placiers.
VSOP	(vieil alcool supérieur).
ZAC	Zone d'Aménagement Concerté.
ZAD	Zone d'Aménagement Différé.
ZUP	Zone à Urbaniser en Priorité.

Index thématique

IMPRIMERIE TARDY QUERCY AUVERGNE - BOURGES
N° Éditeur : 3094 - D. L. : 2e trim. 1976 - N° Imprimeur : 8324
Imprimé en France